VU
JUNIOR ANIMAUX

SERPENT-RATIER COULEUR MAÏS

POISSON TROPICAL

LUCANE

VACHE DE JERSEY ET SON VEAU

LITTORIE BLEUE

VU
JUNIOR ANIMAUX

AMMONITE

DRAGON THAI

FLAMANT NAIN

GALLIMARD JEUNESSE

VU JUNIOR ANIMAUX

Édition originale :
réalisée pour Dorling Kindersley par
PAGE*One* :
Cairn House, Elgiva Lane, Chesham, Buckinghamshire
Auteurs-rédacteurs et conseillers :
David Alderton, Steve Brooks, Dr. Barry Clarke, John Farndon,
Mark Lambert, Laurence Mound, Scarlett O'Hara,
Barbara Taylor, Steve Parker, Joyce Pope, David Taylor

Chez Dorling Kindersley :
Équipe éditoriale :
Édition : Lucy Hurst et Jayne Parsons
Maquettistes : Jacquie Gulliver
Fabrication : Kate Oliver

Pour la présente édition française :
Edition : Bruno Porlier
Responsable éditorial : Éric Pierrat
Traduction «Les mammifères» : Stéphanie Soto
Relecteur-spécialiste : Michel Cuisin, zoologue
Montage PAO : Bruno Porlier et Barbara Kekus, Octavo, Paris
Lecture-correction : Lorène Bücher, Isabelle Haffen et Eliane Rizo
Maquette de couverture : Raymond Stoffel et Aubin Leray
Photogravure de couverture : Mirascan
Flashage : IGS

Édition originale parue en 2001 sous le titre *Visual Encyclopedia of animals*,
précédemment publiée en 1999 sous le titre *Pockets Animals of the World*

ISBN 2-07-055233-0

Loi n° 49-956 du 16 juillet 1949
sur les publications destinées à la jeunesse
Dépôt légal : avril 2003
Numéro d'édition : 120733
Photogravure Colourscan, Singapour
Imprimé en Italie par L.E.G.O.

SOMMAIRE

ORNITHOPTÈRE

MANTELLE VERTE

Chouette hulotte

Sommaire

TATOU

SOMMAIRE

GRAND DANOIS

COMMENT UTILISER CE LIVRE

Ces pages expliquent comment cette encyclopédie est organisée. Cette dernière est divisée en 7 chapitres traitant des différentes classes du règne animal. Elle comprend aussi une introduction sur les origines de la vie animale ainsi que sur la classification des espèces. En outre un index complet termine l'ouvrage.

TITRE ET INTRODUCTION

Le titre nomme le sujet de la page. L'introduction constitue une vue d'ensemble du sujet traité. Après l'avoir lue, vous aurez une idée claire du contenu des pages.

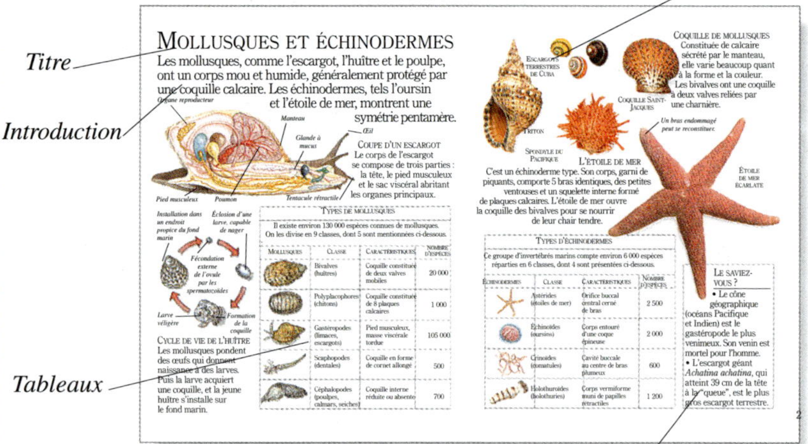

MOLLUSQUES ET ÉCHINODERMES

Les mollusques, comme l'escargot, l'huître et le poulpe, ont un corps mou et humide, généralement protégé par une coquille calcaire. Les échinodermes, tels l'oursin et l'étoile de mer, montrent une symétrie pentamère.

Organe reproducteur
Manteau
Glande à mucus
Œil
Pied musculeux
Poumon
Tentacule rétractile

COUPE D'UN ESCARGOT
Le corps de l'escargot se compose de trois parties : la tête, le pied musculeux et le sac viscéral abritant les organes principaux.

Installation dans un endroit propice du fond marin
Éclosion d'une larve, capable de nager
Fécondation externe de l'ovule par les spermatozoïdes
Larve véligère
Formation de la coquille

CYCLE DE VIE DE L'HUÎTRE
Les mollusques pondent des œufs qui donnent naissance à des larves. Puis la larve acquiert une coquille, et la jeune huître s'installe sur le fond marin.

TYPES DE MOLLUSQUES

Il existe environ 130 000 espèces connues de mollusques. On les divise en 9 classes, dont 5 sont mentionnées ci-dessous.

MOLLUSQUES	CLASSE	CARACTÉRISTIQUES	NOMBRE D'ESPÈCES
	Bivalves (huîtres)	Coquille constituée de deux valves mobiles	20 000
	Polyplacophores (chitons)	Coquille constituée de 8 plaques calcaires	1 000
	Gastéropodes (limaces, escargots)	Pied musculeux, masse viscérale tordue	105 000
	Scaphopodes (dentales)	Coquille en forme de cornet allongé	500
	Céphalopodes (poulpes, calmars, seiches)	Coquille interne réduite ou absente	700

ESCARGOTS TERRESTRES DE CUBA
TRITON
SPONDYLE DU PACIFIQUE
COQUILLE SAINT-JACQUES

COQUILLE DE MOLLUSQUES
Constituée de calcaire sécrété par le manteau, elle varie beaucoup quant à la forme et la couleur. Les bivalves ont une coquille à deux valves reliées par une charnière.

Un bras endommagé peut se reconstituer.

ÉTOILE DE MER ÉCARLATE

L'ÉTOILE DE MER
C'est un échinoderme type. Son corps, garni de piquants, comporte 5 bras identiques, des petites ventouses et un squelette interne formé de plaques calcaires. L'étoile de mer ouvre la coquille des bivalves pour se nourrir de leur chair tendre.

TYPES D'ÉCHINODERMES

Ce groupe d'invertébrés marins compte environ 6 000 espèces réparties en 6 classes, dont 4 sont présentées ci-dessous.

ÉCHINODERMES	CLASSE	CARACTÉRISTIQUES	NOMBRE D'ESPÈCES
	Astérides (étoiles de mer)	Orifice buccal central cerné de bras	2 500
	Échinoïdes (oursins)	Corps entouré d'une coque épineuse	2 000
	Crinoïdes (comatules)	Cavité buccale au centre de bras plumeux	600
	Holothuroïdes (holothuries)	Corps vermiforme muni de papilles rétractiles	1 200

LE SAVIEZ-VOUS ?
- Le cône géographique (océans Pacifique et Indien) est le gastéropode le plus venimeux. Son venin est mortel pour l'homme.
- L'escargot géant *Achatina achatina*, qui atteint 39 cm de la tête à la "queue", est le plus gros escargot terrestre.

2

TABLEAUX

De nombreuses pages contiennent des tableaux qui permettent de donner des indications précises et chiffrées.

«LE SAVIEZ-VOUS?»

Ces petits encadrés rappellent d'un coup d'œil les détails remarquables ou étonnants propres au sujet traité.

LÉGENDE

Pour plus de clarté, un titre identifie les illustrations quand elles ne sont pas reliées au texte de façon évidente.

TITRES EN MARGE

En marge de la page de gauche figure le titre du chapitre, en marge de la page de droite, le thème traité.

REPÈRE DE TAILLE

Dans certains chapitres, des symboles donnent une indication claire sur la taille réelle des animaux présentés.

Repère de taille

SERPENTS À CROCHETS POSTÉRIEURS
Ils fréquentent l'Ancien et le Nouveau Mondes. Comme pour les autres groupes, leur couleur, leur taille et leur habitat varient. Moins efficaces pour injecter leur venin que les serpents à crochets antérieurs, ils sont dans l'ensemble inoffensifs pour l'homme. Certaines espèces peuvent néanmoins être dangereuses.

FAUSSAIRE
Le faux serpent-corail, originaire des forêts d'Amérique centrale, du Venezuela au Costa Rica, est friand de lézards, de petits mammifères et de serpents.

FAUX SERPENT-CORAIL

LA CHASSEUSE DE LÉZARDS
La couleuvre *Imantodes* évolue dans les arbres et les arbustes, au sud du Mexique, en Bolivie et au Paraguay. Nocturne, elle se nourrit surtout de lézards, comme les anolis et les geckos.

COULEUVRE *IMANTODES*

SERPENT-LIANE

La bouche ouverte est un avertissement pour les agresseurs.

MENACE EN L'AIR
Quand il se sent menacé, le serpent-liane redresse la tête et ouvre grand la bouche, sans attaquer pour autant. Très mince, il est à peine visible. Il se nourrit de lézards et d'amphibiens et vit dans le feuillage des forêts pluviales d'Amérique centrale et d'Amérique du Sud.

Les œufs pondus sur les feuilles par les grenouilles lui servent souvent de pitance.

Camouflage adapté à la vie dans la cime des arbres

SERPENT AUX YEUX DE CHAT

À LA CIME DES ARBRES
Au sommet des hauts arbres, il fait clair et chaud et la nourriture est abondante : fruits, graines, insectes. C'est là que vivent les grands prédateurs, comme les aigles, toujours à l'affût d'une proie. Les perroquets et les toucans sont de bons grimpeurs : ils ont des pattes solides pour s'agripper aux branches.

LA HARPIE FÉROCE
Cet énorme oiseau est l'un des plus puissants rapaces. Il fonce en piqué à travers les branches de la voûte pour capturer singes (comme ce capucin), oiseaux, paresseux et reptiles.

Face et bec orange et jaune

LE TOURACO DE LADY ROSS
Ce touraco d'Afrique vit tout en haut des arbres en petits groupes bruyants. Son vol est maladroit, mais il court le long des branches. Il émet une grande variété de jacassements et de croassements.

LE TOUCAN TOCO
C'est le plus grand des toucans. Son bec de 19 cm de longeur, creux à l'intérieur, est soutenu par des filaments osseux : il est donc solide mais léger. Les couleurs des toucans leur servent à se reconnaître et à s'accoupler.

LE VERDIN DE HARWICKE
Ce verdin d'Asie aide à la pollinisation des arbres car il se nourrit de nectar et propage les graines de plantes de la famille du gui dont il mange les baies.

Le verdin est un habile imitateur du chant des autres oiseaux.

Le casque est une fine couche de peau et d'os sur une structure osseuse en nid d'abeille.

CALAO BICORNE
Les calaos d'Asie du Sud-Est et d'Afrique ressemblent aux toucans d'Amérique du Sud par leur mode de vie et leur alimentation. Ils doivent leur nom au casque corné situé sur le bec. On ignore à quoi sert cette excroissance.

Légende

LÉGENDES FLÉCHÉES

Des points particuliers sont nommés et désignés par une flèche.

Légende

INDEX

Pour faciliter vos recherches, un index alphabétique se trouve à la fin de l'ouvrage : vous y trouverez tous les sujets et animaux du livre.

LÉGENDES DÉTAILLÉES

Chaque illustration est commentée ou expliquée par un texte.

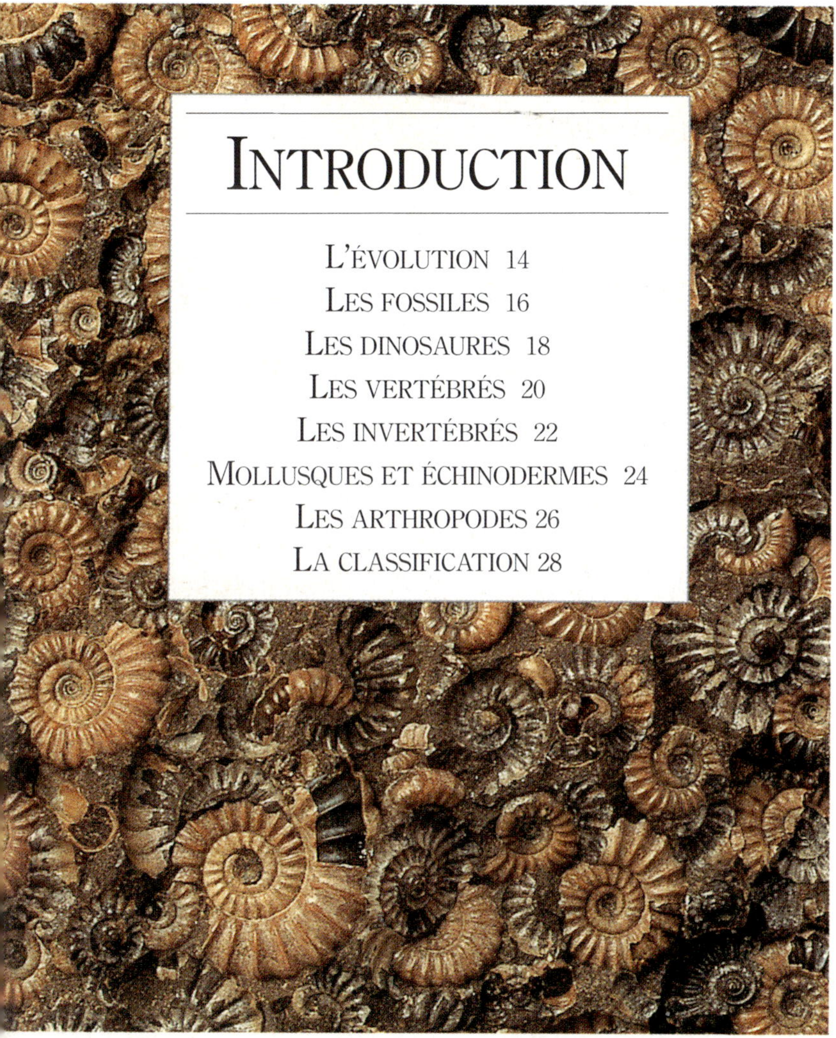

INTRODUCTION

L'ÉVOLUTION

Depuis l'apparition de la vie sur Terre il y a 3,4 milliards d'années, de nombreuses créatures ont tour à tour apparu puis disparu. Certaines espèces ont évolué pour répondre aux modifications de leur environnement ; d'autres se sont éteintes rapidement.

L'ADAPTATION

L'évolution est une modification progressive pour répondre à de nouvelles exigences. Bien que peu ressemblants, l'homme et le marsouin ont en commun des membres antérieurs à squelette binaire terminés par 5 segments osseux.

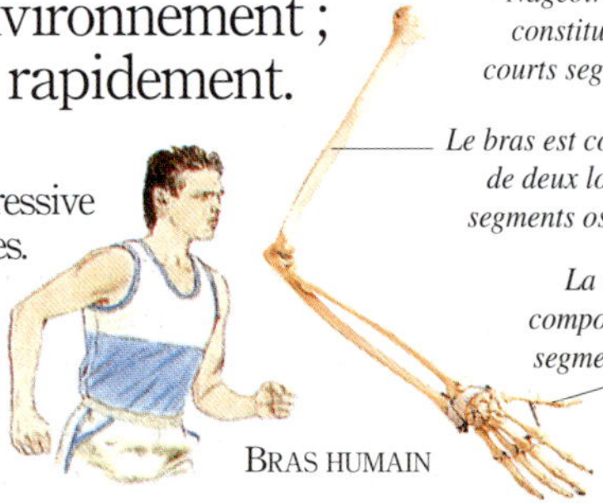

LA VIE À TRAVERS LES ÂGES

En déterminant l'âge de certaines roches et en étudiant les fossiles qu'elles contiennent, les paléontologues (spécialistes des anciennes formes de vie) sont capables d'établir une chronologie précise de l'évolution des espèces depuis le début du cambrien il y a 590 millions d'années. Les formes de vie du précambrien sont encore mal connues, car il existe peu de fossiles datant de ces temps reculés.

PRÉCAMBRIEN	PALÉOZOÏQUE	
	Cambrien	**Ordovicien**

PRÉCAMBRIEN	Cambrien	Ordovicien
4 600 MA-590 MA *Apparition dans les mers chaudes des bactéries et des algues unicellulaires, puis d'animaux pluricellulaires invertébrés tels que vers et méduses.*	*590 MA-510 MA* *Développement des invertébrés dans les océans. Premiers mollusques et trilobites.*	*510 MA-439 MA* *Émergence des agnathes (poissons sans mâchoires) et des premiers crustacés. Formation des récifs coralliens. Le Sahara est recouvert de glace.*

LES MÉCANISMES DE L'ÉVOLUTION

Selon Darwin, seuls les plantes et les animaux qui ont su s'adapter aux modifications de l'environnement durant des millions d'années ont pu survivre. Jusqu'au milieu du XIXe siècle, la croyance, d'inspiration chrétienne, est que chaque créature vivante est immuable.

CHARLES DARWIN (1809-1882)

Le naturaliste anglais Charles Darwin développa la théorie de l'évolution après avoir étudié les animaux des îles Galápagos. Il publia les résultats de ses recherches en 1859 dans un livre intitulé *De l'origine des espèces*.

L'ÉVOLUTION DU CHEVAL

EOHIPPUS
Cette créature de la taille d'un lièvre vit en milieux boisés.

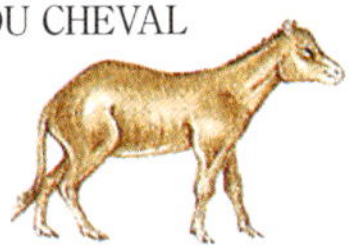

MESOHIPPUS
Après quelques millions d'années, Eohippus *est devenu un herbivore de taille moyenne.*

MERYCHIPPUS
Habitant des prairies, Merychippus *est doté de pattes plus longues qui lui permettent d'échapper à ses prédateurs.*

EQUUS (CHEVAL MODERNE)
Le cheval moderne est un herbivore de grande taille. Ses longues pattes le prédisposent à la course ; ses sens sont très développés.

Silurien	**Dévonien**	**Carbonifère**	**Permien**

439 MA-410 MA Premiers poissons à mâchoires. Des scorpions de mer géants chassent au fond des océans. Émergence des premiers végétaux.	*410 MA-355 MA* Développement des poissons. Apparition d'insectes et d'amphibiens sur la terre ferme. Forêts de fougères géantes.	*355 MA-290 MA* Nombreuses forêts chaudes et marécageuses ; leurs résidus se transformeront en charbon. Premiers reptiles.	*290 MA-250 MA* Les reptiles se diversifient. Les conifères remplacent les fougères géantes. Une variation du climat entraîne l'extinction de nombreuses espèces.

LES FOSSILES

Les fossiles sont des vestiges de plantes ou d'animaux parfois vieux de plusieurs centaines de millions d'années. La plupart se forment en milieu rocheux, mais on les trouve également dans la glace, la houille, la tourbe ou l'ambre. L'étude des fossiles est à la base de notre connaissance de l'histoire de la Terre.

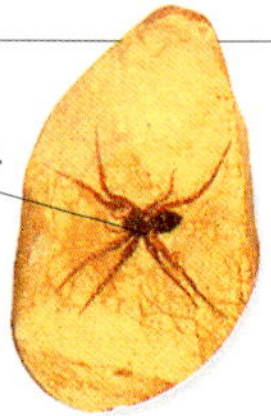

L'araignée est prisonnière de la résine.

L'AMBRE JAUNE
C'est une résine végétale fossilisée qui peut contenir des vestiges d'insectes.

Les ammonites ont disparu il y a 65 MA.

Ammonite fossile

DIFFÉRENTES SORTES DE FOSSILES
Les fossiles d'animaux marins se formant au fond des océans sont les plus courants. Les plantes et animaux terrestres sont plus rares. Il existe aussi des fossiles d'empreintes et d'excréments.

MÉSOZOÏQUE			CÉNOZOÏQUE	
Trias	**Jurassique**	**Crétacé**	**Tertiaire**	
			Paléocène	**Éocène**
250 MA-205 MA Apparition des mammifères et des dinosaures. Réchauffement du climat. Prédominance des plantes gymnospermes.	*205 MA-135 MA Développement des dinosaures. Apparition de l'archéoptéryx, ancêtre de l'oiseau.*	*135 MA-66 MA Premières plantes angiospermes. Fin du crétacé : extinction de 80 % des espèces vivantes, dont les dinosaures.*	*66 MA-53 MA Climat chaud et humide. Renouveau des mammifères et des plantes à fleurs.*	*53 MA-36 MA Les mammifères augmentent en taille et se diversifient. Premiers primates.*

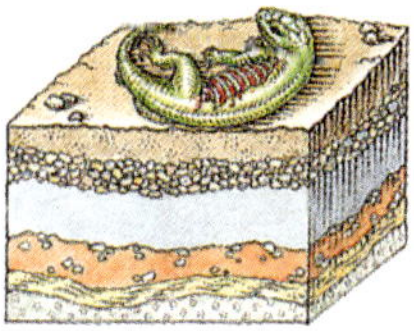

1 L'ANIMAL MEURT
Le corps de l'animal gît à la surface du sol et se décompose.

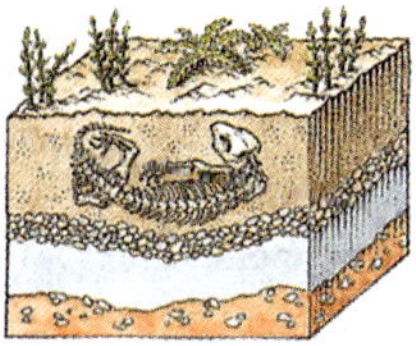

2 LE CORPS S'ENFONCE
Il est progressivement recouvert de sable et de terre.

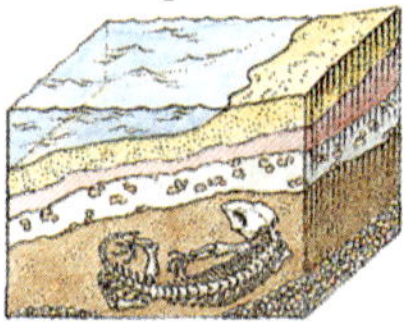

3 LES OS S'ALTÈRENT
La texture des os se modifie. Le sable et la terre se transforment en roche.

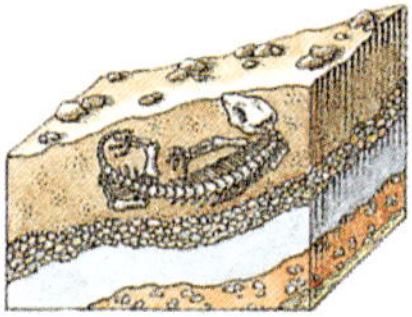

4 LE FOSSILE APPARAÎT
Les attaques du climat et de l'érosion exposent le fossile à l'air libre.

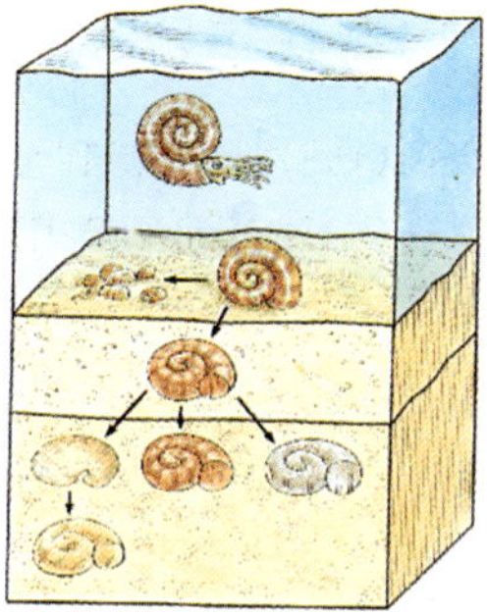

LA FOSSILISATION MARINE
Les animaux morts subissent au fond des mers une transformation chimique, ou sont dissous en laissant une empreinte (qui peut se combler de matières minérales).

			Quaternaire	
Oligocène	**Miocène**	**Pliocène**	**Pléistocène**	**Holocène**
36 MA-23 MA Premiers simiens. Développement des oiseaux carnivores. Certaines espèces de mammifères s'éteignent.	*23 MA-6,3 MA Refroidissement du climat et recul des forêts. Développement de mammifères ongulés tels que le cerf. Premiers hominidés.*	*6,3 MA-1,6 MA Climat froid et sec. Diversification maximale des mammifères. Apparition de nombre de mammifères modernes.*	*1,6 MA-0,01 MA Âge des glaciations. Apparition de* Homo erectus. *Disparition des mammouths et des machairodontes (félins à dents de sabres).*	*0,01 MA à nos jours Les hommes développent agriculture et technologies, mais menacent d'extinction nombre d'espèces animales.*

Les dinosaures

Durant 160 millions d'années, la Terre fut le royaume de « reptiles » gigantesques appelés dinosaures, parmi lesquels *Seismosaurus*, la plus grande créature vivante de tous les temps. Ils se sont éteints mystérieusement voilà 65 millions d'années.

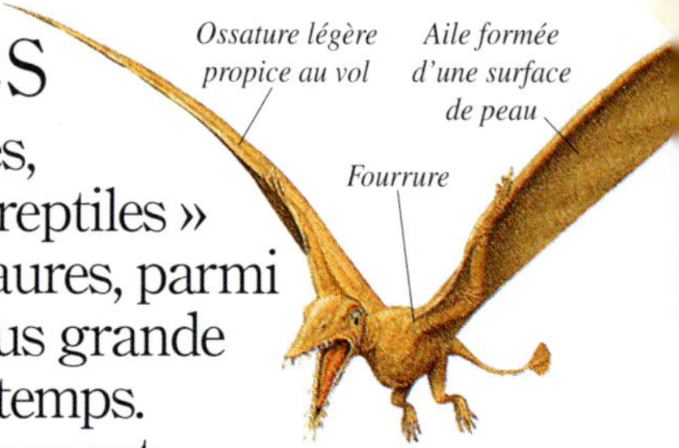

Les ptérosaures

Les ptérosaures, autres «reptiles» géants, régnaient dans les airs.

Deux grandes familles

Les scientifiques se basent sur la disposition des os iliaques pour diviser les dinosaures en deux ordres principaux. Les saurischiens, au bassin de type reptilien, sont herbivores ou carnivores. Les ornithischiens, au bassin de type avien, sont tous herbivores. Ces deux ordres se décomposent eux-mêmes en cinq groupes.

Saltasaurus

Les sauropodes (saurischiens) étaient de gigantesques quadrupèdes herbivores dotés d'un long cou.

Styracosaurus

Les cératopsiens (ornithischiens) se défendaient avec une collerette osseuse et des cornes acérées.

Stegosaurus

Les stégosaures (ornithischiens), au dos hérissé de plaques osseuses, étaient herbivores.

Tyrannosaurus rex

Les théropodes (saurischiens) étaient des bipèdes carnivores.

Corythosaurus

Les ornithopodes (ornithischiens) avaient un bec corné et des pieds de type avien.

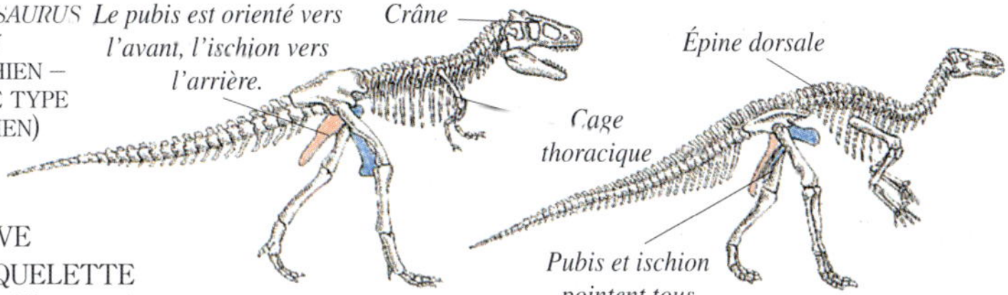

La preuve par le squelette

Les scientifiques tirent de l'étude des squelettes fossiles de nombreuses informations sur les mœurs des dinosaures. La disposition des os du bassin leur sert de base pour la classification de ces « reptiles » géants.

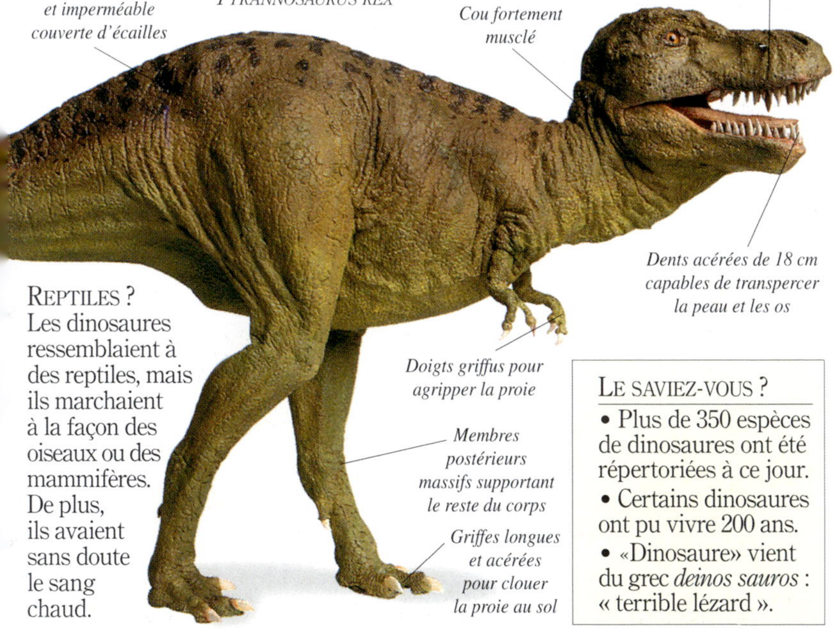

Reptiles ?

Les dinosaures ressemblaient à des reptiles, mais ils marchaient à la façon des oiseaux ou des mammifères. De plus, ils avaient sans doute le sang chaud.

Le saviez-vous ?

- Plus de 350 espèces de dinosaures ont été répertoriées à ce jour.
- Certains dinosaures ont pu vivre 200 ans.
- «Dinosaure» vient du grec *deinos sauros* : « terrible lézard ».

Les vertébrés

Seuls 3 % des animaux possèdent une colonne vertébrale ; ce sont les vertébrés. On en dénombre 45 000 espèces réparties en cinq grandes familles : mammifères, oiseaux, poissons, reptiles et amphibiens. Dotés d'un système nerveux et d'organes sensoriels évolués, ils se sont adaptés à tous les milieux.

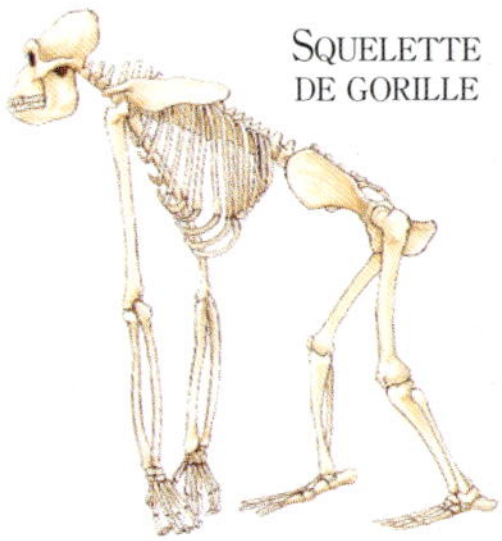

Squelette de gorille

Le squelette
Il comprend pour la plupart des vertébrés une colonne vertébrale, quatre membres et une boîte crânienne. Les organes vitaux sont à l'abri à l'intérieur du corps.

Les reptiles
Les lézards, les serpents et les crocodiles appartiennent à la classe des reptiles, vertébrés à la peau épaisse et écailleuse. Au sortir de l'œuf, les bébés reptiles ont l'apparence d'adultes miniatures. Le caméléon est un grand lézard arboricole.

Caméléon de Madagascar

La reproduction
Chez la plupart des vertébrés, la descendance est assurée par reproduction sexuée : le mâle s'accouple à la femelle, des spermatozoïdes rejoignent des ovules et les fécondent. Quelques très rares vertébrés ne sont ni mâle ni femelle et se reproduisent de façon asexuée.

Les sens

Les mammifères et les autres vertébrés utilisent leurs organes sensoriels pour se diriger, trouver leur nourriture et échapper à leurs prédateurs. Chez les espèces terrestres, la vue, l'ouïe et l'odorat sont les sens les plus développés. Les espèces aquatiques font davantage appel au goût et à l'odorat pour se nourrir et anticiper le danger.

CARACAL

Les poissons

Avec leur corps de forme profilée et leur peau recouverte d'écailles visqueuses, ces vertébrés sont parfaitement adaptés à la vie aquatique.

POISSON

Les amphibiens

Ces vertébrés, tels grenouilles, crapauds, tritons et salamandres, sont à la fois terrestres et aquatiques. Les amphibiens sont presque tous ovipares.

GRENOUILLE ARBORICOLE DE JAVA

Les oiseaux

Seuls animaux à plumes, les oiseaux sont, pour la plupart, de puissantes machines volantes. Leurs mâchoires sans dents forment un bec. Ils sont tous ovipares.

PARADISIER DE RAGGI

Les mammifères

Les mammifères ont souvent le corps recouvert de poils. Ils sont pour la plupart vivipares et allaitent leurs petits.

PORC-ÉPIC

LES INVERTÉBRÉS

Neuf animaux sur dix, parmi lesquels méduses, éponges, astéries, coraux, vers, crabes et insectes, sont dépourvus de colonne vertébrale. Ce sont les invertébrés.

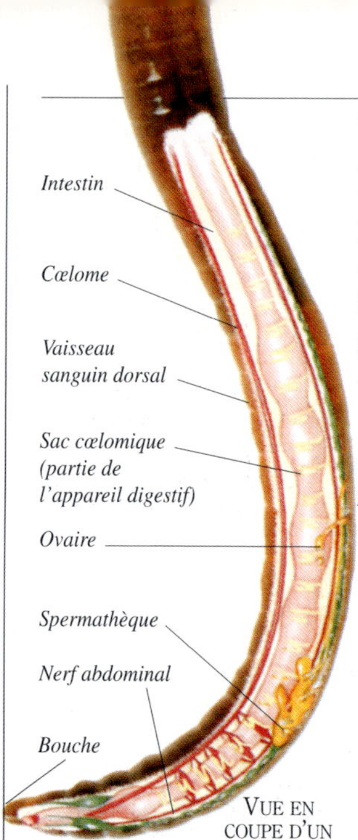

VUE EN COUPE D'UN VER DE TERRE

LES MOLLUSQUES

Le corps mou de ces invertébrés est le plus souvent protégé par une solide coquille calcaire. La plupart des mollusques, tels les calmars, les pieuvres, les palourdes et les moules, sont des animaux marins. D'autres, tels les escargots et les limaces, vivent sur la terre ferme.

LES VERS

Ce sont de petits animaux au corps allongé et mou, dépourvus de pattes. Vers ronds, vers plats, sangsues ou annélides, il en existe environ 50 000 espèces.

ASTÉRIES ET OURSINS

Les astéries (ou étoiles de mer), les oursins et les concombres de mer appartiennent au groupe des échinodermes. De nombreuses espèces sont des prédateurs dotés d'ambulacres, petits tentacules terminés par des ventouses qui leur servent à la fois à se déplacer, à se nourrir et à respirer. À l'aide de ses cinq bras puissants, une étoile de mer peut ouvrir un coquillage et dévorer son occupant.

LE CYCLE VITAL

La plupart des invertébrés sont ovipares. Certains ont leur aspect adulte au sortir de l'œuf, alors que d'autres subissent plusieurs transformations.

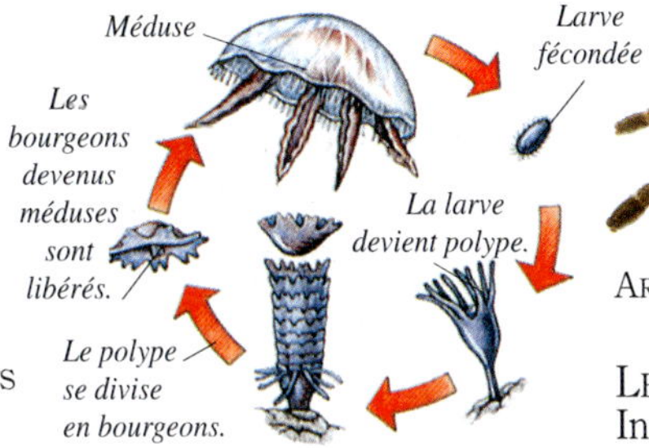

ARAIGNÉE

LES ARTHROPODES

Insectes, araignées et crustacés ont des pattes articulées et un exosquelette : ce sont des arthropodes.

VUE EN COUPE D'UNE MÉDUSE

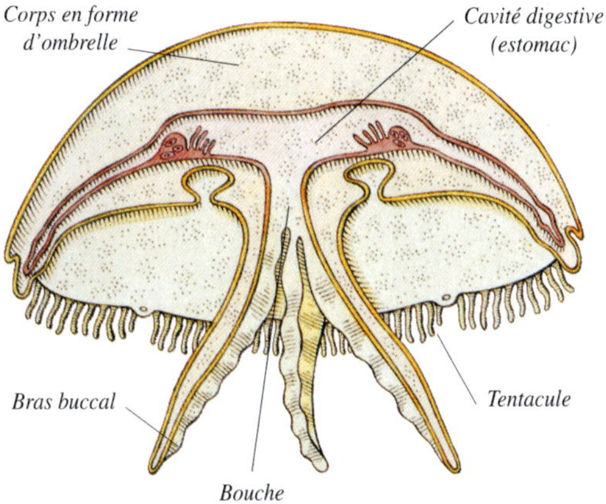

Les cœlentérés, parmi lesquels figurent méduses, anémones de mer et coraux, sont des créatures marines possédant une bouche entourée de tentacules. Ceux-ci sont en général porteurs d'un venin capable de paralyser ou de tuer les proies. Certains cœlentérés, les polypes, se fixent sur les corps solides et inertes. D'autres, les méduses, se déplacent par contractions de leur enveloppe en forme d'ombrelle.

LES ÉPONGES

Ces créatures aquatiques primitives au corps mou aspirent l'eau par des pores et retiennent les éléments nutritifs.

LE SAVIEZ-VOUS ?

- Le corps humain peut abriter jusqu'à 500 millions d'ankylostomes (vers parasites).
- Les vers ronds sont vraisemblablement les animaux les plus nombreux de la planète.

Mollusques et Échinodermes

Les mollusques, comme l'escargot, l'huître et le poulpe, ont un corps mou et humide, généralement protégé par une coquille calcaire. Les échinodermes, tels l'oursin et l'étoile de mer, montrent une symétrie pentamère.

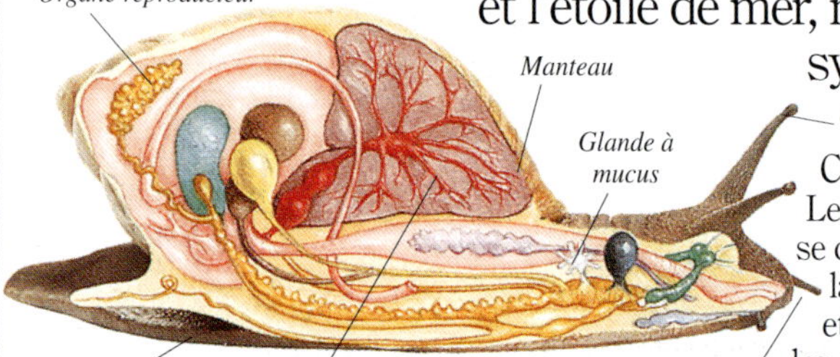

Coupe d'un escargot
Le corps de l'escargot se compose de trois parties : la tête, le pied musculeux et le sac viscéral abritant les organes principaux.

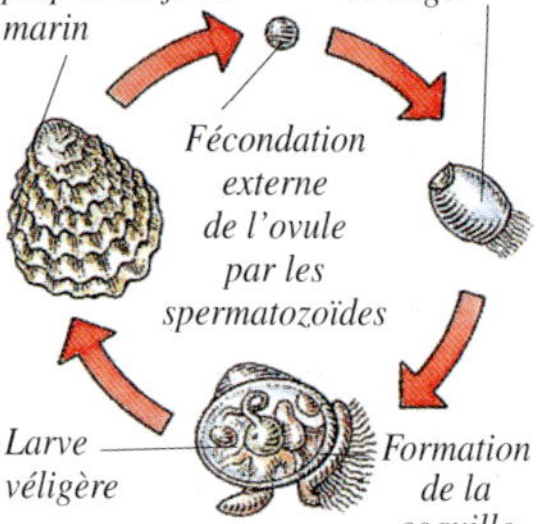

Cycle de vie de l'huître
Les mollusques pondent des œufs qui donnent naissance à des larves. Puis la larve acquiert une coquille, et la jeune huître s'installe sur le fond marin.

Types de mollusques

Il existe environ 130 000 espèces connues de mollusques. On les divise en 9 classes, dont 5 sont mentionnées ci-dessous.

Mollusques	Classe	Caractéristiques	Nombre d'espèces
	Bivalves (huîtres)	Coquille constituée de deux valves mobiles	20 000
	Polyplacophores (chitons)	Coquille constituée de 8 plaques calcaires	1 000
	Gastéropodes (limaces, escargots)	Pied musculeux, masse viscérale tordue	105 000
	Scaphopodes (dentales)	Coquille en forme de cornet allongé	500
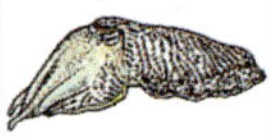	Céphalopodes (poulpes, calmars, seiches)	Coquille interne réduite ou absente	700

TRITON

ESCARGOTS TERRESTRES DE CUBA

COQUILLE SAINT-JACQUES

SPONDYLE DU PACIFIQUE

COQUILLE DE MOLLUSQUES

Constituée de calcaire sécrété par le manteau, elle varie beaucoup quant à la forme et la couleur. Les bivalves ont une coquille à deux valves reliées par une charnière.

L'ÉTOILE DE MER

C'est un échinoderme type. Son corps, garni de piquants, comporte 5 bras identiques, des petites ventouses et un squelette interne formé de plaques calcaires. L'étoile de mer ouvre la coquille des bivalves pour se nourrir de leur chair tendre.

Un bras endommagé peut se reconstituer.

ÉTOILE DE MER ÉCARLATE

TYPES D'ÉCHINODERMES

Ce groupe d'invertébrés marins compte environ 6 000 espèces réparties en 6 classes, dont 4 sont présentées ci-dessous.

ÉCHINODERMES	CLASSE	CARACTÉRISTIQUES	NOMBRE D'ESPÈCES
	Astérides (étoiles de mer)	Orifice buccal central cerné de bras	2 500
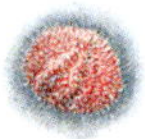	Échinoïdes (oursins)	Corps entouré d'une coque épineuse	2 000
	Crinoïdes (comatules)	Cavité buccale au centre de bras plumeux	600
	Holothuroïdes (holothuries)	Corps vermiforme muni de papilles rétractiles	1 200

LE SAVIEZ-VOUS ?

- Le cône géographique (océans Pacifique et Indien) est le gastéropode le plus venimeux. Son venin est mortel pour l'homme.
- L'escargot géant *Achatina achatina*, qui atteint 39 cm de la tête à la "queue", est le plus gros escargot terrestre.

Les arthropodes

Arachnides, crustacés et insectes appartiennent à l'immense groupe des arthropodes. Les insectes forment la plus importante des trois classes. Les arthropodes ont le corps articulé, et une carapace qui se renouvelle au cours de la croissance.

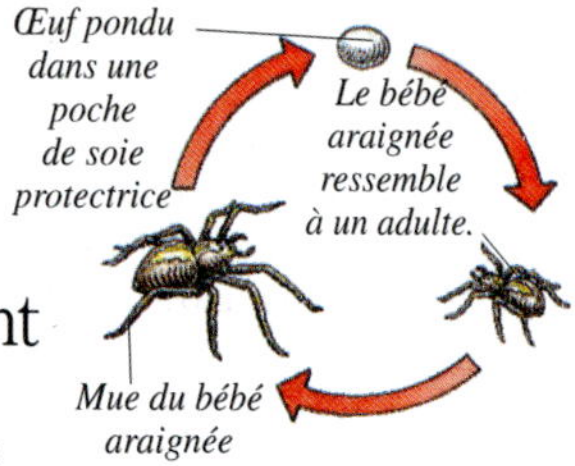

Cycle de vie de l'araignée
Les araignées pondent des œufs dont éclosent des araignées miniatures. Les araignées muent plusieurs fois avant d'atteindre l'âge adulte.

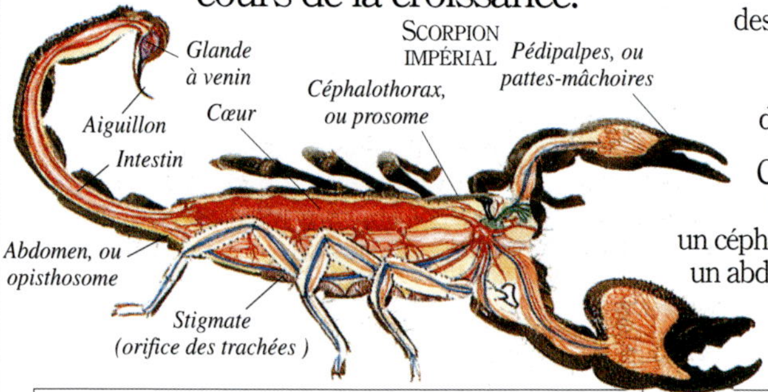

Coupe d'un arachnide
Un arachnide possède un céphalothorax (ou prosome), un abdomen (ou opisthosome), et 4 paires de pattes.

Types d'arachnides

Araignées, acariens et scorpions appartiennent à la classe des arachnides qui compte près de 70 000 espèces et 10 ordres, dont 6 sont présentés ci-dessous.

Arachnides	Ordre	Nombre d'espèces	Arachnides	Ordre	Nombre d'espèces
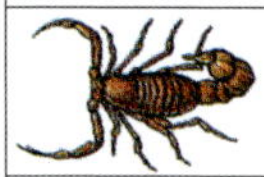	Scorpionides (scorpions)	1 000		Pseudoscorpions (faux scorpions)	3 000
	Solifuges (solpugides)	600	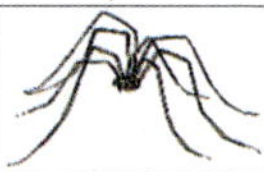	Opilions (faucheux)	4 500
	Acariens (aoûtats et tiques)	30 000		Aranéomorphes (araignées)	30 000

COUPE D'UN CRUSTACÉ

Un crustacé a une carapace dure, une tête, un thorax et un abdomen. Il possède des yeux composés, 2 paires d'antennes, et des paires de pattes articulées.

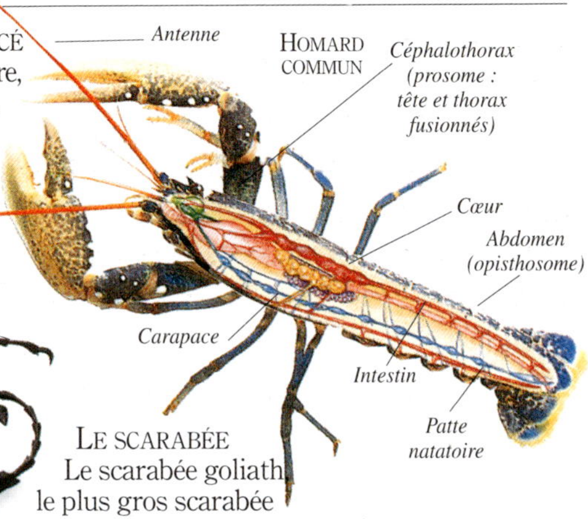

LE SCARABÉE

Le scarabée goliath, le plus gros scarabée du monde, pèse 100 g. Les scarabées sont pourvus d'une solide carapace. Les élytres, ailes antérieures rigides et incurvées, protègent les ailes postérieures fragiles qui leur permettent de voler.

TYPES DE CRUSTACÉS

Il existe plus de 40 000 espèces connues réparties en 10 classes, dont 4 sont présentées ci-dessous.

CRUSTACÉS	CLASSE	CARACTÉRISTIQUES	NOMBRE D'ESPÈCES
	Branchiopodes (bouquets, puces d'eau)	Petits animaux d'eau douce et saumâtre	900
	Cirripèdes (anatifes, balanes)	Animaux à carapace fixés sur un support	1 100
	Copépodes (cyclopes)	Petits animaux principalement planctoniques	13 000
	Malacostracés (crevettes, crabes, homards)	Animaux à 5 paires de pattes, souvent dotées de pinces	28 000

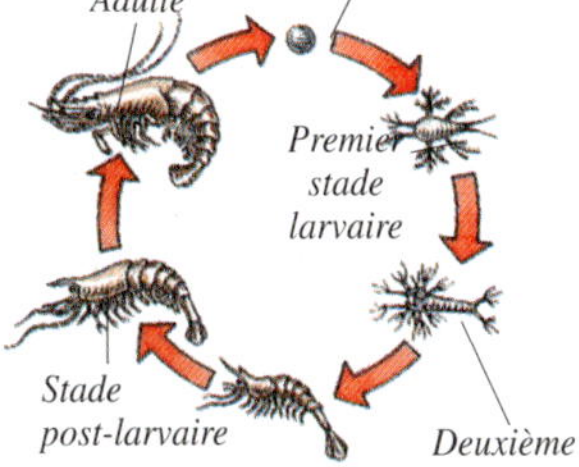

CYCLE DE VIE DE LA CREVETTE

Les crustacés pondent en général leurs œufs dans l'eau. De l'éclosion à l'âge adulte, la crevette passe par trois stades larvaires et un stade post-larvaire.

La classification

Les animaux sont les êtres vivants les plus étudiés. Beaucoup d'espèces de vertébrés sont identifiées, mais de nouvelles espèces de poissons, de batraciens et de reptiles sont découvertes chaque année. En revanche, chez les invertébrés, le nombre d'espèces encore non identifiées est certainement important.

Thysanoures
Diploures
Protoures
Collemboles
Éphéméroptères
Odonates
Plécoptères
Grylloblattides
Orthoptères
Phasmides
Dermaptères
Embioptères
Dictyoptères
Isoptères
Zoraptères
Psocoptères
Mallophages
Anoploures
Hémiptères
Thysanoptères
Névroptères
Mécoptères
Lépidoptères
Trichoptères
Diptères
Siphonaptères
Hyménoptères
Coléoptères
Strepsiptères

INSECTES (*Insecta*)
Plus de 1 million d'espèces décrites

ANIMAUX (*Animalia*)

ROTIFÈRES (*Rotifera*) 2 000 espèces

BRYOZOAIRES (*Ectoprocta*) 4 000 espèces

13 AUTRES PETITS EMBRANCHEMENTS 2 000 espèces

PÉRIPATES (*Onychophora*) 100 espèces

ÉPONGES (*Porifera*) 9 000 espèces

CTÉNAIRES (*Ctenophora*) 90 espèces

TÉRÉBRATULES (*Brachiopoda*) 300 espèces

MOLLUSQUES (*Mollusca*) – env 130 000 esp., dont :
- PIEUVRES, CALMARS (*Cephalopoda*) 600 espèces
- ESCARGOTS (*Gastropoda*) 105 000 espèces
- SOLÉNOGASTRES (*Aplacophora*) 5 540 espèces
- CHITONS (*Polyplacophora*) 500 espèces
- MOULES, PALOURDES (*Bivalvia*) 20 000 espèces
- DENTALES (*Scaphopoda*) 350 espèces
- MONOPLACOPHORES (*Monoplacophora*) 10 espèces

ÉCHINODERMES (*Echinodermata*) 6 000 espèces env. – 5 ordres dont :
- OURSINS (*Echinoidea*) 950 espèces
- OPHIURES (*Ophiuroidea*) 2 000 espèces
- ÉTOILES DE MER (*Asteroidea*) 1 500 espèces
- HOLOTHURIES (*Holothuroidea*) 900 espèces

ASTÉRIE ÉPINEUSE

VERS RONDS (*Nematoda*) 20 000 espèces

NÉMATOMORPHES (*Nematomorpha*) 250 espèces

TARDIGRADES (*Tardigrada*) 600 espèces

LOMBRICS, SANGSUES (*Annelida*) 18 600 espèces

VERS PLATS, DOUVES, TÉNIAS (*Plathelminthes*) 15 000 espèces

HYDRES, CORAUX, MÉDUSES (*Cnidaria*) 9 500 espèces

ACANTHOCÉPHALES (*Acanthocephala*) 1 150 espèces

TARANTULE

PERROQUET

Pseudoscorpions
Scorpions
Araignées
Opilions
Acariens
Uropyges
Solifuges
Amblypyges
Palpigrades
Ricinuléides

ARACHNIDES
(*Arachnida*)
80 000 espèces env.

LIMULES
(*Merostomata*)
4 espèces

ARAIGNÉES DE MER
(*Pycnogonida*)
500 espèces

SCOLOPENDRES
(*Chilopoda*)
2 500 espèces

IULES
(*Diplopoda*)
10 000 espèces

ARTHROPODES
(*Arthropoda*)
1,1 million d'esp.

CREVETTES DE SABLE
(*Cephalocarida*)
9 espèces

ARGULES
(PARASITES)
(*Branchiura*)
125 espèces

BALANES
(*Cirripedia*)
1 220 espèces

BRANCHIOPODES
(*Branchiopoda*)
1 000 espèces

MYSTACOCARIDIENS
(*Mystacocarida*)
10 espèces

CRABES, HOMARDS,
CREVETTES
(*Malacostraca*)
30 000 espèces

OSTRACODES
(*Ostracoda*)
10 000 espèces

COPÉPODES
(*Copepoda*)
13 000 espèces

CRUSTACÉS
(*Crustacea*) – plus de
40 000 esp. connues

CORDÉS
(*Chordata*)
45 000 espèces env.

OISEAUX
(*Aves*)
9 000 espèces

Autruche
Nandous
Casoars, émeu
Kiwis
Albatros, pétrels
Puffins
Pélicans, fous
Cormorans
Frégates
Manchots
Grèbes
Plongeons
Tinamous
Hérons, cigognes
Ibis, flamants
Canards, oies,
Cygnes
Aigles, vautours
Faucons
Milans, buses
Faisans
Perdrix, tétras
Dindons
Grues, foulques,
Outardes
Échassiers, mouettes
Sternes, pingouins
Gangas
Pigeons, tourterelles
Perroquets
Coucous
Chouettes, hibou
Engoulevents
Couroucous, trogons
Martinets
Oiseaux-mouches
Colious
Martins-pêcheurs
Guêpiers, rolliers
Huppes
Pics
Toucans, barbus,
Indicateurs
Tamatias, jacamars
Passereaux

MAMMIFÈRES
(*Mammalia*)
4 300 espèces

Monotrèmes (mammifères
pondant des œufs)
Marsupiaux (mammifères à poche)
Insectivores
Macroscélides (rats à trompe)
Galéopithèques (dermoptères)
Chauves-souris
Toupaïes
Primates
Édentés (fourmiliers, paresseux)
Pangolins
Oryctérope
Lièvres, lapins, pikas
Rongeurs
Baleines et dauphins
Carnivores
Phoques, otaries, morses
Éléphants
Lamantins
Dugong
Ongulés périssodactytles
Ongulés artiodactyles

AMPHIBIENS
(*Amphibia*)
4 200 espèces

Grenouilles et crapauds
Tritons et salamandres
Cécilies

REPTILES
(*Reptilia*)
6 000 espèces

Lézards et serpents
Tortues terrestres,
marines et d'eau douce
Crocodiliens
Sphénodon

LAMPROIES
(*Agnatha*)
75 espèces

REQUINS ET RAIES
(*Chondrichtyes*)
800 espèces

Requins, roussettes
torpilles, raies

POISSONS OSSEUX
(*Osteichtyes*)
20 000 espèces

Plus de 20 ordres dont :
Anguilles
Harengs, anchois
Saumons, truites
Carpes
Poissons-chats
Perches
Espadons, thons
Poissons volants

ASCIDIES
(*Ascidiacea*)
2 500 espèces

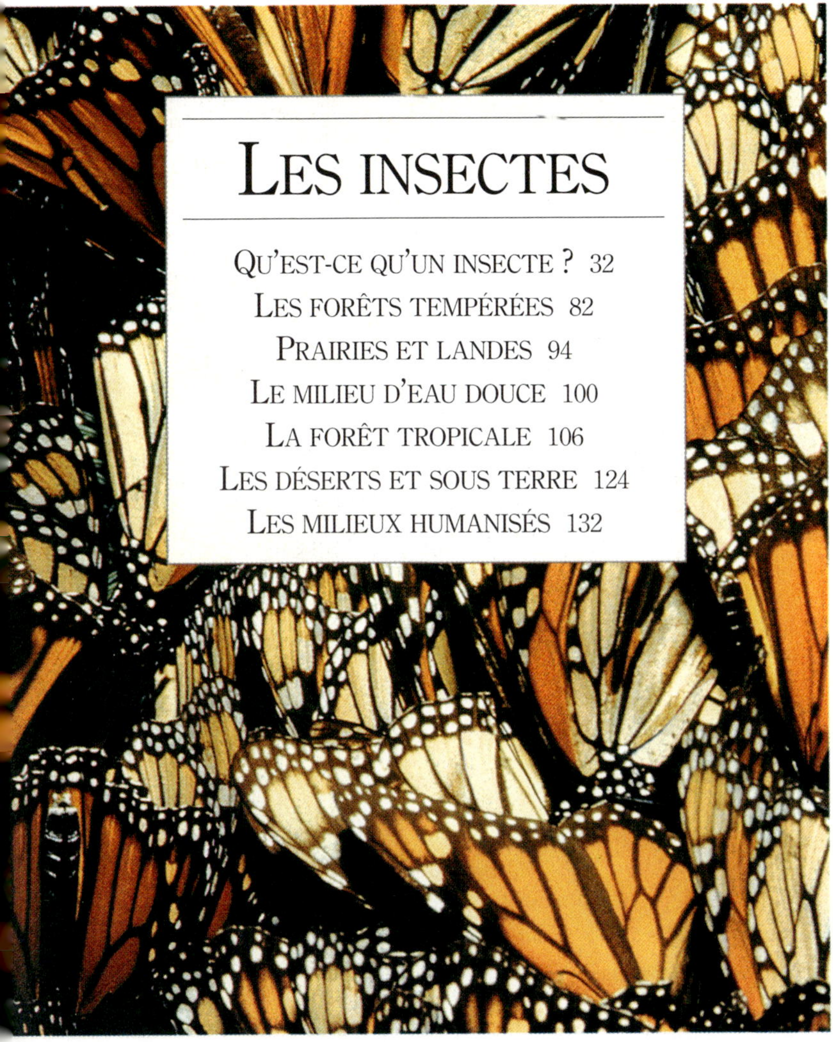

LES INSECTES

QU'EST-CE QU'UN INSECTE ?

Les insectes sont les animaux les plus nombreux de notre planète : au moins cinq millions d'espèces. Ils possèdent tous six pattes et un squelette externe (exosquelette) qui forme une solide armure protectrice autour des organes internes fragiles.

ANATOMIE D'UN COLÉOPTÈRE

LA MUE
Le jeune insecte est appelé larve. En grandissant la larve doit se débarrasser de son exosquelette, cette peau dure qui, devenue trop petite, se fend et découvre une nouvelle peau plus grande.

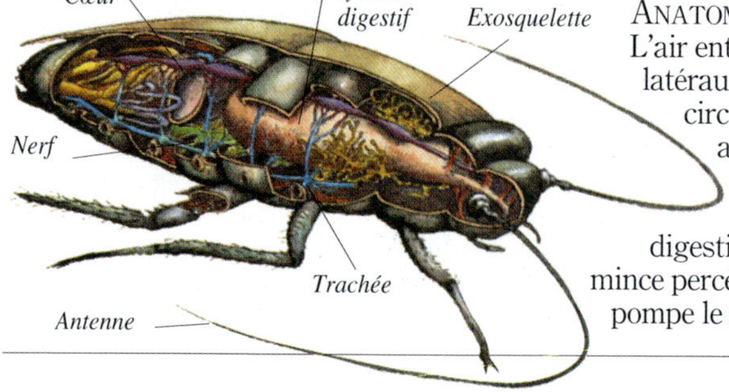

ANATOMIE INTERNE
L'air entre par les stigmates latéraux de l'abdomen et circule par des vaisseaux appelés trachées. Un seul nerf longe tout le corps sous le système digestif. Le cœur, long tube mince percé de plusieurs trous, pompe le sang dans le corps.

Le saviez-vous ?

- Les insectes font partie des arthropodes, invertébrés aux pattes articulées et à squelette externe, comme le crabe ou l'araignée.
- Leur vue couvre un large spectre lumineux, de l'infrarouge à l'ultraviolet.

LARVE DE TÉNÉBRION DE LA FARINE

Des corps mous
Les larves, asticots ou chenilles, paraissent molles, mais possèdent pourtant un fin exosquelette, comme les autres insectes. Cette peau n'est pas non plus extensible; elle se détache et se renouvelle à mesure que le corps grandit.

Anatomie externe
On distingue trois parties : la tête porte les yeux, les mandibules et les antennes ; le thorax, divisé en trois segments, porte les pattes et les ailes ; l'abdomen renferme les systèmes digestifs et reproductifs.

LES ANCÊTRES

Premiers animaux volants, les insectes apparurent il y a 300 millions d'années, bien avant l'homme et même avant les dinosaures. Les plus anciens, aujourd'hui disparus, ressemblaient aux libellules et aux blattes.

DES METS NOUVEAUX
En apparaissant, il y a 100 millions d'années, les plantes à fleurs apportèrent aux insectes le pollen et le nectar : en se nourrissant ceux-ci pollinisèrent les fleurs ; ainsi de nouvelles espèces de plantes et d'insectes prospérèrent en même temps.

PRISONNIÈRE DE L'AMBRE
L'ambre est la résine fossile des pins présents sur Terre il y a plus de 40 millions d'années. Des insectes s'y engluaient parfois, comme cette abeille conservée dans du copal, forme moins ancienne de l'ambre.

LE SAVIEZ-VOUS ?

- Le plus vieil insecte fossile connu est un podure qui vivait il y a 400 millions d'années.
- Certains des premiers insectes portaient 3 paires d'ailes.
- Le plus ancien papillon connu vivait en Angleterre il y a 190 millions d'années.

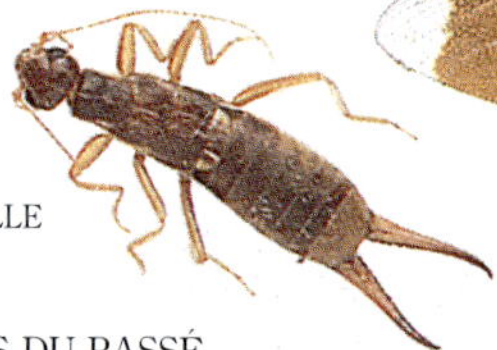

PERCE-OREILLE ACTUEL

VESTIGES DU PASSÉ
Ce fossile vient des sédiments d'un lac vieux de 35 millions d'années, dans le Colorado (États-Unis). La ressemblance avec le perce-oreille actuel est frappante.

Perce-oreille fossile

UNE LIBELLULE FOSSILE
L'une des premières espèces d'insectes : les fossiles montrent que les libellules ont peu changé au cours du temps. Certaines étaient très grandes et pouvaient atteindre 60 cm d'envergure. Ce fossile de libellule trouvé dans le sud de l'Angleterre montre une espèce de petite taille. Les nervures des ailes sont bien visibles.

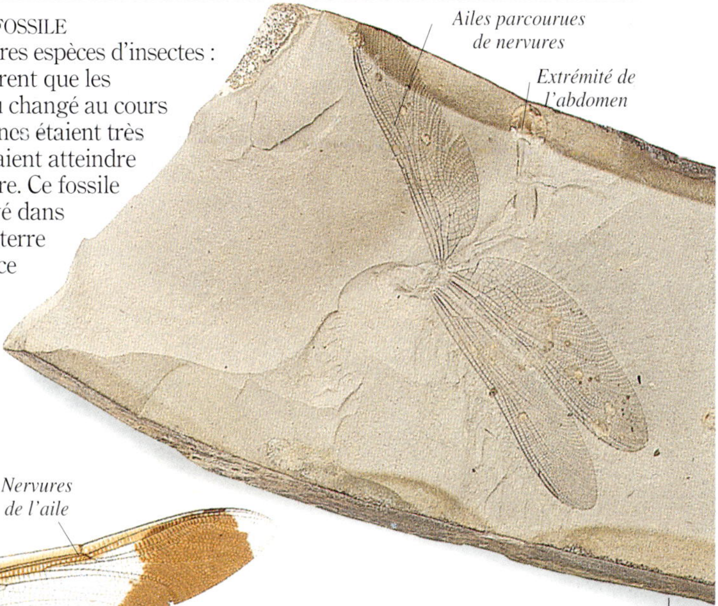

LES LIBELLULES ACTUELLES
Cette libellule de Bornéo appartient à l'une des plus grandes espèces actuelles – jusqu'à 16 cm d'envergure. Les larves des libellules vivent dans l'eau, mais on ne sait pas si cela était vraiment le cas chez les libellules préhistoriques.

UN VOL GRACIEUX
En vol, les libellules sont rapides et agiles. Un reptile volant préhistorique n'aurait pas pu capturer une libellule aussi facilement que le suggère cette gravure fantaisiste.

Les différentes espèces

On ne peut pas les dénombrer avec exactitude car les scientifiques en découvrent sans cesse de nouvelles. On estime à peu près à cinq millions les espèces vivantes, chacune appartenant à l'un des quelque 30 ordres, selon la structure de leur corps et le développement de la larve.

Coléoptères, guêpes, abeilles et fourmis

Près de 400 000 espèces de coléoptères ont été décrites : elles constituent l'ordre le plus vaste. Guêpes, abeilles et fourmis, qui ont pour trait commun leur «taille fine», forment le second ordre le plus important, comptant environ 200 000 espèces.

Lucane cerf-volant

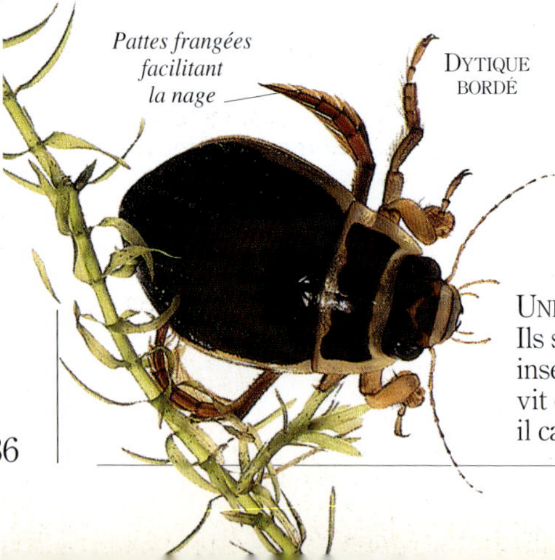

Dytique bordé

Les coléoptères

Ailes et mandibules
Les deux ailes antérieures modifiées – les élytres – forment un bouclier qui protège les ailes postérieures repliées. Certains ont des mandibules démesurées qui évoquent des cornes.

Une nourriture variée
Ils se nourrissent de plantes, champignons, insectes et animaux morts. Le dytique bordé vit dans les étangs : redoutable prédateur, il capture têtards et jeunes poissons.

Fourmis, guêpes et abeilles

Les guêpes

Les adultes ont une taille fine et deux paires d'ailes transparentes. Les larves ressemblent à des asticots ou à des chenilles. Les femelles ont souvent un ovipositeur (tube de ponte) transformé en aiguillon.

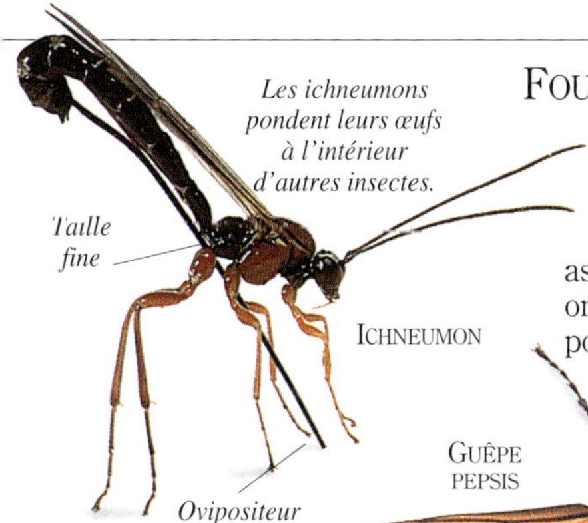

ICHNEUMON

Les ichneumons pondent leurs œufs à l'intérieur d'autres insectes.

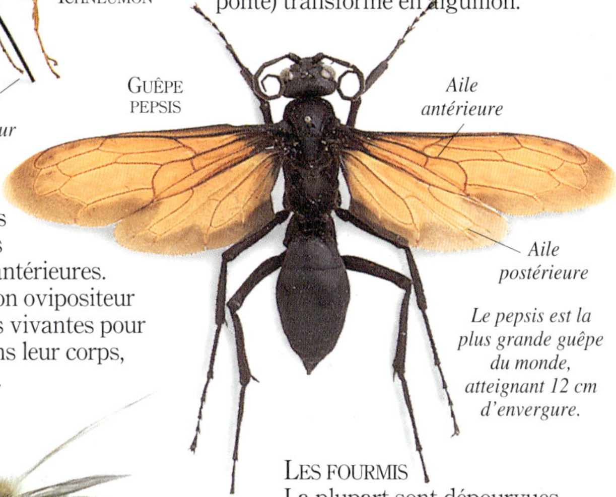

GUÊPE PEPSIS

Le pepsis est la plus grande guêpe du monde, atteignant 12 cm d'envergure.

Ailes et aiguillons

Les ailes postérieures de la guêpe sont plus petites que les ailes antérieures. Le pepsis pique de son ovipositeur de grandes araignées vivantes pour déposer ses œufs dans leur corps, et les enterre ensuite.

ABEILLE DOMESTIQUE

Les abeilles

Elles se nourrissent à partir des plantes, contrairement aux guêpes qui sont des prédateurs. Elles ont toutes le corps poilu, et certaines piquent. Elles peuvent vivre en groupe dans les ruches, mais la plupart sont solitaires.

Les fourmis

La plupart sont dépourvues d'ailes, ont la taille fine et un aiguillon. Leur morsure est désagréable. Cette fourmi rousse peut faire jaillir de son abdomen un acide mortel pour d'autres insectes.

FOURMI ROUSSE

Papillons et mouches

Les mouches et les papillons constituent deux ordres d'insectes distincts. Chez les mouches, la paire d'ailes postérieure est transformée en une paire d'haltères qui permet de stabiliser le vol. Leurs larves sont les asticots. Les papillons se nourrissent à l'aide d'une trompe qu'ils déroulent. Leurs ailes sont couvertes de minuscules écailles aplaties. Leurs larves sont les chenilles.

PAPILLONS DIURNES ET NOCTURNES

LES CHENILLES

Bien que leur corps soit mou, elles ont un exosquelette. Elles grandissent rapidement, se nourrissant de feuilles qu'elles coupent avec leurs mandibules acérées.

POLYTHEMUS (NOCTURNE)

LES PAPILLONS NOCTURNES

Il en existe 150 000 espèces. La plupart ne volent que la nuit. Leurs couleurs sont ternes et ils possèdent souvent des antennes plumeuses. Mais il en existe aussi qui volent le jour, dont certains sont vivement colorées.

LES PAPILLONS DIURNES

Il en existe 15 000 espèces. Ils volent le jour, ont des antennes terminées en massue et des couleurs vives. Les écailles qui recouvrent leurs ailes se colorent par irisation : ce sont les rayons du soleil qui produisent une multitude de couleurs différentes.

MACHAON ÉMERAUDE (DIURNE)

Les mouches

Les tipules

Elles sont répandues dans le monde entier. Les larves de certaines espèces ont la peau si dure que les Anglais les surnomment «vestes de cuir».

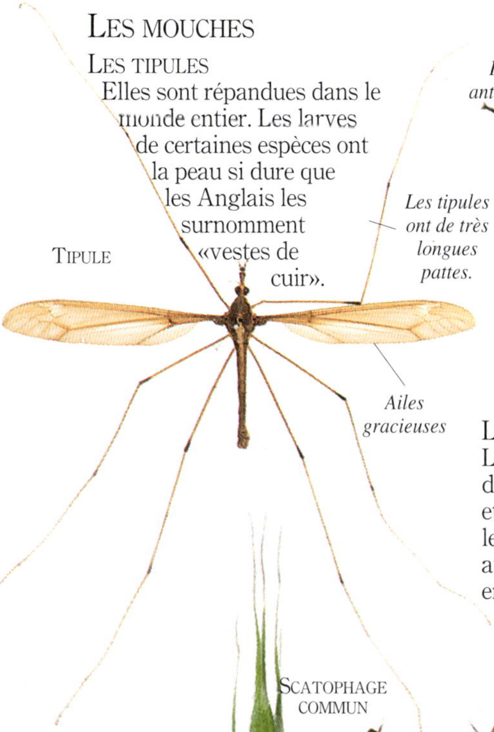

Tipule

Mouche domestique

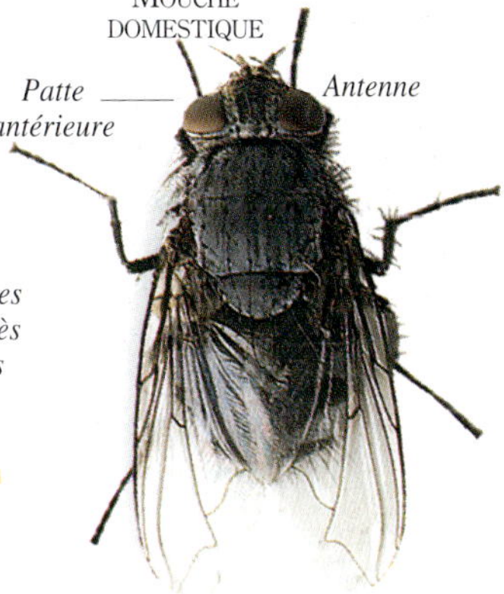

Les mouches domestiques

Leurs asticots se nourrissent de viande en décomposition et d'ordures. On en trouve dans le monde entier. Elles volent avec une agilité extraordinaire en esquivant les prédateurs.

Scatophage commun

Les scatophages

Les excréments sont chauds, humides et très nourrissants pour de nombreux insectes, dont les scatophages, qui sont indispensables pour nous débarrasser des excréments des plus gros animaux.

Syrphe

Les syrphes

À cause de leur couleur, on les prend souvent pour des guêpes. Ce sont de vraies champions, capables de voler à très grande vitesse.

Les punaises et les autres

Il existe près de 67 500 espèces de punaises qui forment le 5e plus grand ordre des insectes. Elles possèdent une trompe repliée entre les pattes et se nourrissent surtout de végétaux. Les autres ordres comportent un moins grand nombre d'espèces. Certains de ces ordres sont bien connus ; ils comprennent notamment les puces, les blattes, les libellules et les sauterelles.

LES PUNAISES

PERCER ET ASPIRER

À la place des mandibules, la punaise a une trompe fine comme une aiguille pour aspirer les substances liquides dans la nourriture.

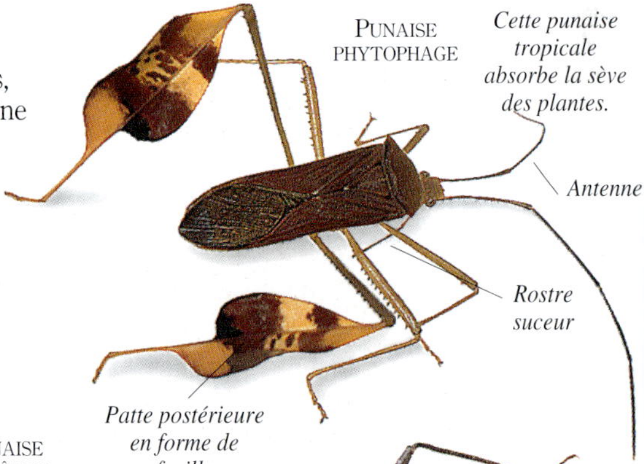

PUNAISE PHYTOPHAGE

PUNAISE GRISÂTRE

RÉDUVE

UN BOUCLIER VIVANT

Les punaises ont deux paires d'ailes. Les ailes antérieures très dures, (moins pourtant que celles des coléoptères) forment, en se refermant, un bouclier coloré.

LES RÉDUVES

Ils mangent les autres insectes. Ils «poignardent» leurs proies qu'ils vident de leur substance avec leur rostre suceur. Certains réduves d'Amérique du Sud se nourrissent de sang humain et propagent ainsi des maladies.

D'AUTRES ORDRES D'INSECTES

NYMPHE DE CRIQUET PÉLERIN

SAUTERELLES ET CRIQUETS

Ils se nourrissent de végétaux et bondissent sur leurs puissantes pattes postérieures. Les criquets peuvent pulluler et détruire les cultures.

MANTE

LES MANTES

L'adulte et la larve se ressemblent. Toutes deux ont de grands yeux et des pattes antérieures préhensiles. Elles sont de la couleur des feuilles et des fleurs et peuvent se cacher en guettant leurs proies.

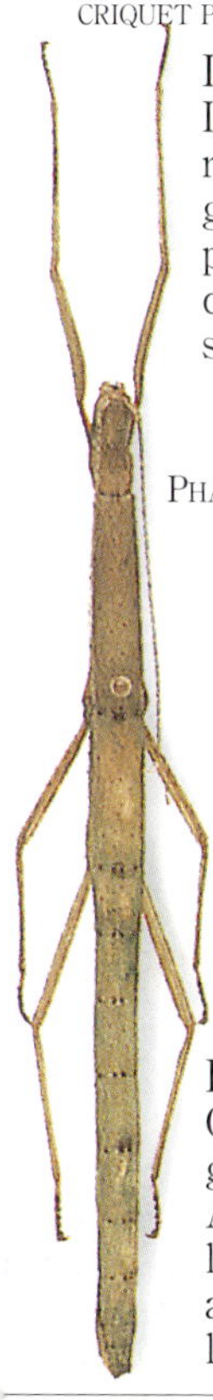

PHASME

BLATTE

LES BLATTES

On en trouve de nombreux fossiles car elles forment l'un des ordres les plus anciens. Leurs ailes antérieures se recouvrent partiellement au lieu de se joindre au milieu. Les larves ressemblent aux adultes.

LES PHASMES

On les trouve généralement sous les tropiques. Avec leur corps et leurs pattes longs et frêles, on les confond avec les brindilles, et cela les protège des prédateurs.

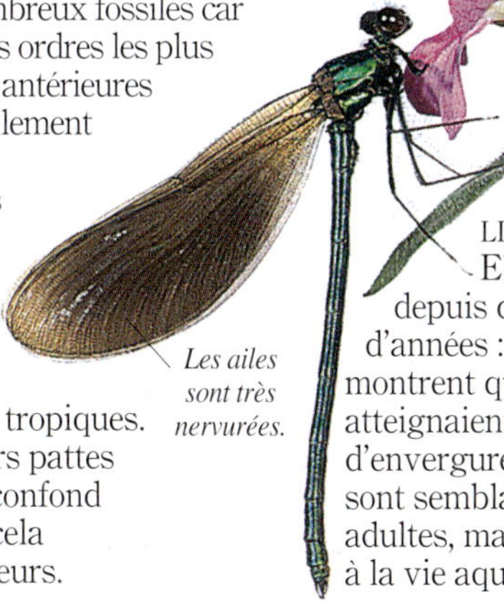

LES LIBELLULES

Elles existent depuis des millions d'années : les fossiles montrent que certaines atteignaient 60 cm d'envergure. Les larves sont semblables aux adultes, mais adaptées à la vie aquatique.

Les métamorphoses

Les insectes passent par différentes étapes pour devenir adultes : ce processus de croissance est appelé la métamorphose (ou mue), qui peut être complète, ou incomplète. La métamorphose complète se déroule en quatre phases : œuf, larve, nymphe et adulte. La métamorphose incomplète compte trois phases seulement : œuf, larve et adulte.

La métamorphose incomplète

Il s'agit d'une transformation graduelle. Au sortir de l'œuf, la larve évoque déjà l'adulte par son aspect, mais avec des formes imparfaites et en miniature. En grandissant elle mue plusieurs fois avant d'atteindre l'état adulte.

1 Larve de demoiselle

La larve vit dans l'eau. De petites pagaies au bout de sa queue, les branchies, l'aident à nager et à respirer. Sa peau tombera plusieurs fois.

2 Tenir bon

Prête à devenir adulte, elle se hisse hors de l'eau et s'agrippe à la tige d'une plante.

3 La délivrance

La peau se fend sur le dos. La tête et le thora de l'insecte adulte apparaissent.

4 LIBÉRÉE Le corps encore mou, se contorsionne hors de l'ancienne peau. Puis le sang circule vers les ailes froissées qui se déploient.

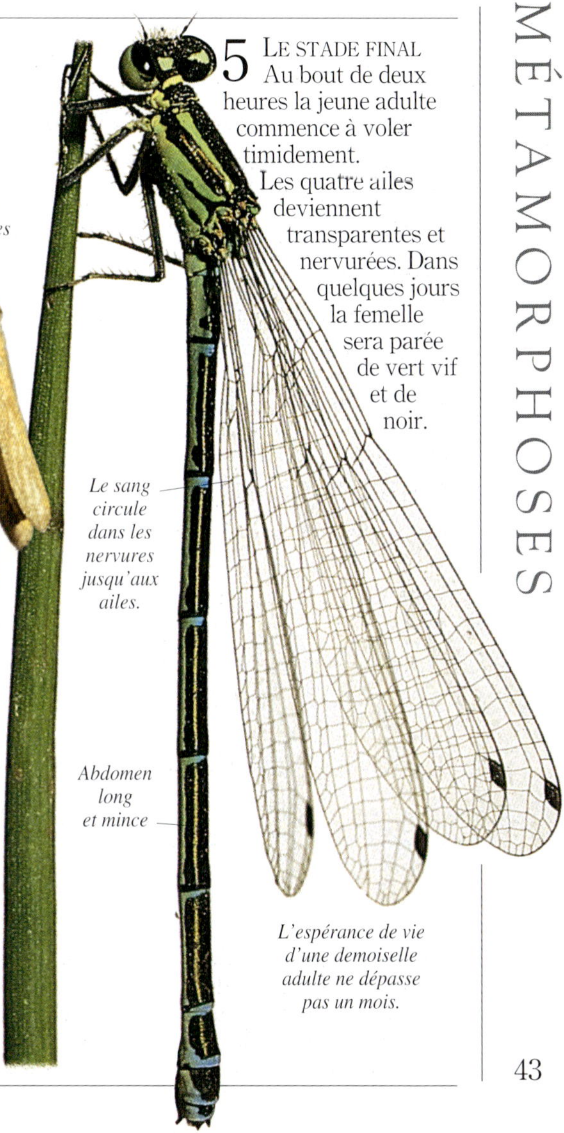

5 LE STADE FINAL Au bout de deux heures la jeune adulte commence à voler timidement. Les quatre ailes deviennent transparentes et nervurées. Dans quelques jours la femelle sera parée de vert vif et de noir.

L'espérance de vie d'une demoiselle adulte ne dépasse pas un mois.

La métamorphose complète

Les quatre principales phases d'une métamorphose complète sont : l'œuf, la larve, la nymphe (ou chrysalide chez les papillons), et l'adulte. C'est pendant la nymphose qu'a lieu l'extraordinaire transformation en adulte. Les guêpes, les papillons, les coléoptères et les mouches subissent cette métamorphose.

1 LA PONTE Les papillons pondent des œufs près des feuilles qui alimenteront les chenilles dès leur sortie de l'œuf, car elles seront alors trop petites pour se déplacer.

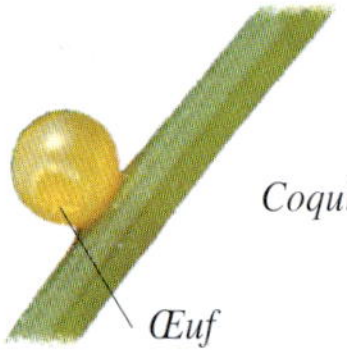

Œuf

Coquille

2 LE PREMIER REPAS À peine sortie de l'œuf, la chenille mange sa propre coquille qui contient les éléments nutritifs dont elle a besoin. Plus tard, elle se nourrira de feuilles.

Les puissantes mandibules coupent la nourriture.

Une chenille peut multiplier par cent son poids d'origine en quelques semaines.

3 LA CROISSANCE La chenille dévore des centaines de feuilles et grossit, perdant sa peau plusieurs fois. Elle se prépare au stade suivant de sa vie, la nymphose (stade nymphal).

La nymphe est également appelée chrysalide.

Un fil de soie retient la nymphe.

Les chrysalides se camouflent souvent en feuille.

4 Activité intense

La nymphe est une véritable usine. Elle semble immobile mais, à l'intérieur, de grands bouleversements se produisent. Les organes de la chenille se transforment en un liquide laiteux, bientôt remplacé par ceux du papillon adulte.

5 Dernier stade

La métamorphose terminée, le papillon émerge de sa chrysalide et déploie ses ailes froissées et humides. Avant de pouvoir voler, il doit attendre deux heures pendant lesquelles ses ailes vont sécher et durcir.

Antenne

Chrysalide vide

Ailes humides et froissées

Le sang circule dans les nervures jusqu'aux ailes pour les ouvrir.

Machaon

Il faut à peu près huit semaines au machaon pour passer de l'œuf à l'état adulte.

6 Un papillon est né

Sa vie change totalement de celle de la chenille. Alors que la chenille se gave de feuilles pour grossir, le papillon passe son temps à butiner le nectar des fleurs et à chercher un partenaire pour se reproduire.

MARCHER, SAUTER, VOLER

Les insectes se déplacent grâce aux muscles rattachés aux faces internes de leur exosquelette. Beaucoup marchent, mais les larves qui n'ont pas de pattes doivent ramper. Toutefois, la plupart savent voler et parcourent ainsi de longues distances.

Les pattes

Elles servent à marcher, courir, sauter et nager. Chez de nombreuses espèces, les pattes sont modifiées et adaptées à d'autres usages : capturer des proies, maintenir la femelle lors de l'accouplement, émettre des sons, creuser la terre, combattre, se camoufler, etc.

DES PATTES POUR NAGER
Le notonecte «pagaye» rapidement dans l'eau à l'aide de longues pattes postérieures aux extrémités aplaties munies d'une épaisse frange de poils. Ses courtes pattes antérieures servent à attraper les proies.

LE SAVIEZ-VOUS ?

- Certaines mouches, qui parasitent les œufs des insectes aquatiques «volent» sous l'eau.
- Nombre de papillons marchent sur 4 pattes ; les deux antérieures leur servent à goûter.
- Des larves de guêpes parasites s'introduisent dans les fourmilières sur le dos d'une fourmi.

1 PRÉPARATION DU SAUT
Les pattes postérieures du criquet sont massives et musclées. Avant chaque saut, il les ramène contre son abdomen, près de son centre de gravité. C'est la position idéale pour se propulser le plus haut possible.

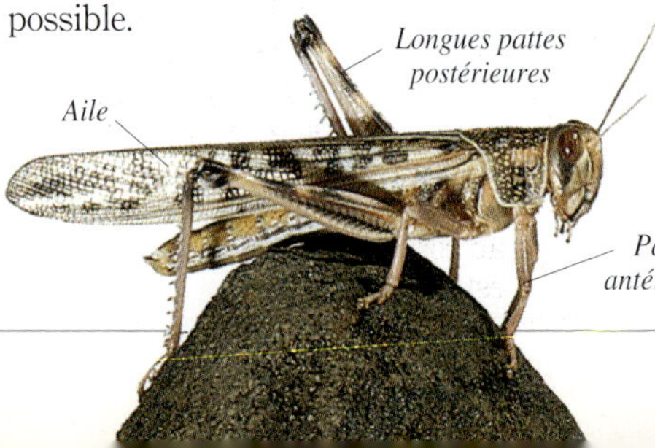

DES PATTES ADHÉSIVES
Les pattes de la mouche domestique sont munies de coussinets couverts de minuscules poils crochus adhérant aux surfaces les plus lisses. C'est ainsi qu'elle peut marcher la tête en bas.

FAUSSES PATTES
Comme tous les insectes, les chenilles ont trois paires de pattes rattachées au thorax. Mais elles ont en plus cinq paires de «fausses» pattes, extensions musculaires situées sur l'abdomen pour s'agripper aux plantes.

2 DÉCOLLAGE
Les pattes postérieures sont semi-tendues, muscles contractés. Ailes fermées et pattes antérieures collées au corps, son profil est aérodynamique.

3 AILES DÉPLOYÉES
Au sommet de son saut, le criquet ouvre les ailes et commence à voler, équilibré par ses pattes tendues. Il peut sauter 50 cm, soit 10 fois la longueur de son corps.

Ailes et écailles

Il existe des ailes de toutes les formes et de toutes les tailles : pour voler, mais aussi pour attirer les partenaires ou se cacher des prédateurs. La plupart des insectes possèdent deux paires d'ailes renforcées par un réseau de nervures. Les mouches n'en ont qu'une paire – la seconde est transformée en petits balanciers appelés haltères. Les ailes des insectes minuscules présentent peu de nervures.

VOLTIGEUSES
Les libellules sont les insectes volants les plus habiles du monde. Elles planent, contrôlent leur vitesse de vol, changent brusquement de direction et volent même à reculons. Chaque paire d'ailes est indépendante.

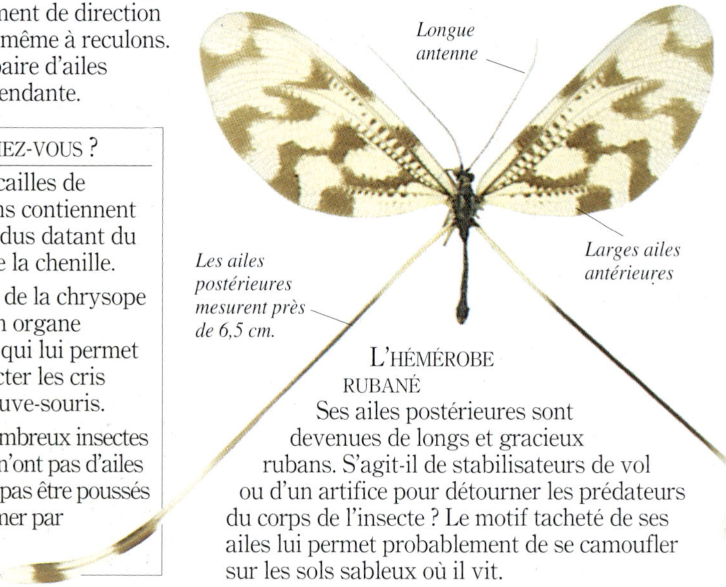

L'HÉMÉROBE RUBANÉ
Ses ailes postérieures sont devenues de longs et gracieux rubans. S'agit-il de stabilisateurs de vol ou d'un artifice pour détourner les prédateurs du corps de l'insecte ? Le motif tacheté de ses ailes lui permet probablement de se camoufler sur les sols sableux où il vit.

LE SAVIEZ-VOUS ?

- Les écailles de papillons contiennent des résidus datant du stade de la chenille.
- L'aile de la chrysope porte un organe auditif, qui lui permet de détecter les cris des chauve-souris.
- De nombreux insectes des îles n'ont pas d'ailes pour ne pas être poussés vers la mer par le vent.

PAON DE JOUR

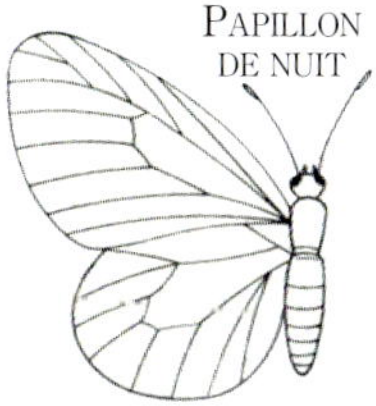

PAPILLON DE NUIT

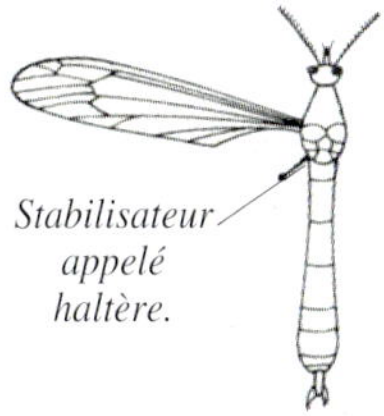

TIPULE

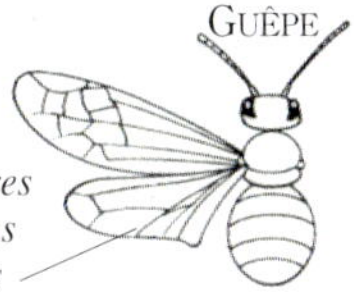

GUÊPE

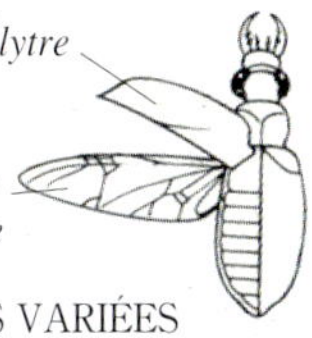

COLÉOPTÈRE

LES OCELLES

Les ailes servent quelquefois à jouer des tours aux ennemis. Par exemple, les papillons : lorsqu'ils déploient leurs ailes brusquement, les ocelles, qui ressemblent à de gros yeux, effraient les prédateurs et ils profitent de leur confusion pour fuir.

LES ÉCAILLES

Les ailes de papillons sont recouvertes d'écailles qui se chevauchent. Ces écailles sont formées de poils aplatis et striés.

LES AILES FRANGÉES

Les tout petits insectes ont du mal à voler parce que l'air est trop dense pour eux. Pour les aider à s'élever dans l'air, leurs ailes sont souvent prolongées par des franges de poils.

AILES VARIÉES

La plupart des papillons de nuit ont deux paires de grandes ailes. Les mouches n'en ont qu'une.
Les ailes des guêpes sont transparentes. La seconde paire d'ailes des coléoptères se replie sous les élytres.

Le vol

Leur aptitude à voler explique en grande partie pourquoi les insectes survivent depuis des millions d'années. Voler leur permet d'échapper au danger, de trouver plus facilement nourriture et habitat. Il arrive que des insectes parcourent des milliers de kilomètres pour trouver de la nourriture fraîche ou un climat plus doux.

VOLS GROUPÉS
Cette sauterelle d'Afrique a de larges ailes postérieures qui lui permettent de parcourir de longues distances. Les criquets volent en groupes immenses quand ils sont en quête de nourriture. Parfois jusqu'à 100 millions de criquets volent ensemble sur des centaines de kilomètres.

ÉCHAUFFEMENT
L'insecte doit échauffer ses muscles avant de pouvoir voler. Dans la fraîcheur du matin, cette punaise fait vibrer ses ailes pour réchauffer ses muscles du vol.

Vibration des ailes

Élytres protecteurs

1 PRÉPARATION AU DÉCOLLAGE
Ce hanneton se prépare à décoller, juché au sommet d'une plante et face au vent. Il ouvre et ferme ses élytres plusieurs fois pendant qu'il s'échauffe.

2 OUVERTURE DES AILES
Les élytres se soulèvent doucement. Les antennes se tendent pour permettre au coléoptère d'apprécier la direction du vent.

De vrais acrobates

Les syrphes sont impressionnants. Comme les hélicoptères, ils se déplacent en avant, en arrière, latéralement, et indifféremment de bas en haut ou de haut en bas. Ils peuvent aussi planer, ce dont peu d'insectes sont capables.

4 L'envol

Le hanneton se lance dans les airs, pattes tendues pour une meilleure stabilité. Les ailes postérieures battent : vers le haut et vers l'arrière, puis vers le bas et vers l'avant.

3 Prêt à décoller

Les élytres sont ouverts et les ailes postérieures déployées : celles-ci propulsent l'insecte pendant le vol, les élytres exerçant une poussée vers le haut, comme les ailes d'un avion.

Les organes des sens

Pour survivre, les insectes doivent avoir une perception sûre du monde qui les entoure. Leurs sens sont plus développés que ceux de la plupart des grands animaux. Ils perçoivent des couleurs et des sons que les humains ne peuvent capter, et détectent des odeurs à plusieurs kilomètres.

La vue

Leurs yeux sont de deux sortes : simples ou composés. Les yeux simples ne détectent que la lumière et l'ombre. Les yeux composés sont constitués de centaines de lentilles.

Tête du sympetrum à côté strié

Les yeux simples
Les chenilles ne vont jamais chercher bien loin les plantes pour se nourrir puisqu'elles vivent dessus. Elles n'ont donc pas besoin d'une vue perçante, et se débrouillent avec des yeux simples.

Une bonne vue
Les yeux de la libellule occupent toute sa tête. Ils lui permettent de voir devant, au-dessus, au-dessous, et derrière elle en même temps. Ses yeux lui servent plus que les autres sens pour chasser.

Sympetrum à côté strié

STRUCTURE DE L'ŒIL
Les yeux composés sont constitués d'un grand nombre de facettes portant chacune une lentille en surface et une seconde, de forme conique, à l'intérieur. Plus le nombre de facettes est grand, plus l'œil est sensible.

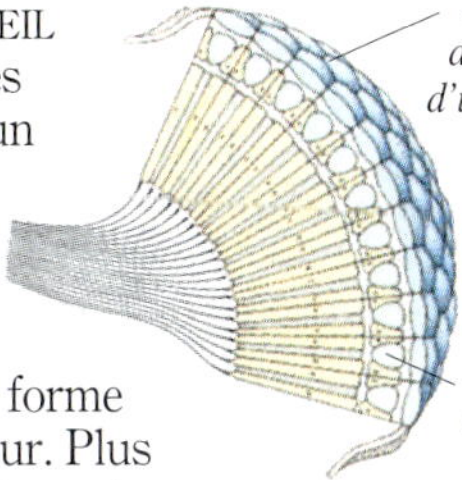

LUMIÈRE ULTRAVIOLETTE
Perçue par les insectes, elle est invisible pour la plupart des autres animaux et pour l'homme. Les pétales de certaines fleurs portent des lignes qui réfléchissent les rayons ultraviolets et guident les insectes vers les réserves de pollen et de nectar.

YEUX MULTIPLES
Comme presque tous les insectes, cette guêpe possède à la fois des yeux simples et des yeux composés. Nous ignorons quelle vision donnent les yeux composés : peut-être une mosaïque, formée par les images différentes que donne chaque facette. Mais nous sommes sûrs qu'ils détectent le moindre mouvement.

Les insectes arnivores, comme cette guêpe, ont une excellente vision qui leur ermet de capturer leurs proies.

L'odorat, l'ouïe et le toucher

Le corps des insectes est recouvert de poils courts reliés au système nerveux, qui captent les vibrations émises dans l'air par les sons et les mouvements. Certains poils sont modifiés pour détecter les odeurs et les saveurs. Ces poils sensoriels sont surtout situés sur les antennes, mais aussi sur les pattes et autour de la bouche.

«Taille» fine

Ces fourmis peuvent faire jaillir de leur abdomen un acide dirigé contre leurs ennemis.

FOURMIS TACTILES
Les fourmis vivent et travaillent en importantes colonies. Elles communiquent en se touchant les antennes, se passant des messages chimiques à propos de la nourriture, du danger, ou toute autre information.

L'antenne est constituée d'une dizaine de segments articulés.

Oreille

DES OREILLES SUR LES PATTES
Le grillon présente une protubérance sous le genou de chaque patte antérieure : ce sont ses oreilles, formées comme des membranes de tambour.

Antennes ramifiées

LES ANTENNES DU COLÉOPTÈRE
Les franges sur les antennes de ce coléoptère indien en augmentent la surface sensorielle pour mieux capter les odeurs portées par le vent.

LES ANTENNES DES PAPILLONS DE NUIT
Ces antennes plumeuses sont extrêmement sensibles aux odeurs. Elles leur permettent de reconnaître une plante ou une fleur, ou de localiser un partenaire.

À L'ÉCOUTE DES ENNEMIS
Les papillons de nuit ont des oreilles de chaque côté de l'abdomen. Ils captent les cris des chauves-souris qui chassent les insectes volants. Si l'une d'elle approche, ils replient leurs ailes et «plongent» pour lui échapper.

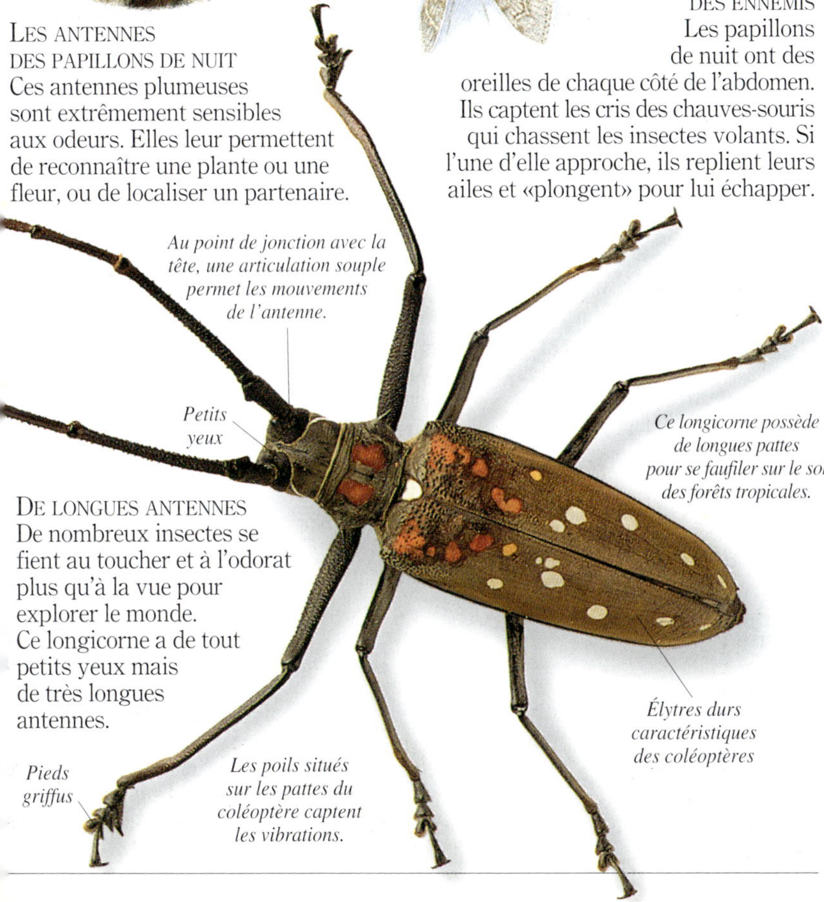

DE LONGUES ANTENNES
De nombreux insectes se fient au toucher et à l'odorat plus qu'à la vue pour explorer le monde. Ce longicorne a de tout petits yeux mais de très longues antennes.

L'ALIMENTATION

Les insectes ont un appareil buccal complexe. Ceux qui mastiquent la nourriture ont une paire de solides mâchoires pour la couper, une paire plus petite pour la saisir et deux paires d'organes sensoriels, ou palpes, pour la goûter. Ceux qui absorbent des liquides ont une trompe faisant office de paille.

La mastication

Les insectes prédateurs ont des mandibules acérées pour frapper les proies, les saisir et les tailler en pièces. Ceux qui se nourrissent de végétaux ont des mandibules plus émoussées pour broyer.

BROYEURS DE PLANTES
Les chenilles ont besoin de puissantes mandibules pour couper les végétaux. Leurs dents, qui fonctionnent comme des meules, se chevauchent quand les mâchoires se referment.

MANDIBULES ESCAMOTABLES
Les larves de libellules ont une mâchoire articulée repliée sous la tête, terminée par une paire de pinces. Cette mâchoire se déplie, les pinces saisissent la proie et la portent à sa bouche où elle est broyée par les mandibules

LA FOURMI BOULEDOGUE
Les mandibules des fourmis sont adaptées à leur alimentation. Les fourmis moissonneuses possèdent d'épaisses mandibules édentées qui broient les graines. Les prédatrices ont de longues mandibules pointues pour tuer leurs proies ; d'autres ont des mandibules simples, pour un régime d'insectes tendres et de nectar. Cette fourmi bouledogue est armée de longues mandibules épineuses pour découper ses victimes.

Les épines s'enfoncent dans la proie qui ne peut plus s'enfuir.

Les extrémités des mandibules se chevauchent.

Fourmi découpant une chenille

DES MANDIBULES MEURTRIÈRES
Les mandibules massives des coléoptères rampants font office de couteau et de fourchette pour découper vers, limaces et chenilles. Une paire plus petite leur sert à engloutir les morceaux.

La mante découpe une mouche avec ses mandibules.

Les pattes antérieures épineuses tiennent la mouche.

UNE POIGNE DE FER
La mante religieuse maintient ses proies entre ses pattes antérieures épineuses, comme dans un étau. Elle utilise ses puissantes mandibules acérées pour découper les proies qu'elle dévore en quelques minutes.

Boire pour se nourrir

Pour beaucoup d'insectes, boire est le seul moyen de se nourrir. Les aliments liquides les plus nutritifs sont le nectar, riche en sucre, et le sang, rempli de protéines. Certains insectes aspirent le liquide au moyen de pièces buccales en forme de trompe, d'autres au moyen d'organes absorbants comme des éponges.

LES SPHINX
Les papillons possèdent une longue trompe, le proboscis, qu'ils utilisent comme une langue pour boire. Le sphinx de Darwin a une si longue trompe qu'il peut aspirer le nectar tout au fond des fleurs très profondes.

MOUCHE DOMESTIQUE

UNE VRAIE ÉPONGE
La bouche de la mouche absorbe l'eau comme une éponge. Sa salive contient des sécrétions qui transforment la nourriture solide en bouillie. Les taons ressemblent aux mouches domestiques ; les femelles se nourrissent de sang après avoir taillé la peau avec leurs dents.

La salive tue la proie et dissout ses entrailles pour que la punaise puisse les boire.

Le rostre
C'est l'étui qui renferme les stylets avec lesquels les réduves percent leurs proies. Les stylets forment un tube double : la salive descend d'un côté, tandis que la nourriture monte de l'autre.

Trompe enroulée
Au repos, la trompe des papillons diurnes et nocturnes est enroulée sous la tête. La longueur de la trompe varie selon les espèces. La trompe la plus longue (33 cm) est celle du sphinx de Darwin, qui vit à Madagascar.

Les taons
La plupart ont des mandibules coupantes pour inciser la peau et faire saigner. Ce curieux taon oriental a des pièces buccales courtes pour se nourrir de sang et une longue trompe pour récolter le nectar.

Reproduction et croissance

La reproduction est périlleuse chez les insectes : la femelle doit trouver un mâle de sa propre espèce pour s'accoupler, puis elle devra pondre ses œufs dans un endroit où les petits pourront se nourrir. Les larves devront subir plusieurs mues.
Et tout cela en évitant d'être mangées.

La lumière est produite par une réaction chimique.

DES PETITS PHARES
Les vers luisants sont les femelles aptères de certains coléoptères. Elles attirent les mâles en produisant une lumière à l'extrémité de leur abdomen, selon un code de reconnaissance.

Parade et accouplement

Mâles et femelles utilisent des signaux spéciaux pour reconnaître un partenaire de leur propre espèce. Ils émettent des parfums et font briller leurs couleurs, utilisent la danse, les caresses et les cadeaux.

Les papillons sont séduits par des substances chimiques odorantes appelées phéromones.

VOLS DE SÉDUCTION
Les papillons se fient plus à l'odorat qu'à la vue pour se reconnaître entre eux. Pour séduire, ils volent et dansent en émettant des substances odorantes spécifiques de leur espèce.

ACCOUPLEMENT DANGEREUX
L'accouplement peut durer des heures, pendant lesquelles le mâle maintient fermement l'abdomen de la femelle. Le couple devient une proie facile pour les prédateurs.

Les demoiselles

Pendant l'accouplement, le mâle maintient le cou de la femelle avec l'extrémité de son abdomen. Celle-ci recueille le sperme dans une poche située près des pattes du mâle, qui ne la lâche qu'après la ponte, la protégeant des autres mâles.

Chez les prédateurs

Pendant l'accouplement, le mâle de certains prédateurs, comme les mouches empis, donne un insecte mort à manger à la femelle pour éviter d'être lui-même dévoré. Certains lui offrent un corps vide pour l'occuper.

Accouplement de porte-queue asiatiques

Un comportement bizarre

On dit souvent que la femelle de la mante dévore le mâle pendant l'accouplement. Il semble que cela n'arrive qu'en captivité, où le comportement n'est plus naturel.

La ponte et les œufs

Les insectes consacrent beaucoup d'énergie à la ponte. Pour ne pas dépenser cette énergie en pure perte, ils savent mettre leurs œufs à l'abri des prédateurs de multiples façons. Quelques-uns restent près des œufs pour les protéger jusqu'à l'éclosion. D'autres les enterrent avec une réserve de nourriture pour les larves nouvellement écloses. La plupart des insectes pondent dans la nourriture ou à proximité, de façon à ce que les jeunes larves n'aient pas à se déplacer pour manger.

À l'aide de son ovipositeur, l'insecte fait des trous dans le bois.

L'ovipositeur de l'ichneumon est plus long que son corps.

L'ICHNEUMON
Ses larves sont des parasites qui se nourrissent d'autres insectes. Pour trouver un hôte pour son œuf, l'ichneumon détecte les vibrations émise par une larve de coléoptère rongeant l'intérieur d'un tronc d'arbre. La femelle enfonce alors son ovipositeur dans le tronc jusqu'à ce qu'il rencontre la larve. Elle pond son œuf sur la larve qui constituera un mets de choix pour le petit dès l'éclosion.

LA NOURRITURE APPROPRIÉE
Après la ponte, les papillons abandonnent leurs œufs sur la plante qui constituera la nourriture appropriée pour les chenilles. Le papillon dentelle de Malaisie pond ses œufs sur des vrilles de vigne.

MATERNEL PERCE-OREILLE
La femelle surveille s œufs et les lèche pour qu'ils soient oujours propres. \près l'éclosion, elle nourrit les larves jusqu'à ce qu'elles quittent le nid.

GUÊPES CHASSERESSES
La plupart font des réserves de proies tendres, chenilles ou araignées, pour leurs larves. Mais le cerceris attaque des coléoptères adultes qu'il pique dans la gorge et stocke ensuite dans le nid.

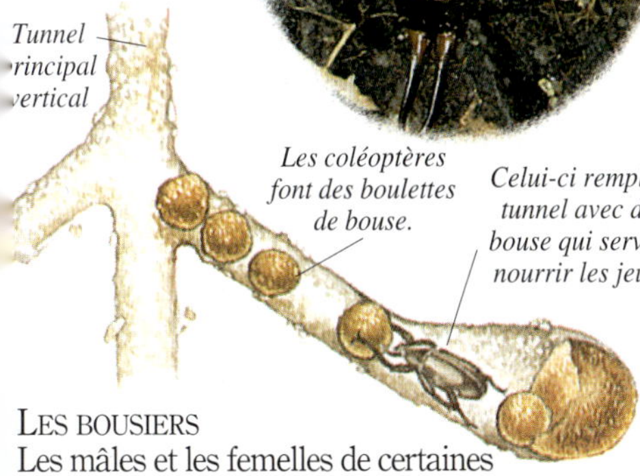

LES BOUSIERS
Les mâles et les femelles de certaines espèces de bousiers s'unissent pour creuser un tunnel d'où partent de petites galeries. La femelle pond ses œufs dans les galeries secondaires qu'elle remplit d'excréments d'animaux dont les larves se nourriront.

LE SAVIEZ-VOUS ?

- Les œufs d'aleurodes ont de fins tuyaux pour puiser l'eau des feuilles.
- Les œufs de la mouche tsé-tsé se développent dans l'organisme de la mère qui pond des larves matures.

Naissance et croissance

De l'œuf à l'âge adulte, les insectes muent plusieurs fois pour constituer un plus grand exosquelette. Ils ont développé un grand nombre d'adaptations pour se protéger durant les phases de leur vie larvaire où ils sont vulnérables.

JEUNE PUCERON

ŒUFS

LARVE

NYMPHE

COCCINELLE

CROISSANCE D'UNE COCCINELLE

La coccinelle, comme les autres coléoptères, subit une métamorphose complète. La femelle pond ses œufs sur une plante dont se nourrissent les pucerons. Les larves de la coccinelle mangent les pucerons et muent trois fois au cours de leur croissance.

LES PUCERONS

Ils se reproduisent sans s'accoupler. Les femelles, vivipares, ne pondent pas d'œufs et peuvent donner naissance à une centaine de petits qui pourront procréer au bout de quelques jours.

PROTECTION ÉCUMEUSE

La larve de la cicadelle écumeuse a le corps mou. Elle sécrète par l'anus un liquide mousseux où elle se cache. Celui-ci l'empêche de se dessécher et la dissimule aux prédateurs.

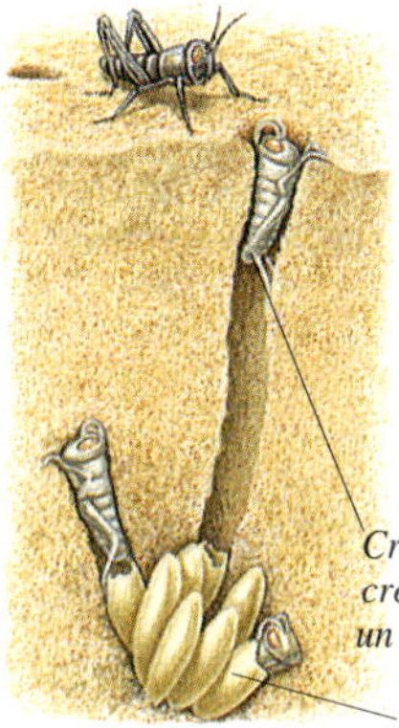

Criquets creusant un tunnel

Œufs

L'INSTINCT MATERNEL
Les femelles de certaines espèces de punaises restent près des œufs et des jeunes larves pour les protéger, produisant une forte odeur dès qu'on les touche.

LARVES DE PUNAISE DES BOIS AVEC LEUR MÈRE

LARVES FOUISSEUSES
La femelle du criquet peut doubler la longueur de son abdomen lorsqu'elle pond. Elle enfouit ses œufs dans la terre pour les protéger. Les nouveau-nés creuseront une galerie pour monter se nourrir à la surface.

Écume sortant de l'anus de la larve

LARVE DE CICADELLE

VIVRE HORS DE L'EAU
L'éphémère a deux phases adultes : pendant la première (subadulte), elle sort de l'eau où elle vivait à l'état de larve. Elle est alors de couleur terne et vole faiblement. Elle devra muer encore pour devenir adulte et s'accoupler.

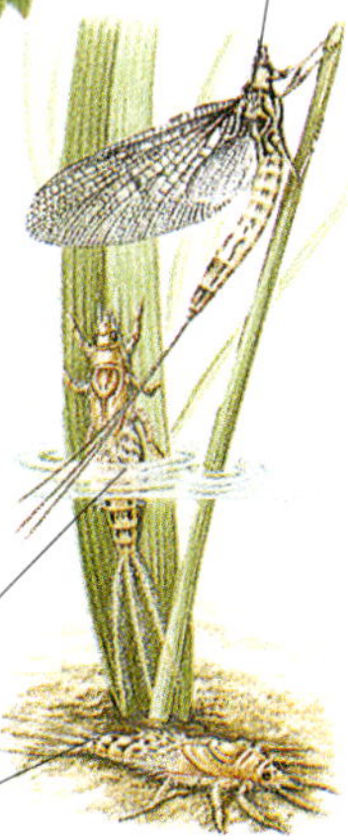

Éphémère adulte

Subadulte sortant de l'eau.

Larve

La survie des jeunes

Les prédateurs chassent sans merci les larves d'insectes qui sont lentes, molles et très nourrissantes. De nombreuses espèces mettent au monde un grand nombre de petits qui grandissent vite, afin que quelques-uns au moins aient des chances de survivre. Les larves sans défense utilisent diverses techniques de dissimulation. Certaines sont elles-mêmes des prédateurs acharnés d'autres insectes.

Larve dans sa cellule

UNE BONNE CACHETTE
Les larves de hanneton vivent sous terre, à l'abri des prédateurs, pendant de nombreuses semaines : elles se fabriquent une cellule de terre durcie dans laquelle elles se transformeront en adulte.

Cette chenille se dresse lorsqu'elle est agressée.

Une tête effrayante

Vraies pattes

Fausses pattes

UNE LARVE ÉPINEUSE
Les larves d'*Epilachna varisvestis*, une coccinelle mexicaine, sont couvertes de longues épines ramifiées pour décourager leurs prédateurs.

DISSUASION
Les chenilles sont le mets préféré des oiseaux. Certaines tentent de se cacher ou, comme la chenille de la queue-fourchue, prennent un aspect monstrueux.

SORTIE NOCTURNE
La chenille du mormon commun se nourrit lorsqu'il fait nuit pour ne pas être vue par les prédateurs. En moins de huit heures, elle dévore une feuille deux fois plus grande qu'elle. Dans la journée, elle reste aussi discrète que possible.

UNE LARVE AQUATIQUE
La larve de la perle grandit dans l'eau froide pendant près de trois ans. Elle se déplace avec lenteur et se cache des prédateurs parmi les roches et les plantes.

UN CORPS MIMÉTIQUE
Les jeunes mantes sont de redoutables prédateurs. Elles ressemblent parfois à une fleur, ce qui leur permet de n'être vues ni de leurs proies ni des oiseaux.

Nids et vie sociale

La plupart des insectes mènent une vie solitaire. Au contraire, les guêpes, les fourmis, les abeilles et les termites ont bâti des sociétés très organisées. Roi, reine, ouvrières ou soldats, à chacun revient des tâches précises. Ces insectes sociaux vivent dans des nids très élaborés.

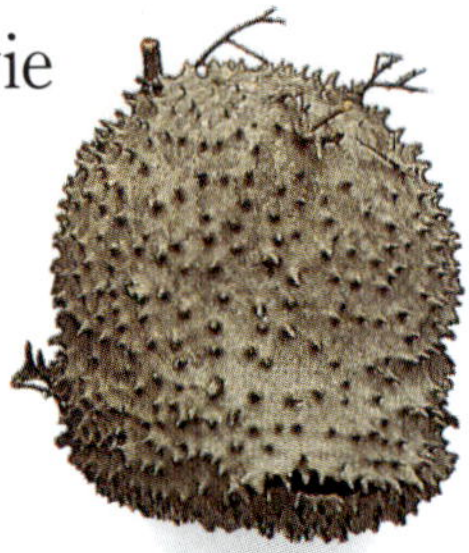

Nid de guêpes tropicales en fibres de plantes mastiquées

Les guêpes cimentent leur nid avec de la salive.

Guêpes, fourmis et abeilles

Leurs nids sont très variés. Les plus petits abritent quelques dizaines de membres, les plus grands peuvent contenir des milliers, voire des millions d'insectes. La plupart ont une seule reine dont ils sont tous les enfants.

Les fourmis
Une espèce de fourmi arboricole d'Afrique construit son nid avec un ciment de plantes et de terre. Elle se nourrit de miellat, un liquide sucré produit par les pucerons, provient de la sève des arbres que ceux-ci absorbent et rejettent sous cette forme après digestion.

Abeilles et bourdons
Au printemps, la reine bourdon commence seule son nid dans le sol. Avec de la cire, elle construit des cellules pour ses œufs et une réserve pour stocker le miel nourricier.

La reine utilise ses antennes pour mesurer la taille des cellules qu'elle fabrique.

1 AU PRINTEMPS

Chaque hiver, des colonies de guêpes européennes meurent. Au printemps, une reine commence un nouveau nid en «papier», fabriqué à partir de fibres de bois mastiquées, et construit des cellules pour ses œufs.

Entrée du nid

2 COUCHES PROTECTRICES

La reine multiplie les parois de papier autour des cellules, pour protéger les larves des vents froids et des prédateurs. Elle laisse un trou d'entrée au fond du nid.

Le nid terminé

3 DES TRAVAILLEUSES ACHARNÉES

Les premières larves élevées par la reine deviennent des ouvrières chargées à leur tour de nourrir les larves, développant la population du nid. En été, un nid peut contenir 500 guêpes et mesurer jusqu'à 45 cm de diamètre.

À L'INTÉRIEUR DU NID

La reine dépose un œuf par cellule. À l'éclosion, chaque larve reste dans sa cellule, nourrie de chenilles par la reine.

Les termitières

De tous les insectes, les termites ont bâti les sociétés les plus complexes. Leurs nids élaborés, souterrains ou en bois, durent plusieurs années. Chaque nid a son roi et sa reine, servis par des petites ouvrières spécialisées et d'imposants soldats . Les termites se nourrissent et se protègent les uns les autres et une génération aide à élever la suivante.

LA REINE
C'est elle qui pond tous les œufs, 30 000 par jour. Elle est trop grosse pour se déplacer et les ouvrières lui apportent à manger. Elles doivent aussi emporter les œufs au fur et à mesure de la ponte, vers les chambres où ils seront élevés.

LES DÉFENSEURS
Les soldats qui défendent le nid ont de grosses têtes et des mandibules puissantes. Chez certaines espèces, les soldats crachent un poison sur les envahisseurs.

Des couches en "parapluies".

UN NID SURPRENANT
La fonction des «parapluies» sur ce nid africain est un mystère. Les termites qui bâtissent ce genre de nids vivent sous terre. Quand une «ombrelle» est détruite, ils ne la réparent pas, ils en construisent une autre.

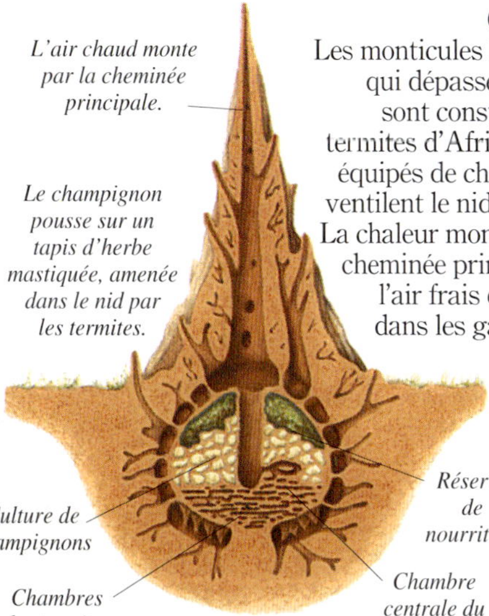

Climatisation

Les monticules les plus hauts, qui dépassent 12 mètres, sont construits par les termites d'Afriquc. Ils sont équipés de cheminées qui ventilent le nid sous terre. La chaleur monte par une cheminée principale et l'air frais descend dans les galeries.

Les animaux qui mangent les termites essaient souvent de pénétrer dans les nids. Les ouvrières rebouchent systématiquement les trous faits par les intrus.

Le nid est façonné avec de la terre cimentée par la salive des termites.

Dans l'intimité du nid

Les termites vivent dans une série complexe de chambres. Certains se nourrissent d'un champignon qu'ils cultivent dans un jardin souterrain. Une grande termitière peut contenir jusqu'à cinq millions d'individus. La largeur des cheminées est ajustée pour permettre le contrôle de la circulation de l'air et de la température du nid.

Chasse et camouflage

Certains insectes sont des chasseurs redoutables qui tuent leurs victimes avec leur aiguillon empoisonné et leurs mandibules acérées. Mais eux-mêmes sont la proie d'un grand nombre d'animaux et ont dû mettre au point des techniques de camouflage.

Les insectes chasseurs

Environ un tiers des insectes sont carnivores. Certains consomment de la chair en décomposition ou des excréments, mais la plupart chassent pour se nourrir.

REDOUTABLE COLÉOPTÈRE
Certains prédateurs sont facilement repérables. Les mandibules de ce carabe africain montrent qu'il s'agit d'un chasseur, et ses longues pattes, qu'il peut être rapide.

LES GUÊPES TUEUSES
La plupart des adultes sont végétariennes et ne chassent que pour nourrir leurs larves. Chaque espèce de guêpe chasseresse a sa proie de prédilection. Le cerceris ne chasse qu'un seule type de coléoptère : les charançons.

DES INSECTES UTILES

Les fourmis sont les carnivores les plus nombreux sur terre. Elles exercent ainsi une fonction de régulation du nombre des insectes. À leur tour elles sont mangées par les oiseaux et les lézards.

Cocons de guêpe

LES PARASITES

Les larves de plusieurs espèces de guêpes sont parasites : elles se développent dans le corps d'un autre insecte. Une cinquantaine de larves de guêpe, ici à l'état de nymphes, ont été pondues sur le dos de cette chenille et se sont nourries aux dépens de son organisme. Bientôt, elles seront adultes.

La guêpe utilise ses antennes et ses yeux pour trouver des blattes.

CHASSEUR SPÉCIALISÉ

De nombreux insectes prédateurs se spécialisent dans la chasse d'une proie particulière. Le chlorion ne chasse que les blattes dont il nourrit ses larves. L'adulte n'est pas carnivore : il ne consomme que le nectar des fleurs.

LE STAPHYLIN

C'est le spécialiste de la chasse aux podures. Pour attraper cette proie insaisissable, il happe le podure imprudent en projetant sa longue langue collante.

Le coléoptère dresse sa queue avant d'attaquer.

Le camouflage

Les insectes dont la couleur se fond dans l'environnement sont pratiquement invisibles ; c'est ce que l'on appelle le camouflage, dont l'une des premières règles est de rester immobile, car le moindre mouvement peut trahir l'animal aux yeux d'un prédateur attentif. Certains utilisent une autre sorte de camouflage : leur corps est orné de motifs interrompus (rayures ou taches) qui cassent leur forme.

DÉGUISÉ EN PLANTE
On entend le chant du criquet de Panzer dans les prés mais son camouflage le rend pratiquement impossible à repérer.

La sauterelle repousse les attaquants avec ses pattes postérieures.

UNE COULEUR TROMPEUSE
Ce papillon de nuit tropical porte sur les ailes des dessins perturbateurs. Un prédateur peut remarquer ces motifs sans se douter qu'il s'agit d'un papillon.

PEU APPÉTISSANTE
Le thorax et l'abdomen de cette cicadelle arboricole présentent des excroissances qui la font ressembler à un simple bout de bois.

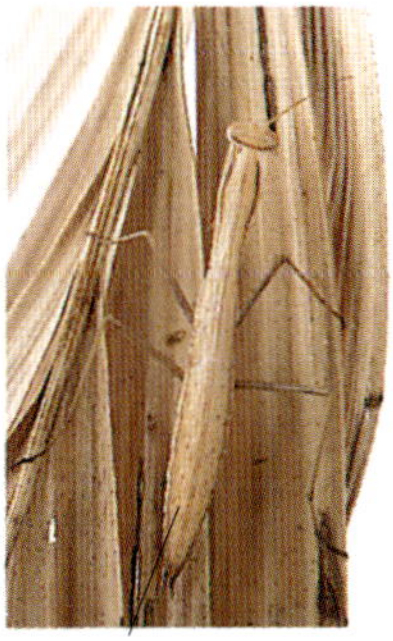

Cette mante est presque invisible.

CHASSEUR À L'AFFÛT

Les insectes prédateurs utilisent aussi le camouflage. Cette mante de couleur brune se confond parfaitement avec les feuilles sur lesquelles elle s'est posée et pourra prendre par surprise toute proie qui passera à sa portée.

En raison de sa couleur brune, le kallima ne peut se poser que sur les feuilles sèches.

Nervure principale de la feuille

Tête du papillon

Aile du papillon

Le bas des ailes est plus étroit pour imiter la tige.

Imitation de la nervure principale de la feuille.

IMITATION PARFAITE

Il est presque impossible de distinguer le kallima des feuilles. Il ressemble à une feuille desséchée, avec ses nervures et ses fausses moisissures.

Des couleurs d'alarme

Les oiseaux, les mammifères et autres prédateurs intelligents connaissent par expérience les insectes venimeux ou dangereux. Ces insectes n'ont besoin d'aucun camouflage. Au contraire, ils arborent des couleurs voyantes qui préviennent les prédateurs de leur goût désagréable ou de leur piqûre dangereuse. Tout insecte marqué de rouge, de jaune ou de noir risque fort d'être toxique.

PAPILLON TOXIQUE
Les papillons nocturnes qui volent le jour portent souvent des couleurs vives surtout quand leur goût est mauvais. Les couleurs rouge, jaune et noire de cette sésie dissuadent les oiseaux.

SOUVENIR DOULOUREUX
La chenille de *Sibine stimulea*, un papillon nocturne américain, ne passe pas inaperçue avec ses couleurs vives et son aspect bizarre. Aucun oiseau n'oubliera jamais la cuisante piqûre de ses poils s'il y a goûté un jour.

DES TACHES DISSUASIVES
Ce réduve est facilement repérable avec ses deux taches voyantes sur le dos qui recommandent aux prédateurs de se tenir à l'écart. Le réduve possède une arme terrible : un rostre pointu comme une aiguille qui provoque une morsure douloureuse.

DES YEUX EFFRAYANTS
Ailes fermées, le bombyx du ver à soie est camouflé. En cas d'attaque, il les déploie vivement, exposant ses ocelles en forme d'«yeux» effrayants : la surprise de l'attaquant lui donne le temps de fuir.

UN CORPS VENIMEUX
Cette sauterelle a le goût épouvantable des plantes vénéneuses qu'elle mange et dont elle conserve le poison. Les rayures jaunes et noires avertissent les oiseaux et autres prédateurs.

Le mimétisme

Les prédateurs évitent généralement de s'attaquer à des animaux dangereux. De nombreux insectes inoffensifs en profitent et tentent de se donner un air redoutable en reproduisant les formes, les couleurs et le comportement des animaux dangereux. Ils imitent également des objets non comestibles comme des branches ou des épines.

Les cicadelles ne bougent que pour trouver de la nourriture fraîche.

La tête, avec ses dessins, ressemble à celle d'un alligator.

Œil véritable de la punaise

FAUX ALLIGATOR

Les scientifiques ne peuvent qu'émettre des hypothèses sur l'aspect et le comportement surprenant de certains animaux. Ainsi, cette punaise arboricole évoque un petit alligator : est-ce pour impressionner les singes qui en sont friands ?

FAUX FRELON

La sésie apiforme ressemble à un frelon – une grosse guêpe – et vole de la même façon que lui. Comme ce papillon de nuit, beaucoup d'insectes imitent les guêpes, car les oiseaux craignent leur piqûre.

FAUSSES ÉPINES
Ces cicadelles imitent des épines vertes et leur supercherie semble abuser la plupart des prédateurs. Elles restent des heures sans bouger, sur les plantes dont elles absorbent la sève.

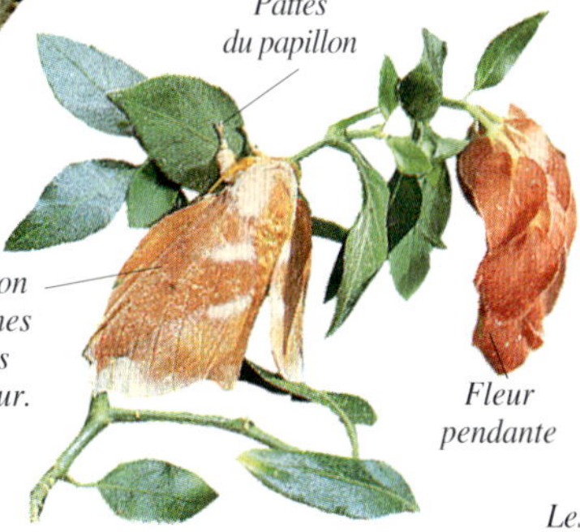

FAUSSE FLEUR
Les insectes qui sont actifs la nuit se reposent le jour. Au repos, ils sont vulnérables et faciles à repérer par les prédateurs. Pour passer inaperçu, ce papillon nocturne de Trinidad imite une fleur qui pend d'un buisson sur lequel il se repose pendant la journée.

UNE FAUSSE BRANCHE
Les chenilles arpenteuses, larves de papillons géomètres, imitent les branches mortes. Elle se nourrissent la nuit et passent la journée immobiles, invisibles au bout d'une tige.

OÙ VIVENT LES INSECTES ?

Les insectes vivent partout où il y a de la chaleur et de l'humidité. La plupart des cinq millions d'espèces ont des exigences écologiques importantes. Elles ne peuvent vivre que dans certains sites et se trouvent menacées si l'homme modifie ou détruit leur environnement. Les espèces qui s'adaptent au changement du milieu, deviennent souvent des nuisibles.

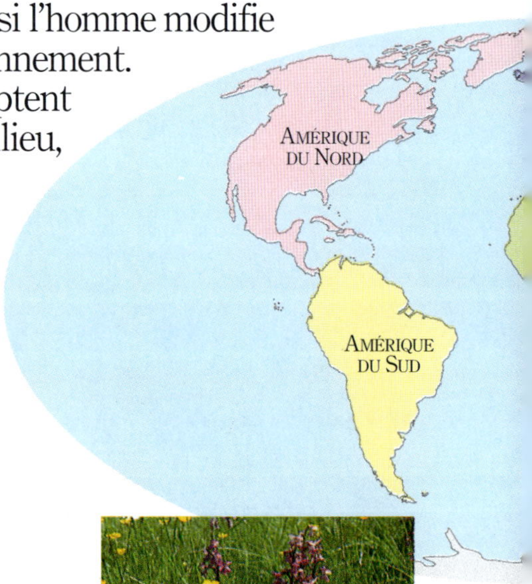

FORÊTS TEMPÉRÉES
La diversité des plantes et la structure complexe des forêts tempérées fournissent aux insectes des habitats variés. Arbres, arbustes et plantes portent des fleurs, des fruits et des bourgeons pour les nourrir, des tiges et des racines où ils peuvent se creuser des abris.

PRAIRIES ET LANDES
Elles offrent peu d'abris contre le mauvais temps, mais se réchauffent rapidement sous les rayons du soleil et fournissent une grande variété de fleurs.

VILLES ET JARDINS
Des centaines d'espèces d'insectes tirent parti de la présence de l'homme. Ils trouvent nourriture et abri sous nos toits, dans les caves, les cuisines, les poubelles, les fermes et dans les fleurs de nos jardins.

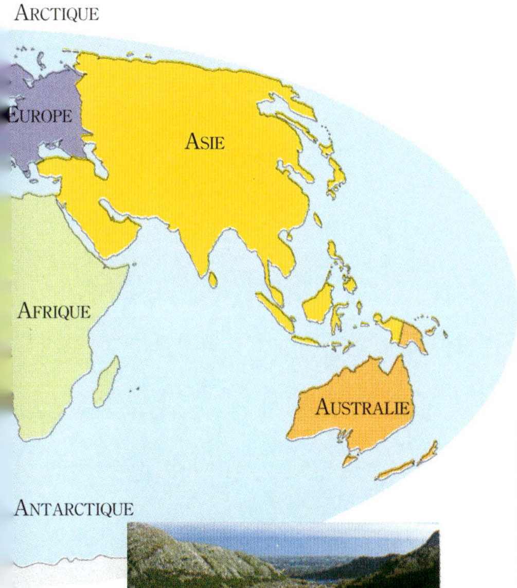

DÉSERTS, GROTTES ET SOL
Ces lieux sont inhospitaliers. La nourriture et l'eau sont rares dans les déserts. Les grottes sont obscures et froides. Dans le sol, il est difficile de se déplacer et de communiquer.

FORÊTS TROPICALES
C'est l'habitat le plus riche. Des milliers de plantes offrent d'innombrables abris, depuis les fruits à la cime des arbres jusqu'aux feuilles mortes et aux branches sur le sol.

LACS ET RIVIÈRES
Les insectes d'eau douce ont dû adapter leur anatomie au milieu aquatique pour pouvoir nager et respirer dans l'eau.

LES FORÊTS TEMPÉRÉES

Les forêts tempérées sont souvent dominées par une espèce de feuillus, arbres comme le chêne dont les feuilles, dites caduques, tombent en hiver. Les espèces et le nombre des insectes varient avec les saisons et les espèces d'arbres présentes.

SCABIEUSE

Si le machaon pond exclusivement sur les ombellifères, il se nourrit d'une grande variété de fleurs.

DRAINAGE
Les bois des zones humides abritent des plantes très variées. Mais l'homme assèche ces terres propices à l'agriculture. En Grande-Bretagne, le drainage a raréfié les ombellifères sur lesquelles se reproduit le machaon, qui a presque disparu.

LE SAVIEZ-VOUS ?

- Chaque couple de mésanges bleues a besoin de 5 000 chenilles pour nourrir sa nichée.
- Un seul chêne du nord de la France peut abriter plus de 280 espèces d'insectes.
- La forêt tempérée du nord-ouest des États-Unis disparaît plus vite encore que la forêt tropicale.

Les bourdons sont communs dans les forêts tempérées.

+2

LES FLEURS
De très nombreuses variétés de fleurs attirent les insectes dans la forêt. Les bourdons font leur nid dans des terriers d'animaux et pollinisent les fleurs.

La chenille de l'orgyie est couverte de touffes de poils.

LA CHENILLE DE L'ORGYIE
Cette jolie chenille mange les feuilles de nombreux arbres d'Europe et d'Amérique du Nord. Elle s'attaque aussi aux rosiers et à la bruyère.

Les chenilles processionnaires sont couvertes de poils urticants.

PROCESSIONS
Bien que moins riches que les forêts feuillues, les forêts résineuses abritent certaines espèces similaires, telles les chenilles processionnaires, ainsi nommées pour leur habitude de se déplacer en file indienne.

LE CHÊNE

CHÊNE

En Europe et en Amérique du Nord, le chêne est l'hôte de très nombreux insectes. Ceux-ci en occupent toutes les parties : feuilles, bourgeons, fleurs, fruits, bois, écorce, branches et feuilles mortes. Ils constituent les proies de nombreux oiseaux et autres animaux.

TORDEUSE SUR UNE FEUILLE DE CHÊNE

+1,25

CHENILLE DE TORDEUSE DU CHÊNE

+2

LA TORDEUSE DU CHÊNE

La couleur de la tordeuse du chêne se confond avec les feuilles. Très communes sur les chênes, ses chenilles font leur chrysalide en s'enroulant dans une feuille.

Feuille enroulée autour de la chenille de la tordeuse du chêne

Mine

CREUSER UN TUNNEL

Les chenilles de certains petits papillons de nuit creusent un tunnel dans l'épaisseur des feuilles. En creusant elles mangent les tissus foliaires, laissant une galerie décolorée qu'on appelle une mine.

Les larves du chalcidien ont mangé les larves du cynips.

LES GALLES

Les chênes sont parfois couverts de petites boules : des galles provoquées par le cynips, un insecte parasite, lorsqu'il pond sur l'arbre. Après l'éclosion des œufs, chaque galle nourrit et abrite jusqu'à 30 larves. D'autres parasites, les chalcidiens, percent parfois les galles pour y pondre leurs propres œufs ; plus tard leurs larves dévoreront celles de cynips.

CHALCIDIEN SUR UNE GALLE

LE BALANIN DE LA NOISETTE

Ce charançon creuse un trou dans le gland avec un long rostre effilé, puis il y dépose ses œufs. Les larves se nourrissent à l'intérieur du gland qui devient noir.

GLANDS

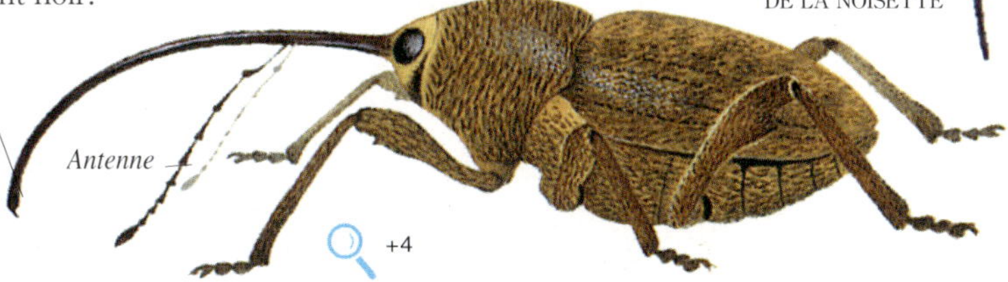

BALANIN DE LA NOISETTE

DANS LE FEUILLAGE

L'ensemble des branches et du feuillage d'une forêt forme une voûte protectrice pour tous les êtres vivants qui se trouvent en dessous. D'innombrables insectes y vivent, nourrissant à leur tour de nombreux oiseaux.

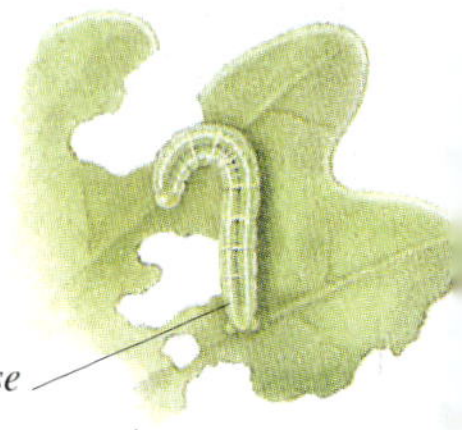

Arpenteuse sur une feuille

Arpenteuse suspendue à un fil de soie

L'ARPENTEUSE
Chenille d'un papillon géomètre, elle est une proie apprécié des jeunes oiseaux. Pour échapper au danger, elle se laisse tomber des feuilles retenue par un fil de soie.

Grâce à ses longues antennes, le grillon trouve son chemin dans l'obscurité et détecte l'approche d'un ennemi.

Œil composé

LE MÉCONÈME DES CHÊNES
La nuit, le mâle du méconème des chênes tambourine sur les feuilles avec ses pattes pour signaler sa présence à une femelle. Sa couleur verte le rend difficile à distinguer du feuillage qui l'entoure.

Griffe au bout de la patte

Les guêpes tuent des insectes qui détruisent fruits et plantes. En été, leurs nids peuvent compter des centaines d'individus.

+2,7

Extrémité griffue de la patte pour s'agripper aux surfaces lisses

GUÊPE COMMUNE

LES GUÊPES
Pour qu'une forêt soit saine, il faut qu'il y ait un équilibre entre les proies et les prédateurs. Les guêpes mangent les chenilles récoltées à la cime des arbres.

GRAND MARS CHANGEANT MÂLE

Le dessous des ailes porte un motif de camouflage.

LE GRAND MARS CHANGEANT
Le mâle élit souvent domicile à la cime du plus grand arbre de son territoire. Si un mâle rival y pénètre, les deux papillons se battent en plein ciel, s'entrechoquant les ailes jusqu'à ce que l'un des deux abandonne.

Pattes postérieures assez fortes pour repousser les ennemis

GRAND MARS CHANGEANT MÂLE

−0,5

Les ailes sont normalement brun foncé.

Sous un certain éclairage, les ailes semblent bleu-violet.

LES PAPILLONS DES BOIS

Dans les bois habitent de très nombreuses espèces de papillons. Ils vivent à la cime des arbres, ou bien dans les arbustes, mais tous ont besoin de soleil et on les voit sur les fleurs des clairières ensoleillées.

LE TABAC D'ESPAGNE
Ce papillon pond ses œufs dans les fissures de l'écorce des troncs moussus, près des endroits où poussent les violettes. Les chenilles se nourrissent des feuilles de ces violettes.

LA THÉCLA DE LA RONCE
Sur une branche ou sur une feuille, la thécla de la ronce est invisible : le dessus de son corps est brun, de la couleur du bois, alors que le dessous est du même vert que les feuilles.

LA THÉCLA DU CHÊNE
Tout en haut des chênes, les chenilles de la thécla du chêne se nourrissent de fleurs et de jeunes feuilles. Les adultes passent leur vie dans le feuillage, profitant du soleil, les ailes grandes ouvertes.

LE TIRSIS
Lorsqu'un tirsis mâle trouve un endroit ensoleillé dans un bois obscur, il se l'approprie. Si un rival survient, les deux papillons se battent à coup d'ailes en tourbillonnant jusqu'à la cime des arbres.

Les Robert-le-diable vivent environ dix mois et passent l'hiver en hibernation.

LE ROBERT-LE-DIABLE
Son camouflage est extraordinaire : lorsqu'il ferme ses ailes au bord déchiqueté, il ressemble à une feuille de chêne morte et disparaît parmi la litière de feuilles qui recouvre le sol.

SUR LES TRONCS ET LES BRANCHES

Les fentes de l'écorce des arbres offrent une cachette sûre à de nombreux insectes. Certains d'entre eux creusent le tronc et vivent parfaitement à l'abri des prédateurs. D'autres occupent et consomment les plantes qui poussent sur les troncs et les branches.

UN MONDE DANS L'ÉCORCE

Les insectes y vivent cachés, comme les poux de l'écorce, qui se nourrissent de champignons et d'algues. Autre habitant de l'écorce, la raphidie, un prédateur qui ressemble à un petit serpent quand elle chasse.

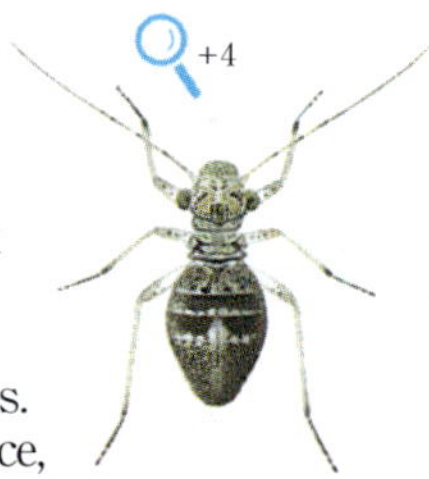

POU DE L'ÉCORCE
Mesopsocus

PETITE RAPHIDIE

POU DE L'ÉCORCE
Lœnsia fasciata

LE SIREX

Cette femelle de sirex géant a un long ovipositeur qui ressemble à un dangereux aiguillon. Elle pond dans le bois tendre des arbres morts ou en décomposition.

Les larves du sirex géant se nourrissent de bois.

LE SCOLYTE DE L'ORME
La femelle pond dans une galerie creusée dans l'écorce d'un orme. Les larves mangent la surface interne de l'écorce, finissant par créer tout un réseau de galeries.

GALERIES DU SCOLYTE DE L'ORME

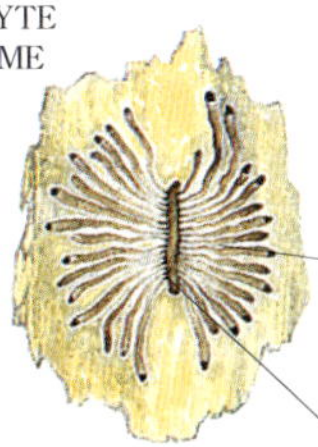

Galeries creusées par la larve

Les œufs sont pondus dans la galerie centrale.

Ce papillon de nuit se confond avec le lichen.

La merveille du jour est facile à repérer lorsqu'elle n'est pas posée sur du lichen.

L'ovipositeur creuse dans le bois pour y déposer les œufs.

LA MERVEILLE DU JOUR
Les dessins de ses ailes lui permettent de se confondre avec le lichen qui pousse sur les troncs d'arbres. C'est un papillon de nuit qui se repose pendant le jour en pleine lumière : son camouflage doit donc être parfait s'il veut échapper aux lézards et aux oiseaux.

LE SOL FORESTIER

À cause du feuillage, le sol de la forêt reçoit peu de lumière et peu de plantes y poussent. Les insectes s'y nourrissent de débris animaux ou végétaux tombés des arbres ou, s'ils sont carnivores, d'autres insectes.

UNE FOURMILIÈRE
Les fourmis rousses sont des prédateurs voraces. Elles construisent des nids en débris de plantes dont les réseaux de souterrains peuvent accueillir des milliers de fourmis.

LE GRILLON DES BOIS
Le grillon des bois est actif les jours de grand soleil, durant lesquels on peut l'entendre striduler. Il ne sait pas voler.

Les mandibules puissantes mordent la proie.

La fourmi peut faire jaillir un acide de son abdomen.

LES FOURMIS ROUSSES
Les fourmis rousses chassent jusqu'à plusieurs centaines de mètres de la fourmilière, laissant sur le sol des chemins bien visibles. Elles rapportent au nid quantités d'insectes en morceaux pour les jeunes.

LE CARABE VIOLACÉ
Ce coléoptère court vite sur ses longues pattes, pourchassant d'autres insectes dans les feuilles sur le sol. Il chasse surtout la nuit.

LE PETIT SYLVAIN
Par une journée ensoleillée, on peut les voir se délecter du nectar des fleurs de ronces. Le matin, ils se désaltèrent dans l'eau des flaques. Ils passent la plus grande partie de leur temps dans le feuillage des arbres, à se chauffer au soleil.

PETIT SYLVAIN
FACE DORSALE

PETIT SYLVAIN
FACE VENTRALE

LE LUCANE CERF-VOLANT
Les larves passent environ trois ans à se nourrir de bois à l'intérieur des arbres morts. Ces magnifiques coléoptères deviennent rares parce que l'homme ramasse le bois mort pour le brûler.

PRAIRIES ET LANDES

Les prairies et les landes ne sont pas protégées par de la végétation haute et sont soumises aux brusques variations du temps : chaleur et sécheresse, vent, froid et humidité. Ces habitats offrent moins de d'abris que les régions boisées car on y trouve peu de bois à creuser et presque pas de litière de feuilles au sol où se cacher.

HANNETON DES JARDINS

+1,2

ALIMENTAIRE
Les racines des plantes sont une importante source de nourriture pour des insectes comme les larves du hanneton des jardins.

ABONDANTS PODURES
Les étendues d'herbe cultivée, comm les terrains de sport, attirent peu d'espèces. On y trouve cependant des quantités de minuscules podures Une surface de la taille d'un terrain de tennis pourrait en abriter jusqu'à trois cents millions.

SUR LE SÉNEÇON

ɔur le séneçon
.e séneçon jacobée
ɜnvahit les prés
l'Europe laissés à
'abandon. L'écaille
lu séneçon, papillon
ıocturne, y pond ses
eufs et ses chenilles
ɜn mangent les
euilles.

ÉCAILLE DU SÉNEÇON

'e papillon de nuit
: des couleurs qui
ignalent son goût
déplaisant.

Le séneçon jacobée est souvent dépouillé de ses feuilles par les chenilles.

LE SAVIEZ-VOUS ?

- En Argentine, la prairie est appelée la «pampa», ce qui signifie la «plaine».
- En Amérique du Nord, les prairies sont couvertes d'herbe haute.
- En Sibérie, la steppe est couverte d'herbe rase.

CUIVRÉ DES MARAIS MÂLE

ʼROFUSION VÉGÉTALE

.'immense variété de
;raminées et de plantes à
leurs qui compose les
ɔrairies et les
ındes naturelles
ɔruissent
l'insectes
lurant
'été.

BEC DE GRUE

UN PAPILLON MENACÉ

Disparu d'Angleterre à la suite des drainages qui ont bouleversé son habitat de marais et de prairies humides, le cuivré des marais est également en France un papillon de plus en plus rare.

Les insectes des prairies

Les insectes ne peuvent pas survivre dans l'herbe cultivée – les pelouses de nos jardins, par exemple – où pousse une seule variété d'herbe et où les engrais et autres produits chimiques leur font du mal. Dans les prés, au contraire, la grande diversité de plantes et de fleurs peut accueillir des milliers d'espèces.

Les bousiers

On les trouve dans les prés où paissent les troupeaux. Ils pondent leurs œufs dans les excréments dont les larves se nourriront dès l'éclosion. Les adultes récoltent les excréments pour en faire des boulettes qu'ils roulent jusqu'à leurs terriers.

Bousier d'Amérique du Sud

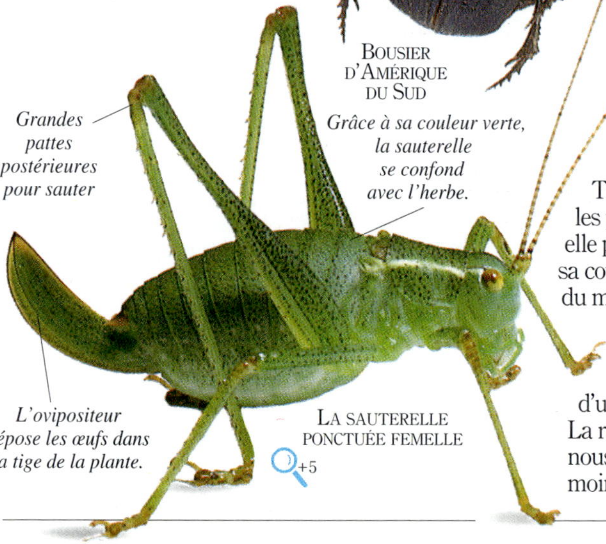

La sauterelle ponctuée femelle

La sauterelle ponctuée

Très répandue dans les prairies d'Europe, elle passe inaperçue, ave sa couleur verte. Le chan du mâle est trop aigu pour être perçu pa l'oreille humaine, à l'exception d'un «tic» perçant. La réponse de la femelle nous est encore moins perceptible.

LES FOURMILIERS
Il y a tellement de fourmis dans les prairies d'Afrique et d'Amérique du Sud que des animaux ne consomment que ces insectes. Les fourmiliers éventrent les fourmilières avec leurs griffes et attrapent les fourmis de leur langue visqueuse.

FOURMILIER

L'AZURÉ DU SERPOLET
Ce papillon de jour pond ses œufs sur le serpolet, et les chenilles écloses en mangeront les fleurs. Ces chenilles attirent les fourmis rouges avec un lait spécial. Les fourmis abusées emportent les chenilles dans la fourmilière ou ces dernières dévorent les œufs et les larves des fourmis.

LE DEMI-DEUIL
Ce papillon diurne vit dans les prairies et les clairières des forêts. On le voit souvent en petits groupes prendre le soleil des premières heures du matin et de la fin de la journée.

Accouplement de cantharides

LES CANTHARIDES
Certains insectes recherchent une plante particulière, d'autres, comme les cantharides, aiment les pollens d'espèces variées. Les fleurs sont des lieux idéaux pour trouver des partenaires.

LES INSECTES DES LANDES

De nombreux insectes fouisseurs vivent sur les landes où la terre est meuble et facile à creuser. On trouve des landes dans les régions aux hivers pluvieux et aux étés chauds et secs. Les fleurs y sont nombreuses et variées. La terre, souvent sableuse, se réchauffe vite au soleil.

SCATOPHAGE DU FUMIER

+4

Le scatophage peut manger d'autres insectes qu'il tue avec ses pièces buccales.

Ce papillon est difficile à discerner dans l'herbe.

L'AGRESTE

Le dessus de ses ailes est vivement coloré, tandis que le dessous est gris tacheté pour se confondre avec le sol. Au repos, ce papillon diurne replie ses ailes et reste immobile en plein soleil.

LE SCATOPHAGE

Le bétail attire tours des insectes qui se nourrissent de ses excréments. Le scatophage du fumier pond sur les bouses de vaches fraîches. Les asticots nés après quelques heures mangent la bouse.

LE GRILLON DES CHAMPS
Il aime le soleil bien qu'il vive dans un terrier. En été, les mâles se tiennent à la sortie du terrier, stridulant pendant des heures pour attirer une partenaire. Le mâle que l'on voit ici a attiré un autre mâle.

LA CICINDÈLE CHAMPÊTRE
Ce coléoptère aux couleurs vives a de grands yeux et de longues pattes. Lorsqu'il s'est bien réchauffé au soleil, il peut courir et voler très vite et se jeter sur les insectes qu'il emporte dans son terrier.

LARVE DE FOURMILION
La larve creuse des trous coniques dans les sol sableux. Enfouie au fond, ne laissant dépasser que ses longues mandibules, elle attrape tous les petits insectes qui tombent dans son piège.

Le milieu d'eau douce

On trouve des insectes dans tous les habitats d'eau douce : lacs, torrents, étangs, flaques, mousses et litières de feuilles humides. Ils présentent de nombreuses adaptations pour survivre en milieu humide.

Le fourreau est un assemblage de feuilles et de petits cailloux.

La larve a tissé de la soie autour des pierres pour constituer un fourreau.

Tête

Pattes agrippées à la tige

Les fleurs attirent les insectes friands de nectar.

LARVES DE PHRYGANE
Les insectes risquent d'être emportés par le courant. Les larves de phryganes se construisent un fourreau protecteur, souvent constituées de cailloux lourds, pour se maintenir au fond de l'eau.

Une cire imperméable empêche les feuilles flottantes de se gorger d'eau.

LE LIMNANTHÈME FAUX-NÉNUPHAR
Ses tiges enchevêtrées fournissent de bonnes cachettes aux insectes aquatique. Les libellules viennent pondre leurs œufs dans les feuilles et les tiges.

BRANCHIES
La larve de phrygane ondule dans son fourreau pour créer un courant d'eau riche en oxygène sur ses branchies, grâce auxquelles elle respire.

LA NÈPE
Un tube respiratoire à l'extrémité de son abdomen lui permet de respirer l'air extérieur lorsqu'elle est dans l'eau. Elle peut ainsi survivre dans des eaux chaudes ou polluées, pauvres en oxygène.

LES PODURES AQUATIQUES
Dans les secteurs abrités de l'étang, des nuées de podures aquatiques se réunissent à la surface, se nourrissant de déchets organiques apportés par le vent.

LE SAVIEZ-VOUS ?

- Les populations des poissons dépendent de l'abondance des insectes à manger.
- En Nouvelle-Guinée, les larves de libellules sont une friandise.
- Sur les lacs africains, les moucherons sont parfois si abondants que leurs nuées étouffent les pêcheurs.

LES COURS D'EAU RAPIDES
Les insectes qui vivent dans les eaux rapides ont un corps hydrodynamique et des griffes robustes pour s'agripper aux pierres. L'eau qui passe sur leurs branchies est toujours riche en oxygène mais les températures fraîches ralentissent le développement des larves.

À LA SURFACE DE L'EAU

La surface de l'eau se comporte comme une peau car il y règne une force appelée tension de surface qui permet à certains insectes d'y marcher et à d'autres de s'y suspendre. La plupart de ces insectes sont des prédateurs, nourris en grande partie par les insectes volants tombés à l'eau.

LE GYRIN

Le gyrin (ou tourniquet) décrit des cercles rapides à la surface de l'eau. Il chasse les insectes tombés et piégés par la tension de surface. Ses yeux sont divisés en deux parties qui lui permettent de voir à la fois au-dessus et dans l'eau.

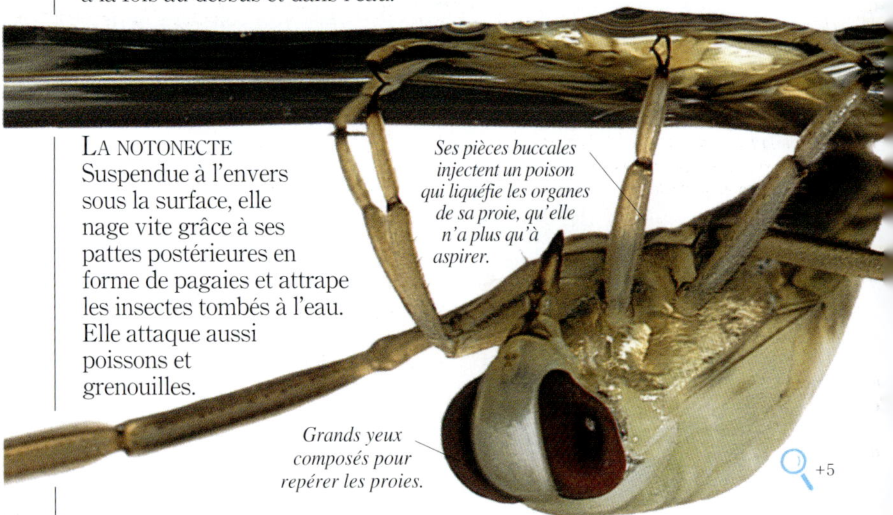

LA NOTONECTE

Suspendue à l'envers sous la surface, elle nage vite grâce à ses pattes postérieures en forme de pagaies et attrape les insectes tombés à l'eau. Elle attaque aussi poissons et grenouilles.

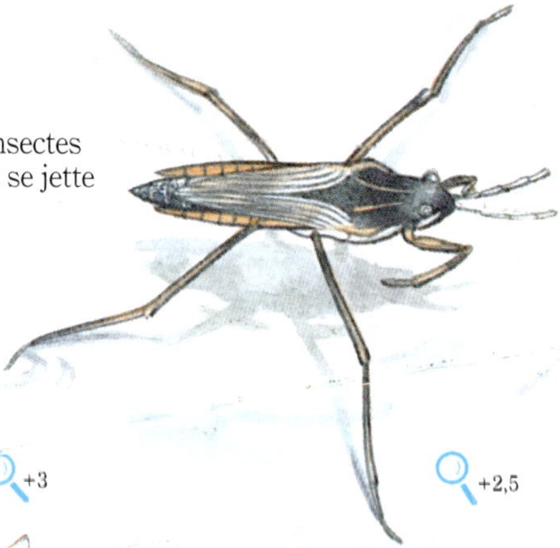

LE GERRIS
Prenant appui sur la pellicule de surface, cette punaise aquatique marche sur l'eau. Elle détecte les ondulations provoquées par les insectes tombés à l'eau qui se débattent et se jette sur eux pour les dévorer.

L'HYDROMÈTRE
Autre cousin des punaises, il marche lentement à la surface, se nourrissant de petites proies comme les daphnies, qu'il perfore de ses pièces buccales.

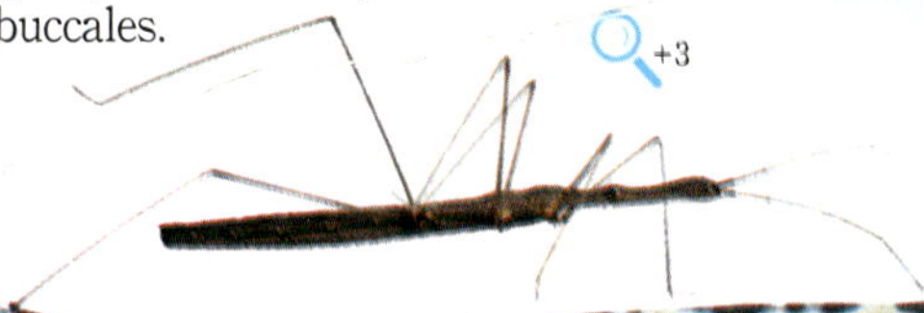

Parfois la notonecte s'envole à la recherche de nouveaux plans d'eau pour trouver de la nourriture ou un partenaire.

Des poils élargissent les pattes postérieures, leur donnant une forme de pagaies.

LARVES DE MOUSTIQUE
Ces larves possèdent un tube respiratoire qu'elles sortent de l'eau. Comme elles n'ont pas de pattes, elles nagent en se tortillant, faisant surface de temps en temps pour respirer.

Sous l'eau

Parmi les insectes qui vivent dans l'eau, beaucoup sont carnivores : ils se nourrissent de proies vivantes ou de cadavres. Les plus féroces peuvent capturer des proies plus grosses qu'eux.

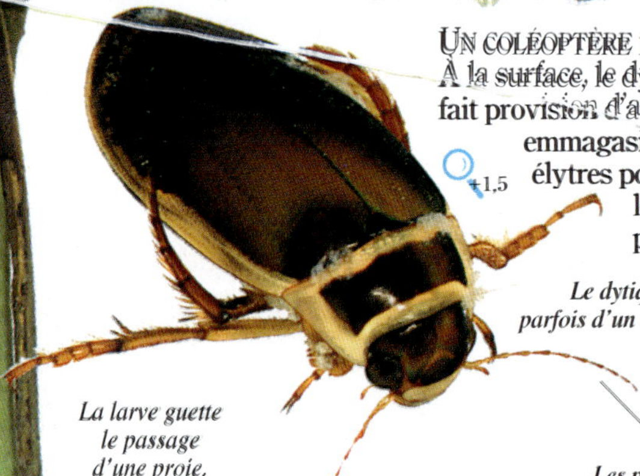

Un coléoptère plongeur

À la surface, le dytique bordé fait provision d'air qu'il emmagasine sous ses élytres pour respirer lorsqu'il plonge.

+1,5

Le dytique bordé vole parfois d'un étang à un autre.

Antenne

Outre les insectes, ce puissant coléoptère s'attaque aux petits poissons et aux têtards

Les plantes aquatiques fournissent aux insectes abri et nourriture.

La larve guette le passage d'une proie.

+1,5

Larve de demoiselle

Armure et cachette

Les larves de la phrygane se fabriquent un fourreau protecteur avec des petits morceaux de plantes.

Morceaux de plantes

La larve de l'éphémère

Elle passe une année dans l'eau avant d'en sortir pour devenir adulte. Elle respire au moyen de branchies situées le long de l'abdomen.

+0

LES LIBELLULES ADULTES
Les mâles se posent sur les plantes dépassant de l'eau. Ils attaquent et repoussent tout rival de la même espèce, mais tentent d'attirer les femelles qui passent pour s'accoupler.

LES ŒUFS DE LIBELLULE
Les libellules pondent dans l'eau leurs œufs entourés d'une gelée collante. Ils éclosent au bout de quelques jours.

LE TIGRE DES MARAIS
Avec ses mandibules, la larve du dytique bordé injecte dans sa proie une substance qui liquéfie ses organes internes pour les absorber.

LARVE DE LIBELLULE
Elle respire en pompant et rejetant de l'eau par l'extrémité postérieure de l'abdomen où sont situées ses branchies.

LA FORÊT TROPICALE

ORCHIDÉE

Les insectes prospèrent dans la chaleur humide et les plantes luxuriantes des forêts tropicales. L'habitat y est très varié : arbres de toutes les formes et de toutes les tailles, plantes grimpantes et branches mortes, épaisse litière de feuilles couvrant le sol.

LES ORCHIDÉES
Les forêts tropicales abritent une immense variété de plantes. On y trouve 25 000 d'orchidées environ. Au sol, il fait sombre et les orchidées exhalent un parfum très fort pour guider vers elles les insectes.

LES PLANTES ÉPIPHYTES
Beaucoup de plantes poussent sur les troncs et les branches là où les oiseaux ont laissé des graines.
Ces plantes, dites épiphytes, offrent des habitats aux insectes.

CHASSEURS D'INSECTES
La forêt tropicale constitue aussi un riche habitat pour les oiseaux, grands consommateurs d'insectes. Ceci explique l'évolution du camouflage chez les insectes tropicaux.

RÉGIME DE FRUITS
Certains papillons tropicaux vivent plusieurs mois.
Les fruits pourris et des excréments qu'ils trouvent au sol sont pour eux une importante source de sucres, mais aussi d'acides aminés et de vitamines.

COULEURS TROPICALES

Les couleurs vives sont caractéristiques des forêts tropicales, qu'il s'agisse de la flore ou de la faune. On pourrait penser que ce criquet d'Amérique centrale est facilement repérable avec son corps multicolore ; c'est en fait un camouflage au milieu des couleurs éclatantes de la végétation forestière.

Récemment encore, on ne connaissait de cet insecte que les spécimens brun terne des musées.

Les couleurs du grillon ternissent après sa mort.

LE SAVIEZ-VOUS ?

- Les forêts tropicales couvrent environ 5% de la surface de la terre et abritent plus de 50% des espèces vivantes.
- 1 200 espèces de papillons diurnes ont été répertoriées dans une forêt du sud du Pérou.
- La moitié des forêts tropicales ont été détruites depuis 1945.

Dans la canopée

La canopée est le feuillage de la forêt tropicale. Il y fait chaud. La lumière et la nourriture y abondent. Des millions d'insectes y vivent ; en une seule journée, sur un seul arbre d'une forêt de Bornéo, 3 000 espèces différentes ont été recensées.

Trois coléoptères tropicaux

Coléoptères colorés
La plupart des coléoptères qui vivent dans le feuillage des arbres tropicaux sont de couleurs vives. Ceux représentés ici sont difficiles à repérer dans les feuilles qui brillent au soleil.

–2

Les cigales
Le mâle attire ses partenaires avec son chant stridulant produit par des organes qui ressemblent à des tambours – les tympans – situés le long de l'abdomen. De chaque côté des tympans, une cavité amplifie le son produit. À la saison des amours, les mâles chantent à la cime des arbres, remplissant la forêt tropicale de leurs stridulations.

Épines empoisonnées

LES CHRYSOMÈLES

Cette resplendissante sagra de Malaisie passe inaperçue dans les feuillages inondés de soleil. Les pattes postérieures du mâle, qui ressemblent à des pattes de grenouille, ne lui servent pas à sauter, mais à étreindre la femelle pendant l'accouplement.

Pattes postérieures évoquant celles des grenouilles

COMME UN VIOLON

On sait peu de choses sur ce coléoptère d'Indonésie au corps en forme de violon. Il est très plat et a été observé parmi les champignons poussant sur l'écorce des arbres.

Six yeux simples de chaque côté de la tête lui permettent de distinguer la lumière de l'obscurité.

PASSIFLORE

REDOUTABLES PIQUANTS

Le corps de la chenille du papillon *Heliconius melpomene* contient un poison qui provient des la feuille de la passiflore dont elle se nourrit. Ses épines hérissées avertissent les oiseaux du danger.

DES NIDS DANS LA CANOPÉE

Une quantité de fourmis et de guêpes mangeuses d'insectes font leur nid à la cime des arbres, là où viennent se nourrir une multitude d'insectes. Mais ces nids doivent être robustes pour les protéger des mammifères et des lézards qui les chasseront à leur tour.

Le matériau du nid ressemble à du papier.

DES FOURMIS COUTURIÈRES

Chaque colonie de fourmis jaunes des citrons, une espèce de fourmi tisserande, occupe plusieurs nids de feuilles. Les adultes unissent leurs forces pour assembler et coudre les feuilles avec un fil d'une soie produite par les larves. Ces fourmis carnivores chassent à la cime des arbres : elles découpent les insectes et rapportent les morceaux au nid.

LES NIDS DE GUÊPES

La forme varie avec les espèces. Ce nid de guêpes sud-américaines a été coupé en deux pour montrer les «rayons» qui abritent les larves. Située à la base, l'entrée étroite est gardée contre les invasions des fourmis.

Fourmis tirant sur les feuilles pour les assembler

Ce nid est suspendu à une branche.

On compte jusqu'à un demi-million de fourmis jaunes dans une colonie.

Les cellules qui contiennent les larves sont protégées par une enveloppe de «papier».

Œuf dans une cellule

Ces guêpes mesurent près de 5 cm de long.

–0,6

CONSTRUCTION D'UN NID

Les guêpes construisent leur nid avec une sorte de papier qu'elles obtiennent en mastiquant des tiges végétales. Elles travaillent toutes ensemble à sa construction et à la récolte de la nourriture destinée aux larves. Dans ce nid tropical, les larves sont nourries de chenilles mastiquées.

UN NID SUSPENDU

Ce nid ouvert est suspendu à un arbre, les cellules larvaires tournées vers le bas. Les guêpes adultes se tiennent au bord du nid qu'elles protègent farouchement.

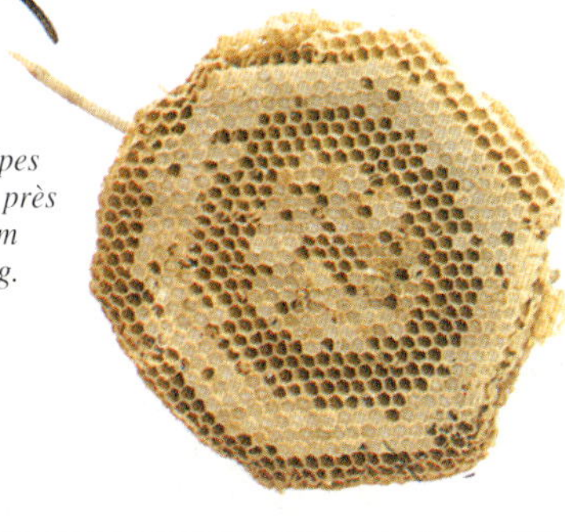

PAPILLONS ÉTINCELANTS

Beaucoup de papillons diurnes tropicaux sont grands et richement colorés, ce qui pourrait aider les prédateurs à les repérer. Mais leur vol est rapide et capricieux : ils brillent dans un rayon de soleil pour disparaître aussitôt dans la forêt sombre.

–0,3

PAPILLON NOCTURNE D'ASIE DU SUD-EST
Les couleurs vives de ce papillon prouvent que les nocturnes peuvent être aussi colorés que les papillons diurnes. Ses couleurs avertissent les prédateurs qu'il est toxique.

LE MORPHO BLEU
Le bleu chatoyant de ce morpho d'Amérique du Sud est visible de loin. Mais la face inférieure de ses ailes est d'un brun boueux qui se confond avec le sol quand il se nourrit à terre.

–0,5

+2

LE NERO
Ce papillon jaune vif boit dans les ruisseaux et les flaques, près des excréments de mammifères. Cette habitude est fréquente chez les papillons tropicaux qui se procurent ainsi les substances nutritives qu'ils ne trouvent pas dans les fleurs.

+2

Haut des ailes orné e couleurs vives

TOXIQUE
Cet *Heliconius* très coloré et au vol lent est toxique. Les oiseaux apprennent vite à l'éviter. La nuit, il forme souvent des groupes qui dorment sur les branches.

ORNITHOPTÈRE FEMELLE

−3,2

−2,8

ORNITHOPTÈRE MÂLE

LES ORNITHOPTÈRES
Chez ces papillons d'Asie du Sud-Est, les mâles, plus petits et plus colorés volent parfois près du sol. Les femelles aux grandes ailes brunâtres restent en haut des arbres.

Papillons tropicaux

Des milliers d'espèces de papillons vivent dans les forêts tropicales. Chacune doit identifier les individus de sa propre espèce pour se reproduire. L'odorat est pour cela essentiel mais aussi la vue : les papillons perçoivent mieux les couleurs que tout autre animal.

Houppette à l'extrémité de l'abdomen

Parfum d'amour

Le mâle de ce papillon a une houppette jaune à l'extrémité de l'abdomen. Lorsqu'il a trouvé une partenaire, il la saupoudre d'écailles parfumées avec cette houppette pour la convaincre de s'accoupler.

Sensibles aux odeurs

Voici l'image très agrandie d'une antenne de bombyx du ver à soie. Elle se divise en plusieurs segments portant chacun deux branches. Les branches augmentent la surface sensible de l'antenne.

Branches sur chaque segment

Les odeurs stimulent les nerfs de l'antenne du bombyx.

Repas collectif

Aux endroits ensoleillés de la forêt, les papillons se rassemblent pour boire dans les flaques riches en sels minéraux. En général, les sujets de la même espèce se reposent ensemble, formant des groupes colorés.

*Le facteur et le petit facteur sont deux espèces différentes d'*Heliconius. *Ils présentent pourtant les mêmes dessins sur les ailes*

PETIT FACTEUR DU SUD DE L'ÉQUATEUR

FACTEUR DU SUD DE L'ÉQUATEUR

PETIT FACTEUR DU SUD DU BRÉSIL

FACTEUR DU SUD DU BRÉSIL

PETIT FACTEUR DE L'OUEST DU BRÉSIL

–0,7

FACTEUR DE L'OUEST DU BRÉSIL

COPIE DE SAUVEGARDE

Il arrive que deux ou plusieurs espèces de papillons toxiques portent les mêmes dessins sur les ailes. Ces différentes espèces se protègent mutuellement : quand les oiseaux savent qu'une espèce est immangeable, ils évitent aussi les autres.

COLÉOPTÈRES ARMÉS

Dans les forêts tropicales, les insectes sont si nombreux qu'ils doivent souvent lutter pour l'espace vital. Chez certains coléoptères, les mâles utilisent leurs mandibules hypertrophiées ou leurs cornes dans des combats pour conquérir un territoire et y attirer une femelle.

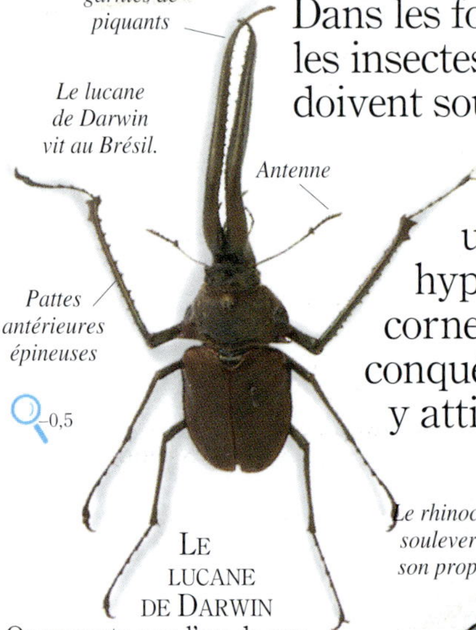

LE LUCANE DE DARWIN
On raconte que l'un de ces coléoptères aurait mordu le célèbre naturaliste Charles Darwin lors de son séjour au Brésil, d'où son nom.

LES RHINOCÉROS
Au sein d'une même espèce, la taille des mâles et de leurs cornes peut varier fortement.. Parfois, lorsque deux gros mâles se battent, un mâle plus petit en profite pour s'accoupler avec la femelle convoitée.

LUCANES BAGARREURS
Les rivalités entre mâles entraînent des comportements agressifs et des combats. Ces deux lucanes cerfs-volants mâles se jaugent avant de combattre.

LES BOUSIERS
Les «cornes» ne servent pas seulement à se battre. Avec les siennes en forme de pelle, ce bousier fait des boulettes d'excréments et les enterre. La femelle y pondra ses œufs.

DES MANDIBULES LEVIERS
Les combats de coléoptères vont rarement jusqu'à la mort, mais, si l'un des deux mâles soulève l'autre et le fait tomber d'une branche, la chute peut lui être fatale.

Les élytres protègent le corps de l'insecte.

Comme chez la plupart des animaux, les mâles se battent pour un territoire, une femelle ou de la nourriture

Les «cornes» des cerfs-volants sont en réalité des mandibules hypertrophiées.

Le lucane s'agrippe aux branches avec ses pattes griffues.

Les insectes géants

Certains très gros insectes se rencontrent dans les forêts tropicales, où la chaleur et la nourriture abondante permettent une croissance rapide. Mais leur taille reste limitée par leur système respiratoire, incapable d' alimenter en oxygène un corps volumineux. Des grands insectes seraient en outre une proie facile pour les prédateurs.

L'Atlas
De tous les insectes, c'est celui qui a la plus grande envergure : 15 cm. Les taches argentées qui brillent sur ses ailes perturbent sans doute les prédateurs.

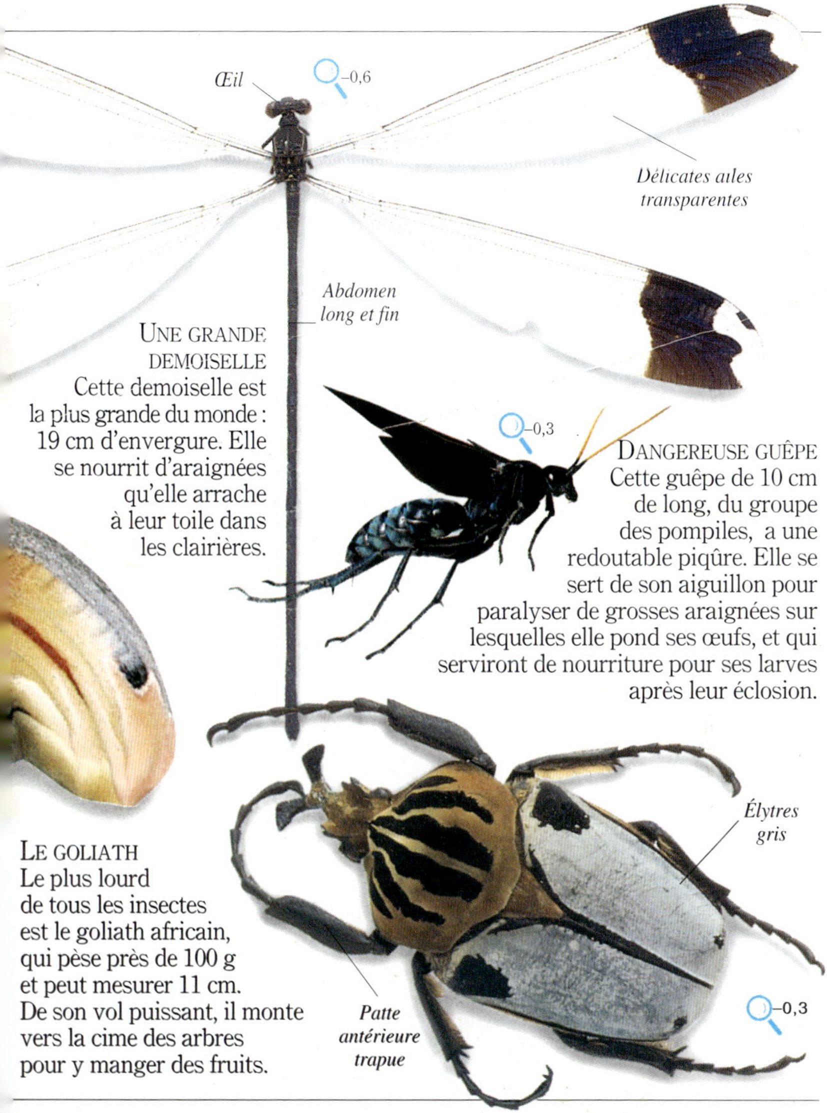

UNE GRANDE DEMOISELLE
Cette demoiselle est la plus grande du monde : 19 cm d'envergure. Elle se nourrit d'araignées qu'elle arrache à leur toile dans les clairières.

DANGEREUSE GUÊPE
Cette guêpe de 10 cm de long, du groupe des pompiles, a une redoutable piqûre. Elle se sert de son aiguillon pour paralyser de grosses araignées sur lesquelles elle pond ses œufs, et qui serviront de nourriture pour ses larves après leur éclosion.

LE GOLIATH
Le plus lourd de tous les insectes est le goliath africain, qui pèse près de 100 g et peut mesurer 11 cm. De son vol puissant, il monte vers la cime des arbres pour y manger des fruits.

IMITER LES VÉGÉTAUX

Beaucoup d'animaux de la forêt tropicale se nourrissent d'insectes. Pour survivre, ces derniers doivent adopter de nombreuses stratégies. Certains se camouflent en prenant l'aspect des plantes et en se tenant immobiles

LES PHASMES
Certains sont effilés, bruns ou verts, comme les tiges sur lesquelles ils séjournent. D'autres, plus courts et trapus, parfois pourvus de piquants ou autres excroissances, ressemblent à des feuilles.

FAUSSES FEUILLES
Les phyllies de Java imitent les feuilles. Leur corps porte des marques semblables aux nervures et des taches brunes, comme sur les feuilles flétrissantes.

COUVERT DE PIQUANTS
Un camouflage réussi exige un comportement adapté. Ce phasme épineux est très visible sur cette page blanche, mais dans un buisson, il échappe à l'œil le mieux exercé, imitant même le mouvement des feuilles au moindre souffle.

DES ARMÉES DE FOURMIS

Dans la forêt tropicale, les fourmis constituent le groupe dominant. Le plus souvent carnivores, elles vivent en colonies de 20 à des milliers d'individus. Certaines espèces réduisent d'autres fourmis en esclavage, envahissant leur nid et tuant leur reine.

Les mâles sont pourvus d'un corps cylindrique allongé.

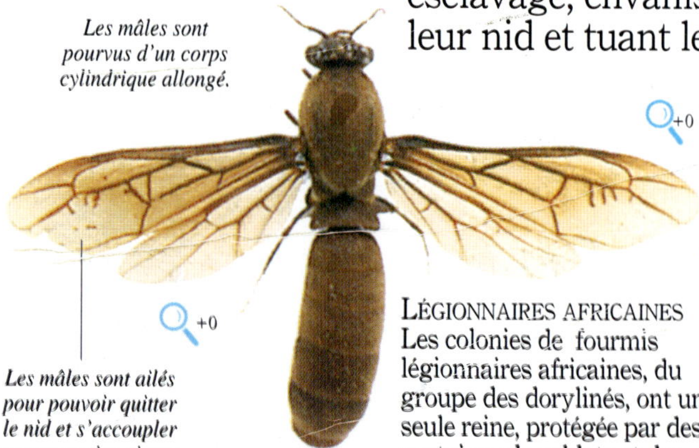

Les mâles sont ailés pour pouvoir quitter le nid et s'accoupler avec une reine vierge.

MÂLE DE FOURMI LÉGIONNAIRE

LÉGIONNAIRES AFRICAINES
Les colonies de fourmis légionnaires africaines, du groupe des dorylinés, ont une seule reine, protégée par des centaines de soldats et des milliers d'ouvrières qui sont toutes des femelles stériles. Les mâles géants ne vivent pas longtemps, leur seule fonction étant de féconder la reine.

REINE

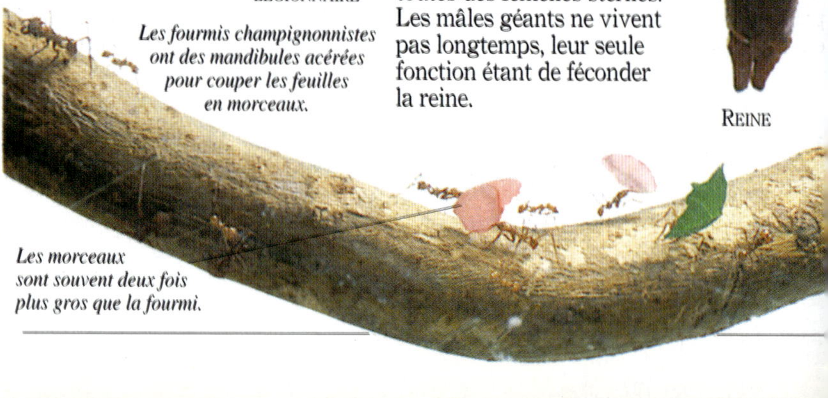

Les fourmis champignonnistes ont des mandibules acérées pour couper les feuilles en morceaux.

Les morceaux sont souvent deux fois plus gros que la fourmi.

COLONNE DE LÉGIONNAIRES
Les fourmis légionnaires se déplacent en colonies, tuant tous les insectes et autres proies sur leur passage. Elles changent régulièrement leur nid de place contrairement à la plupart des fourmis qui ont un nid et un territoire fixes.

Les larves de coléoptères comptent parmi les proies des fourmis légionnaires.

RAVITAILLEMENT
Les fourmis se mettent à plusieurs pour découper les grands insectes qu'elles ont capturés, seul moyen pour les apporter au nid. Les petites proies sont transportées en une seule pièce.

SOLDATS AUX AGUETS
Les soldats légionnaires ont de très grandes mandibules. On les voit mâchoires grandes ouvertes, veillant sur une colonne en marche, prêtes à attaquer des intrus comme les mouches parasites.

Fourmi allant chercher des feuilles.

FOURMIS CHAMPIGNONNISTES
Ces fourmis du genre *Atta*, d'Amérique du Sud, ne sont pas carnivores. Elles cultivent les champignons dans de grandes fourmilières souterraines.

LES DÉSERTS ET SOUS TERRE

Certains insectes occupent des milieux inhospitaliers. Les déserts sont arides et subissent des températures très élevées. Dans les grottes obscures, aucune végétation ne pousse. Sous la terre enfin, il est difficile de communiquer, que ce soit par la vue ou par l'odorat.

+4

Cette larve de cicindèle grimpe vers la surface à l'aide de ses crochets.

CACHETTE SOUTERRAINE
Pour certaines espèces, la vie souterraine n'est que momentanée. Cette larve de cicindèle se cache sous terre dans la journée. La nuit dans sa galerie verticale, elle guette, les mandibules au ras du sol, les insectes qui passent.

UN INSECTE TROGLODYTE
Cette blatte passe sa vie dans l'obscurité. Comme les autres animaux troglodytes, elle mange les déchets provenant du monde extérieur. Excréments de chauve-souris, animaux morts, fragments de plantes, tout est bon à récupérer.

DANS LE DÉSERT
Les insectes doivent se débrouiller pour trouver un peu d'humidité. Ce ténébrion vit dans le désert du Namib où, chaque nuit, le vent de la mer apporte la brume. Le coléoptère soulève son abdomen où se condense l'eau qu'il fait couler jusqu'à sa bouche.

UNE CHALEUR SÈCHE
Les journées chaudes et sèches du désert peuvent entraîner la déshydratation et la mort. Ceux qui s'y sont adaptés se cachent la journée sous les pierres ou dans le sable, sans bouger, jusqu'à la nuit.

LE SAVIEZ-VOUS ?

- Le désert du Sahara gagne 5 km par an.
- Dans le désert, la température peut varier entre 30 °C dans la journée et moins de 0 °C la nuit.
- Les grottes ont une température constante toute l'année.
- Le désert occupe 20 % de la surface de la Terre.

FLEUR DE CACTUS

LES PLANTES DU DÉSERT
La pluie peut ne pas tomber pendant des mois, voire des années. Pour survivre, les plantes font des réserves d'eau et certains animaux s'en nourrissent de ces plantes. Beaucoup, dont les insectes, migrent vers la pluie et la végétation.

Les insectes du désert

Les déserts sont des milieux dangereux. Les animaux y meurent souvent de déshydratation ou d'insolation. Pour éviter cela, les insectes recherchent l'ombre ou creusent des abris dans le sable. Ils ont des méthodes particulières pour récolter l'eau et se nourrissent généralement la nuit quand la température du sable leur permet de marcher dessus.

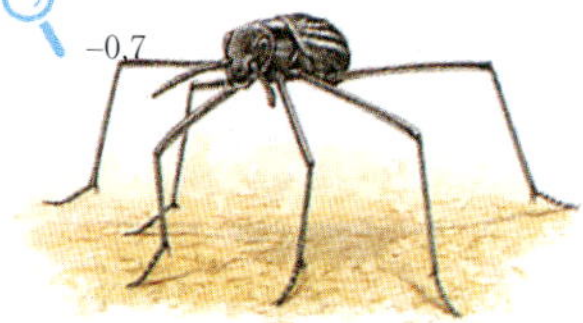

COMME SUR DES ÉCHASSES
Les longues pattes de ce coléoptère du désert du Namib éloignent son corps loin du sable brûlant. Ses larves vivent pendant six mois dans le sable, se nourrissant de déchets organiques. L'adulte peut vivre plusieurs années.

LES CRIQUETS PELERINS
Les adultes se déplacent en vol pour trouver de quoi manger. Puis ils se reproduisent et des groupes immenses de juvéniles sans ailes se déplacent en sautant à travers le désert.

DEUX JUVÉNILES DE CRIQUETS PELERINS

GRILLON DU DÉSERT
Ses grandes pattes lui permettent de creuser le sable et de s'y cacher en quelques secondes, pour échapper à un prédateur ou s'abriter de la chaleur intense. Ses ailes s'enroulent pour ne pas être abîmées sous le sol.

LES FOURMIS À MIEL
Pendant la saison des pluies, certaines ouvrières de la colonie sont gavées d'eau et de nectar dont se gonfle leur abdomen. À la saison sèche, les autres fourmis viennent s'approvisionner à ces réserves vivantes.

UNE GUÊPE PARASITE
Ce sphex du genre *Ampulex* d'un vert irisé attrape des blattes, pour nourrir ses jeunes. Les adultes sont végétariens, ne vivant que de nectar.

DANS LES GROTTES

La vie dépend de l'énergie solaire. Les plantes la transforment en matière vivante par le phénomène de la photosynthèse et fournissent de quoi manger aux animaux. Mais dans les cavernes obscures, rien ne pousse. Les insectes qui y vivent doivent se procurer de la nourriture provenant de l'extérieur, apportée par l'eau ou déposée par d'autres animaux.

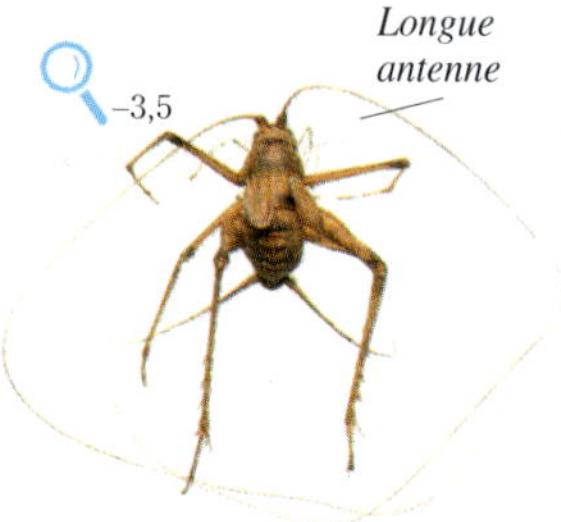

–3,5

Longue antenne

UN GRILLON AFRICAIN
Certains insectes ont démesurément développé leurs antennes pour pallier le manque de visibilité dans l'obscurité des grottes. Ce grillon des cavernes a les plus longues antennes jamais vues, proportionnellement à son corps.

Deux organes sensibles, les cerques, détectent l'ennemi qui arrive par derrière.

GRILLON DES CAVERNES FEMELLE

L'ovipositeur sert à déposer les œufs dans le sol.

+2,5

Le paon de jour

Les grottes offrent un abri contre le mauvais temps. Elles offrent aux paons de jour des endroits idéaux pour hiberner durant les froids hivers de l'hémisphère Nord.

Le dessous sombre des ailes camoufle le paon de jour en hibernation.

Dessus des ailes vivement coloré

−0,8

Paon de jour

Habitants des grottes

Les grillons des cavernes sont plus pâles et ont de plus petits yeux que ceux qui vivent au grand jour. Ils se reproduisent toute l'année, car la température y est invariable.

Les blattes

Les blattes des cavernes mangent des excréments et des carcasses de chauves-souris, des acariens et des champignons, ou même ses congénères. Elles apprécient l'obscurité humide des grottes.

+3

Longue antenne très sensible

Blatte du Surinam

Les insectes sous la terre

Quand les plantes et les animaux meurent, leurs restes sont absorbés par le sol. Les insectes qui vivent sous le sol font partie des créatures les plus importantes sur Terre : ils contribuent à recycler ces restes, en libérant leurs éléments nutritifs, enrichissant ainsi la terre. Ils sont aussi les proies de nombreux animaux.

Larve de hanneton
Racines et troncs d'arbres en décomposition nourrissent les larves d'insectes. Cette larve de hanneton (coléoptère) respire par des orifices, les stigmates situés le long de son corps. Le peu d'air qui circule sous terre suffit à la survie des insectes.

Un habitat de qualité
Vivre sous terre a ses avantages : pas de risque de déshydratation et de quoi manger en abondance. Cette chrysalide de sphinx de l'euphorbe présente sur l'abdomen des plaques pointues qui l'aident à atteindre la surface pour sa mue finale.

DES PATTES POUR CREUSER
La courtilière est appelée grillon-taupe pour ses analogies avec la taupe. Comme cette dernière, elle passe sa vie sous terre, a de petits yeux et des pattes antérieures modifiées pour creuser.

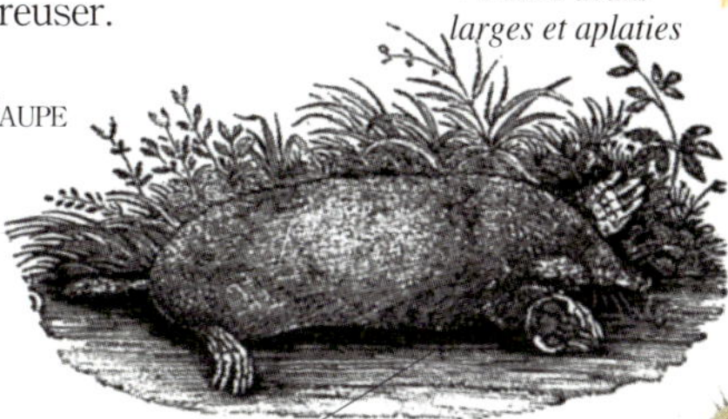

Les pattes antérieures de la taupe ressemblent à celles de la courtilière.

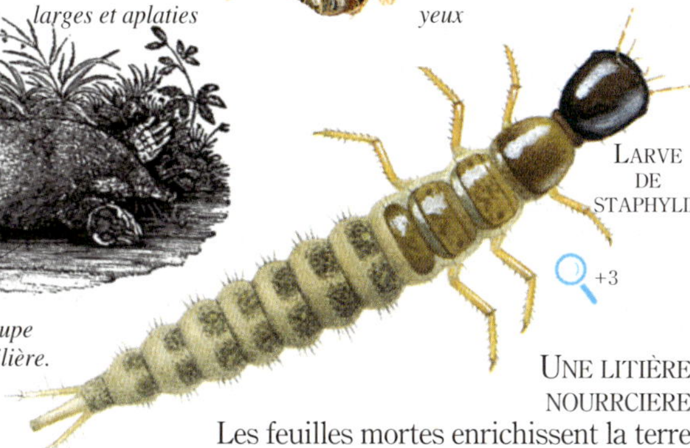

UNE LITIÈRE NOURRCIERE
Les feuilles mortes enrichissent la terre et forment sur le sol une litière où se nourrissent de nombreux insectes. Ils seront à leur tour mangés par les larves des staphylins.

LARVE DE TAUPIN
Malgré son apparence, il ne s'agit pas d'un ver de terre mais de la larve d'un coléoptère : le taupin. Ces larves rampent sous la terre, se nourrissant de racines.

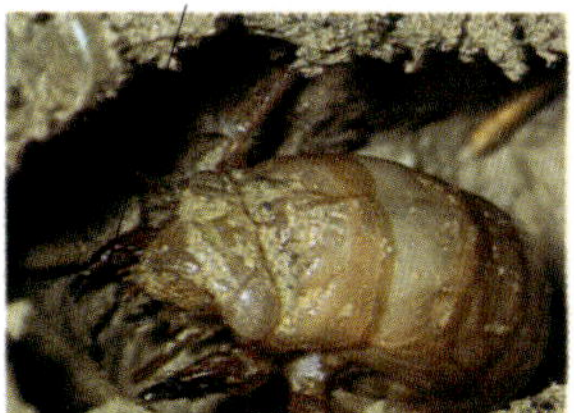

LARVE DE CIGALE
Les larves de certaines cigales vivent sous terre plusieurs années avant de devenir adultes. Elles sucent la sève des racines et creusent la terre de leurs pattes antérieures hypertrophiées.

LES MILIEUX HUMANISÉS

Les insectes ont toujours su tirer parti de tous les habitats. Ils ont donc naturellement adopté ceux des humains. Ces animaux vivent dans nos maisons, se nourrissent de nos meubles, de nos vêtements, de nos aliments et de nos déchets. Les jardins et les exploitations agricoles aussi abritent des insectes qui trouvent sur les fleurs et les légumes une nourriture abondante.

L'ENNEMI DE LA POMME DE TERRE
L'importation des pommes de terre d'Amérique a introduit les doryphores en Europe. Ils causent des ravages dans les cultures.

LES MANGEUSES DE CHOUX
La piéride du chou, un papillon, pond sur les choux pour que ses larves puissent s'en nourrir. L'abondance artificielle de nourriture créée par une culture intensive a favorisé sa reproduction au point qu'elle est devenue indésirable.

Risque d'invasion

Des insectes indésirables comme les blattes profitent de tous les restes de nourriture. Des aliments laissés à l'air libre feront le bonheur des insectes, pouvant déclencher une invasion dont il sera difficile de venir à bout.

Nid suspendu à des chevrons

Des guêpes dans la maison

Les toits de nos maisons nous maintiennent au chaud et au sec, mais offrent aussi aux guêpes des conditions idéales pour nicher. Les guêpes sont utiles en été : elles débarrassent nos jardins des insectes gênants.

Le monarque est élevé en captivité.

Les serres

Dans les pays tempérés, les insectes tropicaux se développent bien dans les serres qui reproduisent un climat tropical. Cela permet de créer des élevages d'insectes.

Le saviez-vous ?

- Dans un jardin de taille moyenne, on compte plus de 1 800 espèces d'insectes.
- Moins de 1 % des espèces de blattes sont nuisibles.
- Les paons de jour passent souvent l'hiver dans les abris de jardin.

LES INSECTES DOMESTIQUES

Depuis la préhistoire, les insectes se plaisent chez l'homme, où ils trouvent abri, chaleur et nourriture. Des espèces parasites s'installent aussi chez nous et se nourrissent à nos dépens.

LOCATAIRES DE NOS CHEVELURES
Les poux s'agrippent fermement à nos cheveux avec leurs griffes. De leurs pièces buccales pointues, ils percent la peau et sucent le sang.

+11

LE TÉNÉBRION DE LA FARINE
Ses larves, les vers de farine, mangent les céréales et la farine et on les trouve partout où sont conservés les aliments.

GROSSE VRILLETTE ADULTE

+1,5

Galeries percés par les larves qui se nourrissent de bois.

L'HORLOGE DE LA MORT
Dans leur habitat naturel, les larves de la grosse vrillette, ou horloge de la mort, se nourrissent du bois des chênes. Dans les maisons, elles s'attaquent aux poutres de chêne, y creusant des galeries qui menacent leur solidité.

Le ver de farine a un exosquelette segmenté qui lui donne sa flexibilité.

PUNAISES DES LITS

DES PUNAISES DANS NOS LITS

Les premiers hommes vivaient avec les chauves-souris et les oiseaux qui attiraient des parasites suceurs de sang. Certains, comme les punaises des lits, ont pris goût au sang humain et ne nous ont plus quittés.

AMATEURS DE TAPIS

Les larves d'anthrènes, des coléoptères, mangent la laine et font des trous dans nos tapis.

LES MOUCHES

Les mouches se rencontrent dans les maisons du monde entier. Leurs larves, les asticots, se nourrissent de nos aliments et de nos déchets. Si nous oublions de couvrir la nourriture, les adultes, en se posant dessus pour manger,y laissent des microbes avec leurs pattes.

Les mouches domestiques goûtent la nourriture avec leurs pattes.

Les pièces buccales absorbent la nourriture.

LES INSECTES DES JARDINS

Le jardin est l'endroit idéal pour observer et étudier les insectes. De nombreuses espèces viennent se nourrir aux dépens des fleurs, des légumes et autres plantes, attirant à leur tour les insectes prédateurs. Mais la plupart ne sont que de passage, prélevant un peu de nectar sur les fleurs avant de disparaître.

LES STAPHYLINS
Ils chassent la nuit dans les jardins pour trouver des insectes à manger. Quand on retourne le compost, on voit ces grands coléoptères qui s'enfuient, gênés par la lumière.

L'AMIE DES JARDINIERS
Le syrphe voltige autour des fleurs dont il aspire le nectar, les jours de grand soleil. Ses larves sont les alliées des jardiniers qu'elles débarrassent des pucerons.

LES SPHINX

Les chenilles des sphynx, des papillons de nuit, se reconnaissent à leur courte queue dressée. La nuit les adultes volent sur place devant les fleurs pour en déguster le nectar.

Les ocelles de la chenille sont destinées à effrayer les prédateurs.

LE GOMPHOCÈRE

Le gomphocère est un criquet très répandu en Europe. Il aime l'herbe rase et les endroits ensoleillés et élit souvent domicile dans les jardins. Comme les criquets tropicaux, il forme parfois des nuées, mais à plus petite échelle.

SELF-SERVICE

Les parterres de fleurs sont comme des stations-service pour les papillons. Dans leur quête des plantes où ils pondront leurs œufs, ils y font le plein de nectar qui leur fournit l'énergie indispensable.

Les papillons s'arrêtent souvent pour profiter du soleil.

Amis et ennemis

Les relations ne sont pas toujours bonnes entre l'homme et les insectes. Beaucoup nous sont utiles, d'autres, par leurs actions, nous gênent. Mais tous ont, à l'origine, un rôle à jouer dans les équilibres naturels, que nous perturbons souvent. Et en détruisant leurs habitats, nous éliminons des insectes qui servent de proies à d'autres animaux.

Les pucerons boivent la sève des rosiers. Celle-ci étant le sang de la plante, leur action risque de finir par la tuer.

Les pucerons

Ces insectes représentent un danger sérieux pour nos légumes et nos fleurs. Certains s'attaquent aux rosiers, d'autres véhiculent des maladies qui détruisent les pommes de terre, les fraises et d'autres cultures.

Réseau complexe de nervures sur les ailes

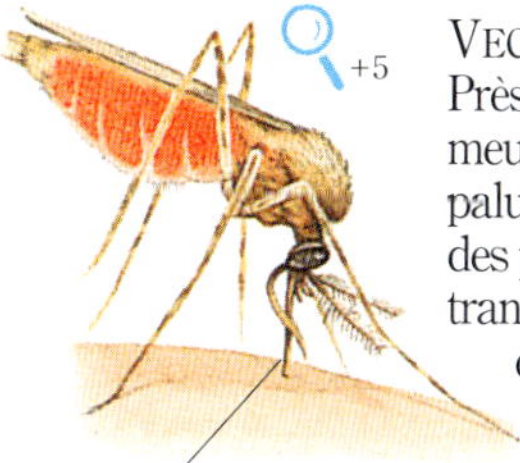

Les pièces buccales piquent la peau et sucent le sang.

VECTEURS DE MALADIES
Près d'un million de personnes meurent chaque année du paludisme. Cette maladie des pays tropicaux est transmise par la salive de certains moustiques lorsqu'ils piquent l'homme.

FOURNISSEURS DE SOIE
La soie avec laquelle nous fabriquons des vêtements est produite par le fameux «ver à soie», qui est en fait la chenille d'un papillon bombyx. Cette espèce n'existe plus à l'état sauvage mais seulement en élevage. La soie est la matière qui compose les cocons ou s'enferme la chenille lors de la nymphose.

MANGEUSE DE PUCERONS
La coccinelle est aimée des jardiniers. La larve et l'adulte consomment des quantités de pucerons et nous débarrassent de bien des espèces nuisibles.

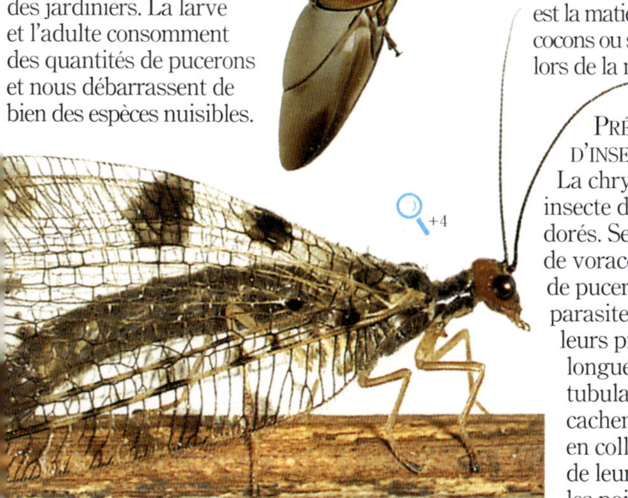

PRÉDATRICE D'INSECTES NUISIBLES
La chrysope est un insecte délicat aux yeux dorés. Ses larves sont de voraces prédateurs de pucerons et autres parasites. Elles vident leurs proies avec leurs longues mandibules tubulaires. Les larves se cachent des prédateurs en collant les restes de leurs victimes dans les poils de leur dos.

LES ABEILLES

Les abeilles et les plantes ont un destin lié. Les végétaux ont besoin de l'insecte, qui transporte leur pollen de fleur en fleur et permet leur fécondation. Du pollen et du nectar récolté, les abeilles nourrissent leurs larves et font le miel.

L'APICULTURE

Depuis des milliers d'années, l'homme élève les abeilles pour leur miel. À l'origine, cette précieuse substance sucrée n'est autre qu'une réserve de nourriture pour la ruche en hiver.

LA POLLINISATION

Les papillons aussi pollinisent les fleurs. En venant s'y nourrir, ceux-ci repartent avec des grains de pollen pris dans leur poils. Ces grains finissent par tomber sur les autres fleurs qu'ils visitent et ainsi, les fécondent pour qu'elles puissent donner des fruits.

CORBEILLES À POLLEN

Les abeilles transportent le pollen dans des petites corbeilles faites de longs poils recourbés situés sur leurs pattes postérieures. De leurs pattes antérieures elles «peignent» le pollen pour le diriger vers les corbeilles.

Les mouvements de la danse indiquent l'emplacement des fleurs.

COMMUNICATION

Lorsqu'une abeille trouve une source de nectar, elle va prévenir ses congénères à la ruche en dansant. La vitesse des mouvements indique la distance à parcourir, et l'angle de la danse, la direction.

LES POISSONS

QU'EST CE QU'UN POISSON ?

Il y a 470 millions d'années, les premiers poissons apparurent dans les océans. Ils comptent aujourd'hui plus de 20 000 espèces et sont classés en trois groupes principaux : cartilagineux, osseux et agnathes (sans mâchoires). Ce sont des vertébrés, pourvus d'un squelette et d'une colonne vertébrale. Vivant dans l'eau, ils respirent par leurs branchies ; leur corps est recouvert d'écailles et ils se dirigent grâce à leurs nageoires.

La nageoire caudale propulse et stabilise le poisson.

La ligne latérale, organe sensoriel, perçoit les vibrations de l'eau.

Nageoire anale

Nageoire pelvienne (sert à se diriger)

LES NAGEOIRES

La plupart des poissons osseux ont une nageoire dorsale, des nageoires pectorales et pelviennes par paires et une queue pour se propulser. Chez certains, les nageoires transformées font office de pelles, de jambes, de ventouses ou de dards empoisonnés.

REQUIN-BALEINE

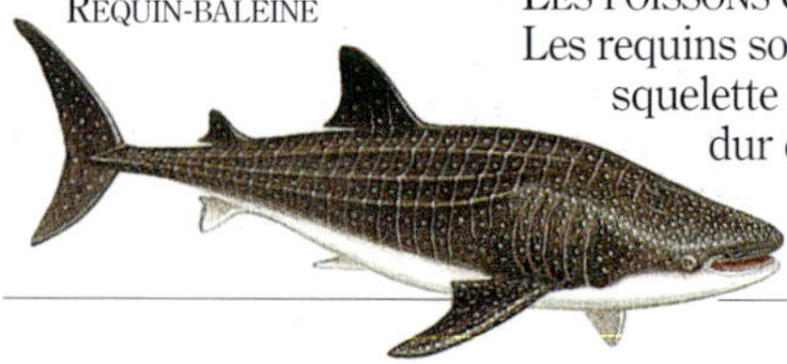

LES POISSONS CARTILAGINEUX

Les requins sont des poissons cartilagineux. Leur squelette est fait de cartilage extrêmement dur et non d'os. Le requin baleine (ci-contre), qui atteint 15 mètres, est le plus gros poisson du monde.

CE NE SONT PAS DES POISSONS
Vivre dans l'eau n'est pas réservé qu'aux poissons. Les dauphins et les phoques sont des mammifères qui viennent respirer à la surface. Les seiches et les coquillages, comme les moules, sont des mollusques.

SEICHE DE L'ATLANTIQUE

GRAND DAUPHIN

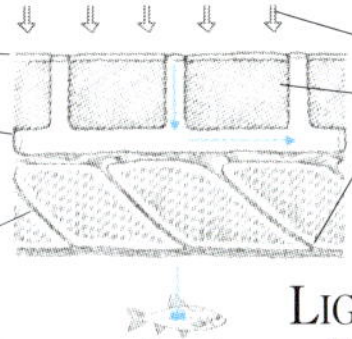

LIGNE SENSIBLE
Les poissons n'ont pas d'oreilles mais perçoivent les vibrations sonores grâce à leur ligne latérale, sorte de tube rempli d'un fluide, localisé sur les flancs, sous la peau. Les vibrations passent dans ce tube par des pores et stimulent des cils sensoriels qui transmettent l'influx nerveux au cerveau.

UN MANTEAU D'ÉCAILLES
La plupart des poissons sont couverts d'écailles, tournées vers la queue pour favoriser la nage. Les requins, quant à eux, sont couverts de denticules.

DOUCE OU SALÉE
La plupart des poissons vivent soit en eau salée, soit en eau douce. Mais certains, comme le saumon, quittent la mer et remontent les fleuves pour aller s'y reproduire.

ANATOMIE D'UN POISSON

Les poissons ont certains organes en commun avec les reptiles, les oiseaux et les mammifères, comme le cœur et le cerveau. Mais afin de vivre et respirer sous l'eau, ils ont besoin d'autres organes bien spécifiques.

LE RÔLE DES BRANCHIES
L'oxygène contenu dans l'eau traverse les fines membranes des branchies et passe dans le sang de l'animal. Alors distribué dans tout le corps, il permet aux muscles de fonctionner.

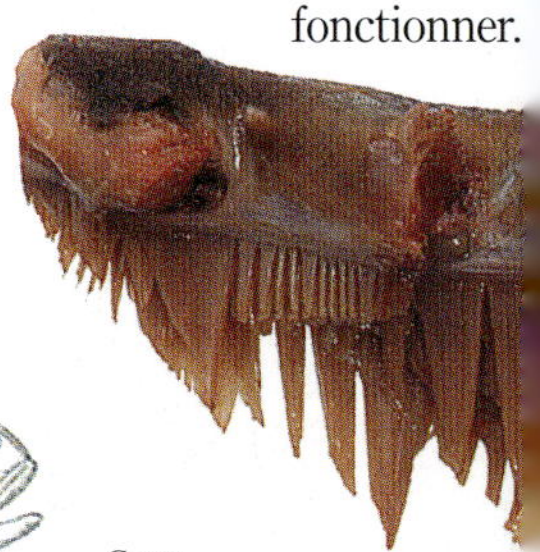

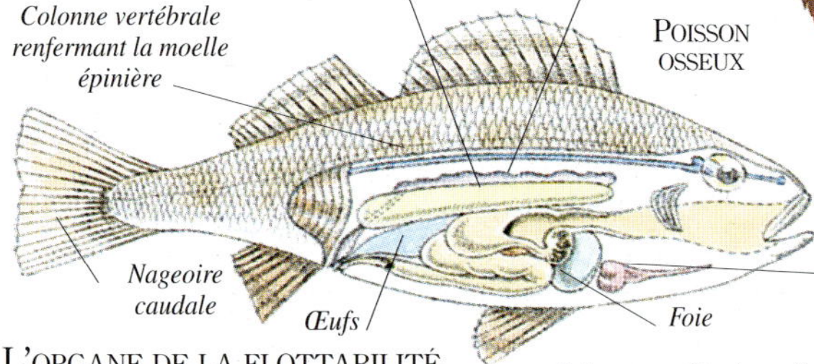

POISSON OSSEUX

L'ORGANE DE LA FLOTTABILITÉ
La plupart des poissons osseux ont un organe de forme ovale, la vessie gazeuse, sorte de bouée interne, qui se remplit de gaz et permet au poisson de régler sa flottabilité.

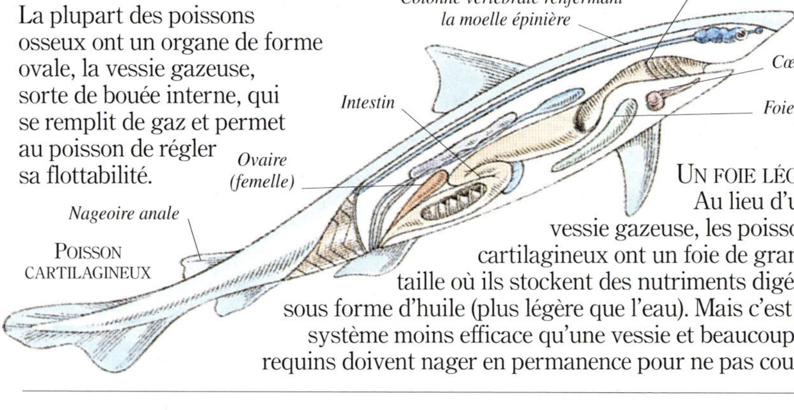

POISSON CARTILAGINEUX

UN FOIE LÉGER
Au lieu d'une vessie gazeuse, les poissons cartilagineux ont un foie de grande taille où ils stockent des nutriments digérés sous forme d'huile (plus légère que l'eau). Mais c'est un système moins efficace qu'une vessie et beaucoup de requins doivent nager en permanence pour ne pas couler.

BRANCHIES DE THON

UN FLUX VITAL

Pour respirer, le poisson absorbe de l'eau en fermant ses opercules branchiaux pour retenir le liquide. Il referme alors sa bouche et l'eau avalée passe sur les branchies. Là, l'oxygène dissout dans l'eau passe dans le sang du poisson. Ensuite, la pression pousse sur les opercules qui s'ouvrent et l'eau est expulsée par les ouïes.

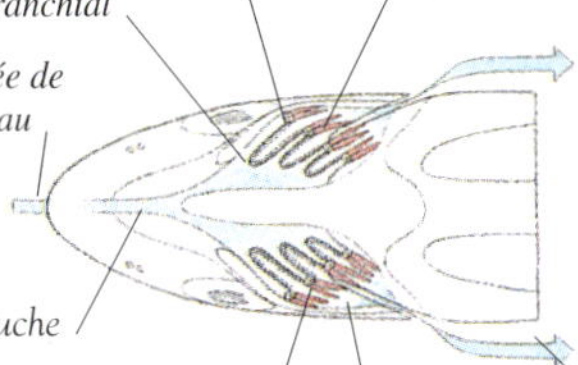

Le squelette

Tous les poissons ont un squelette interne. Celui des requins et des raies est cartilagineux, mais la plupart ont un squelette osseux (classe des ostéichtyens).

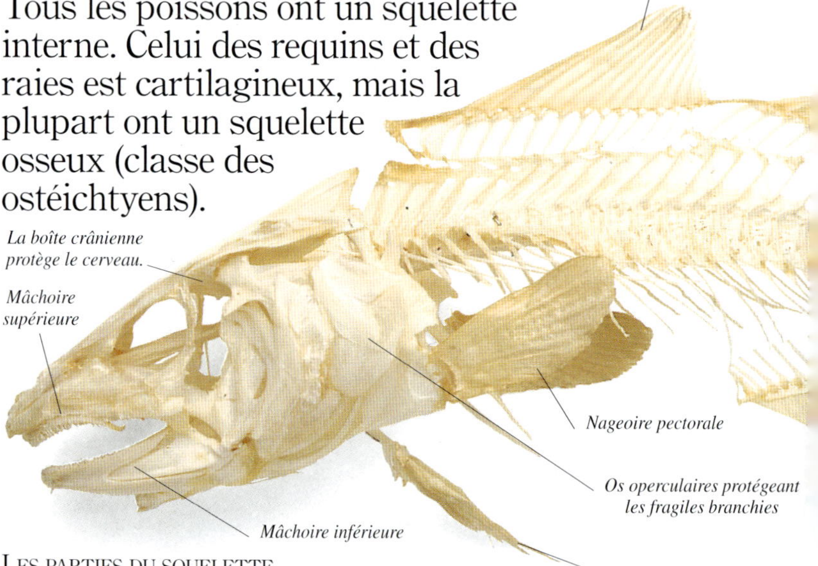

Les parties du squelette

Les trois parties principales du squelette sont : le crâne, qui contient le cerveau et auquel les mâchoires et les arcs branchiaux sont attachés, la colonne vertébrale, qui porte les arêtes et les côtes, et le squelette des nageoires et de la queue.

Des nageurs rigides

L'épine dorsale des poissons-coffres présente de longs cartilages soutenant la nageoire dorsale, proche de la queue. Leur nage est lente car leur corps rigide ne leur permet pas d'onduler librement.

La structure du squelette

Ce squelette de morue de l'Atlantique est typique des véritables poisson osseux. L'ossature est passée du stade cartilagineux au stade osseux au cours du développement de l'animal. Les os dermiques se sont formés à partir des couches dermiques de la peau.

Un vert tenace

Le squelette des orphies présente une couleur verte qui subsiste même après que les os aient bouilli.

Orphie

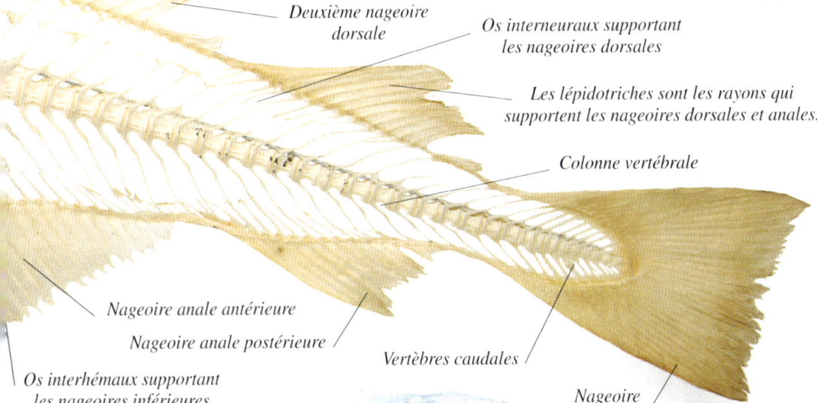

Vertèbre de requin

Le requin-pèlerin est le deuxième plus grand poisson au monde après le requin-baleine. En tant que requin, il a un squelette principalement cartilagineux. Voici la partie centrale d'une de ses vertèbres, renforcée par un réseau de fibres minéralisées.

Voilier

Existence pélagique

Les grands poissons ont des muscles puissants qui nécessitent une robuste épine dorsale. Cette vertèbre de voilier présente des protubérances offrant aux muscles de larges surfaces d'ancrage. Ce poisson atteint la vitesse de 96 km/h.

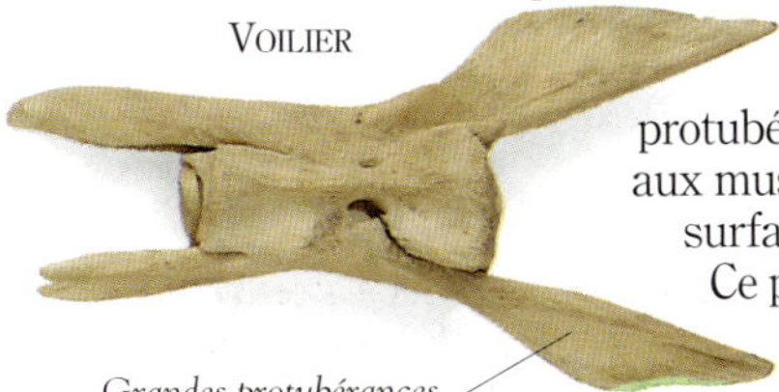

DES COULEURS POUR SURVIVRE

Beaucoup de poissons utilisent la couleur comme moyen de survie, avec des nuances et des motifs d'une variété incroyable. La couleur est un excellent moyen de camouflage, de défense, de marquage du territoire, que ce soit en pleine mer, dans les rivières ou les lacs ainsi que dans les récifs de corail.

Barbillons tactiles pour s'orienter dans les eaux troubles

LOCHE-CLOWN

PARMI LES OMBRES
Grâce à ses rayures sombres, la loche-clown se camoufle dans les plantes au fond des lacs.

Faux-œil

Long bec fin pour dénicher la nourriture dans les fissures

CHÉTODON

POUR FAIRE ILLUSION
Le chétodon porte une tache en forme d'œil près de la base de la queue. Si un prédateur l'attaque en prenant cette partie pour la tête, il s'enfuit en sens inverse.

POISSON-ANGE FRANÇAIS

Œil caché dans une rayure

SYNGNATHE

UN POISSON-ANGE IMMATURE
Au fur et à mesure de sa croissance, les rayures jaunes verticales de ce jeune poisson-ange français vont disparaître.

CHÉTODON ORANGE

DES MOTIFS EN TOUS SENS

Le chétodon orange, un poisson-papillon des eaux chaudes d'Australie, a une livrée bigarrée. Son faux œil à l'arrière de la nageoire dorsale et ses motifs complexes cassent sa silhouette, ce qui sème la confusion chez les prédateurs qui cherchent à l'attraper.

LABRE

MAL LAVÉ

Les écailles sombres dispersées sur le corps et les nageoires de ce labre lui donnent un aspect sali contribuant au camouflage.

BALISTE-ARBALÉTRIER

CLOWN TROMPEUR

Les motifs contrastés du baliste-arbalétrier déroutent les prédateurs, le rendant moins vulnérable aux attaques.

CHIRURGIEN BLEU

POISSON AU BLEU

Le chirurgien bleu commence sa vie en jaune, puis vire peu à peu au bleu.

UN CAMOUFLAGE RAYÉ

Ce syngnathe rayé s'enfonce entre les tiges des plantes aquatiques, avec lesquelles ses rayures se confondent, trompant ainsi d'éventuels prédateurs.

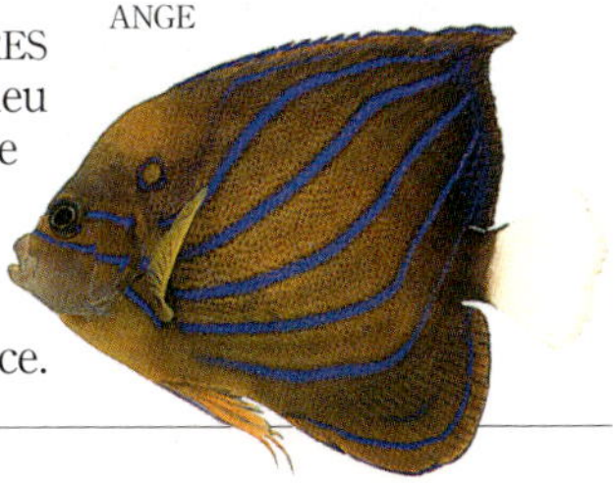

POISSON-ANGE

JE SUIS DES VÔTRES

Les bandes bleu électrique de ce poisson-ange sont un signal visuel pour les autres membres de son espèce.

LES POISSONS CARTILAGINEUX

Les requins et les raies font partie du groupe très ancien des poissons chondrichtyens. Bien que très différents par leur aspect, ils partagent une anatomie interne très semblable, notamment un squelette entièrement cartilagineux.

Une raie vue par sa face ventrale ; la face dorsale est plus foncée et présente des motifs visant à camoufler l'animal sur le fond.

FONDS NOURRICIERS

Les raies se nourrissent de proies vivant sur le fond marin, c'est pourquoi leur bouche se situe sur leur face ventrale. Par des orifices situés sur la face dorsale, les spiracles, elles aspirent l'eau qui passe sur les branchies, puis est évacuée par les fentes branchiales.

PROIES DURES

Certaines raies se nourrissent de coquillages vivant dans le sable.

Les dents broient la carapace dure de leurs proies.

AIGUILLONS VENIMEUX

Certaines raies possèdent plusieurs aiguillons venimeux sur la queue pour se protéger des prédateurs.

Nageoires en forme d'ailes

RAIE MANTE

«Cornes» des nageoires pectorales guidant l'eau chargée de plancton vers la bouche

LA RAIE MANTE

Il existe des espèces géantes, comme les raies mantes, qui ont abandonné les fonds marins pour vivre en pleine eau. Elles évoluent gracieusement près de la surface à l'aide de leurs larges nageoires en forme d'ailes, donnant l'impression de voler sous l'eau. Les mantes se nourrissent de plancton qu'elles capturent en nageant la bouche grande ouverte, guidant l'eau à l'aide des « cornes » de leurs nageoires pectorales.

MANTE PORTANT DEUX RÉMORAS

Les rémoras utilisent la raie comme monture.

BAIN DE SOLEIL

Le diable de mer (du genre *Mobula*) est un proche parent de la raie mante, mais plus petit. En eaux chaudes, on peut l'apercevoir se reposer un instant en surface avant de replonger.

UNE NOURRITURE DÉRIVANTE

Le plancton est composé d'algues et d'animaux microscopiques qui sont transportés au gré des courants. Cette « soupe » nutritive circule dans les couches d'eau marine superficielles.

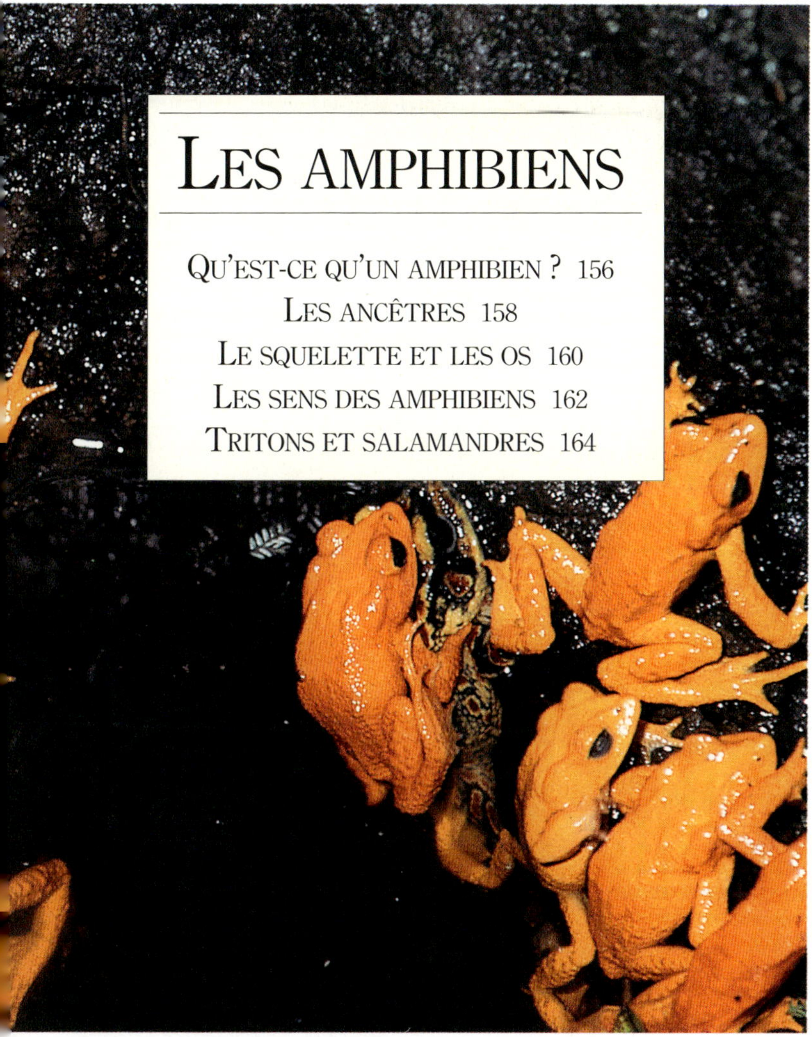

LES AMPHIBIENS

QU'EST-CE QU'UN AMPHIBIEN ?

Les amphibiens sont un groupe d'animaux comptant les grenouilles et crapauds, les tritons et salamandres et les cécilies, au corps vermiforme. Ce sont des vertébrés à sang froid, ce qui signifie en fait que leur température interne varie en fonction de celle de leur milieu. La peau des amphibiens ne porte pas de poils, plumes ou écailles ; ces animaux respirent à travers leur peau autant que par leurs poumons.

LES GRENOUILLES
Les grenouilles et les crapauds ont des formes caractéristiques : grosse tête à large bouche, yeux proéminents, pattes postérieures plus longues que les antérieures, absence de queue.

NE CONFONDONS PAS

Bien que ressemblant à certains amphibiens, les lézards et les serpents sont des reptiles. Ils s'en distinguent aisément par leur peau sèche et écailleuse. Les têtards de certains amphibiens peuvent ressembler à des petits poissons, mais l'absence de nageoires et d'écailles sur leur peau indiquent leur différence.

TÉJU COMMUN (LÉZARD)

Peau sèche et écailleuse typique des reptiles

DE CURIEUX AMPHIBIENS

Les anneaux marquant le corps des cécilies les font ressembler à des vers mais leur tête pointue et leurs dents acérées indiquent qu'elles n'en sont pas.

La peau lisse et humide de la salamandre est typique de nombreux amphibiens.

UNE FORME SPÉCIFIQUE

Tritons et salamandres ont la tête plus étroite et les yeux plus petits que les grenouilles. Leur corps est aussi plus allongé, ressemblant plus à un lézard, et ils ont toujours une queue bien développée.

LES ANCÊTRES

Les amphibiens sont apparus il y a 360 millions d'années, issus de poissons qui, dotés de robustes nageoires faisant office de pattes, purent sortir de l'eau. Ils furent sans doute attirés vers la terre ferme par l'abondance de nourriture et le faible nombre d'ennemis potentiels. Au trias, la plupart étaient éteints, seules subsistaient quelques espèces qui évoluèrent vers les formes actuelles.

SQUELETTE D'*ICHTYOSTEGA*

DES AMPHIBIENS RESSEMBLANT À DES POISSONS
Ichtyostega, un amphibien de la période dévonienne, au Groenland, possédait des caractères typiques des poissons, avec, en plus, des pattes adaptées à la marche.

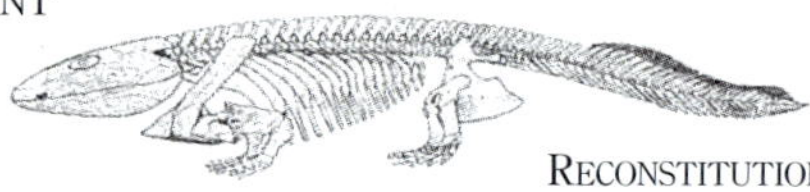

RECONSTITUTION D'*ICHTYOST*

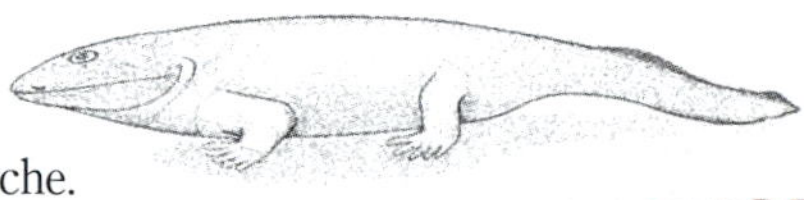

HABITANT DES MARAIS
Ce squelette est celui d'*Eryops*, un amphibien aux allures de crocodile qui habitait le Texas (États-Unis) il y a 270 millions d'années. Il se servait de ses membres puissants pour se déplacer.

SQUELETTE D'*ERYOP*

GRENOUILLE FOSSILE
Ce fossile date du trias, il y a environ 210 millions d'années. Trouvé en France, il est le seul spécimen connu de *Triadobatrachus*. Il présente un large crâne plat comme les grenouilles actuelles mais des vertèbres plus nombreuses que chez ces dernières, une queue osseuse et de courtes pattes postérieures.

BIEN CONSERVÉ
Ce squelette fossile en bon état de *Rana pueyoi* nous montre que certains groupes ont peu changé au cours des 25 derniers millions d'années.

LOINTAIN COUSIN
Cette salamandre fossile, trouvée en Suisse, a environ 8 millions d'années. C'est un parent proche du ménopome, l'un des rares membres encore vivants de ce groupe, présent dans le sud-est des États-Unis.

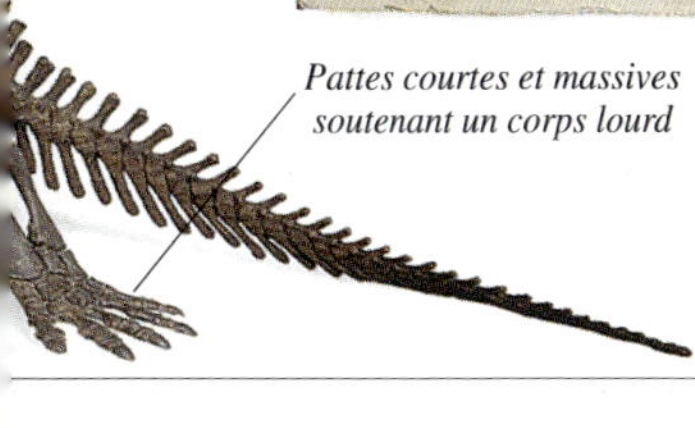

LE SQUELETTE ET LES OS

Les amphibiens ont un squelette simple comptant moins d'os que les autres vertébrés modernes et beaucoup moins que leurs ancêtres les poissons. Ceci montre la tendance évolutive du groupe, allant vers une réduction du nombre d'os dans le crâne et dans la colonne vertébrale.

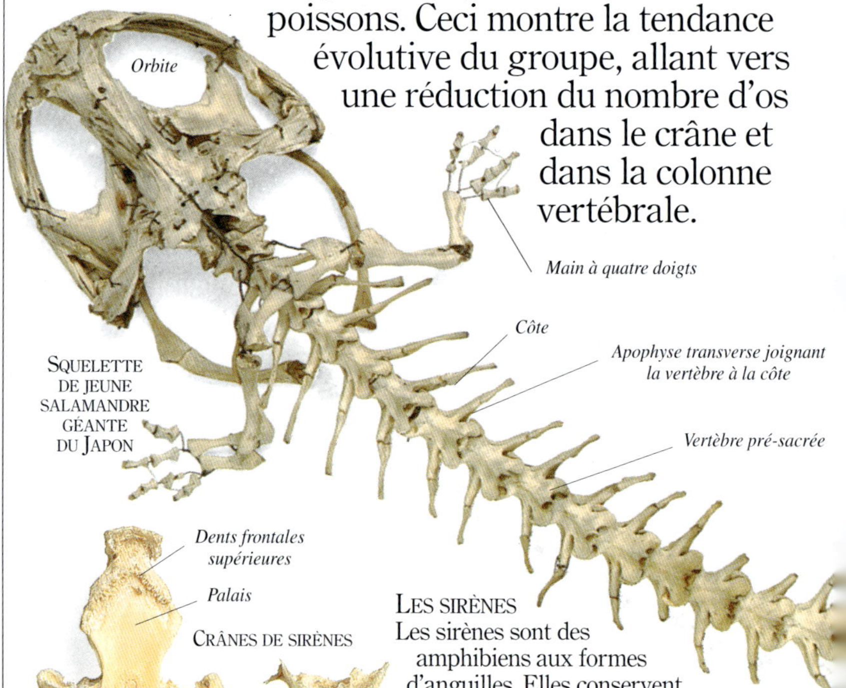

SQUELETTE DE JEUNE SALAMANDRE GÉANTE DU JAPON

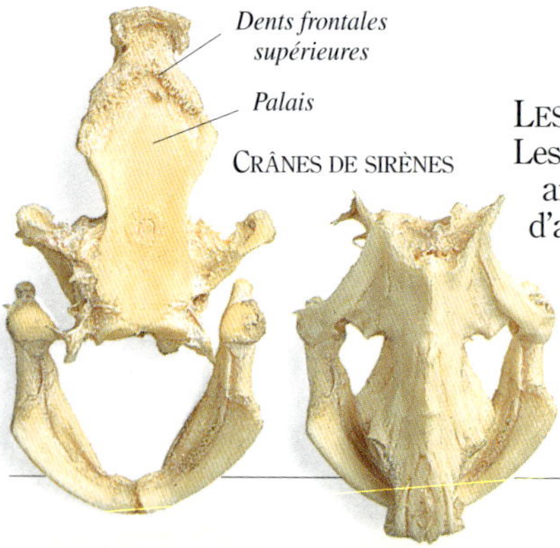

CRÂNES DE SIRÈNES

LES SIRÈNES
Les sirènes sont des amphibiens aux formes d'anguilles. Elles conservent toute leur vie leur aspect larvaire, sont pourvues de branchies externes, de courtes pattes avant mais pas de pattes arrière. À cause de ces caractères certains chercheurs les considèrent, comme un groupe distinct d'amphibiens

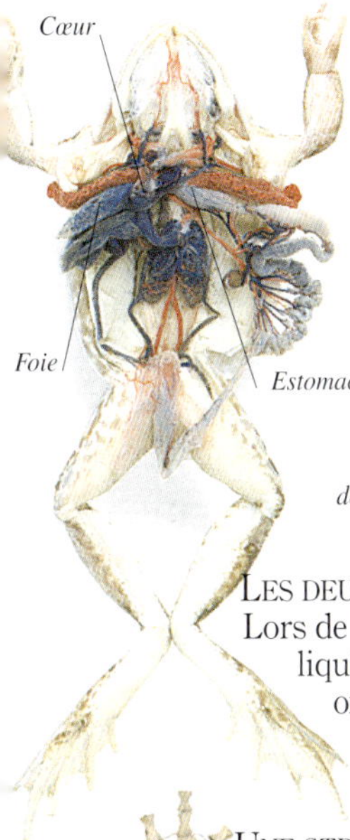

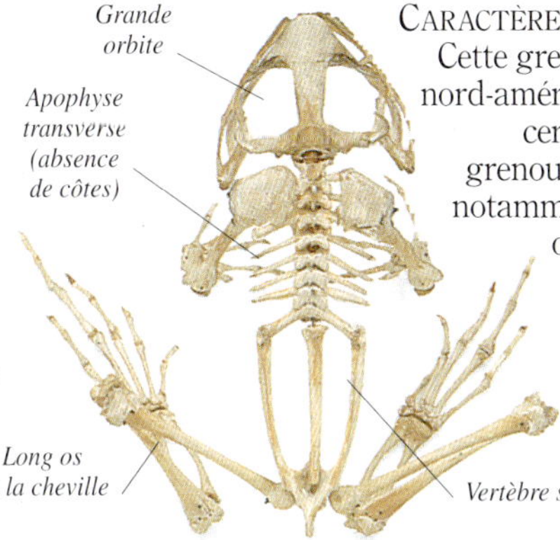

CARACTÈRES PARTICULIERS
Cette grenouille taureau nord-américaine présente certains traits des grenouilles modernes, notamment deux longs os de la cheville (tarses) qui améliorent ses capacités de saut.

LES DEUX SENS DE LA CIRCULATION SANGUINE
Lors de la dissection de cette grenouille, on a injecté un liquide rouge dans les artères, qui véhiculent le sang oxygéné du cœur vers les organes, et un liquide bleu dans les veines, qui véhiculent le sang dépourvu d'oxygène des organes vers le cœur.

UNE STRUCTURE DÉTERMINANTE
Le squelette de cet amphibien présente certains caractères qui le classent parmi les salamandres : 16 à 22 vertèbres pré-sacrées, 1 vertèbre sacrée, 18 à 20 vertèbres caudales.

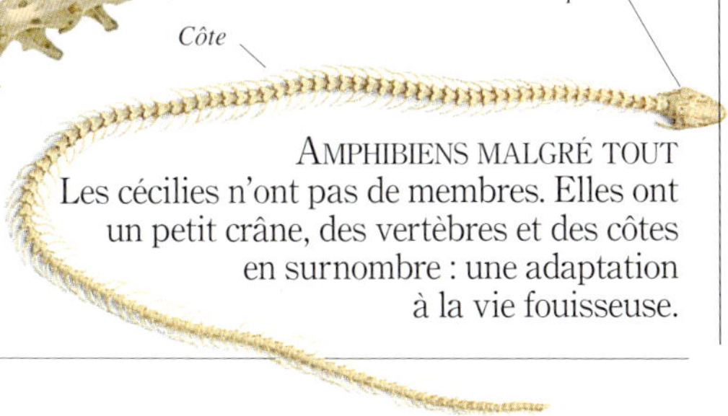

AMPHIBIENS MALGRÉ TOUT
Les cécilies n'ont pas de membres. Elles ont un petit crâne, des vertèbres et des côtes en surnombre : une adaptation à la vie fouisseuse.

LES SENS DES AMPHIBIENS

Les amphibiens disposent des cinq sens de base : le toucher, le goût, l'odorat, l'ouïe, la vue. Ils peuvent en outre détecter les rayons ultraviolets et infrarouges, le champ magnétique terrestre. Par le toucher, ils sont sensibles à la douleur et à la température, ainsi qu'aux produits irritants tels les acides. Animaux à sang froid pourvus d'une peau très perméable, ils doivent réagir rapidement à tout changement du milieu extérieur.

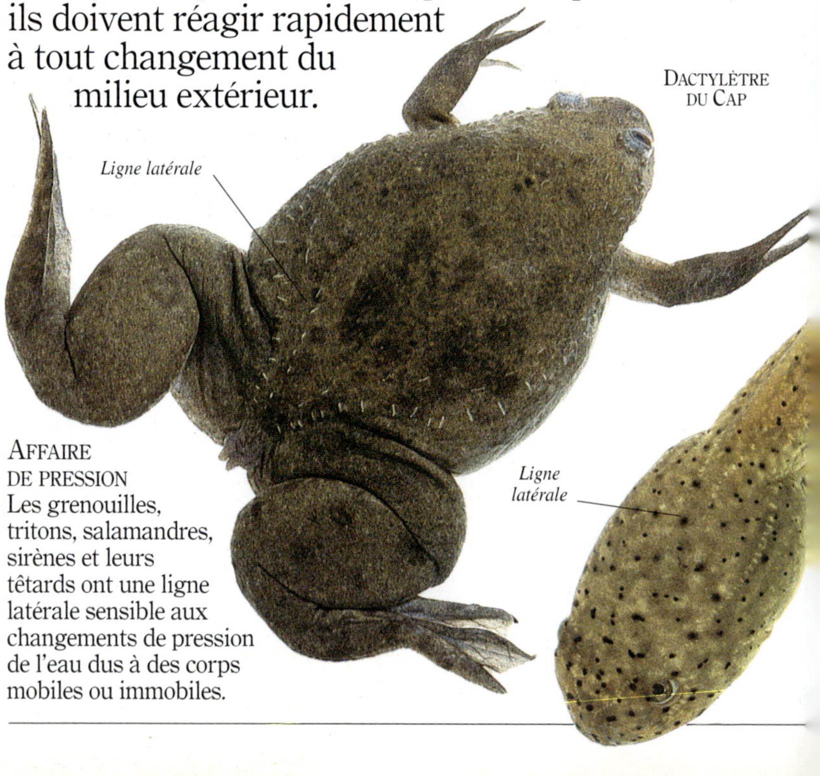

DACTYLÈTRE DU CAP

AFFAIRE DE PRESSION
Les grenouilles, tritons, salamandres, sirènes et leurs têtards ont une ligne latérale sensible aux changements de pression de l'eau dus à des corps mobiles ou immobiles.

GRENOUILLE-ROSEAU

GRENOUILLE ARBORICOLE (AGALYCHNIS)

SONNEUR ORIENTAL

RÉGULATION THERMIQUE
Lorsqu'il fait chaud et sec, les amphibiens perdent de l'eau par évaporation. Ils régulent leur température corporelle en s'exposant au soleil ou en se mettant à l'ombre selon le cas. La grenouille-roseau réduit sa surface d'échange avec le milieu extérieur en repliant ses pattes sous son corps.

LA VISION
La couleur des yeux et la forme de la pupille varient chez les grenouilles. La grenouille Agalachnys a, comme les chats, des pupilles verticales qui s'adaptent aux changements rapides de lumière et à la vision nocturne. Le sonneur oriental a des pupilles en forme de cœur.

TÊTARD DE GRENOUILLE-TAUREAU

Tympan de la grenouille-taureau

L'OUÏE
L'ouïe est l'un des sens les plus importants chez les grenouilles. Extérieurement, l'oreille est réduite à un simple tympan. La taille des tympans et la distance entre eux sont liées à la longueur d'onde de l'appel du mâle.

TRITONS ET SALAMANDRES

Les tritons, salamandres et sirènes forment un groupe de quelque 360 espèces pourvues d'une queue. Elles ont adopté des modes de vie très variés. Certaines vivent sur la terre ferme là où le sol est humide, regagnant l'eau pour se reproduire. Il existe même des salamandres sans poumons qui habitent dans les arbres. D'autres passent leur vie dans l'eau. Vivant sous les tropiques, les cécilies, quant à elles, s'enfouissent dans la terre meuble ou la boue, souvent près de l'eau où l'on peut aussi les voir nager.

AMBYSTOME TIGRÉ

POUR VIVRE HEUREUX...
Les salamandres et tritons sont des animaux farouches et discrets qui, à terre, occupent de préférence les lieux humides où ils peuvent facilement se cacher.

UNE VIE DANS L'EAU
Les sirènes se distinguent par le fait qu'elles conservent leur forme larvaire toute leur vie. Bien que pourvues de poumons en plus de leurs branchies, elles sortent rarement de l'eau.

SIREN INTERMEDIA

TRITON CRÊTÉ MÂLE

LES REPTILES

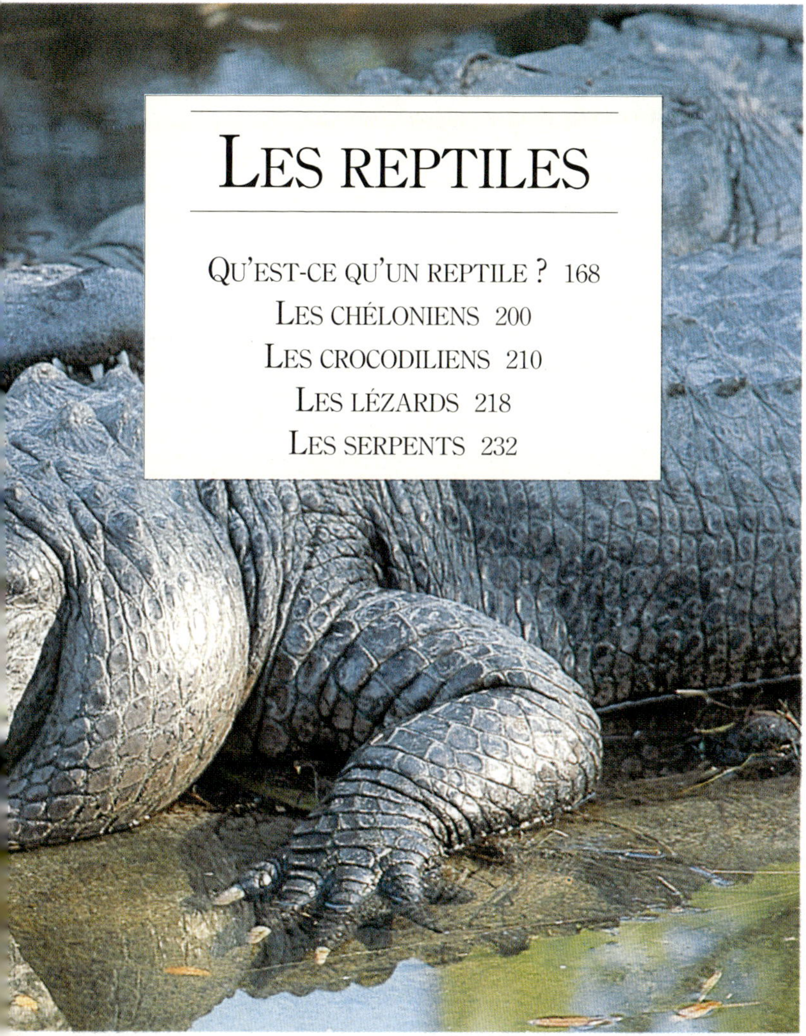

REPRÉSENTATION DE MÉDUSE

MÉDUSE
De tout temps redoutés, les reptiles ont inspiré les légendes. Méduse est un monstre de la mythologie grecque dont la chevelure est faite de serpents.

QU'EST-CE QU'UN REPTILE ?

Les reptiles sont des vertébrés, comme les poissons, les amphibiens, les oiseaux et les mammifères. Contrairement aux poissons et aux amphibiens, ce sont, pour la plupart, des animaux adaptés à la vie terrestre. Contrairement aux oiseaux et aux mammifères, ils sont dits à «sang froid» (ou poïkilothermes). En fait, la température de leur organisme varie avec celle du milieu extérieur.

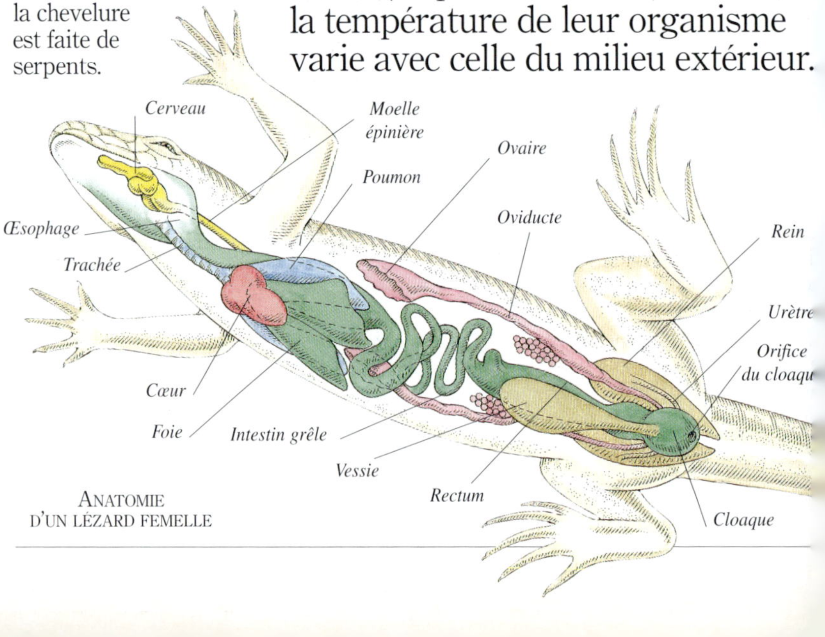

ANATOMIE
D'UN LÉZARD FEMELLE

L'ASPECT PHYSIQUE

Les lézards sont des reptiles. Ce physignathe, ou dragon thaï, vit en Asie. Sa peau imperméable, couverte d'écailles, l'empêche de se déshydrater.

PHYSIGNATHE

L'ŒIL OUVERT

Les serpents et certains lézards n'ont pas de paupières mobiles. Leurs yeux sont recouverts d'une membrane protectrice transparente appelée lunette.

OVIPARES

Certains reptiles donnent naissance à des petits vivants (ovovivipares), mais la plupart sont ovipares : ils pondent des œufs.

SERPENT-RATIER SORTANT DE SA COQUILLE

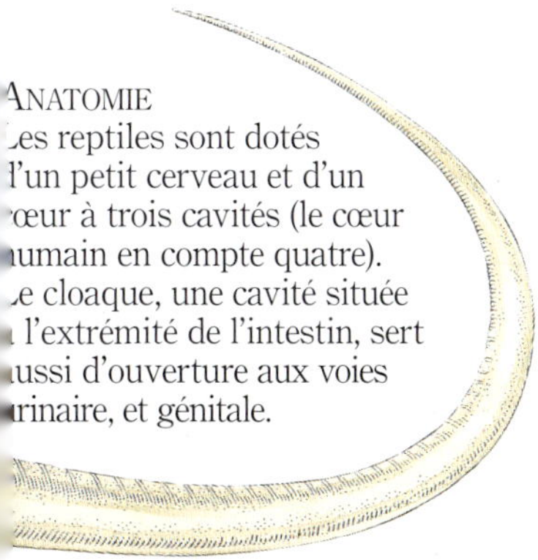

ANATOMIE

Les reptiles sont dotés d'un petit cerveau et d'un cœur à trois cavités (le cœur humain en compte quatre). Le cloaque, une cavité située à l'extrémité de l'intestin, sert aussi d'ouverture aux voies urinaire, et génitale.

UNE TROISIÈME PAUPIÈRE

Les crocodiles ont trois paupières, une supérieure, une inférieure, et une troisième qui recouvre l'œil à partir du coin interne pour le protéger sous l'eau.

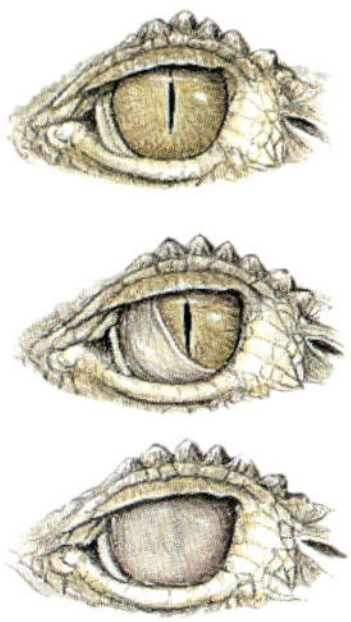

Les ordres de reptiles

Les premiers reptiles apparurent au carbonifère, il y a quelque 340 millions d'années. Issus des amphibiens, ils se reproduisaient néanmoins sur terre. Aujourd'hui, ils se répartissent en quatre ordres : les chéloniens (tortues), les squamates (serpents et lézards), les crocodiliens et les rhynchocéphales (sphénodon).

Serpent de mer géant

Palaeophis
Les serpents existent depuis la fin du jurassique. *Palaeophis* était un serpent de mer géant.

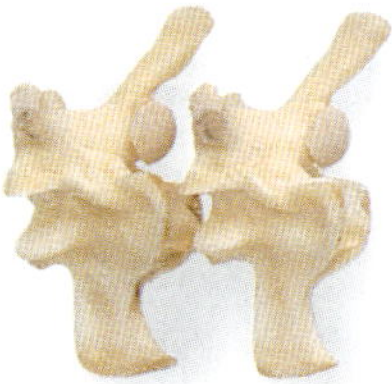

Le python actuel
Ces vertèbres sont celles d'un python, quatre fois plus petit que *Palaeophis*.

Reconstitution de *Westlothiana*

Ancêtre
Westlothiana, le plus ancien reptile connu, vivait il y a 338 millions d'années. Sa peau imperméable et écailleuse lui permettait de vivre en permanence à terre.

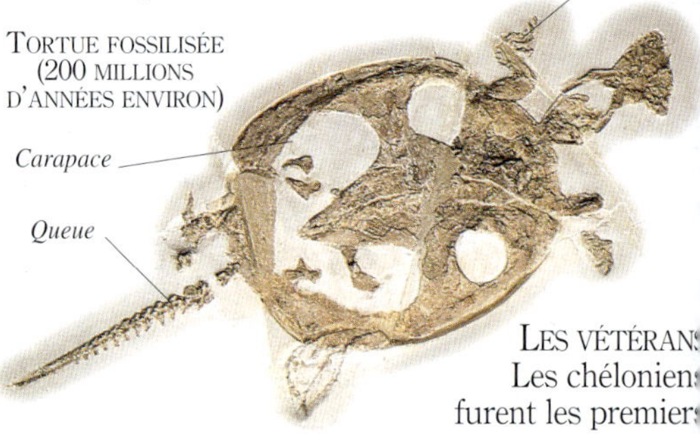

Tortue fossilisée (200 millions d'années environ)

Les vétérans
Les chéloniens furent les premiers reptiles modernes à apparaître : les tortues aquatiques au trias, les tortues terrestres au cénozoïque

L'édentée

Comme les tortues actuelles, *Puppigerus*, tortue de mer du cénozoïque, était dépourvue de dents. Son bec lui servait à arracher les plantes marines des eaux côtières peu profondes.

Le saviez-vous ?

- Le sphénodon, ou hattéria, est le dernier représentant vivant des rhynchocéphales, abondants au trias.
- Les premiers mammifères sont issus de reptiles mammaliens apparus au permien.

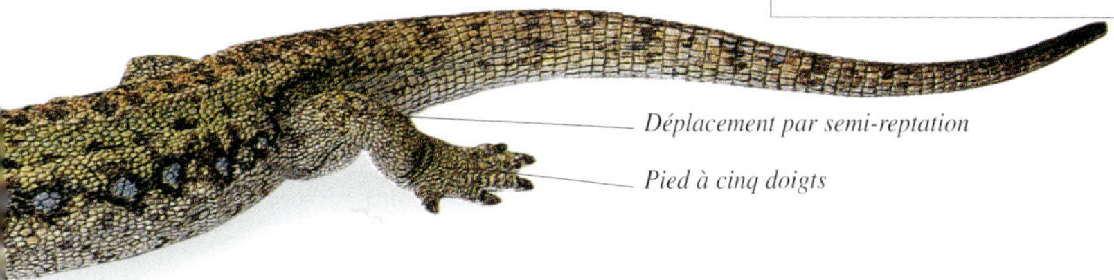

L'évolution

Ce tableau montre l'évolution des reptiles. La colonne de gauche indique la période à laquelle ils vivaient et le nombre d'années correspondant (en millions d'années).

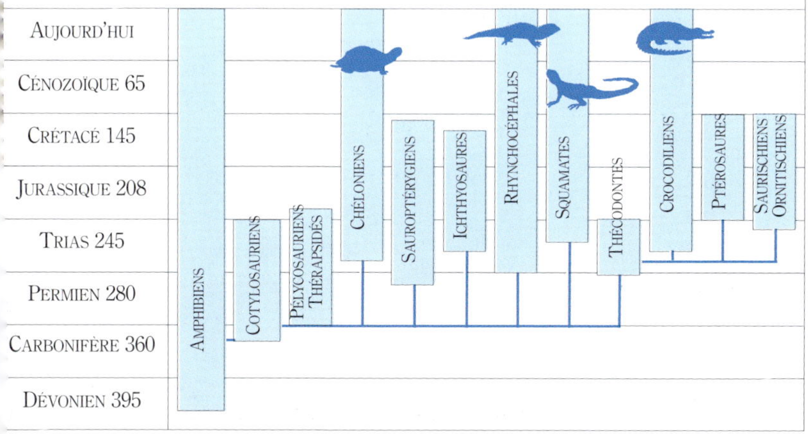

Les reptiles préhistoriques

Les premiers reptiles terrestres n'avaient pas à s'entre-tuer pour préserver leur territoire tant l'espace disponible était vaste. Au cours de millions d'années, ils évoluèrent, adoptèrent différents modes de vie et régimes alimentaires. Certains apprirent à voler, d'autres retournèrent au milieu marin.

DIMETRODON

LÉZARD À VOILE
Dimetrodon était un reptile mammalien du permien. Certains de ses cousins furent les ancêtres des mammifères.

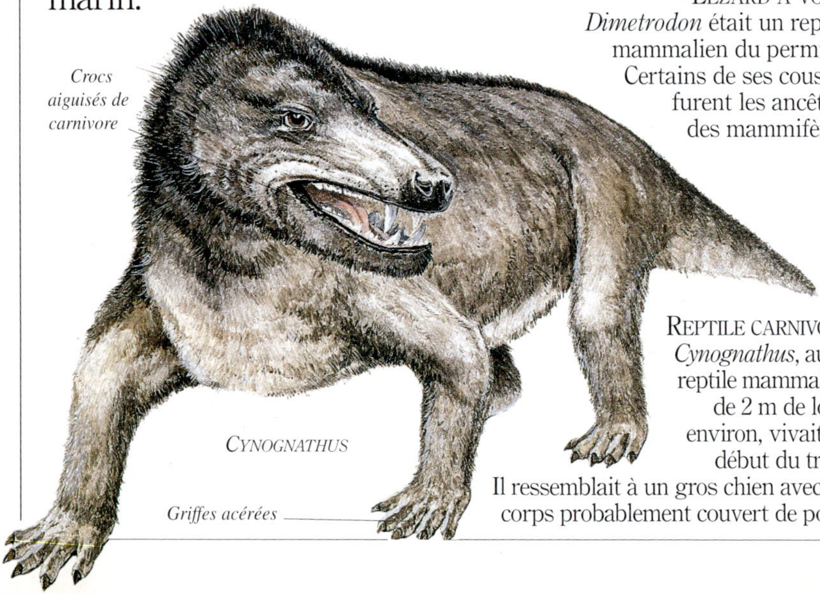

CYNOGNATHUS

REPTILE CARNIVORE
Cynognathus, autre reptile mammalien de 2 m de long environ, vivait au début du trias. Il ressemblait à un gros chien avec un corps probablement couvert de poils.

LE RETOUR À LA MER
Au jurassique et au crétacé, quelques reptiles retournèrent au milieu marin, qui constituait un riche garde-manger. Le plésiosaure était doté d'un long cou et ses membres s'étaient transformés en palettes natatoires.

PLÉSIOSAURE

UN REPTILE-DAUPHIN
Ichthyosaurus, un reptile aux formes de poisson, avait la taille de nos dauphins actuels et le même régime alimentaire. Comme ces derniers, il se propulsait avec sa queue et se dirigeait avec ses nageoires.

ICHTHYOSAURUS

LÉZARD DE MER GÉANT
L'énorme *Mosasaurus*, long d'une quinzaine de mètres, consommait des poissons et des ammonites (céphalopodes à coquille) qu'il broyait à l'aide de ses puissantes mâchoires.

MOSASAURUS

Les reptiles préhistoriques (2)

Au jurassique et au crétacé, les reptiles étaient les maîtres du monde. Parmi ceux-ci figuraient les dinosaures, ces «lézards terribles» qui comptaient de placides herbivores et de redoutables carnassiers. À la même époque, certains reptiles s'adaptaient au vol, 100 millions d'années avant l'apparition des oiseaux.

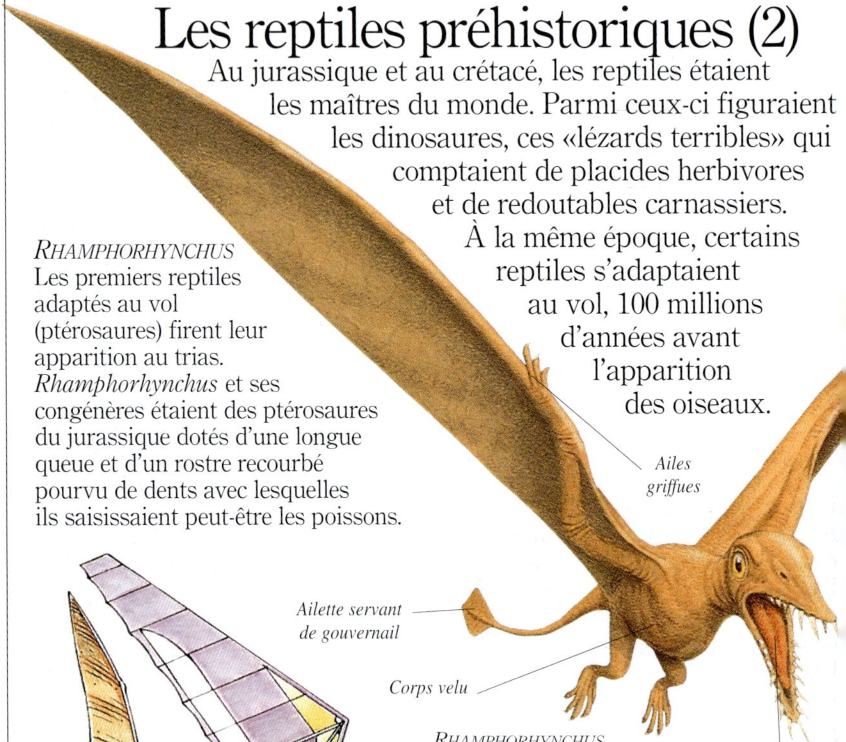

RHAMPHORHYNCHUS

RHAMPHORHYNCHUS
Les premiers reptiles adaptés au vol (ptérosaures) firent leur apparition au trias. *Rhamphorhynchus* et ses congénères étaient des ptérosaures du jurassique dotés d'une longue queue et d'un rostre recourbé pourvu de dents avec lesquelles ils saisissaient peut-être les poissons.

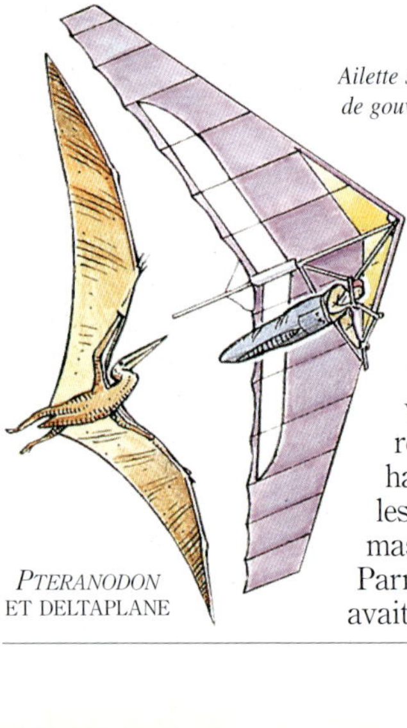

PTERANODON ET DELTAPLANE

PLANEURS D'HIER ET D'AUJOURD'HUI
Les ptérosaures ne volaient vraisemblablement pas réellement. Ils s'élançaient du haut de promontoires et utilisaient les mouvements ascendants des masses d'air pour planer dessus. Parmi les plus grands, *Pteranodon* avait au moins 8 m d'envergure.

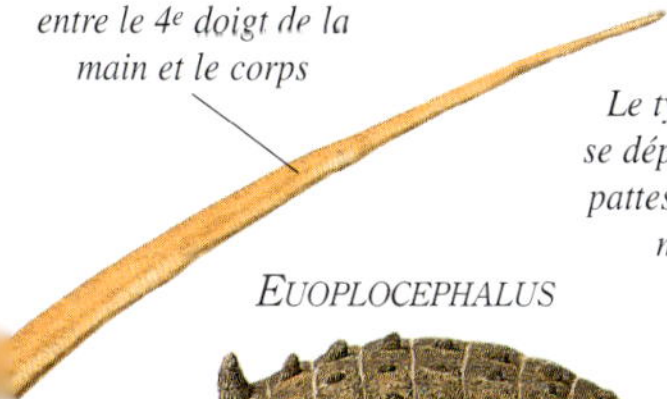

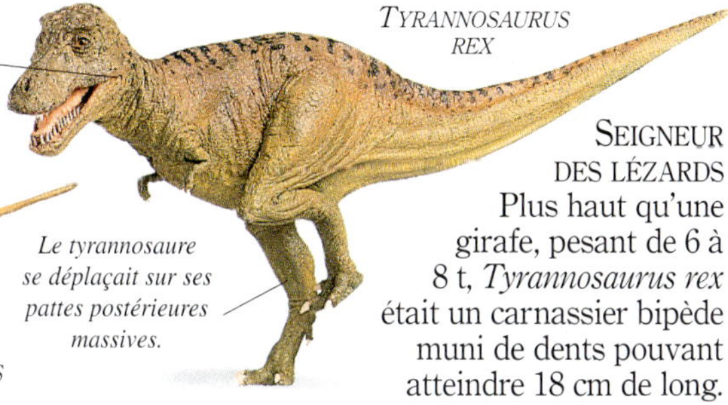

SEIGNEUR DES LÉZARDS
Plus haut qu'une girafe, pesant de 6 à 8 t, *Tyrannosaurus rex* était un carnassier bipède muni de dents pouvant atteindre 18 cm de long.

UN HERBIVORE BIEN PROTÉGÉ
Euoplocephalus (groupe des ankylosaures) devait se protéger des dinosaures carnassiers. La partie supérieure de son corps était cuirassée de plaques et de saillies osseuses. Sa lourde queue se terminait par une sorte de massue.

UN GÉANT SYMPATHIQUE
Le gigantesque *Brachiosaurus* était herbivore. Avec son cou démesuré équilibré par une longue queue, il atteignait des branches inaccessibles aux autres espèces.

LE SAVIEZ-VOUS ?

- *Brachiosaurus* pouvait ingérer 400 kg de nourriture par jour.
- Les gros dinosaures carnassiers avaient peut-être le sang chaud.
- Certains dinosaures couraient à 80 km/h.

UNE PEAU ÉCAILLEUSE

Les reptiles ont une peau couverte d'écailles cornées imperméables qui se chevauchent, les protégeant des agressions et de la déshydratation. Chez certains, les écailles forment une carapace. Au cours de la croissance, leur peau devenant trop étroite, ils en changent : c'est la mue.

UN BLINDÉ
Comme chez tous les crocodiliens, la peau de l'alligator de Chine est revêtue de grandes écailles en partie ossifiées. Elles tombent à mesure qu'elles sont remplacées par de nouvelles.

COUPE DE LA PEAU

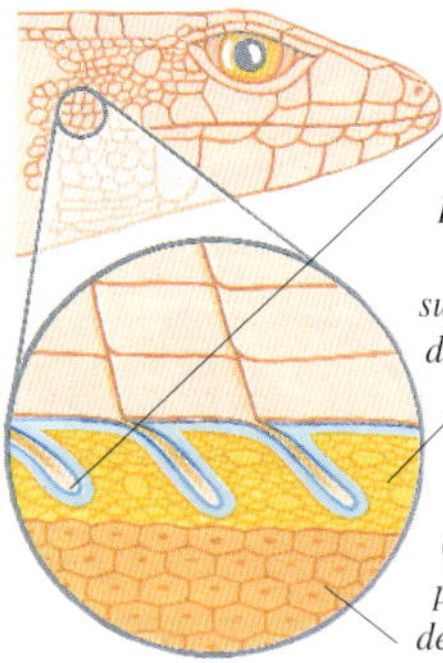

Les écailles, qui sont des formations épidermiques, sont essentiellement constituées de kératine, comme les ongles et les poils.

Anneaux creux constituant la «sonnette», dont le bruit sert d'avertissement pour d'éventuels agresseurs

SONNETTE D'ALARME
L'extrémité de la queue du crotale est faite d'anneaux cornés dont la vibration produit un bruit de crécelle. Ce serpent mue deux à trois fois par an.

La mue du serpent

Le serpent perd sa vieille peau, qui s'ouvre par la tête, d'un seul morceau. La mue terminée, l'animal doté d'une peau toute neuve laisse derrière lui une dépouille transparente, l'exuvie.

Le saviez-vous ?

- La croissance d'un reptile est continue.
- Les crêtcs et piquants que portent certains lézards sont des écailles modifiées.
- La carapace des tortues est faite de plaques osseuses couvertes d'écailles.

Exuvie

Des taches toutes fraîches

Les lézards, comme ce gecko-léopard, muent régulièrement environ une fois par mois. Sous l'exuvie, qui se détache par grands lambeaux (certains lézards l'arrachent), une nouvelle peau, colorée du motif de l'espèce, est déjà formée.

Gecko-léopard

Orvet

La mue de l'orvet

L'orvet ressemble a un serpent, mais c'est en fait un lézard sans pattes d'Europe. Comme chez ses cousins, sa peau se détache par grands lambeaux.

Température variable

Les reptiles sont des animaux dits «à sang froid». Cela ne signifie pas que leur sang soit toujours froid. En fait, leur organisme ne leur permet pas de produire leur propre chaleur, contrairement aux oiseaux et aux mammifères, de sorte que leur température interne varie en fonction de la température extérieure.

UN PEU DE FRAÎCHEUR
Pour se rafraîchir, un reptile recherche l'ombre ou évite de s'exposer au soleil.

Reptile se réchauffant au soleil

AGAME

LE SAVIEZ-VOUS ?

- Les animaux à sang froid sont dits poïkilothermes ; ceux à sang chaud, homéothermes.
- Pour digérer, un reptile a besoin de chaleur, sinon son repas peut lui être fatal.

UN PEU DE CHALEUR
Quand la température d'un reptile baisse, il se réchauffe en prenant un bain de soleil, cherchant à exposer le maximum de surface corporelle aux rayons bienfaisants. En passant régulièrement de l'ombre au soleil, il arrive à maintenir la température de son corps quasiment constante.

Une fouisseuse
L'ombre est rare dans le désert. Pour ne pas succomber à la chaleur, la vipère à cornes du Sahara a résolu le problème : elle s'enfouit dans le sable en se tortillant.

Système sanguin du reptile

Cœur de lézard
Le cœur de la plupart des reptiles a trois cavités. Quand la pression artérielle augmente (chez une tortue qui plonge par exemple), le sang désoxygéné se mêle au sang chargé d'oxygène venant des poumons.

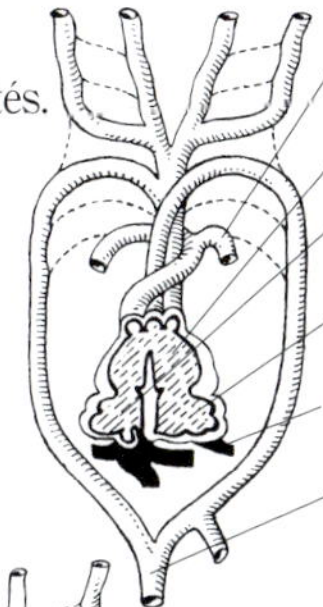

Crocodile
Le crocodile possède un cœur à quatre cavités présentant un petit orifice (le foramen de Panizza) situé entre les deux ventricules. Cette configuration limite le mélange entre sang oxygéné et désoxygéné.

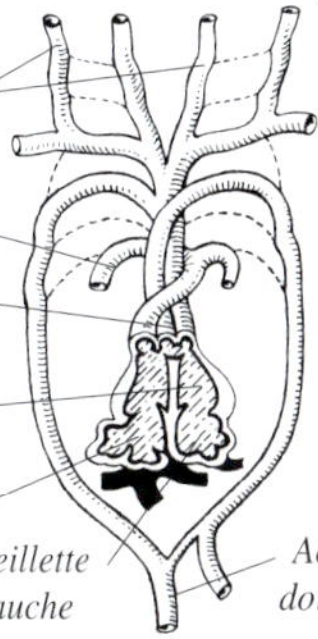

Comme tous les reptiles, le crocodile ne peut pas faire baisser la température de son corps par la transpiration.

Bouche d'aération
L'une des façons de se refroidir est de laisser l'eau du corps s'évaporer. C'est dans ce but que ce crocodile se tient la gueule ouverte. Certaines espèces s'enfouissent dans des terriers, d'autres s'immergent dans l'eau.

LES SENS

La plupart des reptiles disposent de la vue et de l'ouïe. Les serpents et les lézards peuvent «goûter» leur entourage immédiat grâce à leur langue. Le sphénodon et de nombreux lézards ont en outre, sur la tête, un capteur sensible à la lumière intervenant probablement dans la régulation thermique et la reproduction.

DES YEUX FILTRANTS

Les yeux des geckos, animaux essentiellement nocturnes, sont très sensibles. Le jour, pour protéger la rétine de la lumière, la pupille se ferme jusqu'à ne plus former qu'une fente. Des crans laissent passer tout juste assez de lumière pour permettre de voir.

SENSIBLE À LA CHALEUR

Certains serpents possèdent, entre l'œil et la narine, un capteur détectant la radiation calorifique émise par les animaux à sang chaud, qu'ils peuvent pister même de nuit. Cet organe détecte des variations de température de l'ordre de 0,002 °C.

LES SENS DU TÉJU

Les yeux bien développés des téjus, adaptés à la lumière du jour, sont protégés par des paupières mobiles. Organes externes de l'ouïe, les tympans sont visibles de chaque côté de la tête, derrière les mâchoires, sous la forme de petites surfaces de peau arrondies. Leur langue bifide sans cesse en mouvement, utilisée en conjonction avec l'organe de Jacobson, leur permet de «goûter» l'air environnant.

DES YEUX PIVOTANTS

Pour voir sans être vu, le caméléon reste immobile tandis que ses yeux pivotants et indépendants lui permettent de repérer d'un œil sa proie et s'assurer de l'autre de l'absence de prédateurs.

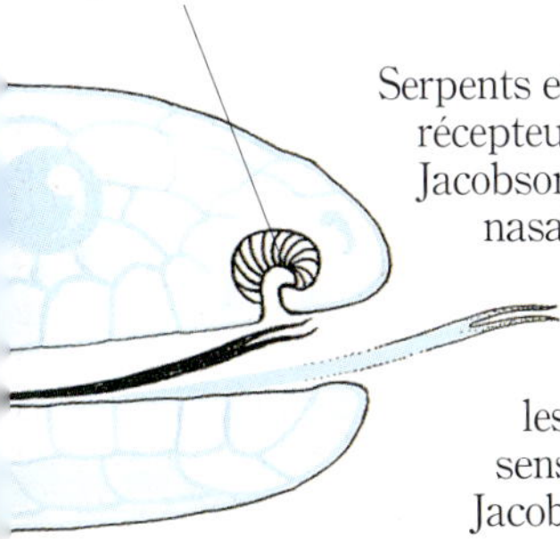

LE GOÛTEUR D'AIR

Serpents et lézards possèdent un récepteur olfactif – l'organe de Jacobson, situé près des fosses nasales. Le reptile recueille les particules chimiques de l'air avec sa langue, et les transmet aux cellules sensorielles de l'organe de Jacobson, qui les analysent.

LE SAVIEZ-VOUS ?

• La plupart des serpents, qui n'ont pas une bonne ouïe, «entendent» en captant les vibrations du sol. La majorité des lézards ont une ouïe normale, qui fonctionne en captant les vibrations de l'air.

LA LOCOMOTION

Les membres d'un reptile type, tel qu'un lézard, ne sont pas disposés à la verticale sous le corps, mais de chaque côté. De fait, les gros reptiles terrestres doivent fournir de gros efforts pour soulever leur corps. C'est pourquoi ils se déplacent généralement lentement, contrairement aux petits. Certains reptiles, notamment les serpents, sont totalement privés de membres.

GECKO

ADHÉRENCE MAXIMALE
Les geckos, petits, légers et véloces, ont des doigts munis de millions de minuscules lamelles s'accrochant aux surfaces les plus lisses, même sur le verre.

SCINQUE OFFICINAL

Doigts bordés de franges écailleuses

COMME UN POISSON DANS L'EAU
Ce scinque se déplace aisément sur le sable grâce à ses doigts bordés de franges écailleuses. Il arrive qu'il s'y enfouisse en se tortillant comme un serpent.

REPTATION LATÉRALE

REPTATION LATÉRALE
Certains serpents du désert se déplacent en projetant leur corps sur le côté. Ils laissent au sol des traces parallèles discontinues.

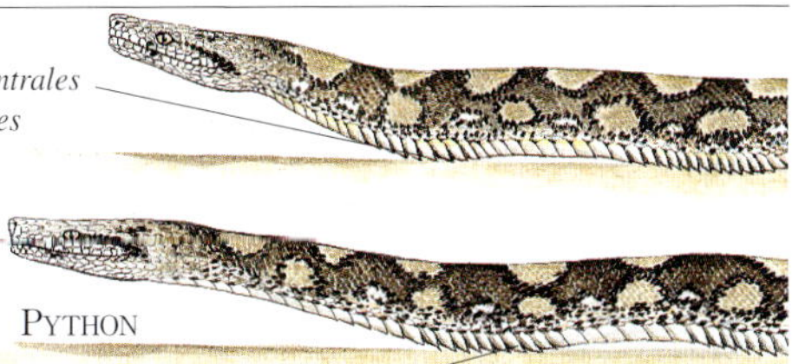

PROGRESSION RECTILIGNE
Les pythons et autres gros serpents n'ondulent pas. Leur progression, parfois très rapide, résulte d'une succession d'ondes de contractions musculaires qui permettent l'ancrage au sol puis la rétraction de leurs écailles ventrales.

MARCHE REPTILIENNE
Le téju avance en déplaçant simultanément sa patte antérieure droite et sa patte postérieure gauche, et vice versa. Il donne donc l'impression de se dandiner.

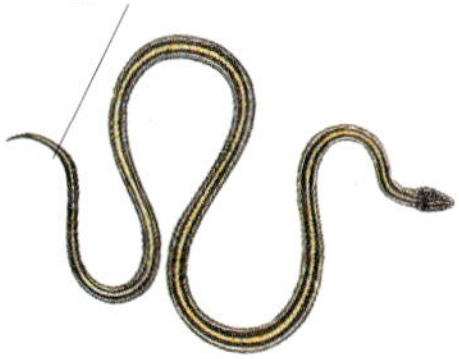

PROGRESSION EN ACCORDÉON
Pour se déplacer rapidement, la plupart des serpents ancrent leur tête au sol, puis ramènent leur corps en une série de boucles. La queue sert ensuite de point d'appui pour permettre au corps de se projeter plus loin.

REPTATION SINUEUSE
À vitesse normale, grâce à sa force musculaire, un serpent prend appui sur diverses aspérités en plusieurs points de son corps, et le projette en avant.

Les reptiles «volants»

Les reptiles n'ont jamais été aptes à voler réellement. Les premiers reptiles volants, les ptérosaures du trias, planaient plutôt qu'ils ne volaient, comme d'ailleurs les espèces actuelles. Cette faculté est néanmoins précieuse quand il s'agit de fuir devant un prédateur ou de s'élancer de branche en branche à la recherche d'une proie.

COUPE D'UN SERPENT VOLANT

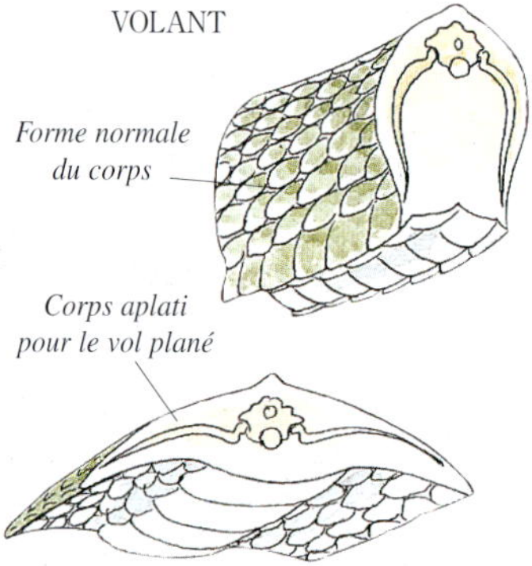

Pour planer, le serpent volant écarte ses côtes, ce qui provoque l'aplatissement et le creusement de son corps.

LE DRAGON VOLANT

Les «ailes» de ce reptile du Sud-Est asiatique sont en fait des membranes de peau soutenues par de longues côtes. Repliées le long du corps au repos, elles se déploient lorsqu'il s'élance dans le vide.

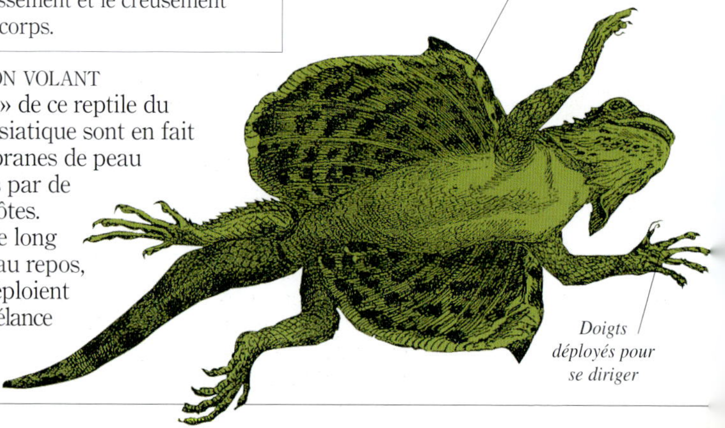

Écailles ventrales rugueuses pour évoluer dans les arbres

Les serpents volants planent pour échapper à des prédateurs comme les rapaces.

LES SERPENTS VOLANTS
Ils utilisent leur corps comme une aile. Ils se jettent de la cime des arbres en se déroulant, planent en décrivant une série de courbes, se dirigeant en tournant le corps d'un côté ou de l'autre. On les rencontre en Asie du Sud-Est.

Pieds palmés aidant à planer

LES DOIGTS DU GECKO
Ce gecko, hôte des forêts pluviales d'Asie, s'élance dans le vide en déployant des membranes situées de chaque côté de son corps. Sa queue aplatie lui sert de gouvernail. Au repos, il se confond avec l'écorce.

LE SAVIEZ-VOUS ?

- Il existe cinq espèces de serpents asiatiques capables de planer.
- Selon une rumeur jamais confirmée, des reptiles volants ressemblant aux ptérosaures hanteraient encore les marais de Jiundu, en Zambie.

Parades et accouplements

Comme tous les animaux, les reptiles doivent attirer un membre du sexe opposé pour se reproduire. Pour y parvenir, ils utilisent divers moyens : cris, couleurs vives et ornements tels que crêtes ou collerettes.

Tête du mâle

Accouplement de serpents

Queues entrelacées

L'accouplement peut durer plusieurs heures.

Le serpent amoureux
Lorsqu'un serpent mâle a réussi à attirer une compagne, il la stimule en frottant son museau le long de son dos, pour qu'elle le laisse enrouler sa queue autour de la sienne. Le sperme passe alors du cloaque du mâle à celui de la femelle.

Choc de carapaces
L'accouplement de tortues, surtout chez les grosses espèces, comme celles des Galápagos, est une entreprise laborieuse, pendant laquelle le mâle pousse des cris.

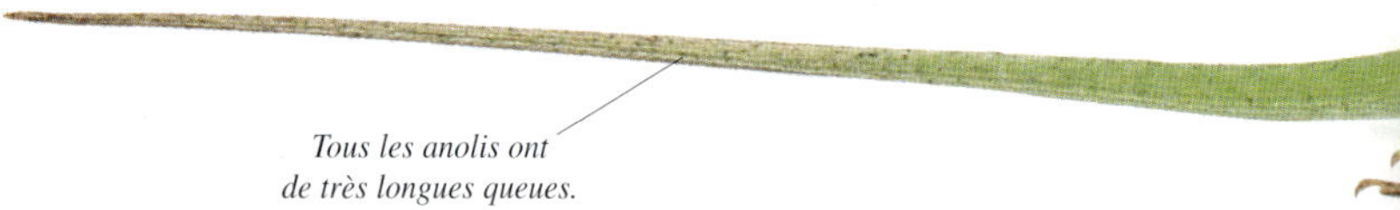

Tous les anolis ont de très longues queues.

LA PARADE
Certains lézards mâles, comme cet agame aquatique, exhibent crêtes et «barbes» pour attirer d'éventuelles partenaires.

VARANS MÂLES

L'ÉPREUVE DE FORCE
Au début de la saison de reproduction, les varans mâles, dressés sur leurs pattes postérieures, s'affrontent. Les plus faibles abandonnent le combat avant d'être blessés.

ANOLI MÂLE

POUR SE FAIRE VOIR
Pour impressionner un adversaire et attirer une femelle, les anolis mâles agitent leur tête et gonflent leur gorge aux couleurs vives.

LES NIDS ET LES ŒUFS

Les animaux qui prennent soin de leur progéniture donnent généralement naissance à moins de petits que ceux qui la délaissent. Ainsi, les tortues marines pondent des centaines d'œufs qu'elles abandonnent aussitôt, et peu de petits parviennent à maturité. En revanche, les crocodiles protègent leur couvée et veillent quelque temps sur les rejetons, si bien qu'un important pourcentage d'entre eux survit.

NID D'ALLIGATOR

UN NID EN DÉCOMPOSITION

L'alligator américain femelle pond 15 à 80 œufs sur un monticule qu'elle édifie avec de la boue et des débris végétaux. La chaleur dégagée par la matière en décomposition permet aux œufs d'incuber pendant deux à trois mois.

UNE MÈRE PRÉVOYANTE

Le nid du crocodile marin d'Asie du Sud-Est et du nord de l'Australie, constitué d'un amas de feuilles, est toujours situé à proximité d'un point d'eau et d'un secteur ombragé. Ainsi, la femelle peut rester au frais tout en empêchant les prédateurs – lézards, hérons, mangoustes, crocodiles, etc. – d'approcher ses œufs.

La femelle découvre les œufs à l'éclosion.

La femelle protège le nid avec son corps.

À L'ABRI DANS LA GUEULE DE MAMAN

Après l'éclosion, soucieuse de la sécurité de ses petits, la femelle du crocodile du Nil les transporte dans sa gueule jusqu'à une pièce d'eau et reste auprès d'eux pour les protéger.

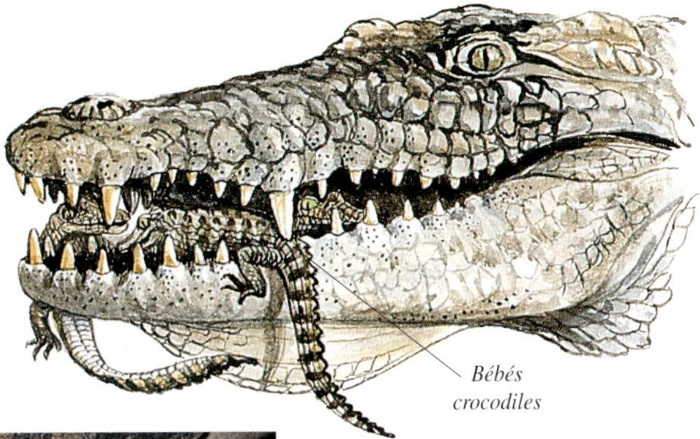

TORTUE VERTE EN TRAIN DE PONDRE

LE NOMBRE NE FAIT PAS LA SÉCURITÉ

La tortue de mer pond jusqu'à 200 œufs qu'elle enfouit dans le sable. S'ils ne sont pas découverts, l'éclosion a lieu 6 à 10 semaines plus tard. Mais lorsque les petits s'élancent vers les flots, ils sont une proie facile pour les crabes, oiseaux de mer et autres prédateurs.

OVOVIVIPARE

Les œufs de la femelle crotale sont protégés car l'incubation se fait dans son corps. Elle donne naissance à une portée de 10 à 20 petits de 35 cm de longueur environ, qu'elle ne tarde pas à abandonner.

FEMELLE CROTALE ET SA PROGÉNITURE

Les nids et les œufs (2)

Les œufs des reptiles ont une coquille qui les protège du dessèchement, de sorte qu'ils peuvent être pondus à terre. Généralement souple et parcheminée, elle est parfois dure, comme celle du crocodile. L'éclosion a le plus souvent lieu hors du corps maternel, mais quelques reptiles donnent naissance à des jeunes déjà formés : soit l'éclosion a lieu juste avant la ponte, soit l'embryon se développe grâce à un véritable placenta.

ŒUF DE TORTUE DES GALÁPAGOS

ŒUF D'ALLIGATOR

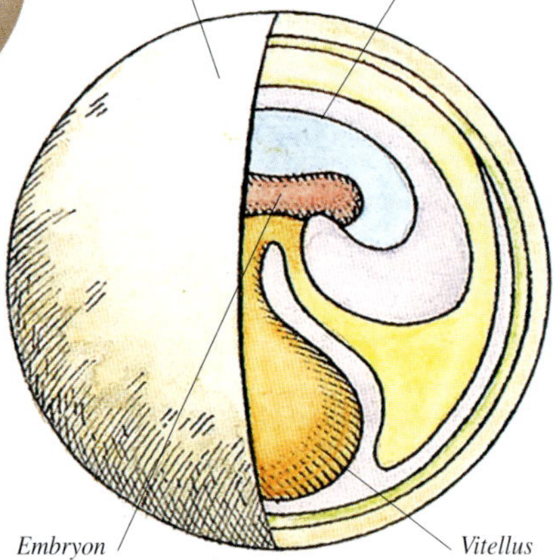

ŒUF DE PYTHON

ŒUF DE COULEUVRE

ŒUFS DE CAMÉLÉON

ŒUF DE LÉZARD ARLEQUIN

FORMES ET TAILLES DIVERSES
La coquille d'un œuf de reptile laisse passer l'oxygène. L'embryon repose dans une poche – l'amnios –, et se nourrit des substances contenues dans le vitellus (le jaune). Les œufs de reptiles varient beaucoup par la taille, la forme et la texture.

LA DENT DE L'ŒUF

Pendant sa croissance à l'intérieur de l'œuf, le jeune reptile développe à l'extrémité de sa mâchoire supérieure une «dent de l'œuf» acérée, dont il se servira pour fendre la coquille lors de l'éclosion.

Dent de l'œuf

L'ÉCLOSION D'UN SERPENT

Peu avant l'éclosion, les restes de jaune sont absorbés par le jeune serpent. À l'aide de la «dent de l'œuf», celui-ci pratique une ouverture dans la coquille, suffisamment grande pour y passer la tête. Il peut rester ainsi durant deux jours avant de se décider à sortir complètement. Le jeune serpent peut mesurer jusqu'à sept fois la longueur de l'œuf.

Jeune serpent inspectant son environnement

PREMIÈRE ÉTAPE
La tête du jeune serpent émerge d'une fente pratiquée grâce à la «dent de l'œuf».

DEUXIÈME ÉTAPE
Il s'extrait lentement et prudemment de sa coquille.

Le nouveau-né commence à ramper.

TROISIÈME ÉTAPE
Il se déroule et abandonne l'œuf.

ENNEMIS MORTELS

La plupart des reptiles sont des prédateurs, allant jusqu'à consommer certains de leurs congénères. Mais ils sont aussi les proies d'autres animaux. Si les œufs et les petits sont très vulnérables, les adultes ne sont pas entièrement à l'abri. Même les plus gros et les plus dangereux peuvent être victimes des hommes.

Le secrétaire mord ou piétine sa proie.

LE SECRÉTAIRE DES SERPENTS
Ce rapace africain chasse les serpents et les lézards, qu'il tue en les piétinant. Ses pattes, protégées par d'épaisses écailles, sont insensibles à la morsure des reptiles venimeux.

La mangouste a des réactions fulgurantes.

Le cobra, malgré son aspect redoutable, a peu de chances face à une mangouste.

LE SAVIEZ-VOUS ?

- Loin d'un point d'eau, le crocodile du Nil peut être attaqué par les lions.
- Les tortues géantes de l'île Maurice et de la Réunion furent décimées par les marins et les colons au cours du XVIIIe siècle.

DES ENNEMIS ANCESTRAUX
La mangouste est le seul mammifère qui se nourrit régulièrement de serpents venimeux. Souvent plus petite que ses proies, elle est très courageuse et immunisée contre leur venin. Quand elle s'attaque à un serpent, elle fond sur lui pour le saisir à la tête.

MANGEUR DE SERPENTS

Le serpent-roi, une couleuvre américaine, se nourrit de petits mammifères, de lézards, de grenouilles et surtout d'autres serpents. Il étouffe ses proies et affronte même des serpents venimeux comme les crotales.

Serpent-roi

Serpent-roi avalant un mocassin

Mocassin à tête cuivrée (crotale)

Une proie facile pour le goéland

BÉBÉS TORTUES ET GOÉLAND

LA CONVOITISE DES PRÉDATEURS

Les tortues pondent leurs œufs dans des trous creusés dans le sable, à distance de l'eau. Dans les secondes suivant l'éclosion, les nouveau-nés se précipitent vers la mer, attirant la convoitise des prédateurs. Des oiseaux de mer s'attroupent pour le festin, et rares sont les petites tortues qui atteindront l'eau saines et sauves.

LE GRAND PRÉDATEUR

Non content de chasser les reptiles pour leur chair, leur peau ou simplement parce qu'ils sont venimeux, l'homme détruit également leur milieu naturel. Autant de facteurs responsables de la rareté ou de l'extinction de certaines espèces.

Le cobra a été extirpé de son trou.

VILLAGEOIS DU SUD DE L'INDE EXHIBANT UN COBRA VIVANT

LA LUTTE POUR LA SURVIE

Dans le monde animal, survivre ne signifie pas seulement se nourrir, mais aussi éviter d'être mangé. Les gros reptiles découragent les prédateurs par leur taille impressionnante. Les plus petites espèces doivent utiliser diverses stratégies : mimétisme camouflage, couleur dissuasives et même le bluff.

CAMÉLÉON DE PARSON

RIEN NE SERT DE COURIR
Ni les proies ni les prédateurs ne peuvent apercevoir un caméléon dans un arbre. Afin de ne pas attirer l'attention, il se déplace lentement et ajuste sa couleur à celle du milieu.

NOIR DE COLÈRE
Un caméléon ne change pas de couleu seulement pour se dissimuler. Il peut aus s'assombrir à la lumière ou à la chaleur, devient noir quand il est en colèr

COPIEUR !
Ce serpent-roi, dépourvu de venin, imite les bandes colorées du dangereux serpent-corail, venimeux, et dissuade ainsi les prédateurs éventuels.

NI VUE NI CONNUE !
Invisible dans les feuilles mortes grâce à une mosaïque de taches, la vipère du Gabon guette ses proies et se protège d'éventuels agresseurs.

INTIMIDATION
Face au danger, le lézard à collerette ouvre tout grand sa gueule et déploie un large mantelet de peau autour de son cou, agite ses pattes, fouette l'air avec sa queue et siffle, pour paraître le plus terrifiant possible.

Des stratégies défensives

Les reptiles ont élaboré différentes tactiques de survie. Leur grande vitesse permet ainsi aux petits lézards de fuir, la plupart du temps pour se réfugier dans des terriers ou des fissures de rochers. D'autres se cachent dans l'eau. Acculés, certains gros lézards, comme les varans, affrontent l'attaquant. Quant au monstre de Gila et au lézard perlé, ils sont venimeux.

La couleuvre est immobile.

FAIRE LE MORT
Acculée, la couleuvre s'enroule sur elle-même et simule la mort, en espérant que son agresseur se désintéressera d'elle.

La tortue musquée est très agressive.

LE PARFUM DE LA TORTUE MUSQUÉE. La tortue musquée est aux reptiles ce que la mouffette est aux mammifères. Les sécrétions nauséabondes qu'elle émet mettent en fuite ses agresseurs.

S'il ralentit, le basilic s'enfonc dans l'eau et nage

BASILIC

LE SAVIEZ-VOUS ?

- Agressé, le lézard cornu projette des larmes de sang.
- Le bleu étincelant de la queue de certains scinques détourne les prédateurs de leurs parties vitales.

La queue ou la vie

Les lézards peuvent s'amputer de la queue pour échapper à un assaillant car les vertèbres qui la composent sont munies de points de fracture. Le morceau amputé se tortille quelques instants, ce qui distrait l'agresseur, laissant ainsi le temps au lézard de s'éclipser. La queue, quant à elle, repoussera.

Récente amputation

Nouvelle queue de huit mois

La repousse de la queue nécessite de l'énergie.

La queue peut à nouveau se rompre, uniquement dans la partie possédant encore des vertèbres.

SCINQUE ARBORICOLE

Il court sur l'eau

Avec ses longues pattes postérieures, ses larges pieds et ses doigts élargis de franges d'écailles, le basilic peut traverser une pièce d'eau en courant à sa surface pour échapper à un danger.

La queue maintient le basilic en équilibre

LA VIE AQUATIQUE

Les reptiles sont pour la plupart terrestres, mais bon nombre d'entre eux sont devenus aquatiques, l'eau étant un milieu où la nourriture est souvent abondante. Ils ont toutefois conservé une respiration aérienne et ont subi des adaptations qui leur permettent d'évoluer dans l'eau. Chez certaines espèces, les membres se sont transformés en nageoires

DES YEUX GLOBULEUX
Ce caïman, comme tous les crocodiliens, se tapit sous l'eau à l'affût de ses proies. Seuls ses yeux et ses narines, situés très haut sur la tête, émergent.

Le caïman à lunettes possède une arête osseuse entre les yeux, ressemblant à une monture de lunettes.

La tortue à trompe

La matamata des Guyanes et du Brésil guette ses proies à l'affût dans les eaux peu profondes et boueuses. Pour respirer, elle sort ses narines de l'eau en restant immobile pour ne pas se faire repérer.

> **Le saviez-vous ?**
>
> • Les tortues de mer expulsent le sel qu'elles ont absorbé par les yeux, ce qui leur donne l'air de pleurer.
>
> • Une membrane spongieuse obstrue les narines du serpent marin lorsqu'il est sous l'eau.

Les serpents marins peuvent être très venimeux.

Queue puissante servant à se propulser

Une queue natatoire

Mal à l'aise à terre, le serpent marin est un excellent nageur. Sa queue aplatie verticalement lui sert de pagaie.

Véritables palettes natatoires

Tortues d'eau douce

Les chéloniens d'eau douce, comme la tortue à oreilles rouges, dite tortue de Floride, ont des pattes à doigts palmés. Dérangées quand elles sont à terre, elles plongent.

Tortues marines

Les tortues marines sont capables de supporter un taux très élevé de gaz carbonique dans leur sang, et peuvent rester ainsi très longtemps sous l'eau.

Simples pattes palmées

Les chéloniens

L'ordre des chéloniens est celui des tortues. Ce sont des reptiles dont le corps est protégé par une carapace constituée d'une dossière et d'un plastron ventral. Dossière et plastron font partie intégrante du squelette, et sont donc en os recouvert d'écailles cornées. Il existe près de 300 espèces de tortues terrestres, d'eau douce et marines.

ASPECT EXTÉRIEUR
La tortue de Floride est un chélonien type. La couche superficielle de sa carapace est formée de plaques cornées, les écailles.

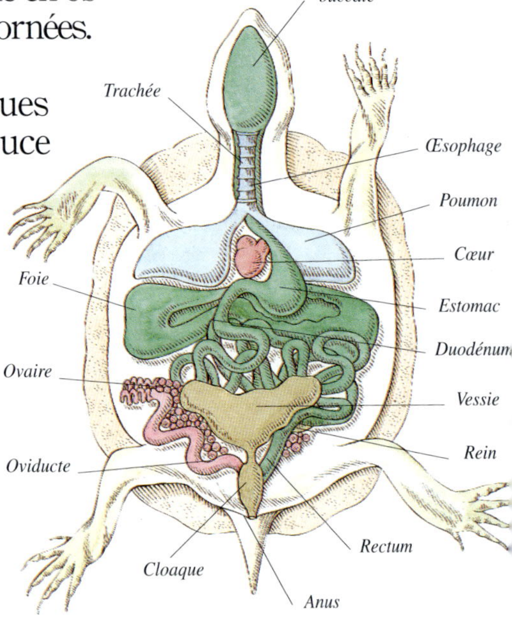

ANATOMIE D'UNE TORTUE TERRESTRE FEMELLE

L'ANATOMIE D'UN CHÉLONIEN
Les organes d'une tortue sont similaires à ceux des autres vertébrés. Son cœur, à trois cavités, est situé entre les deux poumons. Les voies intestinale, urinaire et génitale aboutissent toutes dans une cavité, le cloaque.

DES VERTÈBRES SOUDÉES
Couverte d'une couche cornée superficielle, la carapace est constituée de plaques osseuses. Celles-ci proviennent, à l'origine, de la peau qui s'est modifiée au cours de l'évolution pour se rattacher au reste du squelette. Les vertèbres, les côtes, les os du bassin et des épaules sont, en effet, soudés à la face interne de la dossière et du plastron.

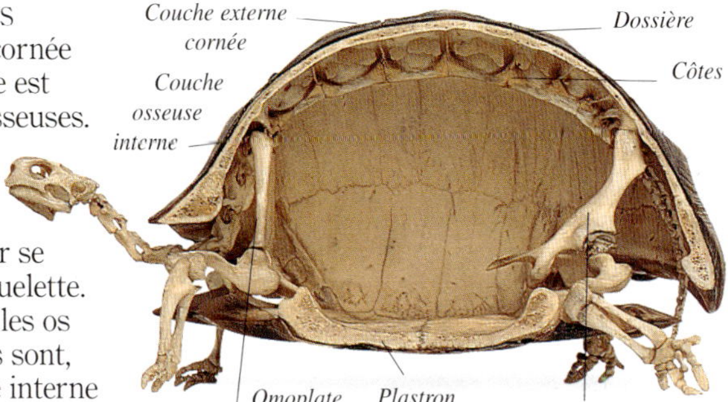

SQUELETTE D'UNE TORTUE

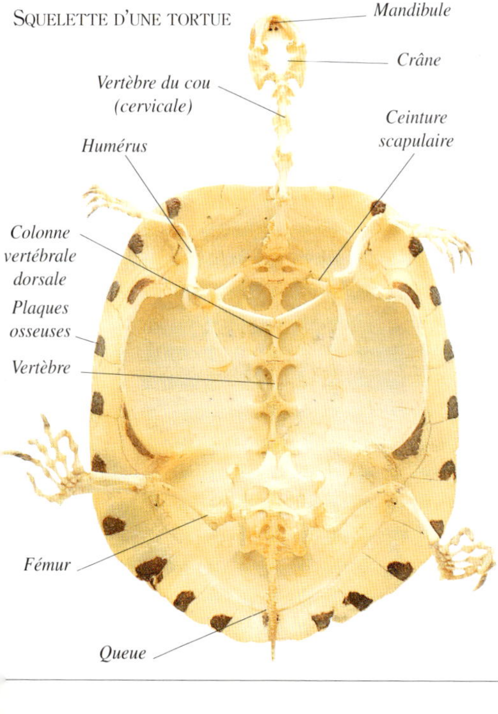

UN COU FLEXIBLE
Sous les écailles, la carapace est formée d'une soixantaine de plaques osseuses. Le cou est très mobile grâce aux huit vertèbres qui le composent. Les os des membres sont courts avec des extrémités renflées pour supporter le poids du corps et de la carapace.

LE SAVIEZ-VOUS ?

- Certaines tortues pondent leurs œufs 4 ans après l'accouplement.
- Tous les chéloniens pondent à terre, même les tortues marines.
- Certaines tortues restent sans manger pendant plusieurs mois.

LES TORTUES MARINES

Les tortues ont investi les océans à partir de la fin du trias, il y a quelque 200 millions d'années. De nos jours, il en reste sept espèces dont six appartiennent à la famille des chéloniidés. La tortue luth est le seul représentant de la famille des dermochélyidés.

L'HABITAT DES TORTUES DE MER

On les rencontre dans les eaux tropicales et tempérées des océans.

LA CAOUANE

Cette très grande tortue de me peut peser plus de 500 kg. Elle broie crabes et coquillages dan ses puissantes mâchoires.

LA TORTUE LUTH

La tortue luth, la plus grosse tortue de mer, peut mesurer jusqu'à 2 m de longueur et peser plus de 900 kg. On en a aperçu quelques-unes égarées dans les eaux arctiques.

TORTUE LUTH

IMMUNISÉE
La tortue imbriquée évolue à proximité des récifs coralliens. Elle se nourrit d'invertébrés, comme les éponges, qu'elle consomme sans dommages alors que beaucoup renferment des poisons fatals à la plupart des créatures.

UNE «ARRIBADA» (PONTE COLLECTIVE)
Les tortues olivâtres se rassemblent en nombre pour pondre sur les plages. Chaque femelle creuse un trou où elle dépose une centaine d'œufs. Les tortues olivâtres vivent dans les océans Atlantique, Indien et dans certaines zones du Pacifique.

LES MEMBRES DES CHÉLONIENS

Les membres des tortues diffèrent selon le milieu dans lequel elles évoluent. Les tortues terrestres ont de grosses pattes armées de griffes ; les tortues de mer, des palettes natatoires ; les tortues d'eau douce, des pattes palmées.

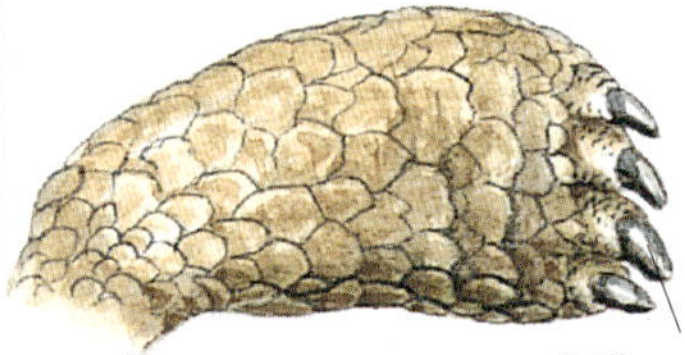

TORTUE TERRESTRE

Griffes pour se déplacer au sol

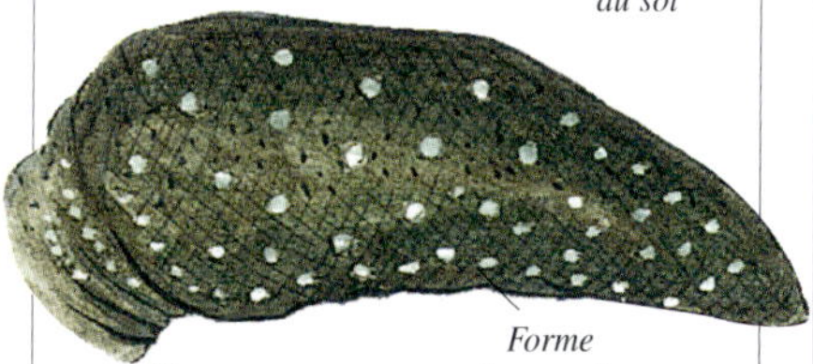

TORTUE DE MER

Forme de nageoire

Palmures

TORTUE D'EAU DOUCE

Les tortues marines en péril

Les tortues marines sont des animaux très vulnérables. Le succès des objets fabriqués à partir de leur carapace est tel qu'elles font l'objet d'une chasse massive. Leurs déplacements lents rendent leur capture aisée et leurs sites de ponte sont connus, tel celui de la tortue bâtarde qui ne pond que sur une seule plage du Mexique. De plus, leur taux de reproduction est faible : la tortue verte peut pondre 1 000 œufs par saison, mais très peu donneront des tortues adultes.

L'EXPLOITATION DES TORTUES MARINES

Les tortues marines sont chassées dans quantité de pays pour leur chair abondante – la soupe de tortue verte est particulièrement appréciée. La carapace de la tortue imbriquée, ou caret, utilisée en marqueterie et en joaillerie, est un souvenir de vacances recherché.

ŒUFS DE TORTUE VERTE

TROP FACILE
Les œufs des tortues vertes sont un mets prisé ; or, leurs nids sont faciles à repérer, la femelle laissant sur les plages une trace évidente de son passage.

UN COMMERCE SCANDALEUX
Ces rangées de tortues naturalisées sont une source de revenu pour le marché local. Des accords internationaux interdisent le commerce des tortues sauvages. En revanche, le commerce d'animaux d'élevage est autorisé.

TORTUES NATURALISÉES

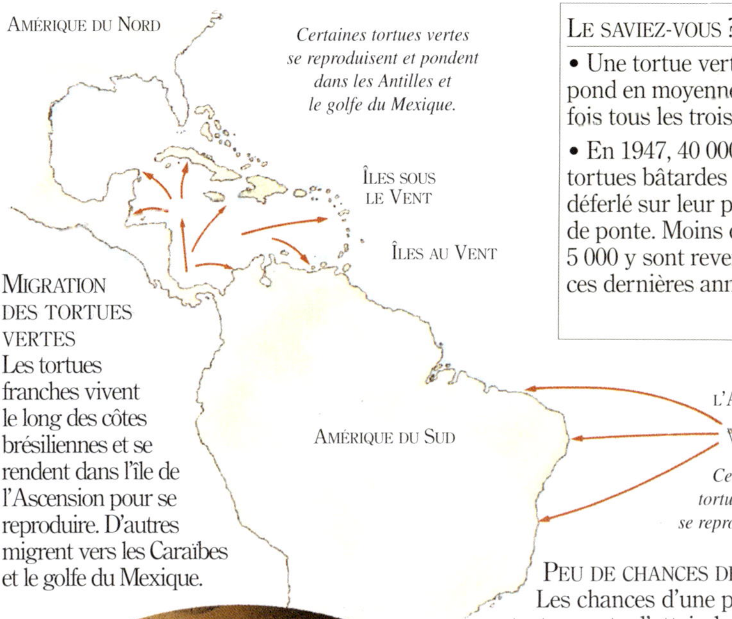

Migration des tortues vertes
Les tortues franches vivent le long des côtes brésiliennes et se rendent dans l'île de l'Ascension pour se reproduire. D'autres migrent vers les Caraïbes et le golfe du Mexique.

Le saviez-vous ?

- Une tortue verte pond en moyenne une fois tous les trois ans.
- En 1947, 40 000 tortues bâtardes ont déferlé sur leur plage de ponte. Moins de 5 000 y sont revenues ces dernières années.

Peu de chances de survie
Les chances d'une petite tortue verte d'atteindre l'âge adulte sont minces. Même si elle y parvient, elle doit toujours craindre les chasseurs humains.

Une herbivore pacifique
La tortue verte est herbivore. Elle se nourrit principalement d'une herbe, appelée zoostère, qu'elle trouve dans les eaux peu profondes.

À TERRE ET EN EAU DOUCE

Les origines des tortues terrestres et d'eau douce sont incertaines car les fossiles sont rares. Il semble néanmoins probable que leurs ancêtres appartenaient à un ancien groupe de reptiles, les diadectomorphes, habitants des marais. S'aventurant sur la terre ferme, ils développèrent peu à peu des carapaces protectrices. Certains ancêtres des chéloniens actuels sont restés à terre, d'autres sont retournés au milieu aquatique.

Carapace molle

Nez en forme de tube permettant de respirer à la surface tout en restant sous l'eau

LES TORTUES À CARAPACE MOLLE

Au lieu d'une carapace osseuse et cornée, les trionyx sont recouvertes d'une peau coriace. Leur carapace reste donc souple. Diverses espèces vivent dans les rivières du sud de l'Asie, d'Afrique et d'Amérique du Nord. Carnivores, elles sont agressives et peuvent atteindre une vitesse foudroyante lorsqu'elle attaquent leurs proies.

Le poisson est aspiré.

COMME UN ASPIRATEUR

La tortue matamata d'Amérique du Sud ressemble à une pierre. Elle reste patiemment tapie sur le fond des rivières à l'affût d'une proie. Lorsque l'une d'entre elles se présente, la tortue dilate sa gorge et l'aspire, puis recrache l'eau.

EMPILEMENTS DE TORTUES

On rencontre les tortues à oreilles rouges, appelées aussi tortues de Floride, dans les mares et les rivières des États-Unis et d'Amérique centrale. Elles aiment se chauffer au soleil entassées les unes sur les autres.

LA TORTUE-ALLIGATOR

C'est l'une des plus grosses tortues d'eau douce. Certains mâles ont une carapace de plus de 75 cm de long et pèsent plus de 90 kg.

PODOCNÉMIDE, OU TORTUE À GROSSE TÊTE

LA GROSSE TÊTE DES PODOCNÉMIDES

Ces tortues aquatiques ont une tête trop volumineuse pour pouvoir rentrer dans la carapace ; elle est donc revêtue d'une couche osseuse protectrice et d'épaisses écailles, formant une sorte de casque. Bonnes grimpeuses, ces tortues peuvent se nourrir à terre.

À terre et en eau douce (2)

Les tortues terrestres, placides herbivores à la démarche lente, sont parmi les reptiles les plus appréciés. Certaines espèces, évoluant dans des lieux isolés où les prédateurs sont peu nombreux et la nourriture abondante, peuvent atteindre un grand âge et une taille conséquente. Les tortues d'eau douce, carnivores, sont dans l'ensemble plus actives.

GÉOCHÉLONE

LA GÉOCHÉLONE
Cette tortue est commune dans les savanes humides d'Amérique du Sud. Les plus grands spécimens peuvent atteindre 50 cm de long.

TORTUE DE TORNIER

LA TORTUE DE TORNIER
Grâce à sa carapace souple, légère et aplatie, elle se déplace vite, escalade les rochers et peut se dissimuler dans d'étroites fentes pour échapper aux prédateurs.

CARAPACE ARTICULÉE
Originaires d'Afrique tropicale, les *Kinixys* ont, sur la dossière, une articulation cartilagineuse permettant de rabattre l'arrière de la carapace et protéger l'arrière-train. Elles partagent parfois leur terrier avec des lézards.

Camouflage en étoiles

Le motif de carapace de la tortue étoilée, présente en Inde et au Sri Lanka, lui permet de se camoufler dans l'herbe sèche. D'une longueur inférieure à 35 cm, elle se déplace lentement, à un peu plus de 0,2 km/h.

Tortue étoilée

Pattes vigoureuses

La tortue serpentine

La chélodine d'Australie vit dans les rivières. Comme tous les chéloniens, elle quitte le milieu aquatique pour pondre sur la terre ferme. En cas de menace, elle ne peut rentrer sa tête dans sa carapace, et replie son cou latéralement.

Carapace pouvant atteindre 30 cm de longueur

Cou presqu'aussi long que la carapace

Tortue serpentine

Tortue géante des Galápagos

Tortue géante des Galápagos

Elle peut peser jusqu'à 250 kg. À l'origine très abondante sur l'archipel, elle a été décimée par l'homme, les chiens, les porcs, ainsi que par le manque de nourriture, qu'elle doit partager maintenant avec les chèvres.

Les crocodiliens

Les crocodiles, alligators et caïmans sont les seuls reptiles survivants du groupe des archosauriens, ou «reptiles régnants», auque[l] appartenaient les dinosaures. Imposants, couverts d'une cuirasse d'écailles, on les rencontre, à l'exception du crocodile marin, près des rivières et des lacs, dans les région[s] chaudes du globe.

FIGURINE EN OS DE CROCODILE

Os de crocodile

Cette figurine égyptienne a été sculptée dans un os de crocodile, matériau souvent utilisé dans la fabrication d'ornements.

Le crocodile du Nil

Bien que menacé par la chasse, il est présent dans de nombreux pays d'Afrique. Il s'aventure parfois en mer, et a ainsi réussi à gagner l'île de Madagascar.

Queue puissante

Le saviez-vous ?

- La peau du crocodile se compose de plaques cornées en partie ossifiées.
- Les crocodiliens se propulsent dans l'eau grâce à leur puissante queue.

Le squelette

Comme chez tous les crocodiliens, les narines et les yeux du caïman sont placés au sommet de son crâne Son corps allongé est muni de deux paires de pattes courtes s'écartant du corps.

Vertèbres de la queue (caudales)

Membre postérieur à quatre doigts

TÊTE DE CROCODILE
Quand la gueule est fermée, la quatrième dent de sa mâchoire inférieure reste visible.

TÊTE DE CAÏMAN
Il possède entre les deux yeux une arête qui évoque une monture de lunettes.

TÊTE D'ALLIGATOR
Gueule fermée, la quatrième dent de la mâchoire inférieure est invisible, logée dans une alvéole de la mâchoire supérieure.

TÊTE DE GAVIAL
Son museau est très allongé et ses dents toutes de taille et de forme identiques.

CROCODILE DU NIL

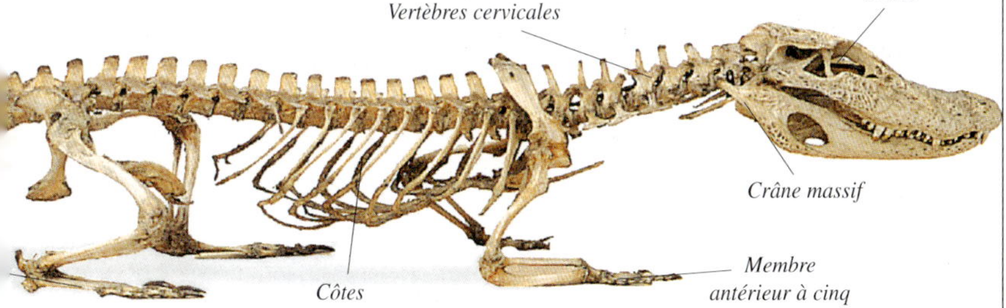

Les crocodiles

Les plus grandes espèces, comme le crocodile américain, le crocodile de l'Orénoque, le crocodile du Nil et le crocodile marin, peuvent dépasser 7 m de long. Parmi les espèces plus petites, on trouve le crocodile des marais de l'Inde et du Sri Lanka, et le crocodile de Johnston, australien, au museau pointu.

Dent proéminente

LE CRÂNE
Il est constitué d'os massifs. Les mâchoires sont longues pour saisir les proies. Les dents ne servent pas à mâcher, mais à déchirer les proies.

VOYAGEUR DES EAUX SALÉES
On ne rencontre jamais le crocodile marin en eau douce ; il hante les eaux littorales ou les eaux saumâtres des estuaires. Il peut se déplacer sur de longues distances.

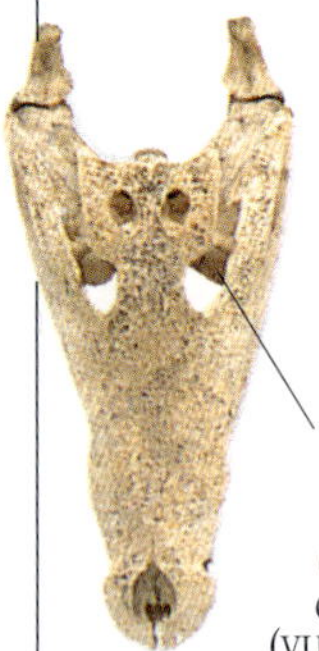

Orbite

CRÂNE DE CROCODILE (VUE DE DESSUS)

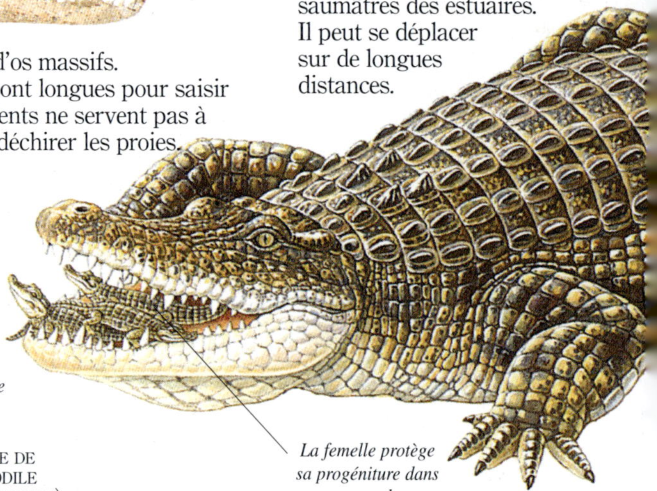

La femelle protège sa progéniture dans sa gueule.

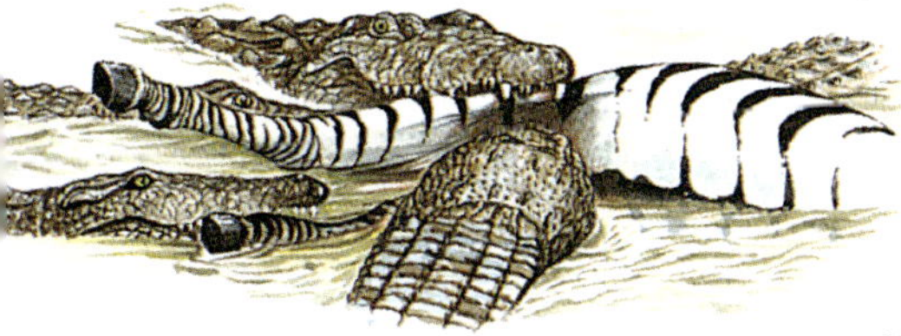

UN REPAS COMMUNAUTAIRE
En Afrique, les crocodiles se nourrissent surtout d'antilopes, capturées lorsqu'elles s'abreuvent dans les rivières. Mais ils ne dédaignent pas les autres animaux, ni même les cadavres, comme ici celui d'un zèbre.

À L'AFFÛT
Même les gros mammifères, comme ces gnous, se méfient du crocodile. D'une brusque détente, il peut les saisir et les entraîner dans l'eau pour les noyer.

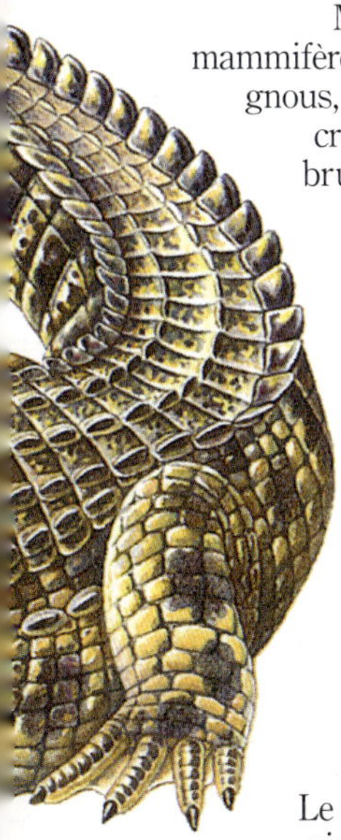

CODILE
ARIN

UN COUPLE SURPRENANT
Ce crocodile se rafraîchit en maintenant sa gueule ouverte, tandis qu'un vanneau éperonné se nourrit des débris alimentaires extirpés entre ses dents. Le crocodile bénéficie ainsi d'un entretien dentaire. En outre, l'oiseau lance un cri d'alarme si un danger se présente.

Les crocodiles (2)

Le crocodile adulte avale des pierres qui s'accumulent dans son estomac. Selon les scientifiques, elles pourraient faire office de ballast permettant à l'animal de rester immergé.

PEAU DE CROCODILE

LE BRACONNAGE
Crocodiles et alligators ont fait l'objet d'une chasse intensive pour leur peau, transformée en articles de maroquinerie. Aujourd'hui, ils sont protégés, mais le braconnage sévit toujours.

CROCODILE DU NIL

L'OUVERTURE DES ŒUFS
Au moment de l'éclosion, la femelle découvre ses œufs et les fend délicatement pour que les petits puissent sortir.

LE SAVIEZ-VOUS ?

- On a découvert un crocodile marin dans les îles Cocos (océan Indien). Il avait parcouru 1 100 km.
- Dans l'Égypte ancienne, le crocodile était un animal sacré. On vénérait le dieu-crocodile Sobek.

CROCODILE MARIN

LARMES DE CROCODILE
Le crocodile marin élimine par ses glandes lacrymales l'excès de sel qu'il absorbe en mangeant.

Le gavial

La famille des gavialidés n'est représentée que par une seule espèce, le gavial du Gange. L'animal serait apparu au crétacé, il y a environ 100 millions d'années. Doté de petits membres, il passe une grande partie de sa vie en milieu aquatique, nageant grâce à sa queue comprimée latéralement. Il vit dans les eaux profondes du Gange, du Mahanadi, du Brahmapoutre (Inde), du Koladan et du Maingtha (Asie du Sud-Est).

Le gavial en danger
Pendant des siècles, le gavial n'a pas eu à redouter les chasseurs, car les hindous le vénéraient. Aujourd'hui, on le tue pour sa peau, en toute illégalité.

Crâne de gavial (vue de dessus)

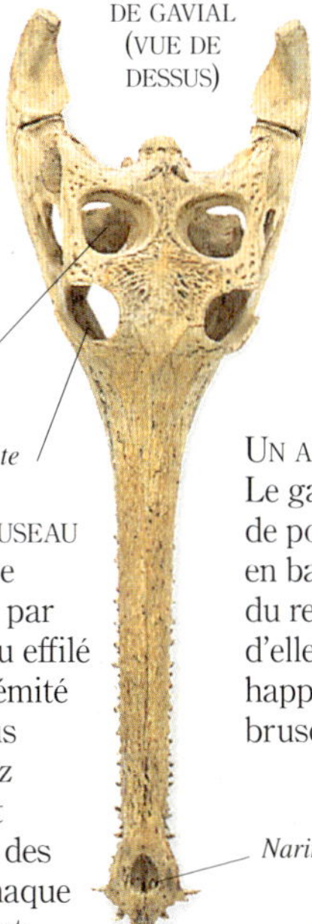

Cavités offrant de l'espace aux muscles des mâchoires pour se contracter lorsque l'animal mange

Orbite

Narines

Un long museau
Le gavial se caractérise par son museau effilé dont l'extrémité élargie, plus renflée chez le mâle, est surmontée des narines. Chaque mâchoire est armée d'une cinquantaine de dents acérées.

Un amateur de poisson
Le gavial se nourrit exclusivement de poissons. Il repère les proies en balayant un large zone du regard. Lorsque l'une d'elles se présente, il la happe d'un mouvement brusque de la tête.

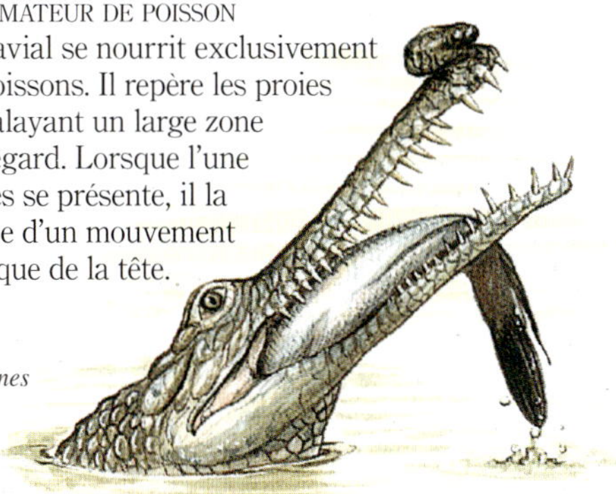

ALLIGATORS ET CAÏMANS

Le museau des alligators et des caïmans est plus court que celui des crocodiles. Il existe deux espèces d'alligators, l'alligator américain et le rare alligator de Chine. Toutes les espèces de caïmans vivent en eau douce sur le continent américain, du Mexique à l'Amérique du Sud, en passant par les Antilles.

POUR VIVRE VIEUX, VIVONS LENTEMENT
L'alligator a un tempérament beaucoup plus flegmatique que le crocodile, ce qui explique peut-être sa longévité – certains individus peuvent atteindre 50 ans. Une chasse intensive menace sérieusement les populations sauvages.

LE CRÂNE DE L'ALLIGATOR
Il est plus court et plus large que celui des crocodiles. Les puissantes mâchoires transportent les petits avec une étonnante délicatesse.

ALLIGATOR D'AMÉRIQUE

Les mâles vagissent durant la période de reproduction.

L'EXTERMINATION
L'alligator d'Amérique peut atteindre 6 m de long mais, à cause de la chasse, il est aujourd'hui rare d'en trouver de plus de 3 m

LE CAÏMAN

La peau ventrale du caïman, renforcée par des plaques ossifiées, est inutilisable en maroquinerie. On le chasse pour protéger le bétail.

Le caïman se déplace très rapidement à terre.

Pattes postérieures servant à se gratter, se frotter les yeux et lacérer les proies

Face au danger, le caïman siffle.

LES JEUNES ALLIGATORS

À la naissance, ils mesurent 28 cm de long, puis grandissent de 30 cm par an jusqu'à leur maturité sexuelle, à six ans. Les jeunes sont des proies faciles pour leurs prédateurs (mammifères, oiseaux, poissons), et, à tout âge, pour d'autres alligators.

JEUNES ALLIGATORS

Les adultes consomment poissons et petits mammifères.

LE SAVIEZ-VOUS ?

- Le mot «alligator» vient de l'espagnol *el lagarto*, qui signifie le lézard.
- L'alligator de Chine est en voie d'extinction. On le chasse pour sa chair et pour la fabrication d'amulettes et de médicaments.

LES LÉZARDS

Les lézards sont apparus à la fin du trias, il y a 200 millions d'années. Ils se nourrissaient d'insectes et ressemblaient aux lézards actuels. Le lézard type a une tête large, un corps allongé, des membres s'écartant latéralement du corps et une longue queue. Certains présentent des morphologies spécifiques, comme le caméléon ou l'orvet.

ANATOMIE D'UN LÉZARD FEMELLE

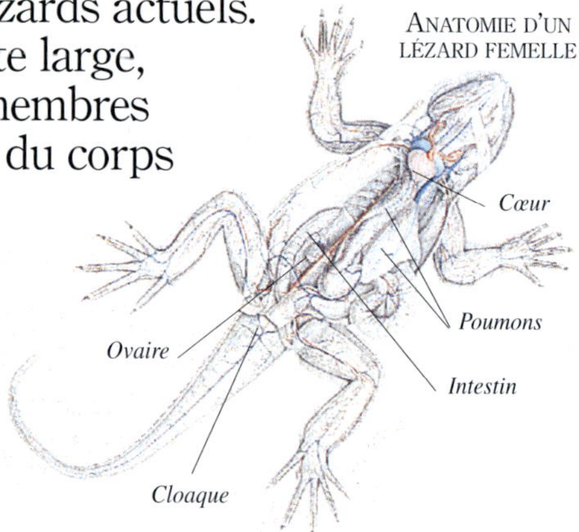

L'ANATOMIE

Les organes des lézards sont disposés symétriquement. Le cœur présente trois cavités et les voies intestinale, urinaire et génitale débouchent dans le cloaque.

DE CURIEUX LÉZARDS

Les caméléons n'ont pas une épine dorsale aussi souple que celle de la plupart des lézards, et leurs pattes sont proportionnellement plus longues.

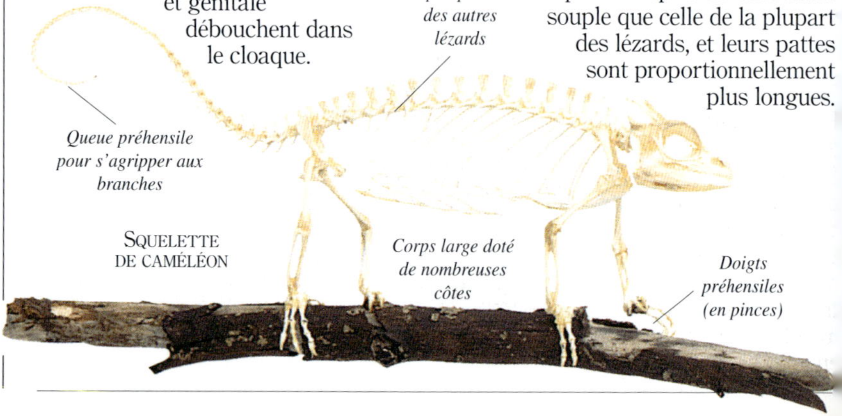

SQUELETTE DE CAMÉLÉON

Les serpents de verre, ou ophisaures

Ces lézards fouisseurs peuvent facilement être pris pour des serpents. Au cours de l'évolution, ils ont perdu leurs pattes antérieures et leurs pattes postérieures, atrophiées, sont à peine visibles.

> **Le saviez-vous ?**
>
> • Le genre *Heloderma* comprend deux lézards venimeux, le lézard perlé et le monstre de Gila.
>
> • Chez les lézards cnémidophores, il n'existe pas de mâles. Les femelles se reproduisent seules.

Les serpents de verre se cachent facilement sous une pierre ou une bûche.

Le takidrome à six raies

Ce lézard vit dans les herbes, de la Chine à Sumatra. Sa queue, trois à cinq fois plus longue que son corps, répartit le poids de son corps sur un grand nombre de tiges et lui permet de se déplacer vite sur l'herbe.

Gecko diurne de Madagascar

Le nettoyage des yeux

Les geckos ne possèdent pas de paupières mobiles. Leurs yeux sont recouverts d'une écaille transparente appelée lunette qu'ils nettoient en la léchant.

LE RÉGIME DES LÉZARDS

Certains lézards ont une alimentation variée, d'autres, tel l'iguane des Galápagos, ont un régime spécialisé. Beaucoup se nourrissent d'insectes, qu'ils complètent parfois par des plantes. Certains apprécient les oiseaux, les petits mammifères et même d'autres reptiles.

VÉGÉTARIEN
L'iguane terrestre des Galápagos se nourrit uniquement de plantes, avec une préférence pour les feuilles et les fruits piquants du figuier de barbarie. Il les mastique longuement jusqu'à ce que les épines soient broyées.

IGUANE TERRESTRE DES GALÁPAGOS

Insecte prisonnier du mucus collant

La langue musculeuse est aussi longue que le corps du caméléon.

CAMÉLÉON

UN SERPENTIN COLLANT
Les caméléons effectuent une lente approche vers leur proie. Parvenus à la distance requise, ils projettent leur longue langue musculeuse, enroulée comme un serpentin. L'insecte, piégé par l'extrémité collante, disparaît dans la bouche.

LÉZARD OCELLÉ

Natif du sud de l'Europe et d'Afrique du Nord

LE LÉZARD OCELLÉ

Son régime se compose d'insectes, de petits oiseaux, de rongeurs et de certains fruits. Lorsqu'il capture un insecte, il le secoue furieusement pour l'étourdir avant de l'introduire dans sa bouche où ses mâchoires se chargeront de le broyer dans une série de mouvements rapides et puissants.

UN MANGEUR DE FOURMIS

Le moloch hérissé d'Australie a un aspect terrifiant. Pourtant, il ne consomme que des fourmis, en grande quantité. Il se désaltère en grande partie grâce à la rosée déposée sur ses piquants, qu'il fait couler dans sa bouche.

MOLOCH HÉRISSÉ

DRAGON DE KOMODO

UN DRAGON PRÉDATEUR

L'énorme dragon de Komodo (qui est un varan) ne vit que sur quelques îles d'Indonésie, dont celle de Komodo. Il mange surtout des charognes, mais peut capturer et tuer un petit daim.

LE SAVIEZ-VOUS ?

- Le lézard-caïman d'Amérique du Sud se nourrit presque exclusivement d'escargots des marais.
- Lorsque leurs proies sont rares, les caméléons peuvent dévorer les petits de leur propre espèce.

LES LÉZARDS DU MONDE

Ces animaux dits «à sang froid» se rencontrent surtout sous les climats chauds. On les trouve, pour la plupart, dans les régions tropicales et subtropicales. On en dénombre 14 familles, dont les geckos (830 espèces), les iguanes (650 espèces), les agames (300 espèces) et la plus importante, les scinques (environ 1 000 espèces).

GECKO

Larges doigts dotés de lamelles adhésives

IGUANE MARIN

UN ADEPTE DU LITTORAL
On voit souvent l'iguane marin des Galápagos se chauffer au soleil sur les rochers du bord de mer. Cet excellent nageur ne consomme que des algues.

HÔTES DES MAISONS
En Asie du Sud-Est, on voit souvent les geckos escalader les murs, grâce à des lamelles agrippantes situées sous leurs doigts.

LE SAVIEZ-VOUS ?

- Certains lézards vivent en climat tempéré, comme le lézard des murailles.
- Dans certaines îles des Antilles, on dénombre plus de 20 000 anolis (famille des iguanes) par hectare.

GECKO DIURNE DE MADAGASCAR

UN FORESTIER
Le vert vif de ce gecko est un parfait camouflage dans son habitat des forêts de Madagascar. Contrairement à la majorité des geckos, il chasse durant la journée.

DANS LES JUNGLES
Certains iguanes des forêts pluviales ont un corps élancé et sont dotés de longs doigts. Les mâles sont souvent plus gros et plus colorés que les femelles. Leurs couleurs se font parfois plus vives à la période des amours.

UN BASILIC À CRÊTES
En Amérique centrale et du Sud vit l'espèce la plus spectaculaire de basilic : le basilic vert. Il est coiffé d'une crête formant comme une voile, qui se prolonge le long de son dos et de sa queue. Le mâle la déploie pour séduire ses partenaires.

COUREURS D'EAU
Les basilics fréquentent les abords des rivières et des plans d'eau. Leurs pieds aux longs doigts et leur longue queue leur permettent de prendre appui sur l'eau pour courir à la surface.

BASILIC VERT

UN NOM TROMPEUR
L'iguane vert, ou iguane commun, vit en Amérique centrale, en Amérique du Sud, et aux Antilles. Il peut être de couleur verte ou grise, parfois orange.

IGUANE VERT

Lézards du monde (2) : les agames

Les agames, qui comptent environ trois cents espèces, vivent en Asie, en Australie et en Afrique. Seule espèce visible en Europe, le stellion est présent sur certaines îles grecques, en Afrique du Nord et dans le Sud-Ouest asiatique. Beaucoup d'espèces sont arboricoles, mais les agames se sont adaptés à de nombreux biotopes. Certains vivent en haute montagne : *Agama himalayana* se rencontre sur les versants himalayens, à 3 300 m d'altitude.

LÉZARD ARLEQUIN

FAUX CAMÉLÉON
Comme les caméléons, Le lézard arlequin, présent dans le sud de l'Asie, peut changer de couleur rapidement. On l'a d'ailleurs surnommé faux-caméléon.

DRAGON BARBU

LES DRAGONS BARBUS
Quelque sept espèces de lézards australiens portent le nom de dragon barbu en raison des longues écailles pointues sous leur cou.

LES REPAS CHAUDS DU MOLOCH
Le moloch hérissé vit dans le désert australien. Chasseur diurne, il laisse s'éleve sa température presqu à la limite du seuil fata afin de pouvoir passer un maximum de temps à chasser les fourmis en plein soleil.

MOLOCH HÉRISSÉ

UNE QUEUE ÉPINEUSE
Ce fouette-queue d'Afrique du Nord peut supporter de très hautes températures et compte parmi les lèzards les plus résistants du Sahara. Il se nourrit d'insectes et de plantes ; la rosée lui apporte un complément d'eau.

Petits conduits entre les écailles permettant à la rosée de s'écouler vers la bouche

LÉZARD FOUETTE-QUEUE

Grosse queue épineuse faisant office d'arme défensive et de réserve de graisse

L'ACANTHOSAURE
Cet agame au dos et à la nuque hérissés de piquants acérés vit dans les hautes branches des forêts pluviales du Sud-Est asiatique. Il s'agrippe aux arbres grâce à ses longs doigts munis d'écailles frangées.

ACANTHOSAURE

Crête épineuse courant le long du dos

PHYSIGNATHE

LE DRAGON THAÏ
Vivant en Asie du Sud-Est, essentiellement arboricole, le physignathe, ou dragon thaï, vit dans les arbres qui poussent près de l'eau. S'il est dérangé lorsqu'il se trouve au sol, il se dresse sur ses pattes postérieures et détale.

Queue servant de contrepoids

Les lézards du monde (3)

Quantité de lézards se sont adaptés à des habitats spécifiques. Les caméléons ont ainsi subi de profondes transformations pour vivre dans les arbres. Leur corps mince et leur silhouette évoquant celle d'une feuille les aident à rester inaperçus dans les feuillages. Leurs pattes se sont transformées pour pouvoir saisir fermement les branches. Leur queue a aussi une fonction préhensile.

LES CAMÉLÉONS
Les doigts de leurs pattes sont groupés en deux sections opposables formant une pince pour agripper les branches. Les plus grandes espèces de Madagascar peuvent dépasser 60 cm de long.

JOYAU DES ARBRES
Le scinque émeraude, un arboricole d'Indonésie, est très représentatif de la famille des scinques. Son corps gracile lui permet de se déplacer avec agilité dans les branches et les feuillage.

SCINQUE ÉMERAUDE ARBORICOLE

BIEN ARMÉ
Le caméléon de Jackson vit aux alentours du mont Kenya, en Afrique orientale. Les mâles sont coiffés de cornes et de crêtes qu'ils utilisent à des fins défensives et offensives.

Les cnémidophores

Lézards minces et agiles, plusieurs espèces se rencontrent dans divers milieux du sud de l'Amérique du Nord au sud de l'Argentine. Le cnémidophore rayé vit dans les déserts et broussailles.

Le saviez-vous ?

- Un scinque géant a disparu récemment des îles du Cap Vert, un autre de l'île Maurice.
- Le scinque à langue bleue sort sa langue pour tenter d'effrayer les prédateurs.

En sursis

Le scinque géant des îles Salomon, le plus imposant de la famille, peut atteindre 70 cm de longueur. Arboricole, il se nourrit de feuilles. Comme beaucoup d'autres reptiles, il est menacé par la destruction de son habitat et la chasse dont il est victime pour sa chair.

Bicéphale

Le scinque rugueux, du sud de l'Australie, est également appelé lézard pomme-de-pin à cause de la forme de sa queue à grosses écailles. Cette queue, courte et très large, peut facilement être prise pour la tête de l'animal, offrant au scinque une chance de tromper les prédateurs.

LA DÉFENSE

Pour un petit animal, une peau écailleuse n'assure qu'une protection limitée. Certains lézards ont donc d'autres systèmes de défense. Ainsi, les cordyles et leurs cousins ont une sorte d'armure, les crapauds cornus des épines, le lézard perlé et le monstre de Gila, du venin. Les varans sont protégés par leur taille imposante.

Sifflement dissuasif

VARAN DE GOULD

SUR SES GARDES
Les varans utilisent leur queue comme un membre, offrant un point d'appui pour se dresser, inspecter les alentours ou encore pour effrayer l'agresseur. Plusieurs sont des lézards de grande taille et une vingtaine des 30 espèces connues vivent en Australie.

Les pseudocordyles se nourrissent d'insectes et de petits invertébrés, notamment d'autres lézards.

Épaisses écailles protectrices

PSEUDOCORDYLE

INDÉLOGEABLES
Les pseudocordyles sont au nombr de sept espèces endémiques à l'Afrique du Sud. Ils occupent d anfractuosités des rochers. Attaqués, ils se réfugient dans une crevasse et, en refermant leur bouche, déforment leur tête qui s'élargit a point qu'ils deviennent impossibles à déloger.

LE GERRHOSAURE AFRICAIN

Son corps, recouvert d'une armure d'écailles rectangulaires disposées en rangées, est assez rigide. Un gros pli cutané courant de la base de la mâchoire aux pattes postérieures permet à son corps de se dilater après un bon repas.

Le gerrhosaure se nourrit de végétaux, d'insectes et de lézards plus petits.

Épaisses écailles protectrices

Pli cutané

GERRHOSAURE AFRICAIN

LE SAVIEZ-VOUS ?

- Le monstre de Gila se nourrit d'œufs d'oiseaux, d'oiseaux et de petits mammifères. Il peut absorber le tiers de son poids en un seul repas.
- Le cordyle géant creuse son terrier avec sa queue.

LÉZARD ARMADILLO

UNE BOULE HÉRISSÉE

Le lézard armadillo, d'Afrique du Sud, a une tactique défensive étonnante qui rappelle celle du tatou. Il se roule en une boule serrée et saisit sa queue entre ses dents, plaçant son agresseur devant un problème épineux.

LE MONSTRE DE GILA

C'est l'un des deux seuls lézards venimeux. Le venin, sécrété par des glandes situées dans la mandibule, est libéré dans la bouche à proximité de grandes dents cannelées. Il n'est pas injecté mais diffuse dans la plaie lors de la morsure.

La coloration vive en rose et noir signale que l'animal est dangereux.

LE SPHÉNODON

Ce reptile ressemble à un lézard mais la structure de son squelette, notamment de son crâne, est différente. C'est le dernier survivant des rhynchocéphales, un ordre primitif de reptiles florissant au trias et au jurassique, il y a 100 à 200 millions d'années.

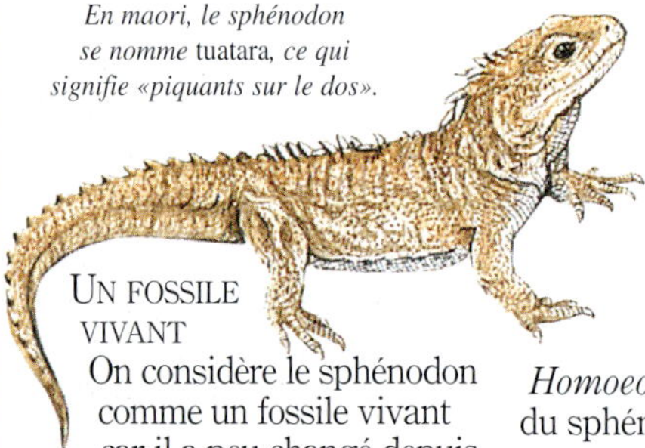

En maori, le sphénodon se nomme tuatara, *ce qui signifie «piquants sur le dos».*

UN FOSSILE VIVANT

On considère le sphénodon comme un fossile vivant car il a peu changé depuis 200 millions d'années, alors que ses congénères les plus proches ont disparu. Le fait qu'il ait survécu demeure un mystère.

DES ANCÊTRES LÉZARDS

Homoeosaurus, un cousin du sphénodon, vivait il y a environ 140 millions d'années. Sa lignée a dû se séparer de celle des lézards il y a environ 200 millions d'années.

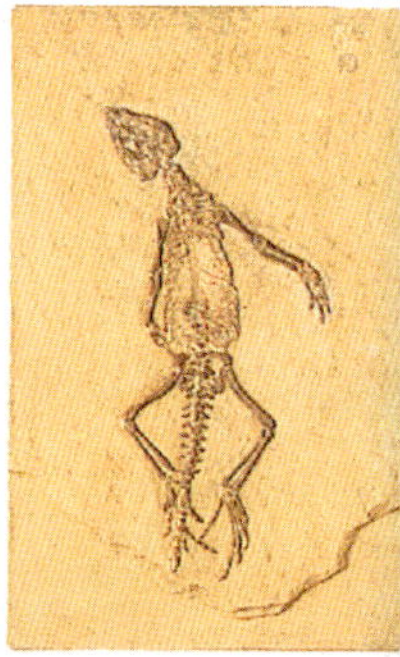

DES CENTENAIRES

Le sphénodon mâle mesure à peu près 60 cm de longueur, la femelle un peu moins. Les deux sexes, qui atteignent leur maturité sexuelle à 20 ans, peuvent vivre plus d'un siècle.

SPHÉNODON MÂLE

Pattes fouisseuses courtes et puissantes

SPHÉNODON FEMELLE

UNE LONGUE ATTENTE
Chez la femelle, la fécondation a lieu environ un an après l'accouplement. Elle pond cinq à quinze œufs dans un terrier peu profond.

STRUCTURE DU CRÂNE
Son crâne ressemble davantage à celui des crocodiliens qu'à celui des lézards. Il est doté en effet de deux paires de fenêtres temporales alors que les lézards n'en ont qu'une, voire aucune chez les lézards fouisseurs et chez les serpents.

CRÂNE DE SPHÉNODON

UN INSULAIRE
Le sphénodon ne se rencontre plus que sur deux archipels, au large de la Nouvelle-Zélande. Il vit dans des terriers, qu'il partage souvent avec des oiseaux et se nourrit la nuit d'insectes et de vers de terre. Sa croissance est très lente.

LE SAVIEZ-VOUS ?

- L'éclosion a lieu 15 mois après la ponte – la plus longue période d'incubation de tous les reptiles.
- Le sphénodon ne respire que toutes les 7 secondes et peut rester en apnée près d'une heure.

LES SERPENTS

Les serpents descendent probablement de lézards fouisseurs qui ont progressivement perdu leurs membres pour s'adapter à la vie souterraine. Les serpents actuels vivent rarement sous terre, mais ils ont conservé la forme ancestrale et développé de nouveaux modes de déplacement.

VIPÈRE-RHINOCÉROS

DES CORNES ET DES CROCHETS

Comme tous les serpents, la vipère à cornes d'Afrique, ou vipère-rhinocéros, se caractérise par un corps allongé privé de pattes. Membre du groupe des vipères heurtantes, sa morsure est potentiellement mortelle pour l'homme.

L'ANATOMIE DES SERPENTS

Pour s'adapter à la structure du corps, les organes internes – l'estomac, le foie, les reins, les ovaires et le poumon droit – sont très allongés. Le poumon gauche, lui, est très réduit. L'intestin s'étire tout le long du corps.

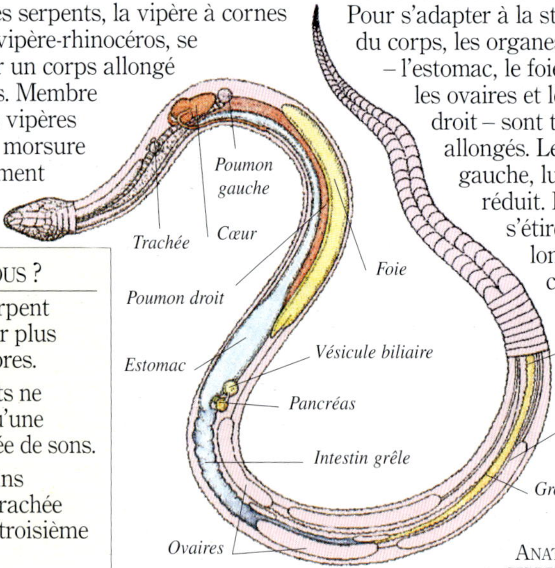

ANATOMIE D'UN SERPENT FEMELLE

LE SAVIEZ-VOUS ?

- Un long serpent peut posséder plus de 400 vertèbres.
- Les serpents ne perçoivent qu'une gamme limitée de sons.
- Chez certains serpents, la trachée fait office de troisième poumon.

Squelette de serpent
La colonne vertébrale, très longue et très souple, est constituée de 180 vertèbres au moins. Toutes celles du cou et du tronc sont prolongées par de robustes côtes qui ne sont pas soudées sur le ventre afin de permettre au corps de se dilater quand le reptile avale une grosse proie.

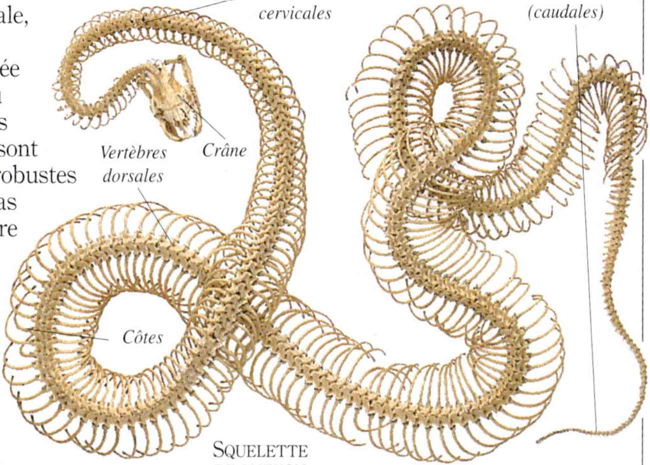

Squelette de python

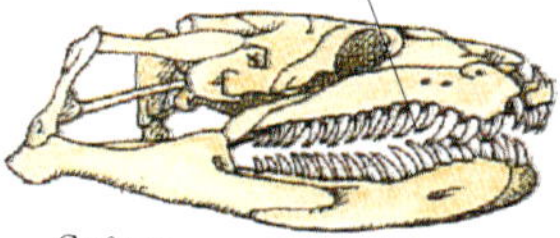

Crâne et mâchoires de serpent

Le fruit défendu
Depuis la nuit des temps, les serpents souffrent d'une mauvaise réputation. Dans la Bible, Ève, séduite par le Démon qui avait pris la forme d'un serpent, mangea le fruit défendu et fut, avec Adam, chassée du Paradis.

Le crâne
La mâchoire supérieure est reliée au crâne par des articulations souples et les deux os de la mâchoire inférieure ne sont pas soudés. Les serpents peuvent ainsi ouvrir démesurément la bouche pour avaler entières des proies plus grosses qu'eux.

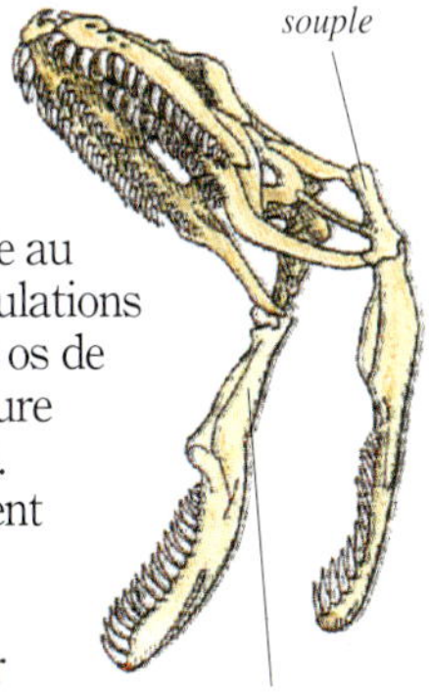

La tentation

LES SERPENTS CONSTRICTEURS

Boas, pythons et anacondas sont des serpents dits «constricteurs». Ils s'enroulent et resserrent leurs anneaux autour de leurs proies, qui meurent étouffées. Ils s'attaquent souvent aux mammifères, mais aussi aux oiseaux, et certains à d'autres reptiles.

Les anneaux se resserrent à chaque expiration du rongeur.

PYTHON ROYAL

L'ÉTREINTE FATALE
Ce python d'Afrique occidentale s'enroule autour d'un rat et resserre peu à peu son étreinte. Bientôt, le rongeur ne pourra plus inspirer et mourra par suffocation

MANGEURS D'OISEAUX
Les boas arboricoles surprennent les oiseaux au moment où ils se posent sur les branches. Ils s'attaquent aussi aux mammifères. Le boa émeraude, ou boa canin, vit dans les forêts pluviales du bassin amazonien.

BOA ÉMERAUDE

LES SERPENTS PRIMITIFS

Pythons, boas et quelques autres espèces sont considérés comme «primitifs» car ils possèdent de petits ergots à l'endroit où se trouvaient les membres postérieurs de leurs ancêtres lézards. Situés de chaque côté du cloaque, ils joueraient un rôle dans l'accouplement.

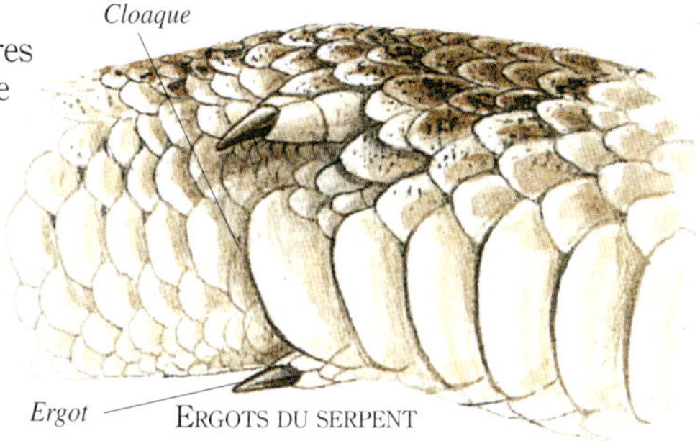

ERGOTS DU SERPENT

LE REPAS DU CONSTRICTEUR

LA TÊTE LA PREMIÈRE

Une fois la proie étouffée, le serpent saisit la tête de sa victime entre ses mâchoires.

Le corps se dilate pour permettre le passage de la proie.

La trachée est poussée vers l'avant pour que le serpent puisse respirer.

DÉGLUTITION

S'aidant de ses dents recourbées vers l'arrière et par contractions successives, le serpent fait peu à peu descendre sa proie dans son œsophage, qui se dilate démesurément.

LA DIGESTION

Une fois la proie avalée, la digestion peut prendre plusieurs jours, voire plusieurs semaines.

Les constricteurs (2) : les boas

À l'exception de quelques genres, la plupart des boas se rencontrent dans les régions tropicales d'Amérique du Sud et d'Amérique centrale. Ces constricteurs se sont adaptés à des habitats très variés, beaucoup passant leur vie dans les arbres, tandis que d'autres vivent sur la terre ferme ou dans des galeries souterraines.

Boa de Cook

Boa arc-en-ciel

Les couleurs de l'arc-en-ciel
Le chatoyant boa arc-en-ciel vit dans les forêts, les régions boisées et les prairies du nord-ouest de l'Amérique du Sud, jusqu'en Guyane. Il se nourrit de petits mammifères et d'oiseaux.

Boa à queue rouge

Le boa constrictor
Le boa à queue rouge est l'une des sous-espèces du boa constrictor. D'une longueur moyenne de 3 à 4 m, il vit dans les plaines semi-désertiques du nord-ouest du Pérou.

Le boa arboricole de Cook
Le boa arboricole comporte plusieurs sous-espèces dont la plus grande, le boa de Cook, habite uniquement les îles caraïbes de Trinidad, Grenade, Carriacou, Union et Saint-Vincent.

BOA DU PACIFIQUE

LE SAVIEZ-VOUS ?

- Menacé, le boa-caoutchouc s'enroule, cache sa tête dans ses anneaux et présente sa queue à l'agresseur.
- Les boas sont ovovivipares – les femelles donnent naissance à des petits vivants.

IMPOSTEUR ET AGRESSIF
Le boa du Pacifique, qui vit dans les forêts et les marécages de Nouvelle-Guinée et des îles environnantes, chasse sur la terre ferme. S'il est attaqué, il imite une vipère venimeuse, siffle et mord l'agresseur.

BOA ARBORICOLE

DANS LES FRONDAISONS
Les diverses sous-espèces du boa arboricole occupent l'Amérique centrale, le bassin amazonien, les Guyanes et quelques îles des Caraïbes. Grimpeur agile, il s'enroule autour des branches à l'aide de sa queue préhensile. Non venimeux, il peut toutefois infliger de douloureuses morsures.

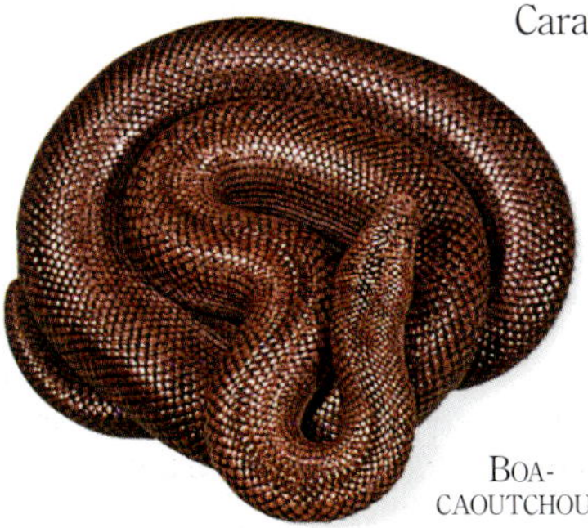

BOA-CAOUTCHOUC

LE BOA-CAOUTCHOUC
Il vit dans les bois et les prairies d'Amérique du Nord, où il chasse dans les crevasses et les terriers, et dans les arbres pour dénicher les oisillons. Il tire son nom de son aspect et de son contact qui évoquent le caoutchouc.

Les constricteurs (3)

C'est parmi les pythons et les anacondas que l'on trouve les plus gros serpents du monde. Leur réputation de mangeurs d'hommes n'est que légende. Leur taille ne leur permet pas de s'attaquer aux humains ni aux gros mammifères. De tels repas leur coûteraient au moins une semaine de digestion, pendant laquelle ils seraient vulnérables.

PYTHON D'ALBERTIS

PYTHON AQUATIQUE
Le python d'Albertis vit dans les forêts humides et les marais du sud de la Nouvelle-Guinée et sur les îles alentour. Sa peau unie est sombre, avec quelques zones claires autour de la bouche. Il chasse les mammifères et les oiseaux.

PYTHON RÉTICULÉ

RECORD DE LONGUEUR
Pouvant atteindre 10 m, le python réticulé, du Sud-Est asiatique, est le serpent le plus long du monde. Son camouflage est idéal pour vivre dans les sous-bois. Les mammifères, les lézards et occasionnellement d'autres serpents font partie de ses menus.

PYTHON MALAIS

TRAPU ET ROUGEÂTRE
Le python malais doit son nom à la couleur vive de ses motifs. Sa queue est bien moins longue que celle des autres espèces. Il occupe les zones humides du centre et du sud de la Malaisie et des îles environnantes.

UNE PEAU RECHERCHÉE
Le python molure, qui occupe de nombreux milieux en Asie méridionale, se nourrit de mammifères, d'oiseaux et de reptiles. La destruction de son habitat ainsi que la chasse dont il est victime pour sa peau le menacent d'extinction.

PYTHON MOLURE

LES ANACONDAS

ANACONDA JAUNE

SERPENT DES MARAIS
On rencontre l'anaconda jaune dans les marais et le long des rivières du Brésil, de Bolivie, du Paraguay et d'Argentine. Il mesure en moyenne 3,5 m, soit la moitié de l'anaconda commun.

RECORD DE POIDS
L'anaconda commun est le serpent le plus gros du monde car, pouvant approcher les 250 kg, il bat sur ce terrain même le python réticulé. La longueur moyenne d'un adulte est d'environ 6 m, mais il en existe de plus de 8 m. Il est capable de maîtriser un caïman ou un jaguar. Il vit à Trinidad et en Amérique du Sud tropicale.

ANACONDA COMMUN

LES COULEUVRES

Environ les trois quarts des serpents, soit près de 2 000 espèces, appartiennent à la famille des couleuvres : les colubridés. Certains sont venimeux, mais beaucoup sont totalement inoffensifs. Parmi ces derniers figurent les serpents-rois, le serpent mangeur d'œufs et la couleuvre à collier.

SERPENT-ROI DE CALIFORNIE

DE NOMBREUSES ROBES

Les motifs et les couleurs du serpent-roi sont très variés. La sous-espèce californienne présente soit un corps noir et des bandes crème (ci-dessus), soit un corps marron avec une rayure blanche. Il se nourrit de petits animaux, notamment de serpents venimeux.

SERPENT-ROI DES MONTAGNES DE CALIFORNIE

Robe similaire à celle du serpent-corail

LE SAVIEZ-VOUS ?

- Au Japon, la forme albinos du serpent-ratier jaune est la représentation terrestre de la déesse de la fertilité, Benzaï-ten.
- Pour les scientifiques, les colubridés sont des serpents «type».

ROI DE LA MONTAGNE

Le serpent-roi des montagnes de Californie affectionne les petites proies – rongeurs, lézards, oisillons. Au repos, il se réfugie souvent sous des pierres, des morceaux de bois ou des tas de feuilles.

BUVEUR DE LAIT ?
Le serpent de lait est une espèce de serpent-roi dont il existe une quinzaine de sous-espèces. On prétend à tort qu'il tète le lait des vaches. Il vit au Mexique et aux États-Unis, et se nourrit principalement de rongeurs, qu'il tue par constriction.

SERPENT DE LAIT

Bandes colorées rappelant celles du dangereux serpent-corail

Couleurs évoquant un épi de maïs

SERPENT-RATIER COULEUR MAÏS

Ses couleurs chatoyantes ont valu son nom au serpent arc-en-ciel.

SERPENT ARC-EN-CIEL

CHASSEUR NOCTAMBULE
Comme le boa et le python, le serpent arc-en-ciel d'Asie possède des membres postérieurs vestigiaux. Il vit dans des terriers humides qu'il quitte la nuit pour chasser grenouilles, petits mammifères et autres reptiles.

LÉGENDE URBAINE ?
On prétend que l'on peut rencontrer le serpent-ratier couleur maïs dans les égouts des villes du sud-est des États-Unis. Son milieu naturel se trouve en fait dans les zones boisées, où il chasse rongeurs, oiseaux et lézards. Craintif, il se cache sous les troncs et les souches.

Les couleuvres (2)

Les colubridés non venimeux tuent par constriction, en étouffant leur proie avant de l'engloutir. Pour se défendre, leurs atouts majeurs sont une extrême rapidité et un bon camouflage. Les serpents-ratiers imitent le crotale en projetant la partie avant de leur corps en forme de S et en faisant vibrer leur queue. En cas d'agression, beaucoup d'espèces se gonflent pour paraître plus impressionnantes.

SERPENT-RATIER DE MOELLENDORFF

Motifs à l'origine de son nom chinois

SERPENT AUX CENT FLEURS
Le serpent-ratier de Moellendorff porte le nom poétique de «serpent aux cent fleurs» dans le sud-est de la Chine où il vit. Il chasse rongeurs et oiseaux.

LE SAVIEZ-VOUS ?

- En faisant vibrer leur queue s'ils se sentent menacés, les serpents-ratiers sont souvent confondus avec le crotale.
- En détruisant rats et souris, le serpent-taureau est un allié des agriculteurs.

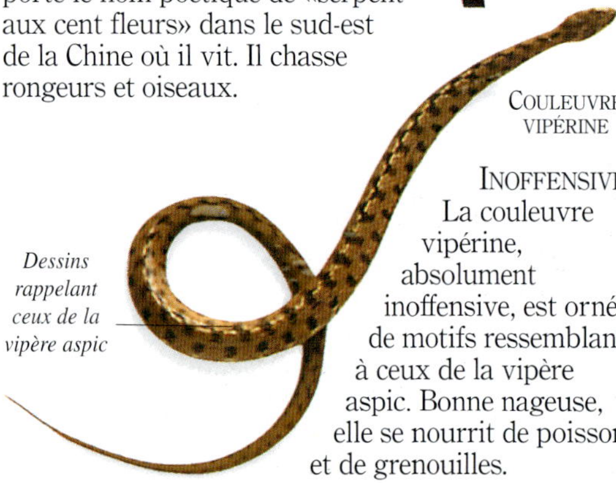

COULEUVRE VIPÉRINE

Dessins rappelant ceux de la vipère aspic

INOFFENSIVE
La couleuvre vipérine, absolument inoffensive, est ornée de motifs ressemblant à ceux de la vipère aspic. Bonne nageuse, elle se nourrit de poisson et de grenouilles.

AMATEUR DE CHAUVES-SOURIS
Le serpent des mangroves – un serpent-ratier – vit dans les forêts du Sud-Est asiatique. Il est friand d'oiseaux et de petits mammifères, dont les chauves-souris qu'il capture lorsqu'elles sortent pour chasser.

SERPENT DES MANGROVES

ÉPINES INTERNES
La colonne vertébrale du serpent mangeur d'œufs est dotée d'une trentaine d'apophyses ventrales destinées à percer la coquille des œufs à l'intérieur du corps.

COLONNE VERTÉBRALE DU SERPENT MANGEUR D'ŒUFS

LE MANGEUR D'ŒUFS
Pratiquement privé de dents, le serpent mangeur d'œufs peut avaler un œuf entier grâce à sa peau inhabituellement élastique. Il régurgite la coquille une quinzaine de minutes plus tard.

SERPENT MANGEUR D'ŒUFS AFRICAIN

LES SERPENTS VENIMEUX

Le venin est une substance toxique sécrétée par certains animaux. Il sert à tuer ou à paralyser les proies. De nature très complexe, celui des serpents a deux propriétés : dans un premier temps il immobilise la victime afin qu'elle ne se retourne pas contre l'agresseur, puis il prédigère les chairs en commençant à décomposer les tissus avant qu'ils ne soient avalés.

COBRA ROYAL

DES CROCHETS FIXES
Les cobras ont des crochets situés à l'avant de la mâchoire supérieure, comme notamment les vipères, les serpents marins, le serpent-corail, le taïpan et les mambas.

SYSTÈME D'ALARME
Les crochets du crotale, situés à l'avant de la mâchoire supérieure, se redressent quand il ouvre la bouche, prêts à injecter le venin. Ce genre, le plus venimeux d'Amérique du Nord, se nourrit essentiellement de rats et de lapins.

CROTALE DIAMANTIN DE L'EST

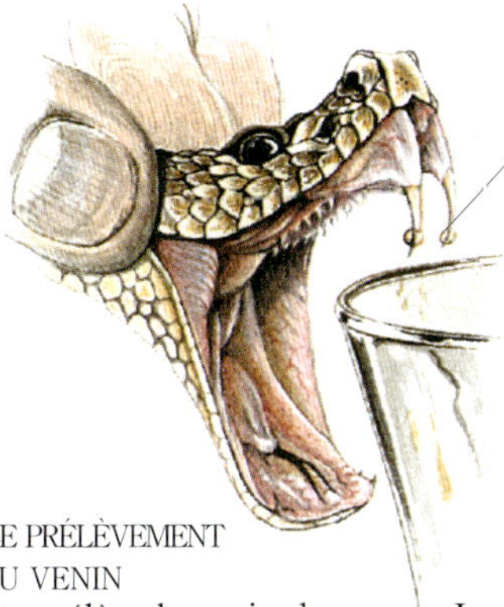

LE PRÉLÈVEMENT DU VENIN
On prélève le venin des serpents pour fabriquer des sérums antidotes. Par une légère pression à la base des mâchoires, la bouche s'ouvre, les crochets se redressent et le venin s'écoule.

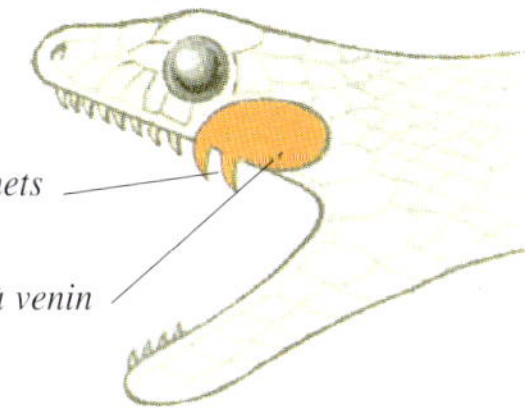

LES SERPENTS À CROCHETS POSTÉRIEURS
Chez les serpents dotés de crochets à l'arrière de la mâchoire supérieure, le venin s'écoule le long de dents cannelées.

LES SERPENTS À CROCHETS ANTÉRIEURS
Chez les serpents dotés de crochets situés à l'avant de la mâchoire supérieure, ces derniers sont généralement percés d'un canal directement relié à la glande à venin.

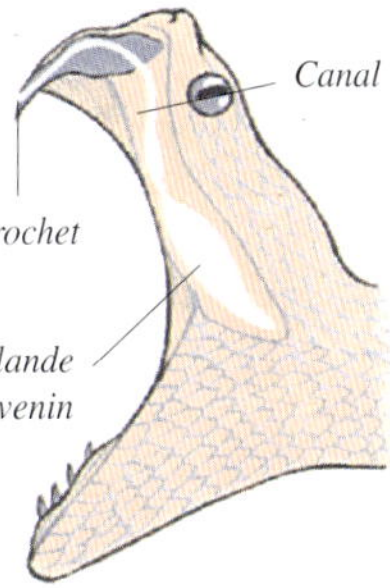

LIVRÉE VARIABLE
La vipère arboricole d'Afrique centrale réside dans les forêts pluviales, les zones boisées et les marais. La couleur de sa robe peut aller du vert pâle au brun rouge.

LE SAVIEZ-VOUS ?

- Le cobra royal est le seul serpent qui construit un nid pour ses œufs.
- Le crotale diamantin de l'Est, le plus grand serpent des États-Unis, peut mesurer jusqu'à 2,50 m.

SERPENTS À CROCHETS POSTÉRIEURS

On les trouve un peu partout dans le monde. Comme chez les autres groupes de serpents, leur couleur, leur taille et leur habitat varient. Moins efficaces pour injecter leur venin que les serpents à crochets antérieurs, ils sont, dans l'ensemble, inoffensifs pour l'homme. Certaines espèces peuvent néanmoins être dangereuses.

FAUSSAIRE
Le faux serpent-corail, originaire des forêts d'Amérique centrale, du Venezuela au Costa Rica, est friand de lézards, de petits mammifères et de serpents.

FAUX SERPENT-CORAIL

Ses couleurs imitent celles d'un serpent beaucoup plus dangereux.

LE SERPENT DES PALÉTUVIERS
Dans les mangroves de la péninsule malaise, ce grand serpent qui peut dépasser 2 m de longueur chasse une foule de petits animaux. Les sept sous-espèces ont toutes des bandes jaunes, en nombre variable.

IMANTODES CENCHOA

LA CHASSEUSE DE LÉZARDS
La couleuvre *Imantodes cenchoa* évolue dans les arbres et les arbustes, au sud du Mexique, en Bolivie et au Paraguay. Nocturne, elle se nourrit surtout de lézards, comme les anolis et les geckos.

LEPTOPHIS

La bouche ouverte est un avertissement pour les agresseurs.

MENACES EN L'AIR
Quand elles se sentent menacées, les couleuvres du genre *Leptophis* dressent la tête et ouvrent grand la bouche, sans attaquer pour autant. Serpents au corps très mince, elles se nourrissent de lézards et d'amphibiens, vivant dans le feuillage des forêts pluviales d'Amérique centrale et du Sud.

Les œufs pondus sur les feuilles par les grenouilles lui servent souvent de pitance.

Camouflage adapté à la vie dans la cime des arbres

SERPENT AUX YEUX DE CHAT

DES YEUX DE CHAT
Le serpent vert aux yeux de chat vit dans les forêts du nord-est de l'Inde où il chasse la nuit les grenouilles, les lézards et les petits oiseaux.

Les serpents à crochets postérieurs (2)

Certains sécrètent un venin tout aussi toxique que celui des serpents à crochets antérieurs, mais sa toxicité est souvent spécifique à un type de proies, par exemple les grenouilles. Toutefois, certains sont connus pour avoir entraîné des morts humaines, comme le boomslang et le serpent d'arbre de Kirtland.

Fouisseur malgache

Le serpent à groin de Madagascar *Leioheterodon madagascariensis* est un hôte des savanes où il chasse oiseaux et petits mammifères. Il s'abrite dans les fissures des rochers, sous des détritus ou dans des galeries qu'il creuse lui-même.

En cas d'alerte, il gonfle son cou comme le cobra, et émet un sifflement strident.

Serpent à groin de Madagascar

Serpent-lyre

Le saviez-vous ?

- Le mussurana étouffe sa proie avant de lui injecter son venin.
- L'introduction de la couleuvre *Boiga irregularis* dans l'île de Guam y a entraîné une diminution du nombre de certains oiseaux.

Le serpent-lyre

Il doit son nom au dessin en forme de lyre qui orne le dessus de sa tête. De mœurs nocturnes, il fréquente les zones rocailleuses de Californie, d'Arizona et du Mexique et se nourrit de lézards, de petits oiseaux et de mammifères.

MANGEUSE DE GRENOUILLES
La couleuvre *Hypsiglena torquata*, appelée localement serpent de nuit, vit en Amérique centrale et au Mexique. Elle est principalement arboricole et chasse les grenouilles et les lézards.

HYPSIGLENA TORQUATA DÉVORANT DES ŒUFS DE GRENOUILLE

LE SERPENT DES VIGNES
Le serpent liane *Oxybelis fulgidus* vit dans les collines arbustives du Mexique et d'Arizona. Sa couleur et sa forme lui permettent de se fondre dans la végétation. Il s'attaque surtout aux lézards et parfois aux petits oiseaux et leurs oisillons.

Le serpent-liane guette ses proies suspendu à une branche.

OXYBELIS FULGIDUS

LE BOOMSLANG AFRICAIN
Rapide et élégant, il évolue dans les bois, broussailles, savanes et marais. Surtout friand d'œufs d'oiseaux, il utilise son venin très actif contre les petits mammifères, les grenouilles et les oiseaux. Son nom, en afrikaans, signifie «serpent des arbres».

LES SERPENTS À CROCHETS ANTÉRIEURS

Les serpents dont les crochets sont situés à l'avant de la bouche, tels les cobras, sont les plus dangereux car ils peuvent, pour se défendre, injecter leur venin dans l'organisme de presque tous les agresseurs. Mais comme tous les serpents venimeux, il leur sert avant tout à neutraliser leurs proies. La plupart d'entre eux préfèrent fuir devant un prédateur.

HORUS
Cette divinité solaire égyptienne, debout sur un crocodile et tenant des serpents à la main, montre sa domination sur les reptiles.

COBRA CRACHEUR

Le cobra se dresse avant de cracher.

UN CRACHEUR DE VENIN
Quand il se sent acculé, ce cobra a un moyen de défense très efficace : il lance un jet de venin dans les yeux de l'attaquant, entraînant une vive douleur et de graves dommages, voire une cécité définitive.

LE SAVIEZ-VOUS ?

- Chaque année, des milliers de cobras asiatiques sont tués pour leur peau.
- Le cobra royal est le plus grand serpent venimeux ; certains spécimens peuvent dépasser 5 m de longueur.

LA MARQUE DE BOUDDHA
Le cobra indien porte sur son capuchon un motif en forme de lunettes. Il s'agirait de l'empreinte des doigts de Bouddha, qui l'aurait béni pour l'avoir protégé pendant sa méditation.

COBRA INDIEN, OU SERPENT À LUNETTES

Le motif est censé impressionner les agresseurs.

Les cobras sont actifs à l'aube et au crépuscule.

Les charmeurs de serpents arrachent souvent les crochets du cobra.

Le cobra suit les mouvements de l'instrument.

CHARMEUR DE SERPENTS

UNE MENACE CAPUCHONNÉE
Le cobra est généralement doté d'un capuchon, dû au déploiement des côtes cervicales quand il se redresse. Cette particularité est très développée chez les espèces asiatiques, tel le cobra indien.

Le capuchon se déploie quand le serpent se redresse.

COBRA DU SRI LANKA

Il peut avancer, la partie avant du corps dressée.

DES SERPENTS SOUS LE CHARME ?
Les charmeurs de serpents d'Asie et d'Afrique du Nord font «danser» les serpents au son de leur flûte. Les serpents étant sourds, c'est probablement les mouvements de la flûte que suivent les reptiles, et non la musique.

Les vipères (2)

Avec leurs longs crochets antérieurs qu'ils contrôlent parfaitement, les vipères et leurs proches, notamment les vipères heurtantes et les crotales, sont parmi les serpents les plus dangereux du globe. Les crochets, percés d'un canal relié directement aux glandes à venin, se redressent quand ces reptiles ouvrent la bouche pour mordre. Ils peuvent n'en utiliser qu'un seul à la fois.

OMNIPRÉSENTE
La vipère péliade est, de tous les serpents, celui qui a la plus vaste aire de répartition. On la rencontre dans tous les pays européens et asiatiques, jusqu'au cercle polaire vers le nord, et à travers la Chine septentrionale jusqu'aux rivages du Pacifique vers l'est

VIPÈRE DU LEVANT

Le venin de cette vipère est très toxique.

Selon les conditions climatiques, cette vipère pond des œufs ou met bas des petits déjà éclos.

LA VIPÈRE DU LEVANT
Cette espèce vi dans des région sèches e rocailleuses, depui la Géorgie jusqu' au nord d'Israël, en Iraq, en Iran et su l'île de Milos, dan les Cyclades

VIPÈRE D'AVICENNE

VIPÈRE DES SABLES
La vipère d'Avicenne, voisine de la vipère à cornes, se déplace par reptations latérales dans les déserts du Liban, d'Israël et du nord-ouest de la côte africaine.

PÉRIL JAUNE

Les écailles saillantes au-dessus des yeux de cette vipère forment comme des cils. Arboricole, elle vit au sud du Mexique, en Équateur et au Venezuela. Sa couleur varie du brun au vert en passant par le jaune citron.

VIPÈRE CILIÉE

VIPÈRE DE LA MORT

FAUSSE VIPÈRE

La vipère de la mort, qui ressemble à une vraie vipère par son aspect et son comportement, appartient à la famille du cobra. Elle fréquente les régions arides d'Australie, de Nouvelle-Guinée et des îles voisines.

GROSSE VIPÈRE

La vipère heurtante, au corps massif, occupe, en Afrique, de nombreux habitats, à l'exception des déserts subsahariens. Son régime alimentaire est très varié. Comme toutes les vipères, elle préfère attendre que les proies viennent à elle. Son venin, extrêmement toxique, est responsable de nombreux décès par morsure.

Motifs bruns et gris se confondant avec la végétation sèche au sol

VIPÈRE HEURTANTE

Les crotales (3)

Appelés également serpents à sonnette, ces serpents bien connus se caractérisent par la présence, au bout de leur queue, d'une sorte de crécelle formée par une série d'anneaux cornés. Les espèces que l'on rencontre dans tout le sud des États-Unis sont menacées par une chasse intensive, l'extension des terres de culture et le développement urbain. Ce sont des serpents ovovivipares.

CROTALE DES PRAIRIES

TRÈS ADAPTABLE

Le crotale des prairies, qui habite les milieux rocailleux et sableux, fait preuve d'une grande adaptabilité et peut survivre dans les zones urbanisées et agricoles. Il se nourrit surtout de rongeurs.

CROTALE DIAMANTIN DE L'EST

LE SAVIEZ-VOUS ?

- Aux États-Unis, des chasses organisées sont responsables de la disparition de nombreuses populations locales.
- Le crotale diamantin de l'Ouest hiberne toujours dans le même terrier.

GROS MAIS TIMIDE

Le crotale diamantin de l'Est est un reptile discret qui vit dans les pinèdes, les bois de chênes et les terres en friches. Doté d'un corps massif, il mange des petits mammifères, surtout des lapins et des rats.

CROTALE À QUEUE NOIRE

DES HABITATS DIVERSIFIÉS

Le crotale à queue noire vit au Mexique, en Arizona et au Texas, en général dans des zones rocailleuses, parfois dans les bois et les prairies. Il chasse les petits rongeurs à toute heure du jour.

Marbrures en forme de losanges, éclaircis sur les bords

CROTALE DIAMANTIN DE L'OUEST

Acculé, le crotale diamantin riposte énergiquement.

REPAIRES DE CROTALES

Le crotale diamantin de l'Ouest habite divers biotopes secs, au Mexique et dans le sud des États-Unis. Il hiberne l'automne dans des terriers communautaires où se rassemblent nombre d'individus et se nourrit de petits mammifères et d'oiseaux.

CROTALE PYGMÉE

LE CROTALE PYGMÉE

Le crotale pygmée, long de 50 à 75 cm, vit dans des zones semi-désertiques du sud-est des États-Unis, près de points d'eau. Actif de jour comme de nuit, il s'attaque à des proies modestes – petits serpents et gros insectes.

Les serpents à crochets antérieurs (4)

Le serpent-tigre, le taïpan, les bongares et les serpents marins sont des serpents à crochets antérieurs fixes. Contrairement aux vraies vipères et aux crotales, ils doivent immobiliser leur proie quand ils mordent. Les mocassins d'eau et à tête cuivrée appartiennent, quant à eux, à la même sous-famille que les crotales. Lorsqu'ils frappent, ils se contentent d'inoculer leur venin, puis partent à la recherche de la victime après coup.

SERPENT À QUEUE PLAT

SERPENT-TIGRE

UN VENIN IMPLACABLE

Le venin du serpent-tigre, du sud de l'Australie, est redoutable – 3 mg suffisent à tuer un homme. Il se nourrit de grenouilles mais s'attaque aussi aux petits mammifères et aux lézards. Quand on le dérange, sa réaction est fulgurante.

SERPENTS MARINS

Les serpents à queue plate comptent parmi les plus venimeux du monde. Par chance, ces serpents marins, dont il existe cinq espèces dans les eaux de Nouvelle-Guinée et des îles du Pacifique, mordent rarement pour se défendre.

JAMAIS FATAL

Le mocassin à tête cuivrée des États-Un vit dans les zones boisées, où il chasse souris, oiseaux et grenouilles. Contrairement à la croyance populaire, sa morsure n'est pas mortelle, ce qui n'empêche pas son élimination systématique.

Le mocassin tête cuivr hiberne dans d terriers communautaire

MOCASSIN À TÊTE CUIVRÉE

LE MANGEUR DE TORTUES

Le mocassin d'eau est un serpent impressionnant qui vit aux États-Unis, dans les marais de l'Alabama, de Géorgie et de Virginie. Parmi ses proies figurent des petites tortues et de jeunes alligators.

MOCASSIN D'EAU

Le taïpan s'abrite dans les terriers des mammifères, les fissures des rochers ou sous des débris végétaux.

TAÏPAN

Le taïpan est l'un des serpents australiens les plus dangereux. Il consomme des petits mammifères.

NE PAS DÉRANGER

Le taïpan est un grand serpent au corps effilé du nord de l'Australie. Quand il ne chasse pas, il reste dans son abri et, s'il en a la possibilité, fuit devant le danger. Acculé, il peut devenir très agressif.

LE BONGARE

Le bongare commun, extrêmement venimeux, vit dans les zones boisées sèches et les champs du Bangladesh, de l'Inde et du Sri Lanka. Caché le jour, il traque la nuit rongeurs, lézards et autres serpents.

LE SAVIEZ-VOUS ?

- La queue jaune vif du mocassin d'eau lui sert à attirer ses proies.
- Une morsure de bongare est fatale dans 75 % des cas.
- Certaines espèces de serpents marins constituent un mets de choix en Asie.

LES OISEAUX

QU'EST-CE QU'UN OISEAU ?

De tous les animaux actuels ou du passé à avoir conquis les airs, les oiseaux sont ceux qui ont développé les formes les plus achevées d'aptitude au vol. Ils disposent de deux ailes et la plupart volent effectivement ; leur corps est couvert de plus d'un millier de plumes. Comme les mammifères, ils respirent, ont un squelette et le sang chaud ; contrairement à ces derniers, ils pondent des œufs.

PLUME DE JEUNE ÉTOURNEAU

PLUME D'ÉTOURNEAU ADULTE

LES PLUMES
Elles sont légères, robustes et souples. Leur couleur varie souvent entre la jeunesse et l'âge adulte.

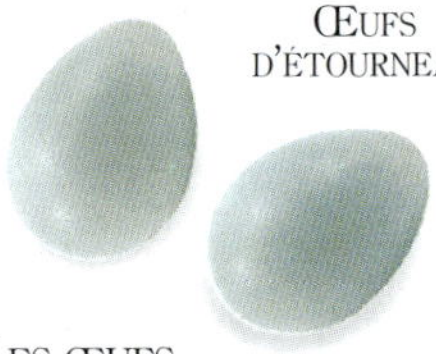

ŒUFS D'ÉTOURNEAU

LES ŒUFS
L'œuf est une capsule de survie qui protège et nourrit l'embryon. Au moment de l'éclosion, le poussin rompt la coquille pour sortir.

ÉTOURNEAU

LE SQUELETTE
Il protège et soutient tissus et organes délicats, comme le cœur et les poumons. Les os sont très légers, certains même sont creux : s'ils ne l'étaient pas, les oiseaux seraient trop lourds pour voler.

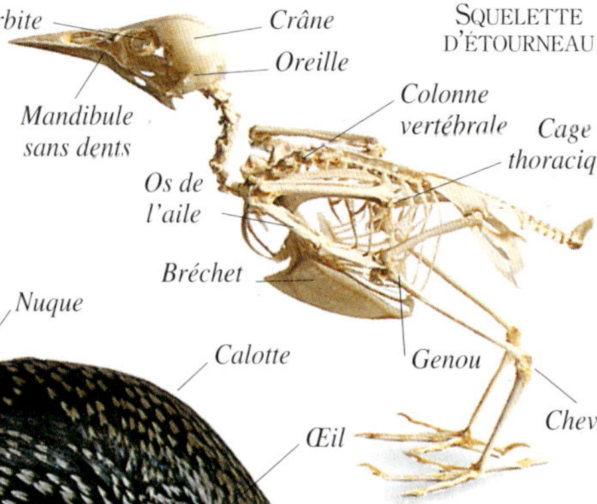

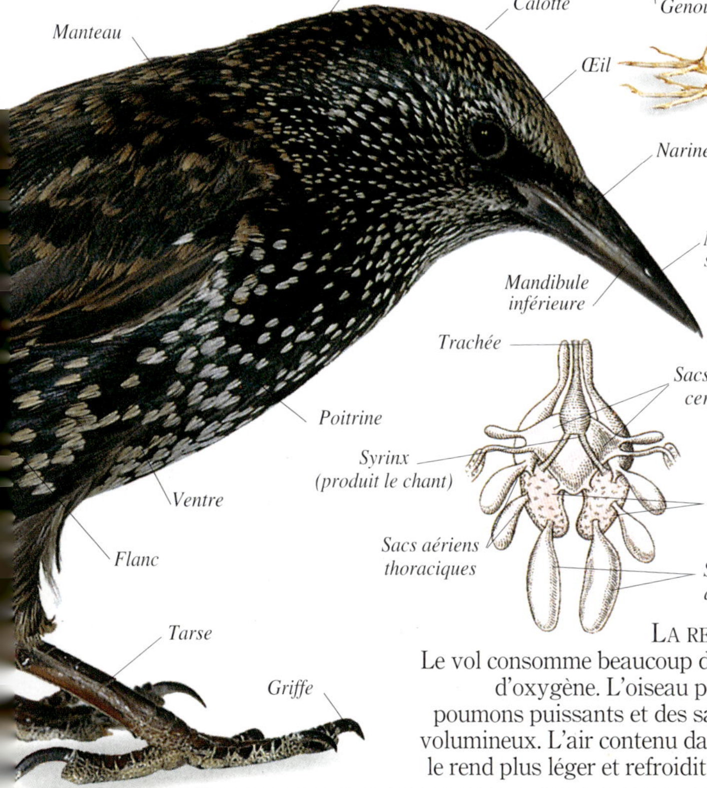

LA RESPIRATION
Le vol consomme beaucoup d'énergie et d'oxygène. L'oiseau possède des poumons puissants et des sacs aériens volumineux. L'air contenu dans les sacs le rend plus léger et refroidit son corps.

UNE GRANDE DIVERSITÉ

Plus de 9 000 espèces d'oiseaux sont connues de nos jours, descendants de petits reptiles arboricoles vivant il y a environ 150 millions d'années. Les écailles se sont transformées en plumes, sauf sur les pattes. On compte aujourd'hui des oiseaux de toutes formes et tailles.

PIGEON

LES PIGEONS
Les pigeons et tourterelles ont une petite tête, un corps trapu couvert de plumes épaisses et douces, un vol puissant. Ils vivent partout dans le monde.

ARCHAEOPTERYX
Le premier oiseau connu vivait il y a environ 150 millions d'années. Son nom, *Archeopteryx,* signifie aile archaïque : il portait des plumes mais planait plus qu'il ne volait.

LE SAVIEZ-VOUS ?

- Les oiseaux pourraient être les descendants des dinosaures.
- *Archaeopteryx* avait des dents.
- Le premier oiseau volant, *Ichthyornis,* ressemblait à une sterne.
- L'oiseau le plus lourd, *Dromornis stirtoni,* pesait quatre fois le poids de l'autruche.

DIAMANTS MANDARINS

LES OISEAUX PERCHEURS
Plus de la moitié des oiseaux vivants aujourd'hui sont des percheurs terrestres qui savent voler et chanter.

LES PERROQUETS
Colorés et bruyants, les perroquets au puissant bec crochu vivent dans les arbres des tropiques.

ARA CHLOROPTÈRE

LES CANARDS
Ces gros oiseaux aquatiques ont un large bec plat. Leurs pattes courtes aux doigts palmés sont situées à l'arrière du corps.

CANARD CAROLIN

MANCHOT ROYAL

LES MANCHOTS
Ces oiseaux marins de l'hémisphère Sud ont des ailes en forme de nageoires qui ne leur permettent pas de voler.

AIGLE ROYAL

LES AIGLES
Ce sont de puissants oiseaux de proie aux ailes larges et arrondies, aux serres robustes et au bec crochu.

MOUETTE RIEUSE

LES MOUETTES
Ces oiseaux de mer trapus au bec lourd ont de longues ailes pointues et des doigts palmés.

LES SENS

Les oiseaux utilisent surtout leur vue et leur ouïe pour trouver leur nourriture, s'accoupler, voler et déjouer les dangers. Leurs gros yeux disposent de peu de place pour bouger dans le crâne, mais la flexibilité du cou, qui permet une rotation complète de la tête, compense ce défaut. Leur odorat est le plus souvent très faible.

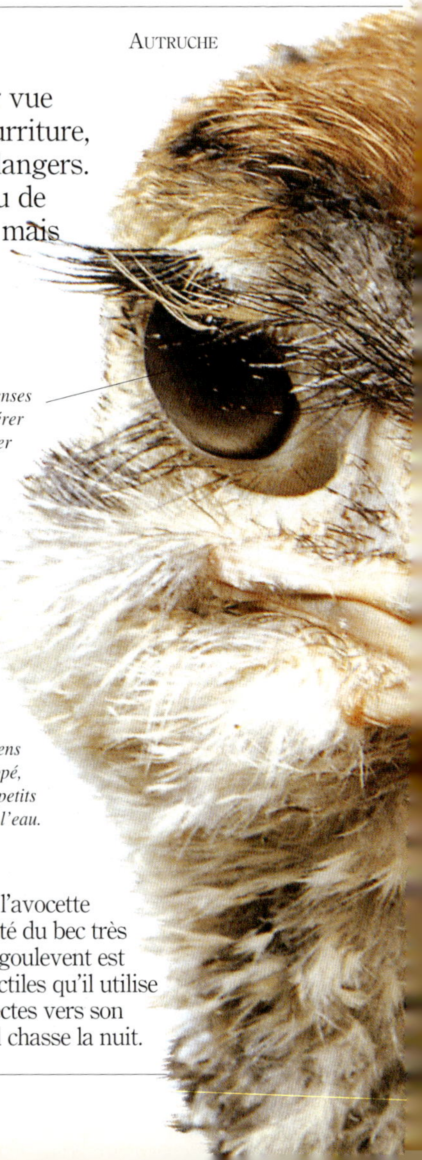

AUTRUCHE

Yeux immenses pour repérer le danger

LA VUE

Les yeux sont souvent aussi gros que le cerveau auquel ils fournissent des informations. Comme nous, les oiseaux voient en couleurs mais leur vue est meilleure que la nôtre.

AVOCETTE ÉLÉGANTE

Grâce à son sens tactile développé, elle attrape des petits invertébrés dans l'eau.

LE TOUCHER

Certains oiseaux comme l'avocette ont la langue et l'extrémité du bec très sensibles. Le bec de l'engoulevent est entouré de vibrisses tactiles qu'il utilise pour guider les insectes vers son large bec lorsqu'il chasse la nuit.

Narines à l'arrière du bec pour respirer et sentir

LA BÉCASSE DES BOIS
Situés de chaque côté de la tête, ses yeux lui procurent un champ de vision panoramique, avec deux angles morts à l'avant et à l'arrière de la tête.

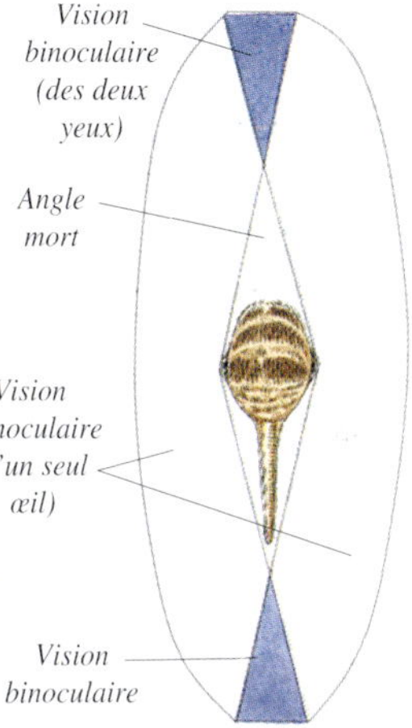

L'OUÏE
Les oiseaux perçoivent des fréquences inaudibles pour l'oreille humaine. Les oreilles sont masquées par les plumes, sur les côtés de la tête. Grâce à leur ouïe fine, certains oiseaux peuvent chasser la nuit.

KIWI AUSTRAL

L'ODORAT
Seuls quelques oiseaux ont l'odorat développé. Le kiwi sent sa nourriture grâce à ses narines situées au bout de son long bec. Les vautours d'Amérique repèrent de loin l'odeur des charognes. Certains oiseaux de mer captent des odeurs portées par le vent.

LES PLUMES

Les oiseaux ont le corps recouvert de plumes, sauf les pattes, plus ou moins dénudées chez la plupart. Essentielles pour l'oiseau, les plumes lui donnent ses formes et ses couleurs et lui permettent de voler. En fait, elles jouent un rôle si important qu'elles doivent être soigneusement entretenues.

Qu'est-ce qu'une plume ?

Les plumes sont de trois types : les plumes du vol, les plumes de couverture et le duvet. Fichées dans l'épiderme de l'oiseau, elles sont issues de petits sacs appelés follicules, comme les poils sur notre peau. Elles se remettent facilement en place grâce à leur structure.

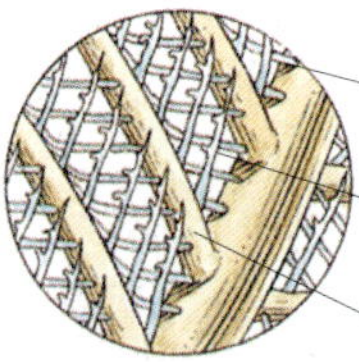

BARBES ET BARBULES
Chaque côté d'une plume est formé de barbes parallèles, maintenues par de minuscules crochets situés sur des milliers de ramifications latérales : les barbules.

RÉMIGE D'ARA

STRUCTURE D'UNE PLUME
La tige centrale (hampe) est bordée de deux surfaces lisses (vexilles) formées par les barbes assemblées. Comme nos cheveux ou nos ongles, les plumes sont constituées de kératine, substance résistante et souple.

LES PLUMES DU VOL

Ce sont les rémiges, sur les ailes, et les rectrices, sur la queue. Elles présentent une surface importante et une forme qui permet à l'oiseau de se propulser, se maintenir et se diriger dans les airs.

RÉMIGE DE PERRUCHE MÉLANURE

Longue tige (hampe)

Tige creuse (rachis)

DUVET DE PAON

Tige courte

LE DUVET

Première couche au dessus de la peau, le duvet a pour fonction de piéger la chaleur. Ses barbes sont longues et douces et les barbules ne sont pas accrochées ensemble, ce qui laisse au duvet sa douceur.

PLUME DE COUVERTURE DE PERROQUET GRIS

Partie interne duveteuse (tient l'oiseau au chaud).

LES PLUMES DE COUVERTURE

Recouvrant le corps, elles se chevauchent comme les tuiles d'un toit et forment un vêtement isolant et imperméable. Leur partie inférieure porte des barbes douces munies de barbules sans crochets.

LE SAVIEZ-VOUS ?

- Les cygnes ont 25 000 plumes, les moineaux 3 500 et les colibris, moins de 1 000.
- Chez le rheinarte d'Annam mâle, les plumes de la queue atteignent 173 cm de long et 13 cm de large.
- Les plumes sont des écailles transformées des ancêtres reptiles.
- Les grèbes mangent leurs plumes pour faciliter la digestion.

La couleur des plumes

La coloration des plumes est due aux pigments chimiques qu'elles contiennent d'une part, à leur structure même et à la façon dont elles reflètent la lumière d'autre part. Les couleurs des oiseaux permettent aux individus d'une même espèce de se reconnaître, d'attirer un partenaire sexuel, de menacer un rival ou de se camoufler.

DES COULEURS CHATOYANTES
Les plumes de paon sont irridescentes et changent de couleur au moindre mouvement sous l'effet combiné des pigments qu'elles renferment et des reflets de la lumière.

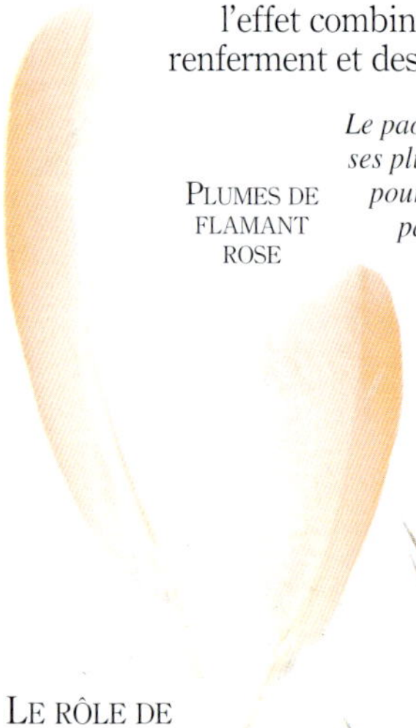

PLUMES DE FLAMANT ROSE

Le paon mâle utilise ses plumes colorées pour séduire sa partenaire.

LE RÔLE DE LA NOURRITURE
La couleur des plumes du flamant rose provient d'un pigment rose contenu dans les crevettes et autres petits animaux qu'il trouve dans l'eau.

PLUMES DE PAON

LE RÔLE DE LA LUMIÈRE
Bleues sur le dessus, brunâtres en dessous : cet effet est dû à la manière dont les plumes d'ara reflètent la lumière.

PLUMES D'ARA

Les oiseaux tropicaux ont souvent un plumage aux couleurs vives.

PLUME DE PERRUCHE

LE RÔLE DES PIGMENTS
Dans cette plume de perruche, la mélanine produit le noir et le brun, tandis que le carotène est responsable du rouge, de l'orange et du jaune.

L'entretien des plumes

Les oiseaux prennent grand soin de leur plumage et passent plusieurs heures par jour à le toiletter. Ils le lissent de leur bec, lui donnent des bains d'eau ou de poussière, répandent dessus une sécrétion huileuse afin de maintenir son imperméabilité.

SERIN DES CANARIES LISSANT SES PLUMES

LE LISSAGE
L'oiseau lisse ses plumes une par une avec son bec. Ce geste remet en place barbes et barbules tout en nettoyant et en défroissant la plume. Le lissage élimine également les parasites qui infestent les plumes.

Pour lisser les plumes de la tête, les oiseaux se servent de leurs pattes.

La sécrétion huileuse utilisée pour le lissage provient d'une glande située à la base de la queue, sur le croupion.

LE BAIN
De nombreux oiseaux, comme cette mésange bleue, se baignent régulièrement dans l'eau. Ils lavent leurs plumes et leur peau avant le lissage. Certains prennent des bains de poussière, peut-être pour éliminer les parasites.

LES PLUMES NOUVELLES
La nouvelle plume est enroulée en cylindre dans un fourreau fin et corné qui s'ouvre et tombe à la fin de son développement : la plume peut alors se dérouler et grandir jusqu'à sa taille définitive.

PLUME DE CRÉCERELLE ADULTE

PLUME DE JEUNE CRÉCERELLE

MUE DE MANCHOTS ROYAUX

LA CROISSANCE DES PLUMES
Au moins une fois par an les oiseaux muent et de nouvelles plumes remplacent les anciennes. La mue leur permet de renouveler leur plumage usé ou abîmé et de changer de couleur en grandissant ou lors des changements de saison.

Les oiseaux et le mouvement

Les oiseaux marchent, courent, sautent ou nagent, et volent bien sûr, grâce à une ossature légère, des muscles puissants et un système respiratoire efficace. Quelqucs espèces, incapables de voler, couren à très grande vitesse.

Le vol

Lorsque l'oiseau bat des ailes, chaque battement vers le bas repousse l'air vers l'arrière et le propulse en avant. Le flux de l'air sur et sous l'aile fait naître la portance, ou force ascensionnelle.

CHOUETTE HULOTTE

LA PORTANCE
Les ailes incurvées permettent à l'oiseau de se propulser et de se diriger dans l'air. La partie interne de l'aile produit la portance tout en restant immobile.

LE DÉCOLLAGE
Un oiseau lourd, comme le cygne, doit courir en battant des ailes pour pouvoir décoller. Les plus petits sautent en l'air en battant des ailes et décollent aisément.

L'atterrissage

Les oiseaux ralentissent, puis se posent doucement, sur le sol, sur un perchoir ou sur l'eau, déployant leurs ailes et leur queue pour freiner. Les plus lourds se mettent face au vent pour ralentir.

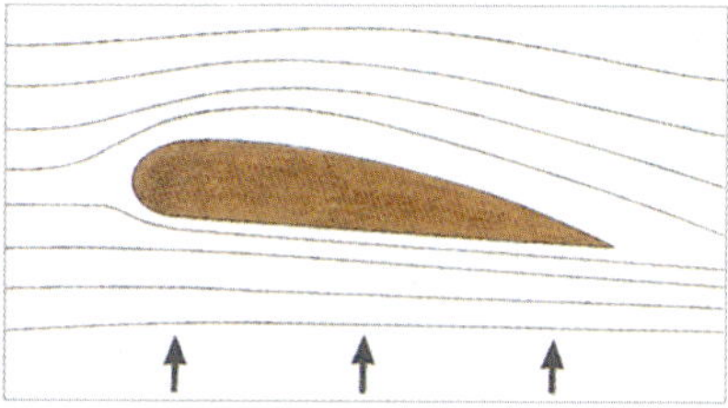

Pattes robustes pour amortir l'atterrissage

Ailes et queue déployées pour accroître la résistance de l'air et freiner

GOBEMOUCHE BLEU

Des ailes incurvées

L'aile a une forme courbe dessus et légèrement creuse dessous. De ce fait, l'air s'écoule plus vite au-dessus, créant une dépression, alors que la pression de l'air en dessous reste la même. La différence de pression produit la portance.

Plumes en forme de doigts prenant appui sur l'air pour se diriger

CYGNE TUBERCULÉ

Cou tendu, pattes rentrées donnent un profil aérodynamique.

Le saviez-vous ?

- Les martinets noirs peuvent rester en vol pendant trois ans sans se poser.
- Certains colibris battent des ailes 90 fois par seconde.
- On a vu des cygnes voler à 8 230 m du sol.
- Le faucon pèlerin atteint 180 km/h quand il s'abat sur une proie.

Les techniques de vol

À chaque mode de vie, une technique de vol différente. Pour économiser de l'énergie, les mouettes et les vautours profitent des vents ascensionnels ; d'autres espèces, plus petites, se laissent glisser entre deux battements d'ailes. Les canards, ainsi que d'autres oiseaux lourds, doivent battre sans cesse des ailes pour se maintenir en l'air. D'autres encore, comme le colibri ou le faucon crécerelle, peuvent voler sur place.

Battement vers le haut : les plumes s'écartent et laissent passer l'air.

LES TRAJECTOIRES
Les oiseaux de petite taille, comme le minla, ont un vol bondissant et ondulant. Les plus gros – grues, canards et oies – ont un vol plus linéaire.

MINLA À QUEUE ROUSSE

Les oiseaux de mer ont des muscles de vol puissants.

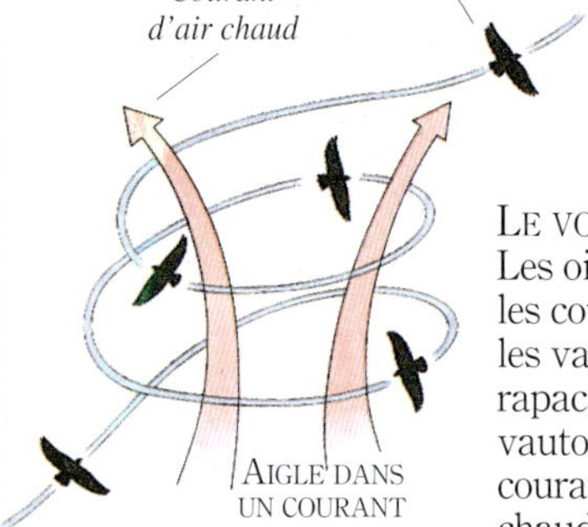

AIGLE DANS UN COURANT ASCENDANT

LE VOL PLANÉ ASCENDANT
Les oiseaux de mer planent sur les courants ascendants créés par les vagues et les falaises. Les grands rapaces, comme les aigles et les vautours, profitent aussi des courants naturels d'air chaud ascendants.

LE VOL STATIONNAIRE
Grâce à un mouvement circulaire de leurs ailes, les colibris volent sur place, réglant leur position par de brefs déplacement verticaux et horizontaux, même en arrière.

COLIBRI

À la différence des autres oiseaux, les colibris ont des ailes rigides, avec une articulation pivotante à l'épaule.

Entre les battements, ailes repliées, l'oiseau glisse et se repose.

Battement vers le bas : les plumes se resserrent pour augmenter la pression.

La queue sert de gouvernail.

GOÉLAND ARGENTÉ

Ailes longues et étroites pour planer

Les plumes collent au corps, lui donnant une forme aérodynamique.

LA FORME DES AILES
La taille et la forme des ailes renseignent sur le mode de vie de l'oiseau et permettent de l'identifier, surtout en plein vol.

Longue et large pour le vol plané – buse et vautour.

Longue et étroite pour glisser – fulmar et albatros.

Large et arrondie pour de brefs vols rapides – faisans.

Étroite et pointue pour le vol rapide et acrobatique – hirondelles et faucons.

CASOAR ET SON PETIT

Les espèces non volantes

Quelques espèces ont abandonné le vol. Certains oiseaux sont même devenus plus habiles à la nage ou à la course : l'autruche, le nandou ou l'émeu courent plus vite que leurs ennemis ou sont assez bien armés pour ne pas avoir besoin de s'envoler pour sauver leur vie. Certaines espèces qui vivent sur des îles retirées ont peu d'ennemis à affronter et pour elles, le vol n'a plus d'utilité.

DÉFENSE

Avec leurs pattes puissantes et leurs griffes acérées comme des poignards, les casoars se défendent très bien sans voler. Ils affrontent même l' homme à coups de pattes.

CORMORAN APTÈRE DES GALAPAGOS

LE SAVIEZ-VOUS ?

- Un chat extermina les troglodytes de l'îlot Stephen un an après leur découverte.
- Les autruches sont sept fois trop lourdes pour voler. Ce sont les oiseaux qui ont les plus grosses pattes.
- Le râle atlantis est le plus petit des oiseaux non volants. Il a la taille d'un poulet.

LES AILES

Les ailes des oiseaux non volants sont généralement petites et trop faibles pour voler. Le cormoran aptère utilise les siennes comme balancier.

LES OISEAUX EN DANGER

Certains oiseaux trop lourds pour voler, comme le kakapo, ou perroquet-hibou, sont menacés par l'homme qui a introduit des chats et des rats sur les îles où ils vivent.

KAKAPO

Champions de course

Courir pour échapper au danger est aussi efficace que voler. Les nandous courent plus vite qu'un cheval, atteignant 50 km/h, et sont aussi de bons nageurs. Ce sont des habitants de la prairie comme l'autruche et l'émeu mais, pour eux, la pampa sud-américaine remplace les savanes d'Afrique ou d'Australie.

NANDOU D'AMÉRIQUE

Long cou pour voir au-dessus des hautes herbes

Les ailes duveteuses servent à séduire, pas à voler.

Puissants muscles des pattes

Trois doigts robustes pour se défendre et courir vite

MANCHOT DE HUMBOLDT

Champions de natation

La morphologie très particulière des manchots s'est adaptée à leur mode de vie aquatique. Leurs ailes leur servent de nageoires, leurs pattes et leur queue, de gouvernail.

PATTES ET DOIGTS

Les oiseaux utilisent leurs pattes pour lisser leurs plumes et pour se déplacer. La taille et la forme des pattes dépendent de leur mode de vie.

SERRES DE CHOUETTE HULOTTE

LES SERRES

Pour attraper et transporter leurs proies, les rapaces ont des griffes recourbées puissantes et acérées, appelées serres.

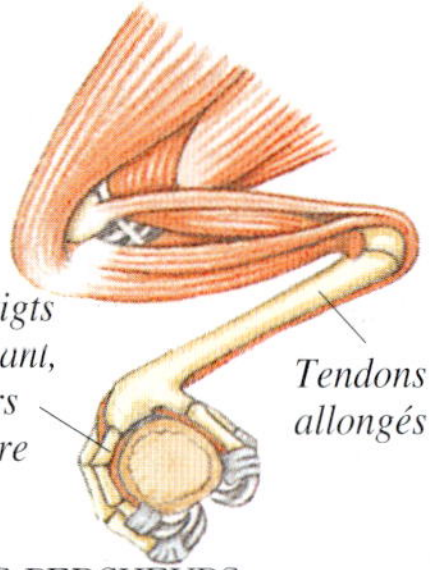

LES PERCHEURS

Les oiseaux percheurs peuvent dormir sur une branche sans tomber. Les tendons de la jambe se raidissent et les doigts se verrouillent autour du perchoir.

DOIGTS DE FOULQUE

DOIGTS LOBÉS

Certains oiseaux aquatiques ont des lobes de peau sur chaque doigt pour nager et ne pas s'enfoncer dans la boue.

JACANA NOIR

LONGS DOIGTS

Les jacanas ont de longs doigts fins qui répartissent leur poids sur une large surface et leur permettent de «trotter» sur les feuilles de nénuphar des étangs et des lacs qu'ils habitent

LA VITESSE
Les autruches ont de longues pattes à deux doigts puissants (les autres oiseaux ont trois ou quatre doigts), et peuvent atteindre 70 km/h.

LES PATTES PALMÉES
Les oiseaux aquatiques, comme le canard, l'oie ou le flamant, ont une palmure entre les doigts. Cette palmure fait office de pagaie dans l'eau et les empêche de s'enliser dans les terrains vaseux.

AMAZONE À FRONT BLEU

Deux doigts vers l'avant, deux vers l'arrière

DOIGTS À POIGNE
Les deux doigts externes du perroquet pointent vers l'arrière, les deux doigts internes vers l'avant, lui assurant une prise solide pour grimper aux arbres ou porter la nourriture à son bec.

PATTES DE FLAMANT

SOUIMANGA À COLLIER ASPIRANT DU NECTAR

L'ALIMENTATION

Qu'il s'agisse de picorer baies, noix et graines, de chasser, de pêcher, voire de voler la nourriture à leurs congénères, se nourrir reste la principale occupation des oiseaux. Ils se servent de leurs yeux et de leurs oreilles pour repérer proies et nourriture, de leur bec et de leurs griffes pour l'attraper.

La chasse et la pêche

Les oiseaux carnivores s'attaquent plutôt à de faibles proies. Ils s'embusquent pour guetter leur victime ou la pourchassent dans les airs ou dans l'eau. Quelques-uns seulement, comme les chouettes et hiboux, chassent la nuit.

PÉLICAN BLANC

Le bec du pélican peut contenir plus de nourriture que son estomac.

AIGLE ROYAL

LES OISEAUX DE PROIE
Comme beaucoup de rapaces, l'aigle royal s'élève très haut dans les airs, puis il fond sur sa proie et la saisit entre ses serres pointues. Cependant, neuf attaques sur dix sont infructueuses et la proie réussit à s'échapper.

Le coup du parapluie

Certains ont mis au point une technique efficace pour pêcher : l'aigrette ardoisée obscurcit l'eau de ses ailes, ce qui supprime les reflets et lui permet de mieux voir les poissons.

La chasse aux serpents

Le secrétaire des serpents cherche ses proies en marchant. Les écailles dures qui recouvrent ses pattes le protègent de la morsure des serpents. Il cloue ses proies au sol avec ses griffes pointues.

Secrétaires des serpents

Les pélicans blancs mangent environ 1,2 kg de poisson par jour.

Bec acéré pour déchiqueter la nourriture

Vautour percnoptère

La pêche en groupe

Les pélicans blancs pêchent en groupe. Ils forment un cercle dans l'eau, lèvent leurs ailes et plongent leur bec pour rabattre les poissons au milieu du cercle. Ils n'ont plus alors qu'à les attraper.

L'utilisation d'outils

Peu d'oiseaux savent s'aider d'outils : le vautour percnoptère jette des pierres sur les œufs d'autruche pour briser les coquilles épaisses.

Que mangent-ils ?

EURYCÈRE DE PRÉVOST

Les oiseaux absorbent de grandes quantités de nourriture. Ils y trouvent l'énergie nécessaire pour voler, se réchauffer, construire leur nid et pondre des œufs. Certains sélectionnent leur nourriture, d'autres, comme l'étourneau, la corneille ou le geai mangent de tout. Les vautours se nourrissent de carcasses et de charognes d'animaux.

ANIMAUX MARINS MICROSCOPIQUES
Une goutte d'eau de mer grouille de minuscules algues comme les diatomées et d'animaux comme les larves de crabes. Ce plancton est essentiel dans l'alimentation des oiseaux marins.

GLANDS

GRAINES

FRAMBOISES

FLEUR D'HIBISCUS

FLEURS, FRUITS ET GRAINES
Le nectar sucré produit par les fleurs est très énergétique pour des oiseaux comme les colibris. Les oiseaux aiment les fruits et les graines qui se développent après la pollinisation de la fleur.

HERBE

FEUILLE DE CHOU

CONIFÈRE

HERBE ET FEUILLES
Certains oiseaux – oies, canards, etc. – mangent de l'herbe et des feuilles. Cette nourriture étant pauvre et indigeste, ils doivent en manger beaucoup pour satisfaire leurs besoin

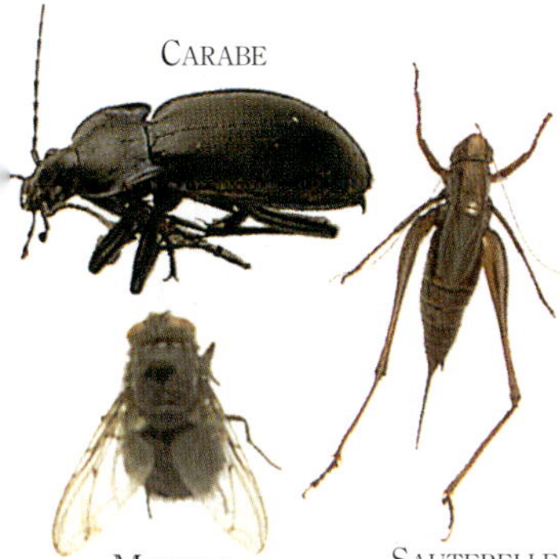

INSECTES

Nourriture vitale pour les jeunes oiseaux, les insectes sont plus abondants quand il fait chaud. Les chenilles et les larves survivent au froid, cachées sous la terre ou l'écorce.

INVERTÉBRÉS

Au bord de la mer, où les insectes sont rares, les oiseaux se nourrissent de crabes et de crustacés. Les oiseaux des jardins et des bois, comme la grive, consomment des vers de terre.

VERTÉBRÉS

Les oiseaux qui se nourrissent de vertébrés doivent lutter pour survivre. Les animaux qu'ils chassent font tout pour leur échapper en courant, nageant ou rampant, et y parviennent souvent.

ŒUFS ET OISILLONS

Certains oiseaux mangent les œufs des autres oiseaux et leurs oisillons sans défense. Les labbes s'abattent sur les petits macareux et manchots. La pie prend souvent œufs et oisillons au nid.

Des becs outils

L'oiseau a grand besoin de son bec : pour manger, lisser ses plumes, construire son nid, ou même grimper aux arbres comme les perroquets. La taille et la forme du bec changent selon le type de nourriture et l'endroit où l'oiseau se la procure.

AMAZONE À TÊTE JAUNE

LES FRUGIVORES
Les perroquets ont un bec polyvalent. Le crochet à l'extrémité extrait la pulpe des fruits tandis que la base du bec fait office de casse-noix pour briser les coques. Ces oiseaux tiennent la nourriture avec leurs pattes.

FLAMANT ROSE

Le flamant rose renverse son bec dans l'eau peu profonde.

LES FILTREURS
Le flamant rose a un bec très spécial. Pour attraper les minuscules créatures qui grouillent dans l'eau, il crée une aspiration par des mouvements de la mandibule inférieure et la langue. La mandibule supérieure, à bords frangés, retient les animalcules.

GUÊPIER À GORGE BLANCHE

Les guêpiers heurtent les insectes piqueurs contre une branche pour se débarrasser du dard.

LES INSECTIVORES
Les oiseaux à bec fin et pointu dénichent les insectes sous les pierres et les écorces. Ceux qui ont un large bec béant les attrapent en plein vol.

Bihoreau gris

Diamant de Gould

Les piscivores

Le long bec effilé caractérise les mangeurs de poisson (héron). D'autres ont un bec crochu pour déchiqueter le poisson (cormoran).

Les granivores

Pour ouvrir les graines, les fringillidés ont des becs en forme de pyramide. Celui du gros-bec casse-noyaux est si puissant qu'il peut briser un noyau de cerise.

Souimanga à poitrine rouge

Aigle royal

Les nectarivores

Un cinquième des oiseaux se nourrit de nectar. Les souimangas et les colibris plongent dans la fleur leur bec fin comme une aiguille et aspirent le nectar sucré.

Les carnivores

Appelés oiseaux de proie, ou rapaces, ils comprennent aigles, chouettes et hiboux, et faucons. Ils dépècent leurs proies avec leur bec. Les chouettes et les hiboux avalent tout rond les petits rongeurs.

LA PARADE NUPTIALE

Avant l'accouplement, les mâles font la cour aux femelles. Pour la saison des amours, certains oiseaux revêtent un plumage plus coloré. Les mâles chantent, se pavanent et exhibent leur talent de constructeur de nid ou de chasseur.

GARRULAXE À GORGE JAUNE

Le garrulaxe émet des gloussements bruyants.

LE TERRITOIRE
Pour nicher, les oiseaux choisissent des territoires offrant assez de nourriture pour leurs petits. Les mâles chantent pour attirer les femelles sur leur territoire et en éloigner les rivaux.

MÂLES ET FEMELLES
Au sein d'une même espèce, les mâles sont souvent plus colorés que les femelles, dont le plumage terne leur sert de camouflage.

VEUVE DOMINICAINE MÂLE

Plumes de la queue utilisées dans les vols de parade

Plumage plus terne, queue plus courte

VEUVE DOMINICAINE FEMELLE

EXHIBITIONS

Le paon déploie ses longues plumes caudales colorées en un éventail chatoyant pour séduire la femelle : on dit qu'il fait la roue. Ces plumes de la queue tombent après la saison des amours.

GRUES DU JAPON

DANSES RITUELLES

Certains oiseaux dansent ensemble avant de s'accoupler. Les couples de grues sautent dans les airs, les grèbes huppés dansent en hochant la tête.

LES NIDS ET LES ŒUFS

Tous les oiseaux pondent des œufs ; la plupart savent d'instinct construire des nids pour abriter et protéger leurs petits. Les femelles font le plus gros du travail. Les nids varient de la simple forme de coupe à des constructions très élaborées.

NICHOIR

Construire un nid

Des centaines de voyages sont nécessaires pour rapporter au nid tous les matériaux qui doivent en assurer la solidité et la chaleur. Les nichoirs incitent les oiseaux à nicher dans les jardins ou les bois dont les arbres ont peu de trous naturels.

NID DE BERGERONNETTE

UN NID DE GALETS
L'huîtrier-pie pond ses œufs dans un creux sur le rivage. Les œufs se confondent avec les galets.

LES BRINDILLES
La plupart des oiseaux des bois ou des haies utilisent des brindilles pour construire l'armature de leurs nids.

LES PLUMES
Des centaines de plumes tapissent le nid de la mésange à longue queue pour l'isoler du froid.

Pour obtenir la forme d'une coupe, l'oiseau construit son nid en décrivant des cercles.

L'HERBE
Les brins d'herbe sont souples et permettent de tisser des nids de toutes les formes.

LA MOUSSE
Elle évite les déperditions de chaleur et maintient au chaud les œufs et les oisillons.

LA FICELLE
Les oiseaux collectent parfois des matériaux fabriqués par l'homme. On trouve des bouts de ficelle dans de nombreux nids.

LA BOUE
Certains nids sont faits de boue mélangée à de la salive et des fientes qui, en séchant, forment un robuste mortier.

LES NIDS DE BOUE
Les hirondelles ramassent la boue avec leur bec et la cimentent avec leur salive pour construire le nid.

Les pics ont un bec comme un ciseau à bois.

AU CREUX DES ARBRES
Le pic creuse un trou dans un arbre pourri avec son bec puissant. D'autres utilisent des trous déjà existants et les tapissent d'herbes ou de plumes.

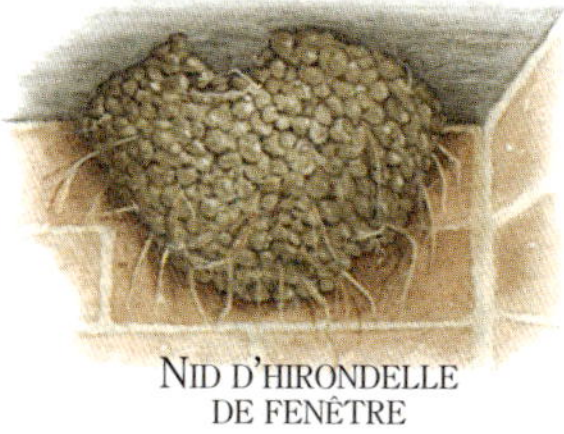

NID D'HIRONDELLE DE FENÊTRE

Des nids insolites

Nids tissés en forme de bourses, coupes de boue et de salive, tas de compost : certains nids sont insolites et très élaborés, et font preuve de techniques très maîtrisées. Ils ont parfois des formes étranges comme celui du tisserin, en forme de trompette.

NID DE MÉSANGE RÉMIZ

Fausse entrée

NID EN FORME DE BOURSE
La mésange rémiz tisse son nid suspendu avec de l'herbe, des feuilles et de la mousse. Une fausse entrée mène à une chambre vide.

Panier solide et léger

NID TISSÉ
Le tisserin d'Afrique occidentale tisse son nid avec des brins d'herbe. L'entrée en entonnoir empêche serpents et autres prédateurs d'entrer.

NID DE TISSERIN

UNE VRAIE CHAUMIÈRE
Chaque colonie de tisserins d'Afrique du Sud construit une énorme «meule de foin» haute de 4 m et large de 7,20 m. 300 couples peuvent alors abriter leur nid sous ce toit de chaume.

Le saviez-vous ?

- Le plus gros nid connu, celui d'un aigle chauve : 2,90 m de diamètre, 6 m de haut.
- Grand comme un dé à coudre, c'est le nid du colibri d'Hélène.
- Le nid du léipoa ocellé est un tas de végétaux en décomposition.
- Le nid de l'ombrette africaine peut être constitué de plus de 10 000 brindilles .

Un nid-panier
La rousserolle effarvatte attache son nid aux roseaux. Il est fait d'herbe, de fibres de roseau et de plumes.

Nid d'oiseau tailleur à longue queue

Le nid fixé ne peut pas s'envoler.

Nid de rousserolle effarvate

Un bon couturier
L'oiseau tailleur coud une poche de feuille pour soutenir son nid. Son bec pointu perce le bord des feuilles et, pour les assembler, passe dans les trous des fils d'araignée ou des soies de plantes ou d'insectes.

Nid du loriot d'Amérique

Nid de ficelle
Les oiseaux qui nichent près des hommes utilisent des matériaux artificiels. Le loriot d'Amérique construit son nid en forme de sac et l'attache à une branche avec des bouts de ficelle.

Des œufs divers

Les oiseaux seraient trop lourds pour voler s'ils devaient porter leurs petits dans leur ventre. Alors ils pondent des œufs, certains une unique mais nombreuse couvée dans la saison, d'autres plusieurs petites couvées, avec parfois une couvée supplémentaire si la nourriture est abondante. Il n'existe pas deux œufs identiques. La couleur et la forme dépendent du lieu de la ponte et du camouflage nécessaire.

COUPE D'UN ŒUF DE POULE

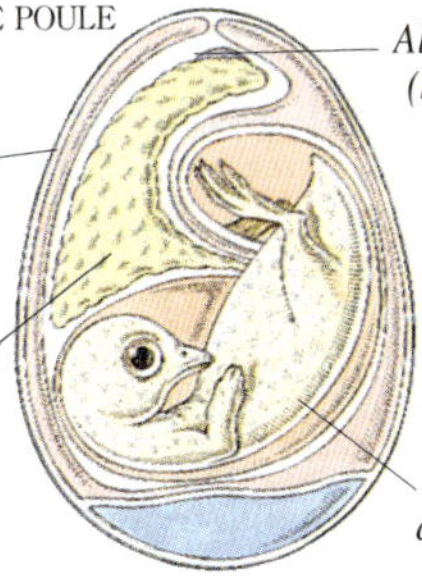

À L'INTÉRIEUR
L'œuf fécondé contient un poussin en cours de développement et des réserves de nourriture et d'air. Les pores de la coquille laissent pénétrer l'air extérieur. Le blanc apporte protéines, eau et vitamines

ŒUF D'EFFRAIE DES CLOCHERS

ŒUF DE COURLIS

LE SAVIEZ-VOUS ?

- Un œuf d'autruche est 24 fois plus gros qu'un œuf de poule.
- Les coucous pondent en quelques secondes, d'autres en une à trois minutes.
- Près de 80 espèces pondent dans le nid d'autres espèces.
- La perdrix grise pond la plus grande couvée : 16 œufs.
- Un petit œuf peut éclore en moins d'une heure.

LES ŒUFS BLANCS
Les chouettes ou les martins-pêcheurs pondent leurs œufs blancs au fond de trous : ils n'ont pas besoins d'être camouflés.

LES ŒUFS TACHETÉS
Quand les oiseaux pondent à découvert, les œufs sont tachetés. Ce camouflage protège les couvées des ennemis.

ŒUF DE COUVÉE DE COULEUR CLAIRE

ŒUF DE COUVÉE MOUCHETÉE

ŒUF DE COUVÉE FONCÉE

SUPERCHERIE
Les coucous pondent dans le nid des autres (accenteur mouchet, rouge gorge, pipit farlouse, troglodyte, etc.). Leur oeuf se confond avec ceux des parents adoptifs qui élèvent l'oisillon comme leur propre petit.

LA COULEUR DE LA COUVÉE
Ces trois œufs ont été pondus par la même bécassine, mais en différentes couvées. Les œufs d'une même couvée sont généralement de la même couleur.

ŒUF DE COUCOU

ŒUFS DE ROUGEGORGE

ŒUF DE GUILLEMOT

DES GRANDS ET DES PETITS
L'œuf d'autruche, le plus gros de tous, est grand comme une main et pèse environ 1,7 kg. Les œufs de colibris sont gros comme des petits pois.

ŒUFS DE COLIBRIS

DES MOTIFS VARIÉS
Ces motifs aident peut-être les parents guillemots de Troïl a reconnaître leurs œufs. La forme de poire empêche l'œuf de rouler hors de la corniche rocheuse.

ŒUF D'AUTRUCHE

NAISSANCE ET CROISSANCE

Les parents s'assoient sur leurs œufs pour les maintenir au chaud afin que les petits se développent normalement : c'est la couvaison. Après l'éclosion, les parents font des prouesses pour nourrir leurs petits et les protéger, les garder propres et au chaud.

Le poussin fait d'abord un trou dans la coquille.

De l'œuf au poussin

Des parties de peau sans plumes sur le ventre de l'oiseau, les plaques d'incubation, laissent passer la chaleur du corps pendant la couvaison. Les petites espèces couvent environ 2 semaines, les aigles, 6 ou 7 semaines, et les albatros, jusqu'à 11 semaines.

CYGNE TUBERCULÉ COUVANT SES ŒUFS

La fissure s'étend autour de l'œuf.

L'ÉCLOSION

Pour casser sa coquille, le poussin la fendille avec la «dent de l'œuf» pointue située sur le dessus du bec. Celle-ci disparaît peu de temps après l'éclosion. Les œufs d'une même couvée peuvent éclore en même temps ou à quelques jours d'intervalle.

Le poussin pousse pour élargir la fissure.

NID DE MÉSANGE BLEUE

DES NOUVEAU-NÉS SANS DÉFENSE
Ceux qui naissent sans plumes, aveugles et faibles sont des nidicoles. Ils grandissent vite et mangent chaque jour l'équivalent de leur poids.

DES NOUVEAU-NÉS INDÉPENDANTS
Ceux qui naissent avec des plumes, voient clair et suivent leurs parents dès la naissance sont des nidifuges. C'est le cas des canards, des oies et des cailles.

Mouillé et ébouriffé, il s'extirpe de l'œuf.

Duvet sec

ÉCLOSION D'UN ŒUF DE CAILLE

La croissance

Pendant quelques semaines, les oisillons dépendent des parents qui leur apportent protection, nourriture et chaleur dans le nid. Chez les espèces de petite taille, les parents peuvent faire des centaines d'allées et venues par jour, les plus gros n'en font que deux ou trois. Les espèces nidicoles grandissent plus vite que les nidifuges.

AIGLE ET SES PETITS

POULE ET SES POUSSINS

LES OISEAUX DE PROIE
Les aigles et autres rapaces déchiquettent la nourriture pour leurs oisillons. En grandissant, les petits apprennent à le faire eux-mêmes.

LES NIDIFUGES
Les petits de la poule, du canard et de l'oie sont très vite capables de se nourrir seuls. Au début, ils picorent n'importe quoi puis apprennent à choisir comme leurs parents.

GOÉLAND ARGENTÉ

UNE TACHE ROUGE
Le goéland argenté adulte porte sur le côté du bec une tache rouge : le petit y donne des coups de bec pour lui faire régurgiter la nourriture avalée en mer et transportée ainsi sur de longues distances.

Crèche de jeunes
manchots royaux

Les jeunes manchots se blottissent les uns contre les autres pour se tenir chaud et se protéger quand les parents sont absents.

L'union fait la force
Les jeunes manchots ne peuvent pas aller dans l'eau tant qu'ils n'ont pas leurs plumes adultes imperméables. Les parents les laissent sur le rivage et vont se ravitailler en mer. À leur retour, ils régurgitent le poisson prédigéré pour nourrir les petits ; il peut se passer des jours, voire des semaines, entre deux repas.

Jeune
étourneau

Jeune étourneau s'essayant maladroitement à son premier vol

Le premier vol
Il faut vite savoir voler pour échapper aux dangers. Les bébés battent déjà des ailes dans le nid pour préparer leurs muscles. Les premiers vols et atterrissages sont périlleux : il arrive que les petits s'écrasent au sol.

LES MIGRATIONS

La moitié des oiseaux du monde migrent pour fuir le mauvais temps et trouver ailleurs leur nourriture, puis pour revenir nicher. Ils naviguent d'instinct, guidés par le soleil, la lune, les étoiles et le champ magnétique terrestre. Les migrations sont dangereuses et épuisantes. Les petites espèces doublent leur poids, pour constituer une réserve d'énergie en prévision du voyage.

BERNACHE À COU ROUX

PARTIR
Les bernaches comptent parmi les nombreuses espèces qui migrent vers la toundra pour nicher pendant le bref été arctique.

LA ROUTE DES MIGRATIONS

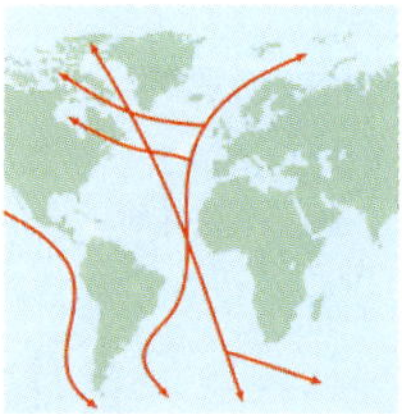

LA STERNE ARCTIQUE
Le champion des migrateurs : chaque année, elle fait l'aller-retour entre Arctique et Antarctique pour passer l'été dans ces deux régions polaires.

LE PLUVIER DORÉ AMÉRICAIN
Il élève ses petits au nord du Canada et vole vers les pampas d'Argentine en hiver : c'est la plus longue distance parcourue par un oiseau terrestre.

FORMATION EN V

La formation en V aide les oiseaux à économiser de l'énergie pendant un long voyage. Chacun vole dans le sillage de celui qui le précède, où la résistance de l'air est moindre. Quand l'oiseau de tête est fatigué un autre prend la relève.

MIGRATION DE L'OIE DES NEIGES

L'oie des neiges élève ses petits dans la toundra arctique et migre vers le golfe du Mexique pour l'hiver.

LE SAVIEZ-VOUS ?

- Le pluvier doré américain est le plus rapide des migrateurs : 3 300 km en 35 heures.
- Le colibri à gorge rubis parcourt 3 200 km à travers le continent américain.
- La plupart des oiseaux migrateurs volent à moins de 90 m d'altitude.

MIGRATION EN MONTAGNE

Certains oiseaux parcourent de courtes distances. Le lophophore resplendissant migre du sommet au pied de l'Himalaya, descendant en hiver vers les pentes plus chaudes.

LOPHOPHORES RESPLENDISSANTS

LE PUFFIN À BEC GRÊLE

Entre deux périodes de reproduction au large des côtes sud-australiennes, ce puffin migre vers le Pacifique Nord en décrivant un huit.

LA FAUVETTE GRISETTE

Cette petite fauvette se reproduit en Europe au printemps et en été, puis migre en Afrique, au sud du désert du Sahara, pour l'hiver.

OÙ VIVENT LES OISEAUX ?

Sur tous les continents, les oiseaux se sont adaptés aux milieux où ils vivent, des villes surpeuplées aux solitudes polaires. Leur habitat dépend de leur régime et de la compétition alimentaires, des possibilités de nidification et des prédateurs. Partout dans le monde, l'activité de l'homme a mis en péril des populations d'oiseaux.

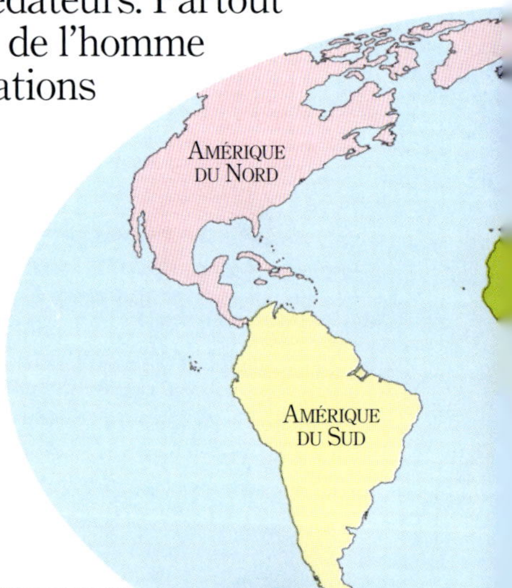

MERS ET LITTORAUX
Ce sont de vastes garde-mangers pour de nombreuses espèces qui nichent sur les rivages de tous les continents.

DÉSERTS ET PRAIRIES
Ce type d'habitat sec et chaud est peu hospitalier pour les oiseaux. La nourriture et l'eau y sont difficiles à trouver.

RÉGIONS POLAIRES ET TOUNDRA
L'Antarctique, l'Arctique et la toundra sont des régions froides balayées par les vents. Les oiseaux s'y reproduisent en été.

RIVIÈRES, LACS ET MARÉCAGES
L'eau des rivières et des lacs est douce, celle des marais et des marécages, douce ou salée.

BOIS ET FORÊTS
Les conifères et les feuillus poussent sous des climats tempérés où il peut pleuvoir toute l'année.

VILLES ET MILIEUX AGRICOLES
Dans le voisinage de l'homme la nourriture est plus abondante et le climat moins rigoureux.

MONTAGNES ET LANDES
Ces régions fraîches et humides en altitude offrent des habitats très divers.

FORÊTS TROPICALES
Milieu chaud et humide, près de l'Équateur, sur le continent américain, en Afrique, en Asie du Sud-Est et dans le Nord-Est australien, propice aux oiseaux.

AUPRÈS DE L'HOMME

Les oiseaux ont appris à vivre au contact de l'homme et consomment la nourriture et les déchets que nous produisons, mais aussi les plantes, les insectes et les récoltes qui nous entourent. Maisons, parcs, terrains vagues, champs, vergers et haies sont autant de places pour nicher.

FAUCON CRÉCERELLE

LES RAPACES

Les oiseaux de proie fuient l'homme, mais le faucon crécerelle et l'épervier s'approchent des routes et des parcs pour chasser.

LES OISEAUX CITADINS

Certains migrateurs, comme les oies, survolent les villes, se reposent et se nourrissent dans les parcs. Les étourneaux perchent la nuit en ville parce qu'il y fait plus chaud qu'à la campagne.

LE SAVIEZ-VOUS ?

- La nuit, la température en ville dépasse de 5 °C celle de la campagne.
- Certains dortoirs d'étourneaux en ville comptent plus d'un million d'oiseaux.
- Un seul oiseau sur dix capturés arrive vivant en animalerie.
- Le travailleur à bec rouge d'Afrique est le pire ennemi des récoltes.

PERRUCHE ONDULÉE

LES OISEAUX EN CAGE

Les oiseaux en cage sont très appréciés, pour leur compagnie, leurs couleurs et leurs chants : perruches, canaris, perroquets. Les éleveurs cherchent à obtenir des couleurs qui n'existent pas dans la nature.

HIRONDELLE RUSTIQUE NOURRISSANT SES PETITS

NIDS CITADINS
Fenêtres, greniers, granges ou cheminées conviennent aux oiseaux habitués à nicher dans les falaises, les flancs de coteaux rocheux ou les arbres. Les hirondelles ont quitté leurs grottes pour nicher dans les maisons.

GRIVE MUSICIENNE

DANS LES HAIES
De nombreux oiseaux, comme la grive musicienne, nichent, se perchent et nourrissent leur famille dans les haies qui sont de précieux refuges au milieu des champs et des prés.

NID DE GRIVE MUSICIENNE

LES MAISONS ET LES RUES

De nombreux oiseaux ont perdu leur peur naturelle de l'homme et vivent dans nos villes malgré le bruit et la pollution. Ces oiseaux citadins ont changé leurs habitudes et profitent de nos restes de nourriture, de l'habitat artificiel et du climat adouci que nous créons.

LE MOINEAU DOMESTIQUE

En suivant l'homme de pays en pays, le téméraire moineau domestique s'est répandu de l'Europe à l'Asie sur environ deux tiers de la surface du globe. Il niche dans les maisons, tout près des hommes.

Le mâle a une calotte grise et une bavette noire.

Le moineau domestique est sociable et intelligent.

LES OISEAUX EN DANGER

Des milliers d'oiseaux sont capturés chaque année, ce qui décime des populations comme celles des perroquets.

LES CIGOGNES BLANCHES

On dit en Europe qu'elles portent bonheur et les gens leur construisent des plates-formes pour les inciter à nicher sur leurs toits.

Huppe noire et tache rouge sous l'œil

Il aime se percher sur une haute branche et chanter.

LE CORBEAU INDIEN
Agressif, toujours prêt à se saisir d'un morceau de choix, il vit en bandes bruyantes près des villes grouillantes et des petits villages de l'Inde et d'autres régions d'Asie.

LE BULBUL ORPHÉE
Cet oiseau curieux n'a pas peur de l'homme et vit autour des villages d'Asie. Son chant agréable et varié en fait un animal de compagnie recherché.

Les pigeons sont assez apprivoisés pour manger dans la main.

LES PIGEONS
Ceux de nos villes descendent des pigeons bisets sauvages que l'homme éleva dès les origines pour sa consommation. Les pigeons ont une poche stomacale à la paroi épaisse et musclée, le gésier, pour broyer les graines.

Les pigeons des villes voyagent même par le métro.

LES PARCS ET LES JARDINS

Arbres, massifs de fleurs, pelouses épaisses ou bassins sont autant d'habitats possibles pour les oiseaux, où les hommes disposent de la nourriture, des baignoires et des nichoirs. Malheureusement, des animaux comme les chats domestiques les capturent souvent et les tuent.

LA PIE BAVARDE
Peu farouche, la pie s'installe dans les jardins citadins Elle a une alimentation variée : insectes, petits rongeurs mais aussi œufs et oisillons qu'elle vole dans le nid des autres oiseaux.

LE ROUGE-GORGE
C'est un oiseau agressif. Le mâle élit domicile dans un jardin et chante fort pour éloigner les rivaux. En hiver, mâle et femelle défendent leur territoire de chasse.

Les mésanges bleues sont de vraies acrobates.

LA MÉSANGE BLEUE

Ces oiseaux vifs et effrontés viennent dans les jardins en hiver se nourrir de noix, de graines et de déchets domestiques. Ils utilisent sans difficulté les mangeoires que l'on garnit à leur intention, ainsi que les nichoirs.

LES OISEAUX AQUATIQUES DES PARCS

Sur les lacs artificiels, les oies, canards et grèbes trouvent nourriture, abris et emplacements pour faire leurs nids. Les îles au milieu des lacs sont des endroits sûrs pour nicher.

Bec conique caractéristique des granivores

LE CARDINAL ROUGE

Visiteurs assidus des mangeoires des jardins d'Amérique du Nord, ces oiseaux se déplacent en couple ou en famille et se nourrissent des graines déposées pour eux.

LE SPRÉO SUPERBE

Totalement habitué à l'homme, c'est un familier des pelouses, des terrains de camping et des hôtels de l'Est africain. Il picore sa nourriture sur le sol : graines, fruits et insectes.

Les champs et les haies

Au cours du temps, les terres cultivées ont remplacé des régions boisées, des prairies et des marais, et les oiseaux se sont adaptés à ce nouvel habitat. Ils se nourrissent dans les récoltes et nichent dans les pâturages, les haies, les vergers et les fermes. Mais leur nombre diminue avec la raréfaction des haies et l'emploi des pesticides.

LE CHARDONNERET
Les chardonnerets viennent en bandes se nourrir de graines en bordure des champs. Ils sont si légers qu'ils peuvent se poser sur les chardons pour en manger les fruits.

DERRIÈRE LA CHARRUE
Des nuées d'oiseaux, comme les mouettes rieuses, suivent les tracteurs qui, en retournant la terre, déterrent insectes, vers de terre et autres invertébrés.

Mouettes suivant un tracteur

LA HUPPE FASCIÉE
Sous les oliviers méditerranéens, l'herbe grouille d'insectes et de petits invertébrés. Avec leur long bec recourbé, les huppes fasciées sondent le sol à leur recherche.

LE FAISAN COMMUN
La poule faisane peut nicher dans les haies : elle creuse légèrement le sol pour y pondre ses œufs. Les faisans parcourent les terres cultivées, se nourrissant de graines, de baies et d'insectes.

Les poussins se camouflent facilement, comme leur mère.

L'ACCENTEUR MOUCHET
Parfois appelé moineau des haies, il ne lui est pas pourtant pas apparenté. Il construit dans les haies son nid en forme de coupe.

La tête et le dessous du corps gris différencient l'accenteur mouchet du moineau.

LE MILIEU FORESTIER

Les bois et les forêts offrent aux oiseaux une profusion de nourriture et de lieux où nicher. Les forêts feuillues, composées d'arbres à feuilles caduques, ainsi que les forêts d'eucalyptus en Australie, attirent davantage d'espèces que les sombres forêts de conifères car elles sont plus chaudes et plus humides.

GEAI

L'ALIMENTATION
Les oiseaux des bois se nourrissent de bourgeons, de baies et de graines, ou d'insectes et de petits animaux. Leur régime varie avec les saisons.

ROSSIGNOL

LES CHANTS D'OISEAUX
Le rossignol, comme beaucoup d'oiseaux des bois, attire ses partenaires par son chant et ses appels. Il établit son territoire dans les épais sous-bois.

AILE DE FAISAN

LES AILES
Les oiseaux des bois ont les ailes courtes, larges et arrondies pour monter rapidement dans les airs en évitant les branchages. Le faisan vole vite sur de courtes distances.

Rouge-queue à front blanc mâle

Des nids dans les trous

Les rouge-queues élèvent leurs petits bien au chaud, à l'abri dans le trou d'un tronc d'arbre ou d'une muraille. On les voit entrer et sortir fréquemment pour les nourrir.

Le saviez-vous ?

- La taïga des régions septentrionales est la plus grande forêt du monde.
- On trouve plus de 600 espèces d'eucalyptus en Australie.
- La moitié des oiseaux des bois nichent dans les trous des arbres.
- La famille des pics existe depuis plus de 50 millions d'années.

Le camouflage

Les oiseaux savent se camoufler : les couleurs brunes et sombres de cette bécasse des bois se confondent avec les feuilles en décomposition qui tapissent le sol.

Camouflage d'une bécasse des bois

LA FORÊT FEUILLUE

La forêt à feuilles caduques des régions tempérées accueille une grande variété d'oiseaux, chacun se nourrissant à différents niveaux de la végétation. À la saison chaude, ils nichent, élèvent leurs petits et mangent le plus possible. Quand il fait froid, les feuilles tombent et certains migrent vers des pays plus chauds.

CRÂNE DE PIC

LE PIC À FRONT DORÉ
Ce pic des Amériques, de la taille d'une grive, martèle les troncs pour trouver des larves d'insectes et faire son nid. Il attrape ses proies avec sa longue langue collante.

LA MÉSANGE À LONGUE QUEUE
Elle volète à l'orée des bois, picorant araignées et insectes sous les feuilles et l'écorce. Hors saison de reproduction, ces mésanges forment des bandes qui se serrent sur les branches pour avoir chaud la nuit.

LE MOQUEUR VERT
Pour se nourrir, cet oiseau sonde les troncs d'arbres de son long bec recourbé. Il vit en groupes bruyants dans les bois d'Afrique.

Bec large à la base pour attraper les insectes.

Long bec pour dégager larves ou œufs d'insectes et araignées

Son cri aigu est une sorte de caquètement.

LE GOBE-MOUCHE GRIS
Perché sur les branches les plus exposées, le gobe-mouche gris s'envole pour happer les insectes qui passent à sa portée. L'hiver, il part pour des pays chauds, comme l'Afrique.

L'ENGOULEVENT
Dans la journée, cet oiseau bien camouflé dort sur le sol des bois. La nuit, il vole près du sol et attrape des insectes.

LES FORÊTS DE CONIFÈRES

Les sombres forêts de résineux qui forment la taïga s'étendent dans l'hémisphère Nord entre la toundra et la limite des forêts feuillues. Les arbres y gardent leurs feuilles toute l'année ; les oiseaux s'y nourrissent pendant le court été, mais les hivers trop rudes les chassent vers des régions plus chaudes.

LE GRAND TÉTRAS
Il mange des aiguilles de pin et survit ainsi aux hivers rudes. Des franges en forme de peigne sur ses doigts l'empêchent de s'enfoncer dans la neige.

LE TARIN DES AULNES
Infatigable et acrobate, il se suspend la tête en bas pour attraper les graines des cônes de pins et de mélèzes. Cet oiseau sociable fait son nid en haut des conifères hors de portée des prédateurs.

Le tarin se nourrit de graines de pin, de mélèze, d'aulne et de bouleau.

LE BEC-CROISÉ DES SAPINS
Avec son bec en ciseau, il écarte les écailles des pommes de pin, d'épicéas, de mélèzes et autres conifères pour attraper les graines qu'il régurgite en partie digérées pour nourrir ses petits.

CONES DE PIN

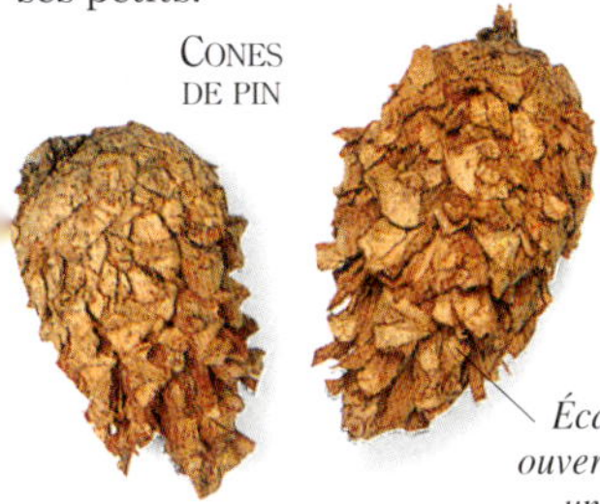

Écailles ouvertes par un bec croisé

LE JASEUR BORÉAL
L'extrémité de ses rémiges est rouge et ressemble à de la cire. Il se nourrit de baies et de fruits, ou d'insectes quand il le peut. En automne, il migre en groupes vers le sud.

Le jaseur boréal vit en bande.

Le mâle et la femelle ont les mêmes couleurs.

LE JEUNE AIGLE CHAUVE
Ces aigles vivent dans les forêts, près de l'eau où ils chassent poissons et oiseaux aquatiques. Les plumes blanches apparaissent sur sa tête à l'âge de 4 ans.

LES FORÊTS D'EUCALYPTUS

Les forêts persistantes d'eucalyptus, en Australie, offrent toute l'année abri et nourriture aux oiseaux. Ils contribuent à la pollinisation des arbres et des arbustes et dispersent leurs graines. À la saison des pluies, les oiseaux aquatiques se rassemblent dans les marais qui bordent les forêts.

LE LÉIPOA OCELLÉ
Il tient ses œufs au chaud sous un monticule de végétation en décomposition recouvert de sable. Le mâle vérifie la température avec son bec.

Robuste bec crochu caractéristique des perroquets

Deux doigts vers l'avant, deux vers l'arrière

LES LORIQUETS À TÊTE BLEUE
Ils se nourrissent au sommet des arbres en bandes bruyantes. Ils écrasent les fleurs, et avec leur langue à bout frangé, absorbent un mélange poisseux de nectar et de pollen.

LE KOOKABURRA RIEUR
Cet oiseau émet des gloussements très bruyants. Il mange rarement du poisson mais s'attaque aux serpents, aux petits mammifères, aux oiseaux et aux invertébrés.

LES RAPACES NOCTURNES

Les chouettes et les hiboux dorment le jour. La nuit, grâce à leur ouïe et à leur vue perçantes, ils chassent les souris et les petits oiseaux. Ils se perchent dans les arbres camouflés par leurs plumes brunes.

Les plumes en éventail donnent un air effrayant.

PETIT DUC SCOPS
Difficile à repérer grâce à son superbe camouflage, il mange de gros insectes et ébouriffe ses plumes pour impressionner l'ennemi.

Dans une pelote complète, la fourrure et les os sont mélangés.

Le mucus de l'oiseau cimente la pelote.

LES PELOTES DE RÉJECTION
Une ou deux fois par jour, le rapace nocturne régurgite les éléments indigestes de ses repas (fourrure, os) amalgamés en pelotes de réjection. Leur contenu révèle de quoi il se nourrit.

CHOUETTES ET HIBOUX
- Les strigiformes : 174 espèces
- Nocturnes pour la plupart
- Oiseaux de proie
- Nourriture : oiseaux, insectes, petits mammifères.
- Habitat : bois, forêts
- Nichent dans des trous d'arbres ou dans le nid d'autres oiseaux.
- Œufs : blancs.

Grosses pattes aux serres crochues

LE NINOX BOUBOUK
Cette petite chouette d'Australie doit son nom à son hululement à deux syllabes. Elle se nourrit surtout d'insectes.

LA CHOUETTE EFFRAIE
Sa face en forme de cœur est la marque de la chouette effraie, une chouette si différente des autres qu'elle constitue une famille à part. Le disque de plumes de sa face concentre les sons comme un radar. Son cri est chuintant.

La chouette attaque ses proies de ses serres acérées.

Les «oreilles» ne sont que des touffes de plumes.

paisse couche de plumes douces

LE GRAND DUC D'EUROPE
C'est le plus grand des hiboux. Chasseur puissant, il attaque lièvres et colverts. Le mâle émet un fort hululement que l'on entend à plus de 1 km.

PLUME DE CHOUETTE HULOTTE

PLUME D'EFFRAIE

LES PLUMES DE CHOUETTE ET DE HIBOU
Les plumes douces et veloutées, avec des franges sur les rémiges, étouffent le bruit des battements d'ailes.

Les forêts tropicales

La forêt tropicale est le plus riche habitat pour les oiseaux : abondance de nourriture, sécurité pour les nids, chaleur et humidité toute l'année. Il faut des ailes courtes et larges pour virer facilement entre les arbres. Cet habitat exceptionnel est menacé par le déboisement, l'exploitation minière, les barrages et l'agriculture.

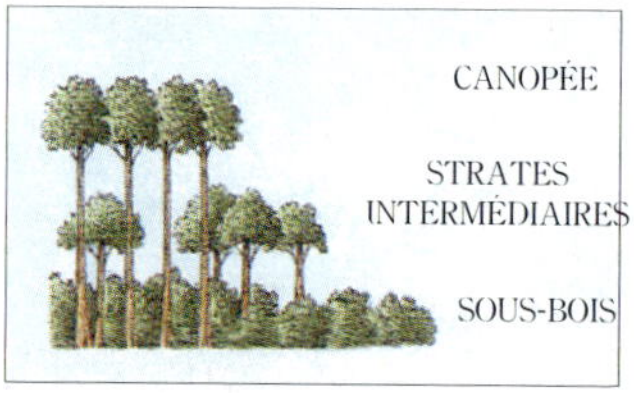

LES OISEAUX DE PARADIS
Le mâle a les plumes très ornées et colorées pour séduire les femelles. Certaines plumes de la queue sont magnifiques, comme cette plume d'oiseau du paradisier de Raggi.

DES ÉTAGES DE VIE
En occupant différents niveaux de la forêt, les espèces se répartissent la nourriture et l'espace et peuvent vivre en grande variété et en grand nombre.

PROPAGATION DES GRAINES
Les mangeurs de fruits – aracaris, perroquets – répandent les graines des arbres à travers la forêt tropicale en les évacuant dans leurs fientes.

ARACARI À OREILLONS ROUX

Des groupes de caciques suspendent leurs nids tressés aux branches d'arbres.

LA NIDIFICATION

Pour soustraire leur nid aux prédateurs, les oiseaux de la forêt tropicale nichent au sommet des arbres ou dans l'épaisseur des fourrés, au-dessus du sol. Perroquets ou calaos nichent au creux des arbres.

LES COULEURS

Les couleurs vives des oiseaux tropicaux, comme celles des aras, sont difficiles à percevoir parmi les feuillages. Ces oiseaux se nourrissent ici de terre riche en minéraux.

LE SAVIEZ-VOUS ?

- Depuis 1945, la moitié des forêts tropicales a été détruite ; chaque seconde, l'équivalent d'un terrain de football disparaît.
- Ces forêts contiennent plus de la moitié de la faune et de la flore mondiales.
- Un oiseau sur cinq vit en Amazonie.

Sous la canopée

Sous la voûte verte de la forêt, petits arbres, buissons, plantes grimpantes et, plus bas, le sous-bois feuillu, offrent un feuillage frais et dense. La nourriture y est moins abondante qu'en haut des grands arbres, et les oiseaux moins nombreux. Les plus grands, casoars, agamis, restent au sol. Au niveau intermédiaire de la forêt, colibris et jacamars voltigent entre les branches.

Jeune hoazin huppé

Griffes sur les ailes pour s'agripper

L'hoazin
Des bandes d'hoazins vivent le long des rivières des forêts tropicales d'Amérique du Sud. Ces oiseaux volent mal et n'effectuent que de brefs parcours entre les arbres.

Le casoar à casque
Cet énorme casoar disparaît dans la forêt au moindre danger. Le mâle pousse des cris tonitruants à la saison des amours. Son casque corné lui sert à repousser les broussailles.

Le caurale-soleil
Il doit son nom aux couleurs de soleil couchant de ses ailes, visibles pendant la parade nuptiale. Le reste du temps, il ne montre que ses couleurs grises et brunes de camouflage.

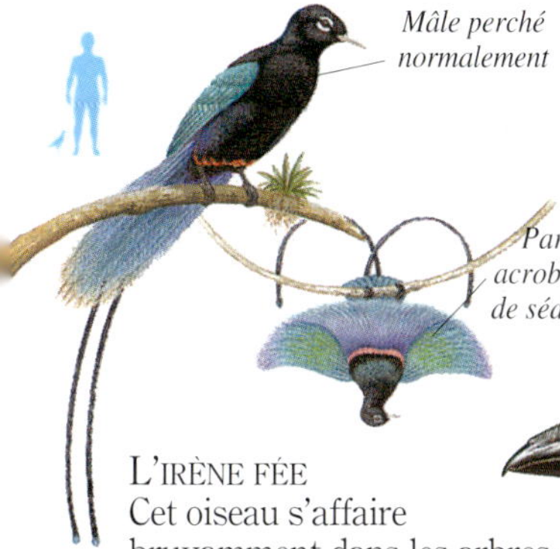

LE PARADISIER BLEU
Le mâle effectue une périlleuse acrobatie, la tête en bas, pour montrer ses plumes irisées à la femelle. Il émet aussi une série de notes fortes et vibrantes.

La femelle s'occupe seule des petits.

L'IRÈNE FÉE
Cet oiseau s'affaire bruyamment dans les arbres à la recherche de fruits, en particulier des figues. Le bleu métallique des plumes du mâle se discerne mal à l'ombre des feuillages.

À LA CIME DES ARBRES

Au sommet des hauts arbres, il fait clair et chaud et la nourriture est abondante : fruits, graines, insectes. C'est là que vivent les grands prédateurs, comme les aigles, toujours à l'affût d'une proie. Les perroquets et les toucans sont de bons grimpeurs : ils ont de robustes pattes pour s'agripper aux branches.

LA HARPIE FÉROCE
Cet énorme oiseau est l'un des rapaces les plus puissants. Il fonce en piqué à travers les branches de la canopée pour capturer singes (comme ce capucin), oiseaux paresseux et reptiles.

Face et bec orange et jaune

LE TOURACO LADY
Ce touraco d'Afrique vit tout en haut des arbres en petits groupes bruyants. Son vol est maladroit, mais il court le long des branches. Il émet une grande variété de jacassements et de croassements.

LE TOUCAN TOCO
C'est le plus grand des toucans. Son bec de 19 cm de longueur, creux à l'intérieur, est renforcé par des entretoises osseuses : il est donc solide mais léger. Les couleurs des toucans leur servent à se reconnaître et trouver des partenaires.

LE VERDIN À VENTRE ORANGE
Ce verdin d'Asie aide à la pollinisation des arbres car il se nourrit de nectar, et propage les graines de plantes de la famille du gui dont il mange les baies.

Le verdin est un habile imitateur du chant des autres oiseaux.

Le casque est une fine couche de peau et d'os sur une structure osseuse en nid d'abeille.

LE CALAO BICORNE
Les calaos d'Asie du Sud-Est et d'Afrique ressemblent aux toucans d'Amérique du Sud par leur mode de vie et leur alimentation. Ils doivent leur nom au casque osseux situé sur le bec. On ignore à quoi sert cette excroissance.

Les perroquets

Les perroquets aux couleurs éblouissantes vivent dans les forêts tropicales. Ils volent en bandes en poussant des cris stridents. De nombreuses espèces sont menacées par la destruction de la forêt. On compte trois groupes principaux : loris, cacatoès et perroquets.

Le toui à ailes variées
La longue queue de ce petit perroquet équilibre son vol rapide dans les arbres. Les plus grands volent plus lentement. Un seul, le kakapo, ne vole pas du tout.

Le lori noira
Il passe son temps au sommet des arbres à se nourrir de pollen et de nectar. L'extrémité de sa langue est munie d'une sorte de brosse qui ramasse le liquide.

Le cacatoès à huppe jaune
Sa crête se dresse quand il est excité, apeuré ou en colère, ou bien installé sur un perchoir.

Les perroquets

- Psittaciformes : environ 330 espèces
- Oiseaux diurnes
- Oiseaux tropicaux
- Nourriture : fruits, graines, noix et autres végétaux, parfois des invertébrés
- Habitat : forêt, brousses, prairies et montagnes
- Nids : trous dans les arbres, berges, rochers
- Œufs : blancs

LE GRAND ÉCLECTUS

Il a une particularité : la femelle a un plumage rouge vif alors que le mâle est vert (mâles et femelles sont en général de la même couleur). Il se nourrit de fruits, de noix et de bourgeons.

CRÂNE ET BEC

Le gros crâne laisse une place importante au cerveau – ce sont des oiseaux intelligents. La mandibule supérieure du bec, fortement recourbée vers le bas, s'adapte parfaitement à l'épaisse mandibule inférieure, recourbée vers le haut.

LES ZONES HUMIDES

Les milieux aquatiques sont le domaine des canards, des foulques, mais aussi des râles, hérons et cigognes. La nourriture y abonde – plantes, invertébrés, poissons –, et les roseaux offrent des abris sûrs où nicher. Les migrateurs font des haltes sur les lacs et les marais et s'y nourrissent. Mais les plans d'assèchement, les barrages, les pluies acides et la pollution menacent ces habitats.

MARTIN-PÊCHEUR PLONGEANT

DES PATTES ADAPTÉES

Beaucoup d'oiseaux aquatiques ont les pattes palmées pour pousser sur l'eau en nageant. D'autres ont de longues pattes pour pouvoir chasser les pieds dans l'eau, ou de longs doigts pour marcher dans la vase sans s'enfoncer.

PATTE DE BERNACHE DU CANADA

LES TECHNIQUES DE PÊCHE

Le martin-pêcheur plonge sous l'eau pour attraper le poisson. D'autres, comme le héron, guettent, immobiles, ceux qui nagent à leur portée. D'autres enfin happent en vol ou à la nage les poissons sous la surface.

GARDER SA PROIE

Il faut un bec et des pattes solides pour ne pas lâcher les proies glissantes. Les harles ont un bec muni de dentelures qui agrippent le poisson.

CRÂNE DE HARLE

Canard souchet

Filtrer sa nourriture

Certains, comme ce canard, filtrent l'eau avec leur bec muni de «dents de peigne» retenant les minuscules plantes et animaux.

Le camouflage

Les plumes sombres et tachetées de certains oiseaux, comme le râle tiklin, leur permettent de se camoufler lorsqu'ils se déplacent en silence dans les roseaux ou les marécages.

Râle tiklin

Le saviez-vous ?

- Le lac Baïkal, en Sibérie, est le plus vieux lac d'eau douce : 25 millions d'années.
- Les régions marécageuses recouvrent à peu près 6 % de la planète.
- Le fleuve Amazone représente un cinquième de l'eau douce du globe.

Les nids

Les milieux aquatiques offrent de nombreux abris sûrs pour les nids, et des matériaux comme les roseaux séchés pour les fabriquer. Certains oiseaux construisent même des plates-formes végétales flottantes pour plus de sécurité.

Foulque nichant dans les roseaux

LES RIVIÈRES ET LES LACS

Les milieux d'eau douce épargnés par les activités humaines sont très importants pour les oiseaux. Certains préfèrent les eaux stagnantes des mares et des lacs, d'autres, comme les cincles, sont très adaptés aux eaux courantes. Ils nichent sur les berges où la nourriture est abondante pour leurs petits, amateurs d'insectes aquatiques.

LA BERGERONNETTE DES RUISSEAUX
Elle suit les cours d'eau montagneux, happant des insectes avec son long bec. Ses griffes pointues s'agrippent aux branches et aux rochers glissants.

GRÈBE ÉLÉGANT
La danse nuptiale des grèbes élégants est longue et surprenante : le couple se dresse de toute sa hauteur et court sur l'eau, le cou tendu en avant.

Longues pattes pour marcher dans l'eau profonde

Les flamants renversent leur bec pour filtrer la nourriture.

LE BALBUZARD PÊCHEUR
Ce formidable chasseur plonge les pattes en avant pour saisir le poisson près de la surface. Il disparaît parfois sous l'eau pour en ressortir avec son butin. Ses serres puissantes et les écailles piquantes qui garnissent ses doigts retiennent les poissons glissants.

L'ÉNICURE PIE
Cet oiseau d'Asie vit dans les cours d'eau rocheux. Il perche sur les rochers, remuant sa longue queue, et communique avec ses compagnons en émettant des sifflements aigus.

LE FLAMANT NAIN
En colonies bruyantes, des milliers de flamants nichent sur des monticules de boue. Les jeunes sont nourris d'un «lait» riche produit dans le jabot des parents.

LES MARÉCAGES

Les régions marécageuses peuvent être des milieux d'eau douce à l'intérieur des terres, ou bien d'eau salée ou saumâtre en bord de mer. Les oiseaux piscivores, comme les aigrettes et les pélicans, par exemple, en sont les hôtes habituels. Chacun y trouve la nourriture qu'il lui faut en exploitant différents secteurs. Les marais, inaccessibles aux grands prédateurs, sont souvent le refuge d'espèces rares.

L'IBIS ROUGE
Des bandes spectaculaires d'ibis rouges habitent les marais tropicaux d'Amérique du Sud. Ils fouillent la boue ou les plantes pour trouver insectes, crabes, crustacés, grenouilles et poissons. Jusqu'à un an, leur âge adulte, les jeunes ont le dos gris-brun.

Long bec fin recourbé vers le bas pour fouiller la boue

Corps étroit pour se faufiler dans la végétation dense

LE RÂLE À BEC JAUNE
Cet oiseau de l'Est africain a de longs doigts écartés qui l'empêchent de s'enliser et le portent sur les plantes aquatiques flottantes. Son bec épais est trop court pour sonder la boue ; il se nourrit de petits invertébrés et de graines qu'il trouve en surface.

LA GRUE BLANCHE D'AMÉRIQUE
Cet oiseau parmi les plus rares passe l'hiver dans les marais côtiers du Texas, et, au printemps, part se reproduire au Canada.

LA PANURE À MOUSTACHES
Cet oiseau acrobate vole au ras des roseaux avec ses ailes arrondies. Il se nourrit d'insectes à la saison chaude et de graines quand il fait froid. Les deux parents construisent leur nid dans les roseaux et élèvent les petits.

Le mâle a une moustache noire.

Le «genou» de l'oiseau est en réalité sa cheville, qui se plie vers l'arrière comme celle de l'homme.

LES CANARDS

Pattes palmées et large bec aplati sont leurs signes distinctifs. Les canards sont de bons nageurs et, en vol, de puissants rameurs. Ils sont de deux types : les canards de surface, comme le colvert, qui se nourrissent en surface, et les plongeurs, comme le fuligule milouin. Beaucoup de canards migrent pour fuir le froid.

LE DUVET
Les femelles (canes) arrachent du duvet de leur poitrine pour tapisser le nid et couvrir les œufs afin qu'ils soient au chaud.

Pattes courtes implantées en arrière

LE CANARD MANDARIN
Ce canard vit près des étangs et des lacs entourés de bois, il niche dans des trous d'arbres. Le mâle est plus coloré que la femelle sauf au moment de la mue annuelle.

LE CANARD CAROLIN
Apparenté au canard mandarin d'Asie, il vit en Amérique du Nord. La femelle veille seule sur la nichée.

Les petits nagent peu de temps après la naissance.

LES CANARDS

- Anatidés : environ 152 espèces
- Oiseaux diurnes
- Oiseaux aquatiques
- Nourriture : plantes, petits animaux aquatiques
- Habitat : mares, lacs, rivières ou mer
- Nids : plates-formes au bord de l'eau, trous d'arbres
- Œufs : blancs ou clairs

LES CANARDS PLONGEURS
Leur corps est plus court et plus arrondi. Les canards plongeurs, comme ce fuligule milouin, peuvent rester sous l'eau au moins 30 secondes.

LE DENDROCYGNE D'EYTON
Les dendrocygnes vivent sous les tropiques et ressemblent plus à des oies qu'à des canards. Ils se nourrissent principalement à la surface de l'eau.

Pattes palmées utilisées comme des pagaies

COLVERT MÂLE

Bec large et plat pour filtrer la nourriture

LE COLVERT
Le colvert se nourrit de plantes et d'animaux sur l'eau ou juste au-dessous de la surface. Il est l'ancêtre de la plupart des canards domestiques.

LA MER ET LE LITTORAL

Certains oiseaux passent une grande partie de leur vie à planer au-dessus des océans. Ils nichent en importantes colonies à l'abri des falaises. L'abondance de nourriture dans les estuaires attire un grand nombre d'échassiers et de limicoles, surtout pendant la migration.

LE VOL

Les oiseaux de mer, tel le pétrel fulmar, ont les ailes longues et étroites pour parcourir de grandes distances en planant au-dessus des vagues. À terre, ces piètres marcheurs sont maladroits et disgracieux.

Comme les albatros, les pétrels ont des narines tubulaires sur le bec.

Le pétrel fulmar garde les ailes raides durant le vol, les pliant rarement.

PÉTREL FULMAR EN VOL

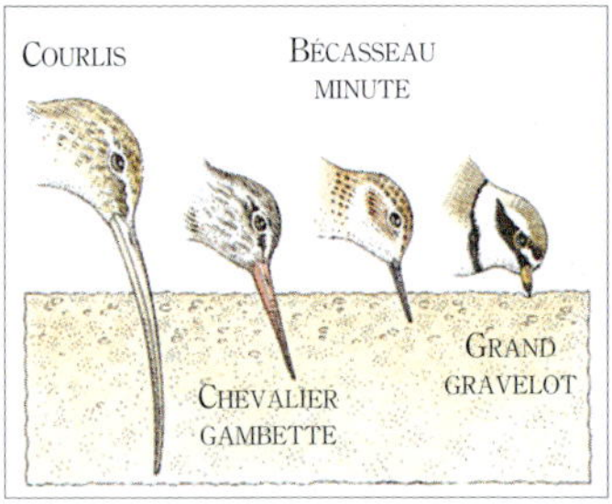

L'ALIMENTATION

La nourriture en mer étant parfois difficile à trouver, les oiseaux passent beaucoup de temps à sa recherche. Les sternes prennent le poisson à la surface de l'eau. D'autres, comme les macareux, pêchent en profondeur.

MACAREUX AVEC SES PRISES

RÉPARTITION ALIMENTAIRE

Les espèces de limicoles évitent la compétition alimentaire en exploitant les vasières à différentes profondeurs. Le long bec des courlis atteint des vers en profondeur, le grand gravelot picore des insectes en surface.

ŒUFS DE GOÉLAND ARGENTÉ

Les œufs des oiseaux de mer sont plus pointus à une extrémité.

LE MIMÉTISME DES ŒUFS

Des oiseaux tels que les goélands et les sternes pondent des œufs à découvert sur les plages ou dans les dunes. Ces œufs tachetés se confondent avec le sol et empêchent les prédateurs de les trouver.

LE SAVIEZ-VOUS ?

- Les océans couvrent 70 % de la surface du globe.
- La mer se refroidit moins vite que la terre, le littoral est donc plus chaud en hiver.
- En pleine mer, l'amplitude des marées n'est que de 50 cm.
- Dans un estuaire, il peut y avoir plus de 1 000 vers par mètre carré de vase.

LES NIDS

De nombreuses espèces d'oiseaux de mer nichent en colonies serrées de milliers d'individus. Les fous de Bassan forment ainsi des colonies denses, malodorantes et bruyantes.

FOU DE BASSAN SUR SON NID

LES ESTUAIRES ET LES CÔTES

Outre les falaises, les dunes et les plages offrent aux oiseaux marins des abris pour nicher. Là où les fleuves rejoignent la mer, les eaux peu profondes et boueuses grouillent de poissons, de vers et de crustacés. Et les estuaires jouent un rôle important en hiver lorsque, ailleurs, les zones de nourrissage sont gelées.

LE BÉCASSEAU VIOLET
En hiver, cet oiseau trapu part se nourrir sur les côtes rocheuses du sud. Il se fie plus à sa vue qu'à son toucher pour trouver ses proies.

L'ÉCHASSE D'AMÉRIQUE
Ses pattes extrêmement longues lui permettent de se nourrir dans une eau plus profonde que les autres limicoles. Avec son long bec, elle attrape de petits animaux dans l'eau et la boue.

Sur les terrains secs, l'échasse plie maladroitement ses pattes pour se nourrir.

En vol, les pattes dépassent de 18 cm derrière la queue, équilibrant la tête et le cou.

LE SOMMEIL
Dans les estuaires, les limicoles, comme ce bécasseau variable, dorment quand la mer monte et recouvre les vasières où ils se nourrissent. Ils se réunissent sur de petites îles à l'abri de la marée montante.

LA STERNE INCA
Cette sterne d'Amérique du Sud vit en bandes de plusieurs milliers d'individus sur les plages de sable. C'est un voilier gracieux qui survole les vagues et plonge pour saisir le poisson à la surface de l'eau.

La sterne inca suit parfois baleines et otaries pour récupérer quelque nourriture.

LE GOÉLAND MARIN
Redoutable prédateur des colonies d'oiseaux vivant sur les côtes, il a de grandes ailes puissantes de planeur.

LE GRAND GRAVELOT
Dès qu'il s'immobilise, il est difficile à distinguer des galets de la plage. En cas de menace, les femelles font semblant d'être blessées pour attirer les prédateurs loin du nid.

EN MER ET SUR LES FALAISES

En haute mer, les oiseaux cherchent leur nourriture ou se posent sur l'eau pour se reposer et se toiletter. Ils ont des plumes imperméables, des pattes palmées pour nager et un bec acéré pour saisir les poissons glissants. Beaucoup abritent leurs nids sur les falaises.

LA RÉPARTITION DES NIDS
Les oiseaux se partagent les emplacements de la falaise. Les fous de Bassan et les mouettes tridactyles nichent au sommet, les petits pingouins au milieu et les cormorans tout en bas.

LE CRÂNE DU FOU DE BASSAN
Pour attraper le poisson, les fous de Bassan plongent comme des torpilles de 30 m de haut. Ils ont un crâne solide qui résiste à la force de l'impact de l'eau.

Après la pêche, le cormoran étend ses ailes pour les faire sécher.

LE GRAND CORMORAN
Les plumes de ce cormoran retiennent très peu l'air, ce qui lui permet de plonger plus facilement que les autres et d'atteindre des proies qui vivent au fond de l'eau.

Frégate du Pacifique volant sa proie à un phaéton à bec jaune

PIRATERIE EN MER
Les frégates du Pacifique volent leur nourriture aux autres oiseaux, comme les pélicans et les mouettes. Ces rapides voiliers descendent en piqué, remontent en flèche et planent mieux que la plupart des autres oiseaux marins.

Nids d'herbes, d'algues et de boue blottis sur des corniches étroites

LA MOUETTE TRIDACTYLE
Ces petites mouettes nichent en colonies, par centaines. Au contraire de leurs congénères, on les voit rarement dans les terres.

LES DÉSERTS ET LES SAVANES

Dans ces milieux chauds et secs, l'eau est rare, et les oiseaux doivent parfois migrer pour échapper à la sécheresse. Graines et insectes abondent, mais les grands oiseaux préfèrent les reptiles, les petits mammifères et les animaux morts. Pendant la chaleur du jour, les oiseaux se reposent à l'ombre.

Les mangeurs d'insectes raffolent des abeilles.

LES MANGEURS D'INSECTES

Les guêpiers et les fauvettes se nourrissent d'insectes, très abondants pendant la saison des pluies. À la saison sèche, les mangeurs d'insectes doivent souvent migrer pour se nourrir.

GRAND GÉOCOUCOU

GUÊPIER À GORGE BLANCHE

Il migre vers des prairies plus humides à la saison sèche.

DES RÉGIMES VARIÉS

La nourriture se faisant souvent rare, les oiseaux mangent ce qu'ils trouvent. Les reptiles sont des proies fréquentes. Ce grand géocoucou vient d'attraper un lézard.

Ils sont menacés par les marchands d'oiseaux de compagnie.

DIAMANTS DE GOULD

LES GRANIVORES

Les graines des graminées sont une ressource vitale pour beaucoup d'oiseaux, comme le diamant de Gould australien qui doit migrer vers les côtes plus humides à la saison sèche, quand l'herbe a disparu.

ÉBOUEURS DE LA SAVANE

Les carcasses des grands herbivores et les déchets provenant de l'homme alimentent les marabouts d'Afrique et les vautours.

MARABOUT D'AFRIQUE

CHEVÊCHE DES TERRIERS

DES ABRIS SOUTERRAINS

Pour se préserver de la chaleur, la chevêche des terriers se repose et niche dans les terriers creusés par de petits mammifères comme les chiens de prairie.

LE SAVIEZ-VOUS ?

- Les graminées couvrent plus du quart de la surface de la Terre.
- Les déserts reçoivent moins de 25 mm de pluie par an.
- Dans la vallée de la Mort, aux États-Unis, la température peut atteindre 55 °C.
- L'autruche d'Afrique est le plus lourd, le plus grand et le plus rapide de tous les oiseaux.

LES DÉSERTS

Les oiseaux du désert doivent trouver l'eau dans leur nourriture ou bien parcourir de très longues distances. Ils se reposent le jour à l'ombre des rochers, dans des cactus ou des terriers. Ils sortent la nuit pour se nourrir, quand il fait frais. Les rapaces survivent en se nourrissant de reptiles et de petits mammifères.

LES GANGAS
Puissants voiliers capables de parcourir des kilomètres pour trouver de l'eau : le mâle transporte l'eau pour ses petits dans les plumes de son ventre.

Bec crochu caractéristique des rapaces

LA CHEVÊCHETTE ELFE
Cette chouette de la taille d'un moineau niche dans les trous faits par les pics, à l'abri entre les épines des cactus géants (*saguaros*). Elle chasse des insectes dans la fraîcheur de la nuit.

Il fait frais à l'intérieur du cactus.

LA BUSE À CROUPION BLANC
Chasseur intrépide, cette buse se nourrit de lézards, d'oiseaux et de petits mammifères, parfois de carcasses en compagnie des vautours et des caracaras. On la trouve le long des routes des régions désertiques d'Amérique.

LES DIAMANTS MANDARINS
Petits oiseaux très vifs, nombreux au cœur de l'Australie, ils nichent après les pluies, quand il y a abondance de graines et d'insectes pour nourrir les petits. Ils vivent en bandes (allant jusqu'à cent individus) et partagent le même nid à plusieurs.

LES STEPPES

Dans ces régions chaudes, sèches et poussiéreuses, certains oiseaux suivent les pluies pour se nourrir. Les buissons d'épineux et les arbustes forment d'épais fourrés dans lesquels ils cachent leur nid. À la saison fraîche, ils se nourrissent de baies.

LES PERRUCHES CALOPSITTES

Ces petits psittacidés (perroquets) parcourent le «bush» australien pour trouver fruits et graines. Ils nichent après les pluies, à toute époque de l'année.

La tête du mâle a des couleurs plus vives que celle de la femelle.

L'ASTRILD À TÊTE BLEUE

Il fouille le sol en petits groupes pour trouver des graines et des insectes dans la steppe épineuse est-africaine, mais nourrit ses petits d'insectes riches en protéines.

Bec court et épais pour casser les graines

LE FRANCOLIN GRIS
On rencontre cet oiseau dans le sud de l'Asie car il résiste à la sécheresse. Il vit en petits groupes familiaux, se nourrit de graines de plantes herbacées et de céréales et d'insectes pendant la saison chaude.

Les francolins courent pour fuir le danger.

LES BROUSSES
Ces étendues couvertes d'arbustes et d'épineux, à mi-chemin entre prairie et forêt, sont représentées notamment par le maquis méditerranéen, le «chaparral» californien et une partie du «bush» australien.

L'ÉMEU
Des petites troupes d'émeus parcourent les forêts sèches d'Australie à la recherche d'insectes, de baies et de graines. Les mâles s'occupent des petits jusqu'à 18 mois.

LE BAGADAIS CASQUÉ
Oiseau familier et actif, il vit en groupe de deux à vingt individus. Il parcourt la brousse africaine en sautillant, attrapant les insectes et les araignées de son solide bec crochu.

LES SAVANES

On y trouve une grande variété d'oiseaux insectivores et granivores. Certains suivent les troupeaux d'herbivores, attrapant les insectes dérangés par les sabots. D'autres se nourrissent des restes d'animaux morts. Juchés sur leurs grandes pattes, les autruches et les nandous guettent le danger par-dessus les hautes herbes.

Pique-bœufs sur une girafe

LE PIQUE-BŒUF
Avec ses griffes pointues, il s'accroche au pelage des grands mammifères, comme la girafe et le zèbre, et les débarrasse des tiques et autres parasites.

Plumage de reproduction : le mâle est d'un roux chatoyant, la tête et la gorge noires.

Le tisserin est un oiseau timide au vol rapide.

LE TISSERIN MARRON
Il niche en colonie dans les prairies africaines. Mâle et femelle sont d'un brun terne, sauf en période de reproduction.

L'AUTRUCHE
Capable de survivre à de grandes sècheresses, elle parcourt la savane africaine sur ses grandes pattes, mangeant feuilles, graines et insectes. Mais elle est menacée par la chasse et la destruction des habitats.

LE VAUTOUR CHAROGNARD
Sa tête et son cou dénudés lui permettent de fouiller les carcasses d'animaux sans se salir les plumes. Il vole très haut et se sert de sa vue perçante pour repérer les charognes.

LE FOURNIER ROUX
Il choisit un des rares arbres de la pampa sud-américaine pour y construire un énorme nid de boue et de paille séchées au soleil, et protéger ses œufs et ses petits.

LES MONTAGNES ET LES LANDES

Les landes sont souvent humides et tourbeuses, et les montagnes peuvent être très froides et venteuses. Seuls quelques oiseaux résistants vivent dans ces milieux au climat rigoureux et à la nourriture rare, surtout pendant la saison froide. Pourtant ces régions constituent des zones de reproduction.

LA MIGRATION SAISONNIÈRE
De robustes faisans, comme ce faisan de lady Amherst, vivent dans les forêts des montagnes d'Asie. Ils montent et descendent la montagne au gré des saisons. Beaucoup sont menacés par la chasse.

Pattes couvertes de plumes pour les isoler du froid

LE CAMOUFLAGE
À l'automne, le lagopède alpin revêt un plumage blanc qui se confond avec la neige dans laquelle il s'enfouit pour échapper à la morsure du vent glacé. L'été, son plumage est brun et gris.

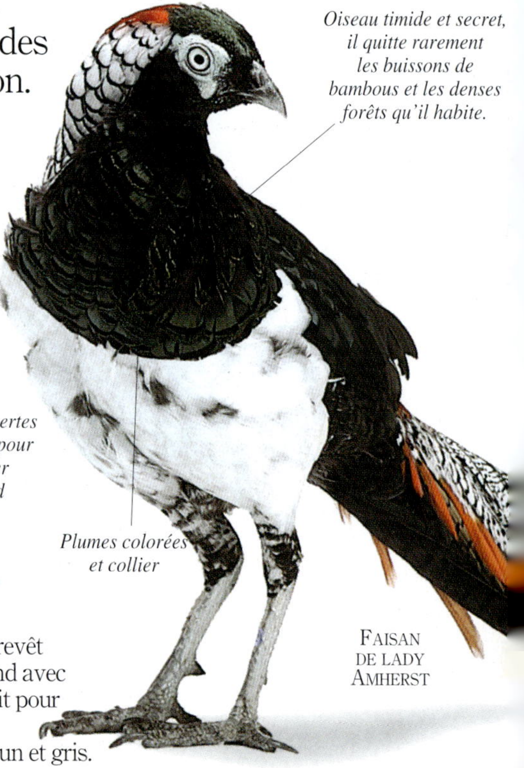

Oiseau timide et secret, il quitte rarement les buissons de bambous et les denses forêts qu'il habite.

Plumes colorées et collier

FAISAN DE LADY AMHERST

COURLIS AU NID

LES FORÊTS DE MONTAGNE

Les forêts chaudes situées au bas des montagnes regorgent de nourriture et de cachettes pour les nids. Les oiseaux qui vivent sur les pentes plus élevées y descendent quand il fait froid.

NILTAVA SUNDARA

Ce gobemouche d'Asie vit dans les forêts de montagne, au-dessus de 1 000 m.

LE CHOIX DE L'EMPLACEMENT

En été, des limicoles comme le courlis cachent leur nid dans les buissons des landes venteuses. Ils se nourrissent d'insectes, de vers de grenouilles et d'escargots. En hiver ils s'envolent vers la côte.

ŒUF DE LAGOPÈDE D'ÉCOSSE

ŒUF DE COURLIS

DES ŒUFS DE CAMOUFLAGE

Les lagopèdes d'Écosse et les limicoles cachent leurs œufs tachetés dans les bruyères et les fougères. Ils les pondent dans des trous peu profonds creusés dans le sol. .

Le mâle exhibe sa longue queue pendant la parade amoureuse.

LE SAVIEZ-VOUS ?

- Les Appalaches ont 250 millions d'années, l'Himalaya, 40 millions d'années seulement.
- Les Andes sont la chaîne de montagnes la plus longue, 7 250 km.
- Certaines landes se sont formées grâce à un changement de climat, d'autres sont dues au déboisement par l'homme au profit de la culture.

EN MONTAGNE

Quand il fait froid, la nourriture y est rare, mais la montagne offre des milieux de reproduction préservés. Les plumes protègent les oiseaux du froid glacial et leurs poumons efficaces captent bien l'oxygène raréfié de l'air. De nombreux oiseaux de montagne sont de puissants voiliers.

LE GRAND CORBEAU
Ce grand oiseau est surtout un charognard. Il parcourt les pentes pour chercher sa nourriture de ses yeux perçants.

LE TICHODROME ÉCHELETTE
Ce petit oiseau agile s'accroche aux parois rocheuses de ses griffes pointues. Quand il fait froid, il descend vers le pied des montagnes, où les insectes sont plus nombreux.

LE COLIBRI PORTE-ÉPÉE
Il vit sous les sommets des Andes. Avec son long bec, il aspire le nectar des fleurs.

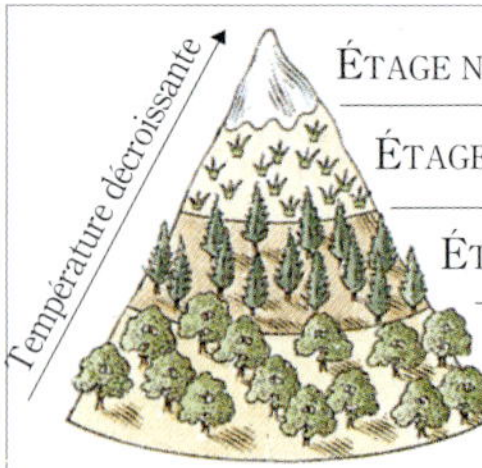

ÉTAGE NIVAL	Pics couverts de neiges éternelles
ÉTAGE ALPIN	Prairies, lichens, arbres rabougris
ÉTAGE SUBALPIN	Forêts froides de conifères
ÉTAGE MONTAGNARD	Climat le plus doux, forêts feuillues

On l'appelle aussi le vautour barbu.

LE GYPAÈTE BARBU
Il plane dans les courants ascendants le long des pentes escarpées pour trouver des carcasses d'animaux tués par le climat impitoyable. Il laisse tomber les os sur les rochers pour les briser, puis en extrait la moelle avec sa longue langue.

LE CONDOR DES ANDES
C'est le rapace le plus lourd. Il a une vue perçante et de rès grandes ailes. Il monte en flèche au-dessus des Andes à la recherche d'animaux morts, blessés ou malades, victimes des conditions de vie difficiles de cette région.

LES LANDES HUMIDES

Couvertes de graminées et de bruyères, ces landes, souvent tourbeuses, se rencontrent sur les plateaux frais très arrosés. Ce sont d'importants sites de reproduction pour les limicoles et les lagopèdes. Des prédateurs tels que le busard Saint-Martin et l'aigle royal viennent y chasser. Les tourbières regorgent d'insectes.

LE PLUVIER DORÉ
À la fin du printemps, le pluvier doré migre vers la lande pour se reproduire. Il pond ses œufs aux couleurs mimétiques dans une dépression peu profonde creusée dans le sol.

LE TARIER PÂTRE
L'infatigable tarier pâtre perche sur les buissons pour guetter insectes, vers et araignées. Il construit son nid avec de la mousse, de l'herbe et des poils, bien caché dans les herbes denses.

LE FAUCON PÈLERIN
Ce faucon pique à des vitesses vertigineuses pour tuer ses proies – pluviers dorés, pigeons – avec ses serres. Il plume sa proie avant de la dévorer.

L'hiver, certains tariers pâtres migrent vers des endroits plus chauds.

LE LAGOPÈDE D'ÉCOSSE
Cet oiseau est une sous-espèce du lagopède des saules. En Écosse, de nombreuses landes sont gérées pour assurer le développement de ces oiseaux, qui alimentent les chasses à l'automne.

Les oiseaux, comme le lagopède d'Écosse, s'abritent et nichent dans les bruyères.

LES AIGLES

La vue perçante, les ailes immenses et les serres impressionnantes, les aigles sont les plus puissants des rapaces. Les femelles sont souvent plus grosses que les mâles. Mais l'homme les chasse, les empoisonne et détruit leur habitat.

LA PARADE AMOUREUSE

Les aigles se livrent à des démonstrations acrobatiques. Deux aigles chauves peuvent tournoyer dans les airs en se tenant par les serres.

L'AIGLE IMPÉRIAL

Les pattes couvertes de plumes sont caractéristiques de cet aigle qui appartient au groupe des aigles bottés. Il est commun dans certaines régions d'Asie, rare en Europe.

L'AIGLE ROYAL

C'est un formidable voilier capable de planer très haut tout en guettant des proies au sol. Sa tête et sa nuque sont couvertes de plumes dorées.

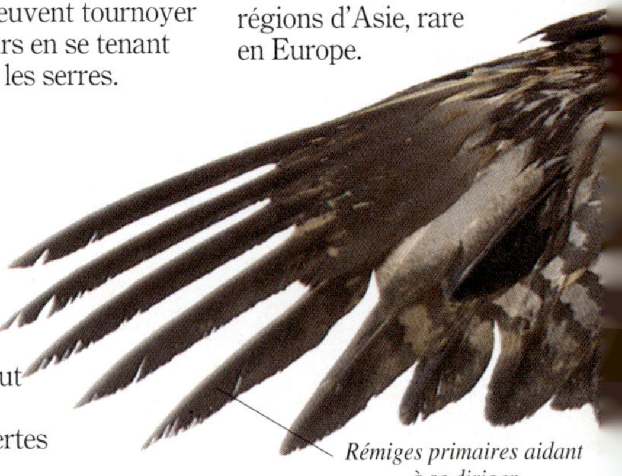

L'AIGLE BATELEUR
Il doit son nom au balancement continuel qui anime son corps lorsqu'il plane, qui évoque celui d'un équilibriste. Il a de longues ailes et une queue courte. Quand il est excité ou en colère, sa crête se dresse.

Crête dressée

Aire d'aigle chauve

L'AIRE
Les aigles réutilisent le même nid, appelé aire, année après année, y ajoutant branches et brindilles à chaque nidification. Les plus grosses aires connues appartiennent à des aigles chauves.

LES AIGLES

- Famille des accipitridés
- Environ 53 espèces
- Rapaces diurnes
- Nourriture : divers animaux vivants ou morts
- Habitat varié
- Nid : masse de branchages, dans les arbres ou les falaises
- Œufs : blancs ou tachetés de brun

LES RÉGIONS POLAIRES

Les régions polaires sont les plus froides et ventées de la Terre. Peu d'oiseaux peuvent y survivre toute l'année mais ils s'y reproduisent pendant le court été, quand le soleil ne se couche jamais et que la nourriture abonde. Ces habitats exceptionnels sont menacés par l'exploitation minière, le tourisme et la pollution.

PAYSAGES DE TOUNDRA

Autour de l'océan Arctique s'étendent les régions plates de la toundra dont le sol, appelé permafrost, est gelé en permanence sur une certaine profondeur. En été, la couche supérieure du permafrost fond et des lacs et des marais se forment à la surface.

Toundra signifie «terre aride» en lapon.

LA MIGRATION

En été, des millions de canards, de cygnes et d'oies, comme la bernache nonnette, migrent vers la toundra pour se nourrir et nicher. Ils se régalent d'une végétation qui pousse dans le sol alors chaud et humide.

MERG
NAI

LE MERGULE NAIN

Avec ses ailes courtes en forme de nageoires, ce petit pingouin ressemble un peu aux manchots de l'Antarctique. Mais lui est capable de voler.

UN NID DOUILLET
Certains oiseaux, comme les eiders, couvrent leurs œufs d'un fin duvet que la mère arrache à sa propre poitrine. Ce duvet les maintient au chaud jusqu'à l'éclosion.

NID D'EIDER

NAGEOIRE DE MANCHOT

BONS NAGEURS
Les oiseaux de ces régions sont d'excellents nageurs. Les manchots ont sur les ailes un plumage dense et compact comme des écailles, pour réduire la résistance à l'eau.

BRUANT LAPON

LA NOURRITURE
L'été est bref dans la toundra, mais des milliers d'insectes grouillent au-dessus des étangs marécageux. Le bruant lapon peut ainsi nourrir ses petits.

LE SAVIEZ-VOUS ?

- L'Antarctique contient 90% de la glace et 70% de l'eau de la planète.
- Le permafrost de la toundra peut atteindre 1 400 m d'épaisseur.
- L'Arctique est un océan couvert de glace et entouré de terre. L'Antarctique est un continent gelé entouré de mers.

DANS LA TOUNDRA

La toundra s'étend le long des côtes nord des continents européen, américain et asiatique. En été, elle accueille de nombreux oiseaux. Mouettes, pingouins et sternes se nourrissent de poissons en mer et nichent sur les rivages. Les insectes et les graines alimentent les limicoles, canards, oies et petits oiseaux chanteurs. Avant l'hiver, ils s'envolent tous vers le sud.

Mâle offrant un poisson à sa compagne pendant la parade nuptiale

LA STERNE ARCTIQUE
Après l'accouplement, ces sternes élèvent leurs petits pendant l'été arctique, puis elles s'envolent vers l'Antarctique pour y retrouver l'été, effectuant un voyage de 35 000 km.

PATTES DE HARFANG DES NEIGES

LE HARFANG DES NEIGES
Son plumage se confond avec le paysage arctique qu'il survole à la recherche d'une proie. Des plumes enveloppent ses pattes, les isolant du froid.

LE SIZERIN FLAMMÉ
Ce petit oiseau survit à des températures très basses. En été, il se nourrit de graines et d'insectes ainsi que de leurs larves. Il niche dans des bouleaux nains près du sol de la toundra.

Les sizerins flammés doivent leur nom à la couleur de leur calotte.

L'OIE EMPEREUR
Cette superbe oie grise se reproduit le long des côtes marécageuses de l'Alaska. Certains individus migrent vers le nord de la Californie. en hiver.

Les adultes ont des pattes oranges.

LE BRUANT DES NEIGES
Cet oiseau résistant se reproduit dans l'Arctique, plus au nord que les autres oiseaux percheurs. Il cache son nid dans des fissures rocheuses.

En hiver, le bruant des neiges mâle devient brun comme la femelle.

Les bruants des neiges s'enfouissent dans la neige pour se protéger du froid.

L'ANTARCTIQUE

Dans ce vaste continent glacé cerné par les océans, il pleut et neige rarement, et les oiseaux ont peu d'eau fraîche à boire, sinon la neige fondue. Les seuls oiseaux terrestres sont les chionis. Les autres sont des oiseaux marins : albatros, pétrels et manchots qui nichent par millions sur les côtes antarctiques pendant l'été. Un plumage dense et des couches de graisse leur tiennent chaud. Ce sont de robustes voiliers ou d'excellents nageurs.

LE SKUA ANTARCTIQUE
En été, il rôde au-dessus des colonies de manchots, s'attaquant aux œufs et aux petits avec son bec crochu et ses griffes puissantes.

LE MANCHOT ADÉLIE
C'est l'une des deux espèces de manchots qui se reproduisent sur les rivages rocheux de l'Antarctique. Au printemps, il investit les côtes pour nicher en colonies surpeuplées.

L'ALBATROS À SOURCILS NOIRS
Les albatros s'accouplent pour la vie et se retrouvent chaque année pour nicher. Ces deux amoureux se caressent le bec et les plumes.

C'est le seul oiseau de l'Antarctique qui n'a pas les pattes palmées.

LE CHIONIS BLANC

Apparentés aux pigeons, les chionis nettoient les carcasses de phoques et de manchots et longent les côtes en pêchant. Ils vivent en petits groupes, sauf au moment de la reproduction.

LE CORMORAN IMPÉRIAL

Cet oiseau niche en grandes colonies dans les rochers ou sur la côte. Son robuste bec crochu agrippe les poissons glissants. Une fine crête pousse sur sa tête en période de reproduction.

ALBATROS À SOURCILS NOIRS

Le nid est un imposant tas de boue d'environ 60 cm.

LES MANCHOTS

Grâce à leur forme lisse et aérodynamique et à leurs ailes rigides et puissantes, les manchots sont des nageurs exceptionnels. Ils plongent pour attraper poissons et calmars avec leur langue râpeuse. Un plumage dense et huileux et une épaisse couche de graisse sous la peau les protègent du froid dans l'océan glacé.

LE MANCHOT EMPEREUR
Ce manchot, le plus grand de tous, ne va jamais à terre, se reproduisant sur les glaces qui flottent autour de l'Antarctique en hiver. Les mâles couvent l'œuf unique pendant neuf semaines environ.

LE MANCHOT ROYAL
Des taches orange doré apparaissent à la saison des amours et permettent au manchot royal de reconnaître ses congénères. Il peut plonger jusqu'à 250 m de profondeur.

Dans l'eau, les manchots sont foncés vus de dessus et clairs vus de dessous, ce qui les aide à passer inaperçus.

'attes en rrière du orps pour ervir de ouvernail

Manchots Adélie nageant comme des marsouins

NAGEURS ET PLONGEURS

Pour respirer en nageant à grande vitesse, les manchots sautent hors de l'eau et plongent alternativement, technique apparentée à celle des marsouins. Ils atteignent ainsi une vitesse de 30 km/h, se propulsant au moyen de leurs ailes rigides.

LE GORFOU MACARONI

Pendant la parade nuptiale, ce manchot secoue sa crête jaune vif, qui lui permet aussi de reconnaître ses semblables.

L'oiseau étend ses ailes pour se détendre.

LE MANCHOT À JUGULAIRE

Il doit son nom à la ligne noire qu'il a sous le menton. C'est un oiseau bruyant et querelleur.

LES MANCHOTS

- Sphénicidés : 18 espèces
- Diurnes et nocturnes
- Oiseaux de mer non volants
- Nourriture : poisson, petits animaux marins
- Habitat : mers du sud, îles tempérées, côtes tropicales
- Nids : pierres, herbe, boue, grottes
- Œufs : blanchâtres

LES MAMMIFÈRES

QU'EST-CE QU'UN MAMMIFÈRE ?

Tous les mammifères ont un squelette, une fourrure ou des poils, et le sang chaud. Les femelles mettent bas leurs jeunes vivants et les nourrissent du lait produit par leurs glandes mammaires – d'où leur nom. Ce sont des animaux évolutivement très avancés et certains sont dotés d'une intelligence très développée. Depuis les énormes baleines jusqu'aux minuscules chauves-souris et musaraignes, il existe sur Terre environ 4 300 espèces de mammifères.

La gestation du cheval dure 335 jours

Le poulain tète le lait aux mamelons de sa mère, situés entre ses pattes postérieures.

JUMENT ET SON POULAIN

LES JEUNES MAMMIFÈRES

Les femelles nourrissent leurs petits grâce au lait de leurs glandes mammaires. Pendant sa croissance et son développement, les parents prennent soin du jeune et lui enseignent comment survivre.

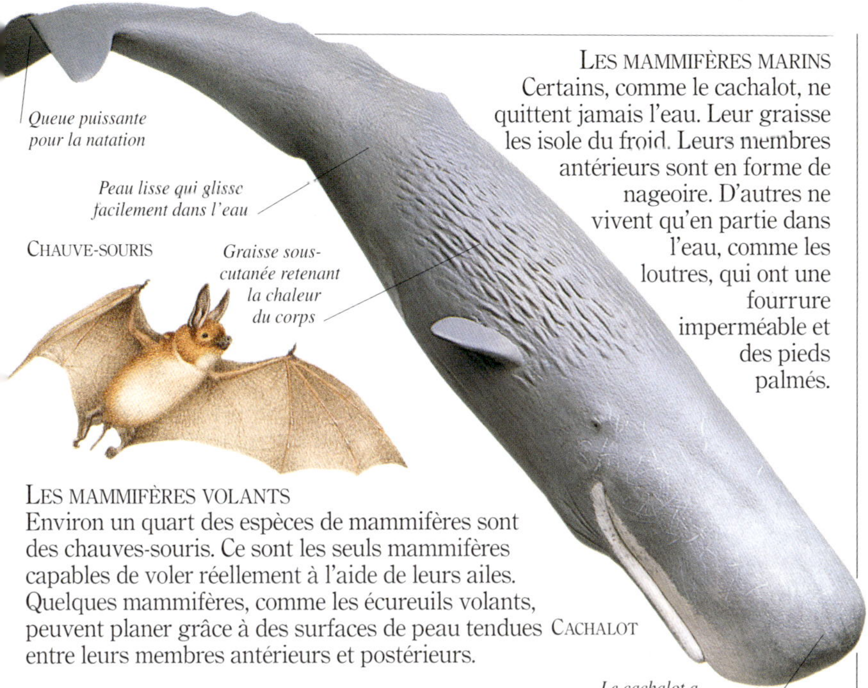

Queue puissante pour la natation

Peau lisse qui glisse facilement dans l'eau

Graisse sous-cutanée retenant la chaleur du corps

CACHALOT

Le cachalot a le plus gros cerveau du monde animal.

LES MAMMIFÈRES MARINS
Certains, comme le cachalot, ne quittent jamais l'eau. Leur graisse les isole du froid. Leurs membres antérieurs sont en forme de nageoire. D'autres ne vivent qu'en partie dans l'eau, comme les loutres, qui ont une fourrure imperméable et des pieds palmés.

CHAUVE-SOURIS

LES MAMMIFÈRES VOLANTS
Environ un quart des espèces de mammifères sont des chauves-souris. Ce sont les seuls mammifères capables de voler réellement à l'aide de leurs ailes. Quelques mammifères, comme les écureuils volants, peuvent planer grâce à des surfaces de peau tendues entre leurs membres antérieurs et postérieurs.

BÉBÉ HUMAIN

JEUNE CHIMPANZÉ

Les humains ont besoin de leurs parents plus longtemps que n'importe quel autre mammifère, à l'exception de l'éléphant.

Les humains sont très proches des chimpanzés, gorilles et orangs-outans.

LES HUMAINS
L'homme n'est qu'une espèce de mammifère parmi d'autres. Les chimpanzés sont nos parents vivants les plus proches : nous avons 99 % de gènes en commun.

LA REPRODUCTION

Les mammifères se reproduisent de trois façons. La plupart sont des mammifères placentaires qui nourrissent leurs embryons à l'intérieur de l'utérus grâce à une structure nommée placenta. Les petits marsupiaux débutent leur développement dans l'utérus, puis, encore inachevés, en sortent et rampent jusqu'à la poche externe de leur mère, appelée marsupium. Enfin, les monotrèmes, dont il n'existe que trois espèces, constituent l'exception : ils sont les seuls mammifères à pondre des œufs.

FEMME ENCEINTE

LES MAMMIFÈRES PLACENTAIRES
Le placenta est un organe en forme de disque qui se développe dans la muqueuse de l'utérus après la fécondation. Le cordon ombilical, relié au placenta, alimente le bébé en éléments nourriciers, en oxygène et en anticorps, et lui permet d'évacuer les déchets de son organisme dans le sang de sa mère.

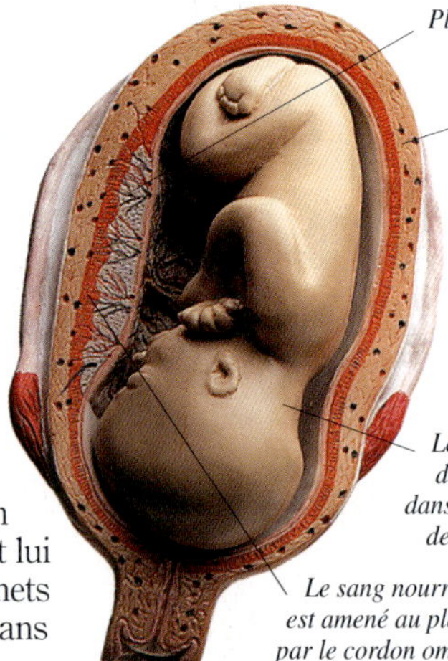

FŒTUS HUMAIN DE 36 SEMAINES

ORNITHORYNQUE

Les œufs ont une coquille molle.

LES MONOTRÈMES

L'ornithorynque et les échidnés pondent des œufs. L'ornithorynque couve ses œufs pendant trois semaines dans un nid. Pendant l'incubation, c'est le vitellus (jaune) de l'œuf qui nourrit l'embryon. Après éclosion, les jeunes monotrèmes tètent le lait de leur mère, comme tout mammifère.

LE SAVIEZ-VOUS ?

- À la naissance, un bébé kangourou tient dans une petite cuillère.
- Un petit écureuil met 22 à 45 jours pour se développer dans l'utérus de sa mère ; un petit éléphant met deux ans.
- La femelle du lemming des toundras peut se reproduire dès l'âge de 15 jours.

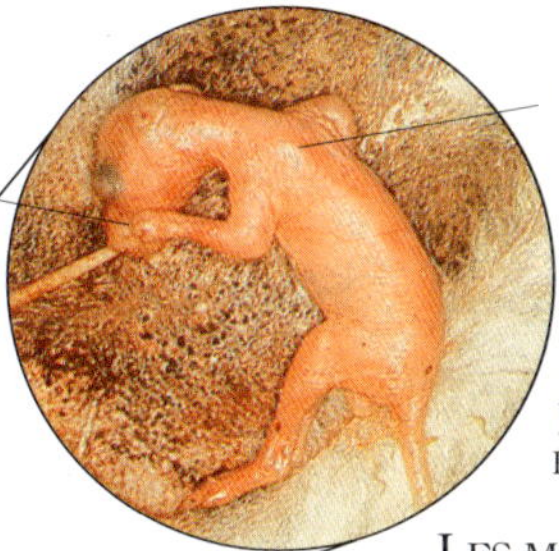

Les mamelons de la mère gonflent dans la bouche du petit, le maintenant attaché pendant un à deux mois.

Le bébé kangourou reste dans la poche environ six mois.

KANGOUROU ET SON PETIT

LES MARSUPIAUX

Les jeunes marsupiaux comme les kangourous passent seulement 12 à 30 jours dans l'utérus de la mère, et naissent à un stade immature de leur développement. Ils rampent alors vers la poche ventrale et se fixent sur les mamelons qui vont les nourrir jusqu'à complet développement.

Naissance et croissance

La plupart des mammifères mettent bas des petits vivants et achevés. Certains, comme les baleines ou les singes, ont seulement un ou deux petits par portée, d'autres jusqu'à 10 ou 15, les souris jsuqu'à 18. Chez les mammifères tropicaux, les naissances ont lieu tout au long de l'année généralement ; sous les climats tempérés ou froids, elles interviennent plutôt au printemps ou en été. Les mammifères consacrent beaucoup de temps aux soins qu'ils donnent à leurs jeunes.

Les matériaux du nid tiennent les petits au chaud.

SOURIS NOUVEAU-NÉES

BÉBÉS NUS...

Les petites souris naissent nues, aveugles et sourdes, et sont totalement dépendantes de leur mère. La fourrure commence à pousser dans leur première semaine de vie, et leurs yeux s'ouvrent au bout du dixième jour. Elles quittent le nid à deux ou trois semaines.

... OU BÉBÉS POILUS

À la naissance, les chatons sont déjà couverts de fourrure. La mère les lèche pour sécher le poil afin qu'il retienne la chaleur corporelle du chaton. Les nouveau-nés sont actifs mais leurs yeux et leurs oreilles sont fermés, les rendant temporairement aveugles et sourds. Ils sont sevrés à 8 semaines.

La mère coupe le cordon ombilical avec ses dents.

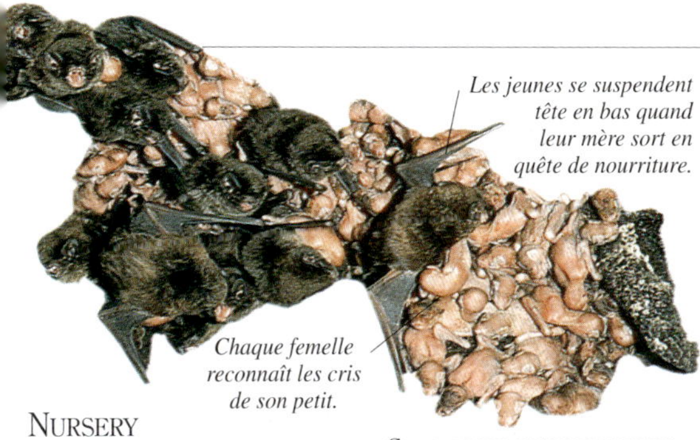

Les jeunes se suspendent tête en bas quand leur mère sort en quête de nourriture.

Chaque femelle reconnaît les cris de son petit.

COLONIE DE CHAUVES-SOURIS

NURSERY

Les jeunes chauves-souris naissent aveugles et nues. Elles se serrent les unes contre les autres pour se tenir chaud quand leurs mères partent chasser. Les petites espèces peuvent voler au bout de 20 jours, les plus grandes, comme les renards volants, au bout de trois mois.

LE SAVIEZ-VOUS ?

- Les femelles de rats peuvent avoir jusqu'à cent petits par an.
- Un chimpanzé s'occupe de son petit jusqu'à l'âge de 6 ans.
- Les bébés girafes peuvent courir un jour après leur naissance.

Le gorille enseigne les règles de vie à son petit.

GORILLE (PRIMATE) ET SON PETIT

SOINS PARENTAUX

Certains mammifères, notamment les primates, passent plusieurs années à élever leurs petits et à leur enseigner comment trouver leur nourriture. Ce sont les mères qui prodiguent l'essentiel des soins, mais comme chez d'autres espèces sociables (chauves-souris, éléphants, lions), les membres du groupe y participent.

LA PEAU ET LES POILS

Couche externe protectrice, la peau, garnie de poils, régule la température du corps. Les poils, caractéristiques des mammifères, peuvent prendre divers aspects : fourrure, vibrisses, piquants, etc. Ils retiennent la chaleur, isolant du froid et de la pluie. Des mammifères comme les chinchillas ont un poil très épais. D'autres, tels les cétacés, en ont très peu.

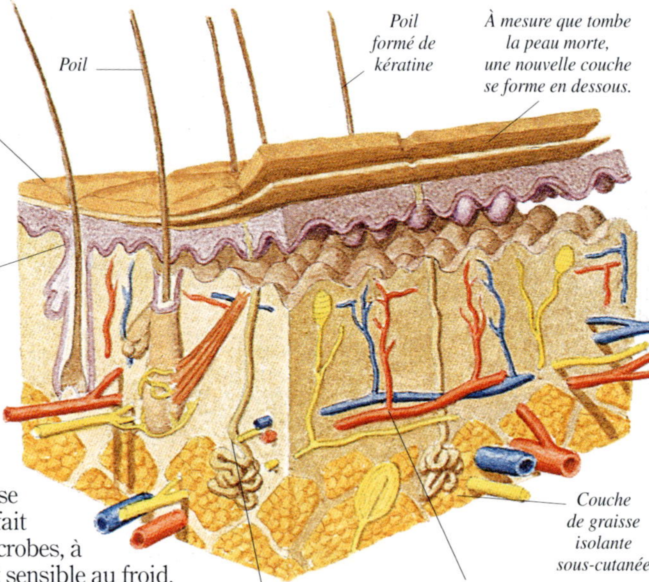

COUPE DE PEAU HUMAINE

LA PEAU HUMAINE

La peau protège l'intérieur de l'organisme, l'empêchant de se dessécher. Elle fait barrière aux microbes, à la poussière, est sensible au froid, à la chaleur et à la pression. Support des poils et des glandes sudoripares, elle joue un rôle important dans la régulation de la température interne.

GRAND DAUPHIN

Sous la peau des cétacés se trouve le lard, une épaisse couche de graisse.

COUCHE ISOLANTE

Les cétacés, dont font partie les dauphins, ont une peau épaisse, lisse et caoutchouteuse, portant très peu de poils pour ne pas freiner leur progression dans l'eau. C'est leur graisse, appelée lard, qui les isole du froid. Les phoques, au contraire, ont une épaisse fourrure huilée qui emprisonne une couche d'air.

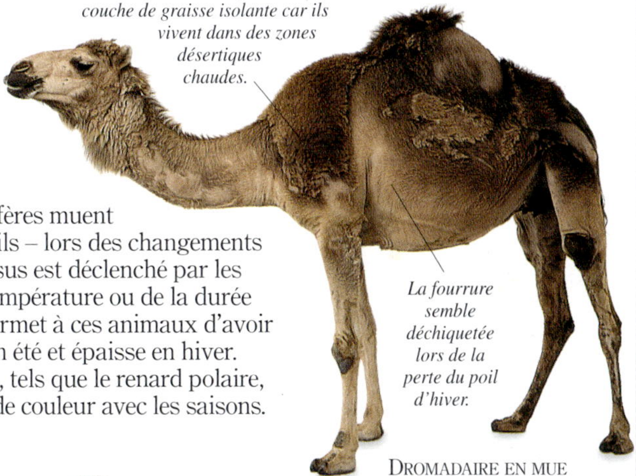

Les dromadaires n'ont pas besoin de couche de graisse isolante car ils vivent dans des zones désertiques chaudes.

La fourrure semble déchiquetée lors de la perte du poil d'hiver.

DROMADAIRE EN MUE

LA MUE

Beaucoup de mammifères muent – ils perdent leurs poils – lors des changements de saisons. Ce processus est déclenché par les modifications de la température ou de la durée d'ensoleillement et permet à ces animaux d'avoir une fourrure légère en été et épaisse en hiver. Certains mammifères, tels que le renard polaire, changent également de couleur avec les saisons.

Les pattes et les dents sont utilisées pour peigner et brosser la fourrure.

RAT À SA TOILETTE

RESTER PROPRE

Pour garder leur peau et leur poil propres et exempts de parasites, les mammifères font leur toilette en se léchant, se peignant et mordillant leur fourrure. Chez les mammifères sociables, les toilettes mutuelles renforcent les liens entre les individus.

LES SENS DES MAMMIFÈRES

Les mammifères perçoivent les informations de leur environnement et communiquent entre eux grâce à leurs cinq sens : la vue, l'ouïe, l'odorat, le goût et le toucher. Ce sont les seuls animaux qui possèdent des oreilles externes. La plupart voient le monde en noir et blanc.

L'ODORAT

Indispensable pour identifier les individus et la nourriture, les éventuels prédateurs et congénères, le sens de l'odorat est hautement développé chez les insectivores, les carnivores (comme les chiens) et les rongeurs. Chez les cétacés et les primates supérieurs, comme les humains, il est beaucoup moins développé.

Certains chiens sont entraînés à flairer les drogues et les explosifs.

CHIEN

L'odorat du chien est un million de fois plus sensible que celui de l'homme.

La truffe humide permet d'identifier les odeurs.

PANTHÈRE NOIRE

Longues moustaches sensibles

LES VIBRISSES, POILS TACTILES

Les vibrisses (moustaches) sont des longs poils qui poussent généralement sur la face. Certains mammifères ont des vibrisses sur les membres, les pieds ou le dos. Sensibles au toucher, elles aident l'animal à sentir les objets dans la nuit et à évaluer l'espace disponible dans les endroits étroits.

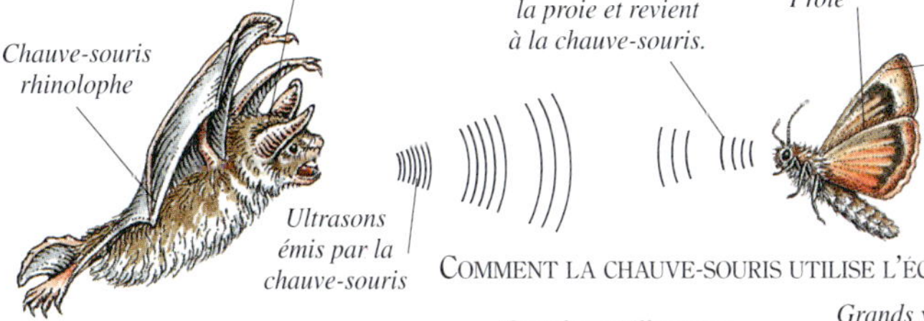

COMMENT LA CHAUVE-SOURIS UTILISE L'ÉCHOLOCALISATION

L'ÉCHOLOCALISATION

Les chauves-souris et les dauphinss ont un sens particulier appelé écholocalisation. Ils émettent des ultrasons qui rebondissent sur les objets de leur environnement et leur reviennent sous forme d'échos, permettant leur localisation.

GALAGO

LES SENS DE LA NUIT

Beaucoup de mammifères sont nocturnes et possèdent des yeux et des oreilles mobiles leur permettant de localiser la nourriture de nuit. Les galagos ont des yeux particulièrement grands et de grandes oreilles mobiles.

L'ALIMENTATION

Les mammifères doivent manger régulièrement pour maintenir une température interne constante, et les petits plus souvent que les gros. La plupart sont herbivores, mais certains sont carnivores et d'autres ont un régime alimentaire plus varié. Ils ont trois types de dents : les incisives pour couper, les canines pour déchirer, les molaires pour broyer. Les dents se développent en deux séries : les dents de lait chez les jeunes, puis la dentition adulte.

CRÂNE DE CHÈVRE

Mâchoire inférieure haute pour l'ancrage des muscles masticateurs

Espace laissant passer la langue afin qu'elle s'enroule autour des végétaux volumineux

Mâchoires mobiles verticalement et latéralement

LES HERBIVORES

Les herbivores, comme les vaches, chevaux, chameaux, moutons, chèvres et cerfs, ne consomment que des végétaux. Ils ont de longues mâchoires munies de rangées de molaires qui écrasent et broient les végétaux. Les ruminants ont une gencive durcie au lieu des incisives sur la mâchoire supérieure.

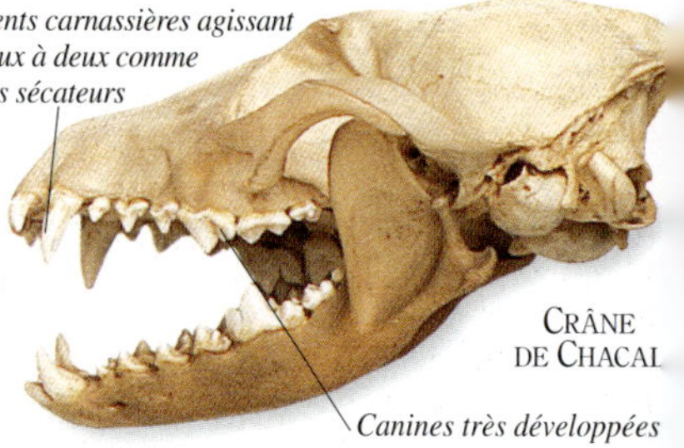

CRÂNE DE CHACAL

Dents carnassières agissant deux à deux comme des sécateurs

Canines très développées

LES CARNIVORES

Les carnivores comme les lions, les tigres et les loups, mangent de la viande. Leurs mâchoires sont plus courtes et plus puissantes que celles des herbivores. Ils ont des dents spéciales, dites carnassières, aux bords tranchants pouvant couper la viande ou briser les os.

La face arrière des incisives s'use plus vite que la face avant et forme un biseau coupant semblable à un ciseau.

CASTOR

LE SAVIEZ-VOUS ?

- Les musaraignes mangent leur propre poids en nourriture chaque jour et peuvent mourir de faim en seulement trois heures.
- Une dent d'éléphant adulte pèse 4,5 kg – plus qu'une brique !

DES DENTS QUI POUSSENT TOUJOURS

Les rongeurs, comme les castors, ont quatre puissantes incisives, les dents de devant, qui ne cessent de pousser. S'en servant très souvent, elles s'usent constamment et restent aiguisées. Les rongeurs de compagnie peuvent présenter des incisives trop longues s'ils manquent de matériaux durs à ronger.

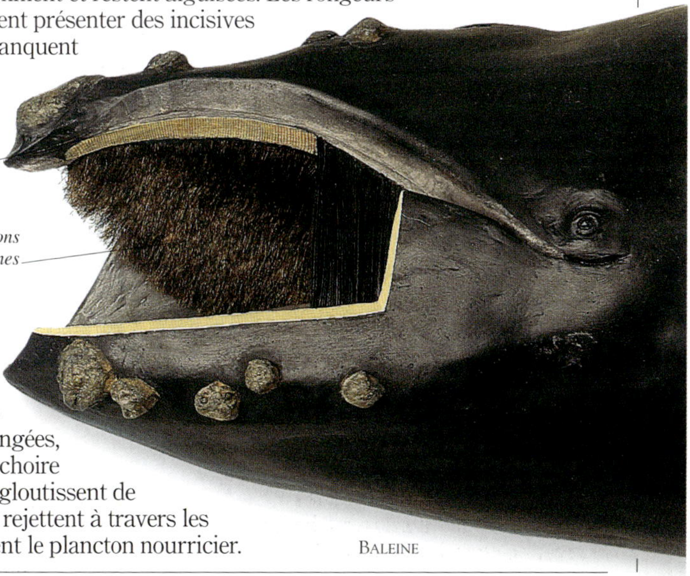

Forte mâchoire supérieure arquée soutenant les fanons

Coupe montrant les fanons avec leurs franges internes

BALEINE

PASSOIRE À PLANCTON

Les baleines n'ont pas de dents mais des fanons, longues plaques cornées frangées, suspendues à la mâchoire supérieure. Elles engloutissent de l'eau de mer puis la rejettent à travers les fanons, qui retiennent le plancton nourricier.

LES OS ET LES MUSCLES

Tous les mammifères ont un squelette, structure osseuse interne qui soutient le corps et protège les fragiles organes. Les os ne peuvent bouger d'eux-mêmes ; ils sont tirés dans différentes positions par des groupes de muscles solidement ancrés, permettant ainsi les mouvements. Certains mammifères sont dotés d'os et de muscles particulièrement puissants et peuvent courir ou nager plus vite que les autres.

ANATOMIE D'UN GORILLE
Cette illustration montre la position des os et des muscles. Cette femelle de gorille est enceinte : dans la poche musculeuse de l'utérus se trouve un petit prêt à naître.

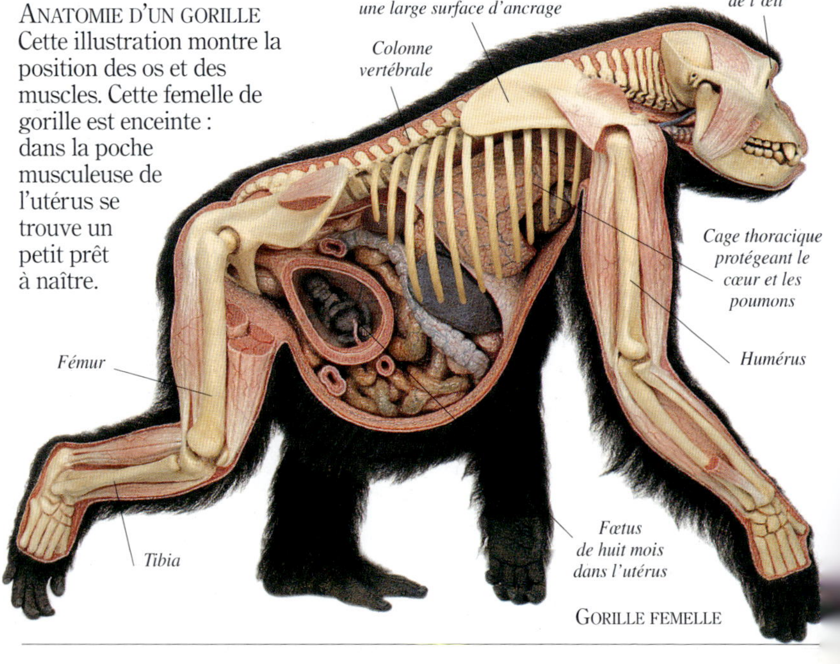

GORILLE FEMELLE

Modifiée pour le vol

L'aile de la chauve-souris, légère mais résistante, est faite d'une surface de peau élastique tendue entre le corps et les os très longs des doigts. Le battement se fait par un mouvement des bras de haut en bas.

Chauve-souris frugivore

Pour la nage

Les nageoires des phoques et des cétacés comportent les mêmes os que les membres humains, notamment ceux des cinq doigts typiques des mammifères.

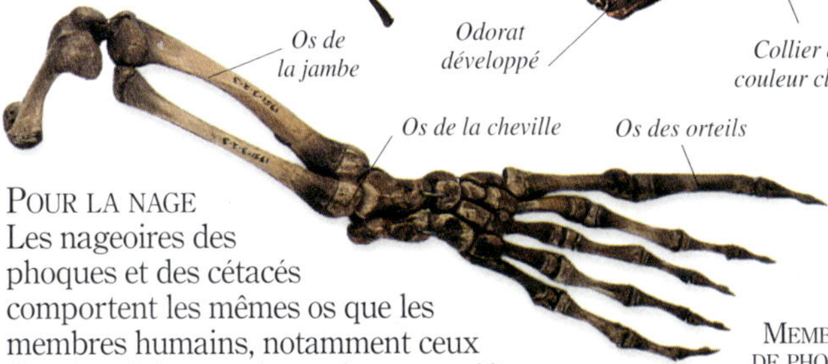

Membre de phoque

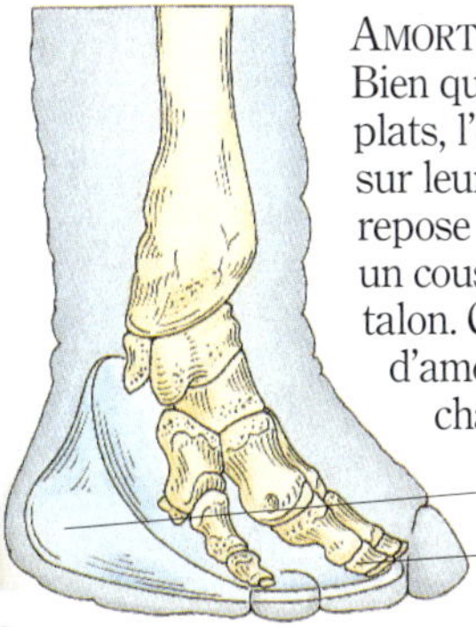

Pied d'éléphant

Amortisseurs

Bien qu'il semble avoir les pieds plats, l'éléphant marche en réalité sur leur pointe. Son poids énorme repose sur le bout des doigts et un coussin fibreux situé sous le talon. Ce coussin joue le rôle d'amortisseur, s'étalant à chaque pas.

Le saviez-vous ?

- Un squelette de mammifère compte en moyenne 200 os.
- Près de la moitié des os humains se situent dans les pieds et les mains – 26 dans chaque pied et 27 dans chaque main.

Les moyens de défense

Les mammifères herbivores, surtout les plus petits, ont beaucoup d'ennemis tels que les mammifères carnivores, l'homme, les serpents et les rapaces. Certains recourent au camouflage pour éviter de se faire repérer ou bien assurent leur sécurité par le nombre. D'autres sont pourvus d'«armes» diverses : griffes, piquants, cornes, armures, mauvaises odeurs.

PORC-ÉPIC

RÉACTION PIQUANTE
S'il est menacé, le porc-épic tourne le dos au danger, entrechoque ses piquants, grogne et tape du pied. Si l'ennemi ne bat pas en retraite, l'animal attaque à reculons pour planter ses piquants dans la peau de l'agresseur.

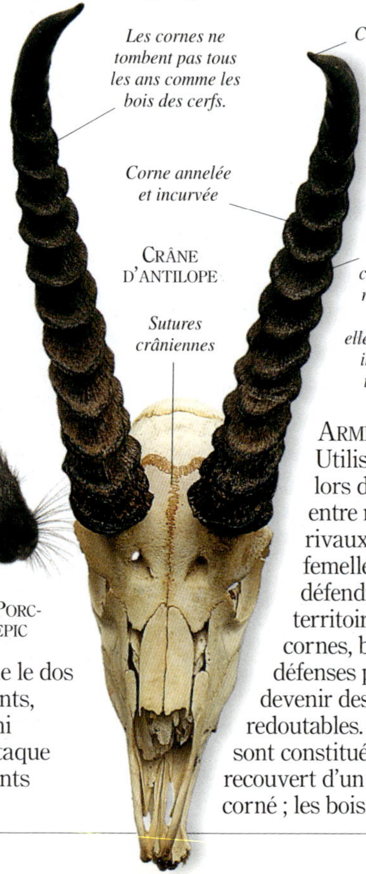

CRÂNE D'ANTILOPE

ARMES DE TÊTE
Utilisés surtout lors de combats entre mâles rivaux pour une femelle ou pour défendre un territoire, les cornes, bois et défenses peuvent devenir des armes redoutables. Les cornes sont constituées d'os recouvert d'un manchon corné ; les bois sont en os.

Odeurs répulsives
La livrée en noir et blanc des moufettes invite leurs ennemis à se tenir à distance. Si ce n'est pas suffisant, elles tournent le dos, piétinent et lèvent la queue pour projeter un liquide – produit par les glandes anales – à l'odeur nauséabonde et persistante qui «brûle» la peau.

La cuirasse du tatou est impénétrable.

TATOU

La moufette projette un liquide malodorant à plus de 3,60 m.

Elle se dresse sur ses pattes de devant pour avertir l'ennemi.

MOUFETTE TACHETÉE

Caparaçonné
Le corps des tatous est protégé par une carapace de plaques osseuses, recouvertes de corne. En cas de danger, certaines des vingt espèces de tatous se roulent en boule pour protéger leur partie ventrale vulnérable.

OKAPI

Camouflage
Les rayures de l'okapi, un cousin de la girafe «cassent» sa forme. Ainsi camouflé, il est difficile à localiser.

LE SAVIEZ-VOUS ?

- Pour se défendre, les zèbres mâles bottent les lions de leurs sabots, leur brisant parfois les dents.
- Il existe très peu de mammifères venimeux : l'ornithorynque mâle a des éperons venimeux sur ses pattes arrière, les musaraignes aquatiques ont une salive toxique.

À L'ABRI ET AU CHAUD

Pour se protéger des rigueurs du temps et des prédateurs, les mammifères aménagent des abris dans les arbres, sous terre, voire dans les habitations humaines. Ils les construisent avec des matériaux naturels (herbe, feuilles, bois, poils) et se servent de leurs membres et leurs dents pour les façonner. Nombre de ces abris, telles les terriers des blaireaux, sont permanents ; d'autres ne servent qu'un jour ou une saison.

ÉCUREUIL GRIS DANS SON NID

Couche externe de feuilles et de brindilles

Rembourrage (herbe, mousse, plumes, laine, etc.)

DANS LES ARBRES
Pour se protéger des intempéries dans les branchages exposés, les écureuils bâtissent des nids ronds de la taille d'un ballon de football, où ils se reposent et élèvent leurs petits. Chaque année ils changent de place. Les nids d'hiver sont plus solides que ceux d'été, et il existe des nids de reproduction.

LES ABRIS D'HERBES

Certains mammifères, entre autres les rongeurs, utilisent de l'herbe et de la paille pour garnir leurs terriers et nids. Les gerbilles utilisent des lambeaux de végétaux.

HUTTE DE CASTOR

HUTTE DE BRANCHAGES

Les castors utilisent des branches qu'ils enchevêtrent à l'aide de leurs pattes avant et cimentent avec de la boue, pour bâtir, au milieu d'un étang, une hutte en forme de dôme reliée à un réseau de coulées et de galeries. Localement, ils creusent des terriers dans les berges.

LES TERRIERS

Les terriers protègent leurs occupants des températures extrêmes et des prédateurs. Les taupes passent le plus clair de leur temps sous terre.

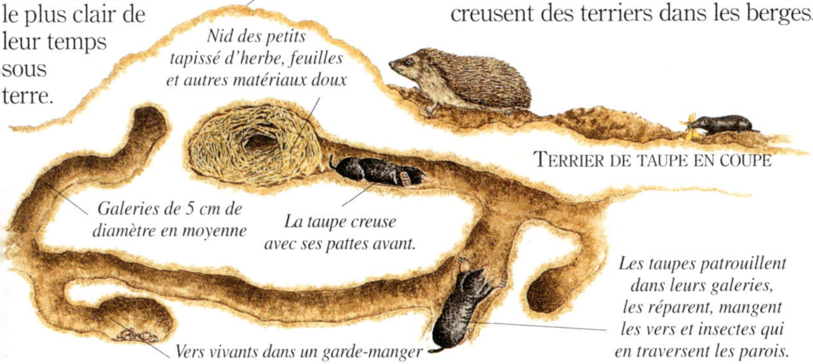

TERRIER DE TAUPE EN COUPE

Où vivent les mammifères ?

Les mammifères se rencontrent dans le monde entier, depuis les sommets des montagnes et les pôles glacés jusqu'aux déserts brûlants. Cela leur est possible grâce à leur organisme qui, pourvu qu'ils trouvent toujours à manger, génère sa propre chaleur et la maintient constante.

MILIEUX FORESTIERS
Ces milieux sont riches en nourriture et en abris, mais les mammifères doivent faire face à la mauvaise saison qui apporte le froid et une raréfaction alimentaire.

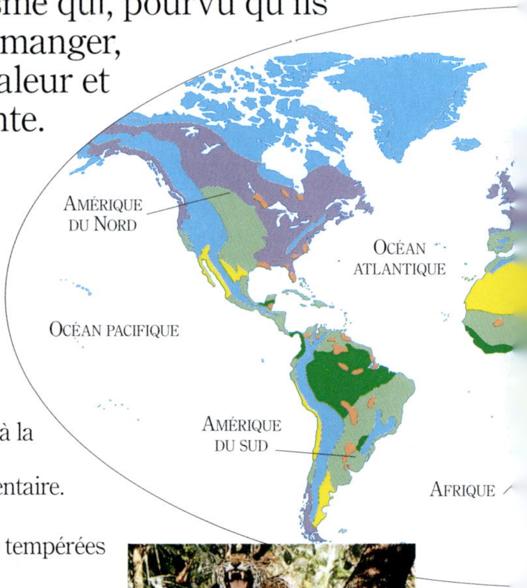

- Régions boisées et forêts tempérées
- Forêts tropicales
- Prairies, savanes et steppes
- Déserts
- Montagnes et milieux polaires
- Mers et océans
- Cours d'eau, lacs et marais

FORÊTS TROPICALES
Le climat chaud et humide toute l'année y favorise l'existence d'une grande variété de mammifères vivant dans les arbres et au sol.

COURS D'EAU, LACS ET MARAIS
Les mammifères qui occupent ces milieux sont souvent de bons nageurs, dotés d'une fourrure imperméable et de pieds palmés.

MERS ET OCÉANS
Parmi les mammifères qui s'y sont adaptés, certains se reproduisent à terre, d'autres ne quittent jamais l'eau.

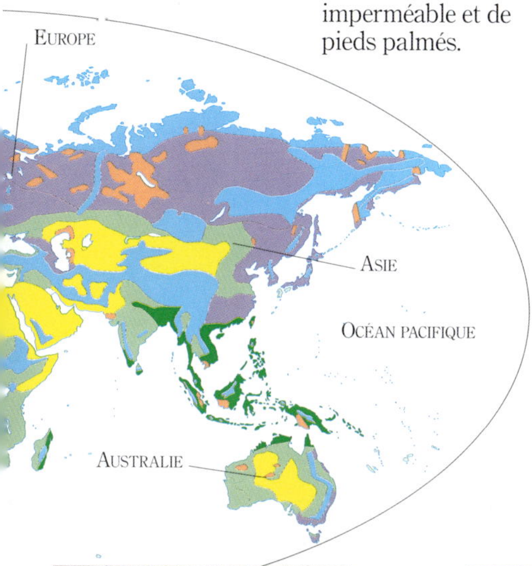

MONTAGNES ET PÔLES
Les températures très basses, les vents forts et secs qui y règnent ne conviennent qu'aux mammifères les mieux adaptés.

PRAIRIES, SAVANES ET STEPPES
Qu'elles soient chaudes ou plus froides, elles sont le royaume des petits fouisseurs et des grands troupeaux d'herbivores.

LES DÉSERTS
Les mammifères des déserts sont adaptés spécialement pour survivre à des conditions de sécheresse et des températures extrêmes.

LES MILIEUX FORESTIERS

Ce sont des milieux riches en abris et en nourriture. Ici, les grands herbivores sont les cervidés. Beaucoup de petits herbivores, tels les rongeurs, vivent sous le couvert et sous terre, à l'abri de leurs prédateurs, des carnivores comme la martre et le glouton. Dans certaines régions du monde, les milieux forestiers sont menacés par l'exploitation du bois et la pollution.

Membres courts et puissants pour grimper aux arbres

MARTRE

Longue queue touffue assurant l'équilibre

MANGER ET ÊTRE MANGÉ

Dans les forêts tempérées, la nourriture des rongeurs comme les tamias varie avec les saisons : noix, baies, feuilles, écorces. Les rongeurs sont une source importante de nourriture pour les carnivores.

TAMIA RAYÉ

Les tamias brisent les noix avec leurs puissantes incisives.

CHASSEURS NOCTURNES

Beaucoup de mammifères forestiers se reposent pendant la journée et sont actifs la nuit, surtout à l'aube et au crépuscule. La martre, petit prédateur rapide et agile, chasse les oiseaux et les rongeurs dans les arbres et au sol.

Se déplacer dans les branches

Beaucoup de mammifères arboricoles sautent pour se déplacer d'arbre en arbre. Certains, comme les écureuils volants, disposent de replis de peau entre les pattes antérieures et postérieures grâce auxquels ils s'appuient sur l'air. Mais ils ne font que planer. Seules, parmi les mammifères, les chauves-souris volent réellement.

Écureuil volant marsupial

L'animal plane grâce à des replis de peau qui se tendent de chaque côté du corps lorsqu'il écarte les pattes.

La survie hivernale

Les mammifères résistent à l'hiver de diverses manières. Certains, comme la zibeline, ont une fourrure très épaisse qui leur tient chaud, d'autres amassent des réserves de nourriture. D'autres encore, comme les loirs, hibernent pendant les périodes froides.

La zibeline atteint 63 cm de long au total.

Même la plante de ses pieds est recouverte de fourrure.

Fourrure épaisse

Zibeline

Le hérisson porte jusqu'à 5 000 piquants pointus et durs.

Hérisson

Le sommeil du hérisson

Quand un mammifère, comme le hérisson ou le loir, hiberne, son métabolisme ralentit au maximum. Il entre dans un sommeil profond, ce qui lui évite de dépenser de l'énergie à rechercher sa nourriture. Pour survivre, un mammifère qui hiberne compte sur les réserves qu'il a accumulées sous forme de graisse et sur la protection que lui offre sa tanière.

Les forêts feuillues

Dans les forêts tempérées, les modes de vie des mammifères varient avec les saisons. Les petits naissent au printemps et seront assez robustes quand l'hiver arrive. En été et en automne, les animaux mangent beaucoup afin d'accumuler des réserves de graisse. À la saison froide, certains réduisent leur activité, d'autres, parmi les plus petits, s'activent pour se réchauffer.

Le campagnol roussâtre est difficile à apercevoir parmi les feuilles mortes.

Sous la litière

La survie des rongeurs, comme les campagnols, dépend en partie de leur camouflage dans la végétation et la litière de feuilles au sol. Ils doivent se nourrir souvent et beaucoup vont chercher dans les arbres des noix et d'autres aliments qu'ils stockent dans des chambres souterraines.

Grimpeurs émérites

Les écureuils, d'une agilité extrême, sont les maîtres de la vie dans les branches. Ils s'aventurent sur les plus fins rameaux et courent à la verticale sur les troncs, s'agrippant avec leurs griffes pointues. Certains stockent la nourriture dans leur nid construit en hauteur.

L'écureuil mange des noisettes et des graines.

La queue touffue sert de balancier et de signal.

Le blaireau a une ouïe et un odorat excellents mais une mauvaise vue.

Sa face marquée de rayures noires et blanches en brise le contour, ce qui le rend difficile à repérer dans la lumière du crépuscule.

Le blaireau a de longues et puissantes griffes pour creuser ses galeries.

BLAIREAUX FOUISSEURS

Une famille de blaireaux vit dans une tanière souterraine parfois très ancienne. Au sol, des coulées bien marquées et des «pots» contenant des excréments sont des indices d'une tanière occupée.

Pour se diriger dans l'obscurité, la belette frotte ses moustaches sur ce qui l'entoure.

Griffes acérées

Les belettes se dressent souvent sur leurs pattes arrière pour épier le danger ou des proies.

LE SAVIEZ-VOUS ?

- Le plus grand terrier de blaireaux connu comptait 50 chambres souterraines et 178 entrées différentes.
- Les écureuils gris récoltent les glands jusqu'à 30 m de haut.
- Dans certains pays, les loirs hibernent jusqu'à 9 mois.

PRÉDATEURS FORESTIERS

Les belettes sont d'actifs chasseurs de petits rongeurs comme les souris ou campagnols, qui peuvent aisément se faufiler dans leurs terriers. L'hiver, dans les régions froides et enneigées, elles prennent un pelage blanc, qui les camoufles sur la neige.

LES FORÊTS DE CONIFÈRES

S'étendant dans le nord de l'Amérique, de l'Europe et de l'Asie, les forêts de conifères offrent un couvert tout au long de l'année. Les hivers y sont rudes et les mammifères qui y vivent ont une fourrure épaisse et sont plus gros que leurs cousins du sud ; certains hibernent, d'autres acquièrent un pelage blanc.

OURS BRUN

L'OURS DORMEUR
À l'automne, les ours bruns mangent beaucoup pour accumuler des réserves de graisse qui les maintiendront en vie pendant leur sommeil hivernal. Mais l'ours n'est pas un vrai hibernant ; un bref redoux peut le réveiller et les femelles mettent bas dans la tanière hivernale.

Le saviez-vous ?

- Une chauve-souris en hibernation peut ne respirer qu'une fois toutes les 45 minutes.
- Les écureuils roux détectent les cônes de pin enterrés à 30 cm.
- Le glouton peut tirer des proies de plusieurs fois son poids sur des kilomètres.

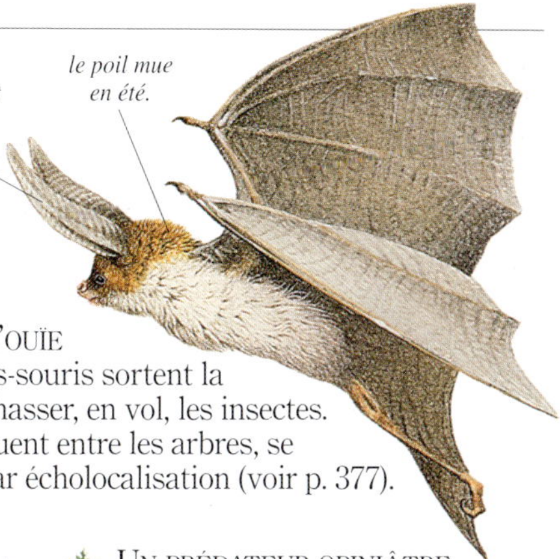

Chasse à l'ouïe

Les chauves-souris sortent la nuit pour chasser, en vol, les insectes. Elles naviguent entre les arbres, se dirigeant par écholocalisation (voir p. 377).

Un prédateur opiniâtre

Plus gros membre de la famille des mustélidés, le glouton peut attraper des proies aussi grosses que des caribous, après les avoir poursuivies sur des kilomètres. Les Inuits fabriquaient jadis des parkas avec sa fourrure, qui empêche la fixation des cristaux de glace.

L'esprit sauvage

Le chat sauvage mène une vie solitaire de chasseur nocturne. C'est un proche parent du chat domestique, très discret.

LES FORÊTS D'EUCALYPTUS

Les forêts chaudes et sèches d'Australie offrent nourriture et couvert végétal toute l'année. La plupart des mammifères y sont des marsupiaux (mammifères à poche). Actifs surtout la nuit, ils se servent de leur ouïe et de leur odorat aiguisés pour se diriger. Certains, tel le koala, vivent dans les arbres ; d'autres, comme les bandicoots, sont terrestres.

UN SAUTEUR À POCHE

Pendant la journée, des groupes de kangourous gris se reposent sous les arbres, mais la nuit, ils partent à la recherche de plantes à manger. Les jeunes kangourous restent dans la poche jusqu'à 11 mois (plus longtemps que tout autre marsupial) et tètent jusqu'à 18 mois.

LE SAVIEZ-VOUS ?

- Entre sa sortie de l'utérus et l'âge adulte, le kangourou multiplie son poids de départ par 30000.
- Le wombat est le plus gros marsupial fouisseur. Il peut creuser jusqu'à 3 mètres en une heure.

KANGOUROU GRIS

Le kangourou broute appuyé sur ses quatre pattes

Les pattes antérieures ont cinq doigts griffus.

Les puissantes pattes arrière permettent de grands bonds pour échapper aux prédateurs.

La queue équilibre le corps.

KOALA

Le petit koala vit dans la poche de sa mère pendant six mois, puis passe six autres mois sur son dos.

Pour digérer les feuilles coriaces, les koalas ont un long intestin.

CONSOMMATEUR DIFFICILE

Le koala, marsupial arboricole, descend rarement au sol. Il passe près de 18 heures par jour à somnoler dans les branches, auxquelles il s'agrippe de ses griffes puissantes et acérées. Il consomme les feuilles de seulement 12 espèces d'eucalyptus sur les 700 existantes, en absorbant environ 1,5 kg par jour.

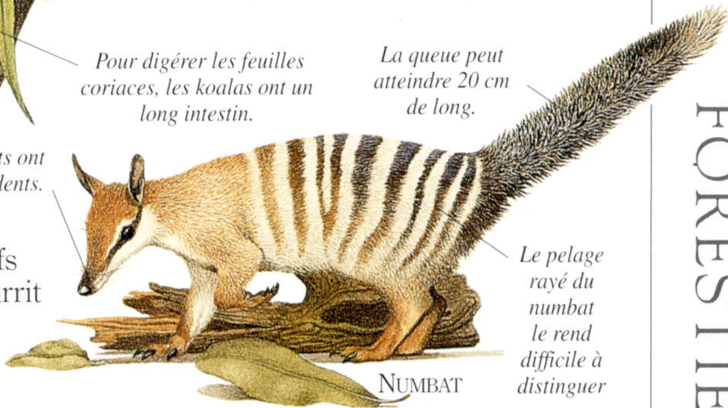

NUMBAT

La queue peut atteindre 20 cm de long.

Les numbats ont 52 petites dents.

Le pelage rayé du numbat le rend difficile à distinguer

AFFAMÉ DE TERMITES

Un des rares marsupiaux actifs le jour est le numbat. Il se nourrit de termites qu'il ramasse par milliers avec sa longue langue étroite.

DIABLE DE TASMANIE

Il doit son nom de «diable» à sa couleur noire et ses cris perçants.

Odorat très développé

SUPERPRÉDATEUR

La grosse tête et les fortes mâchoires du diable de Tasmanie lui permettent de broyer même les os de ses proies. C'est le plus gros des marsupiaux carnivores. Principalement nocturne, il habite des terriers sous les rochers ou les souches. Les jeunes occupent la poche maternelle pendant 15 semaines et sont sevrés à l'âge de 20 semaines.

LES CERVIDÉS

Les bois et forêts, qui regorgent de végétaux, abritent de nombreux cervidés. Leurs mœurs discrètes et leur pelage peu voyant les camouflent efficacement, d'autant que leurs sens aiguisés sont toujours en alerte et qu'ils ont tôt fait de s'enfuir sur leur longues pattes.

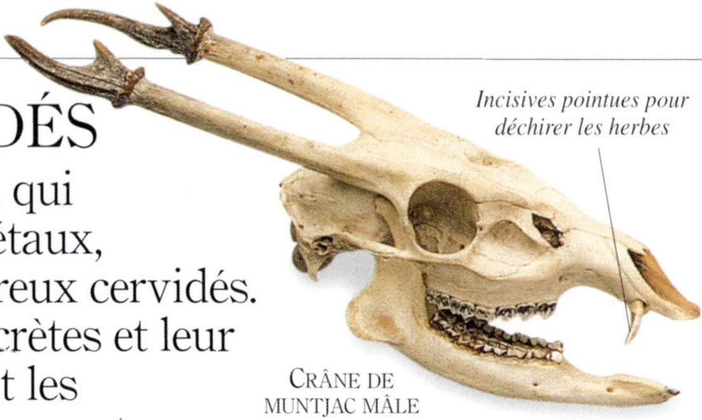

CRÂNE DE MUNTJAC MÂLE

DENTS BROYEUSES

Les cervidés possèdent des molaires très développées pour broyer les végétaux coriaces.

ÉLAN

LE GÉANT DES CERVIDÉS

L'élan, ou orignal, peut atteindre 800 kilos et 2,30 m au garrot. Contrairement aux autres cervidés, il vit généralement en solitaire, excepté les femelles avec leurs petits ou à la saison des amours. En hiver il se nourrit de plantes ligneuses, mais en été, il pénètre dans les lacs à la recherche de végétaux plus tendres.

La croissance des bois

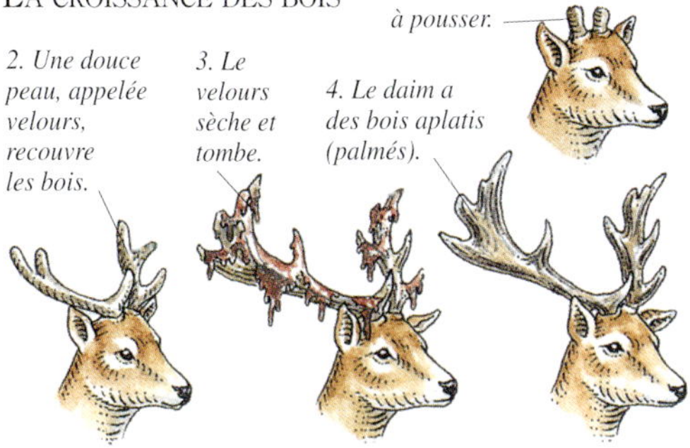

Cerf élaphe et faon

Les bois des cerfs

Mis à part l'hydropote asiatique, tous les cervidés mâles portent sur la tête des bois, indicateurs de puissance et de domination. Chaque année ils tombent puis repoussent. En automne, à la saison du rut, les mâles s'en servent lors des combats pour la possession des femelles.

Le chevreuil

Le pelage brun roussâtre du chevreuil se fond aux couleurs estivales des bois et forêts. En hiver, il s'épaissit et prend une couleur brun-gris.

Chevreuil mâle

Le saviez-vous ?

- Les cervidés sont les seuls animaux à porter des bois.
- Le wapiti américain et le caribou ont les bois les plus longs : plus de 1,50 m.
- Le plus petit cervidé, le pudu sud-américain, mesure 38 cm de haut.
- Le cerf élaphe peut vivre plus de 25 ans.

LES FORÊTS TROPICALES

Les forêts tropicales, au climat chaud et humide, sont les milieux naturels les plus riches de la planète. La plupart des mammifères présents sont d'agiles grimpeurs qui vivent dans les arbres, mais de grands prédateurs arpentent aussi le sol forestier. Malheureusement ces forêts sont détruites à un rythme inquiétant.

GALÉOPITHÈQUE

ARBORICOLES
S'agrippant de leurs doigts, griffes ou queues, volant ou planant grâce à leurs ailes ou replis de peau, les mammifères se déplacent avec aisance de branche en branche.

LES ÉTAGES FORESTIERS
Les mammifères se partagent les ressources abondantes de la forêt tropicale en vivant à différents niveaux. Dans les arbres, ils trouvent des feuilles, fleurs, insectes et fruits ; au sol, des millions d'insectes, araignées, vers et autres invertébrés ainsi que des racines, jeunes tiges et champignons.

Des cris dans la forêt

Dans l'enchevêtrement de la végétation, la communication visuelle est difficile. Aussi beaucoup de mammifères, notamment les singes, recourent plutôt à des signaux auditifs et odorants. Ils marquent leur territoire par des odeurs ou des cris perçants, donnent l'alarme et se maintiennent en contact entre eux par de puissants appels.

La queue peut atteindre 90 cm de long.

Singe hurleur

Les appels du singe hurleur portent jusqu'à 3 km.

Ses rayures aident le tigre à se fondre dans le décor et traquer ses proies sans être vu.

Chaque individu a un motif différent de rayures noires sur la face.

Les tigres vivent dans les forêts d'Asie du sud et du sud-est. Ils marquent leur territoire en déposant des odeurs et des excréments.

Tigre

Bien camouflé

Les taches, rayures et autres marques du pelage des mammifères des forêts tropicales contribuent au camouflage dans la lumière diaprée des sous-bois. Elles cassent leur silhouette qui se noie ainsi dans le décor. Les prédateurs et les proies utilisent tous deux le camouflage (tigres et cervidés par exemple). Les jeunes mammifères sont souvent mieux camouflés que leurs parents.

DANS LES ARBRES

Les mammifères qui vivent dans la canopée sont d'agiles et rapides grimpeurs et sauteurs, des animaux planeurs ou volants, ou bien des dormeurs lents qui passent leur temps agrippés dans les branches. Beaucoup sont actifs la nuit pour éviter les prédateurs comme les félins, les rapaces ou les serpents.

L'ACROBATE DE LA JUNGLE

La queue puissante du singe-araignée, ou atèle, supporte son poids, lui permettant les positions les plus acrobatiques. Il s'en sert comme d'une main supplémentaire, effectuant des sauts de 10 m à travers les branches.

LA VIE SUSPENDUE

Suspendus aux branches des forêts tropicales d'Amérique centrale et du Sud, les paresseux passent vingt heures par jour à sommeiller. Leur poil pousse en direction de leur épine dorsale afin que, lorsqu'ils sont suspendus, l'eau s'évacue naturellement vers le bas.

Les chauves-souris se suspendent aux arbres, enveloppant leur corps de leurs ailes et s'agrippant fermement avec leurs griffes puissantes.

Elles ouvrent facilement des fruits comme les figues et les mangues grâce à leur dents et leur langue puissantes.

CHAUVE-SOURIS FRUGIVORE

Les chauves-souris frugivores ont une excellente vue et un excellent odorat pour détecter les fruits mûrs.

Les chauves-souris frugivores sont aussi appelées renards volants à cause de la forme de leur face, évoquant celle des renards.

MAMMIFÈRES POLLINISATEURS

Les arbres en floraison et en fructification accueillent les chauves-souris consommatrices de fruits, de pollen ou de nectar. Munies d'une longue langue râpeuse pour récolter leur provende, elles propagent le pollen et les graines des végétaux de la forêt.

DENDROLAGUE DE DORIA

Griffes acérées pour grimper

Pieds forts et larges à la plante râpeuse pour agripper les branches

Habitant des forêts de Nouvelle-Guinée, le dendrolague de Doria a une chaude fourrure.

GARDER L'ÉQUILIBRE

Habitant le nord-est de l'Australie et la Nouvelle-Guinée, les dendrolagues, ou kangourous arboricoles, ont une grande queue qui fait office de balancier dans les branches. Ils vivent en petits groupes dans les arbres mais descendent généralement à terre pour se nourrir.

LE SAVIEZ-VOUS ?

- Les paresseux sont des animaux très lents. La vitesse moyenne de déplacement au sol du paresseux tridactyle est de 1,83 m à 2,44 m à la minute.
- Les chauves-souris arboricoles sont les plus grandes des chauves-souris, certaines atteignant une envergure de 2 m.

ANIMAUX TERRESTRES

La forêt tropicale abrite de tranquilles mangeurs de végétaux, tels que les éléphants et les gorilles. Les fourmiliers, les pangolins et les tatous mangent des termites et d'autres invertébrés. Des groupes de pécaris déterrent des racines, toujours en alerte au cas où rôderait un prédateur tel que le jaguar.

GROS HERBIVORES
Les éléphants consomment environ 170 kg de végétaux par jour. Leur trompe est vitale pour atteindre les feuilles et les fruits en hauteur.

LE SAVIEZ-VOUS ?

- L'éléphant de forêt, africain, se distingue de l'éléphant de savane par une taille plus petite, des oreilles plus rondes. En outre, ses défenses sont parallèles et non écartées et pointent vers le bas pour ne pas se prendre dans la végétation dense de la forêt.

ÉLÉPHANT D'AFRIQUE

ANTILOPE MINIATURE
L'antilope royale, de la taille d'un lapin, qui habite dans la forêt tropicale africaine, est l'un des plus petits mammifères à sabots. Farouche, elle ne sort que la nuit pour se nourrir de feuilles. Elle peut s'esquiver en silence et faire des bonds de 2,5 m de haut pour échapper à ses prédateurs, tels que les rapaces ou serpents.

Les femelles n'ont pas de cornes.

ANTILOPE ROYALE

Plaques osseuses protectrices

TATOU GÉANT

SUPER FOUISSEUR
D'énormes griffes antérieures permettent au tatou géant d'éventrer les monticules des termites. Il recherche aussi d'autres insectes, des vers et des araignées et mange même des serpents.

Chaque individu porte des marques différentes.

OCELOT

L'OCELOT
Ce petit félin habite la forêt tropicale d'Amérique centrale et du Sud. Chassant la nuit, il a de grands yeux pour voir dans l'obscurité. Chassé pour sa fourrure, c'est un animal de plus en plus rare et menacé.

Les grands singes

Les forêts tropicales sont aussi le royaume des grands singes que sont les gibbons, les chimpanzés, les gorilles et l'orang-outan. Gorilles et chimpanzés passent la plupart du temps à terre, contrairement aux gibbons et à l'orang-outan. Les grands singes vivent généralement en familles et se nourrissent de jour.

GIBBON LAR

Les gibbons se déplacent dans les arbres par brachiation, c'est-à-dire suspendus par les bras, de branche en branche, par un mouvement de balancier. Passés maîtres dans cet art, ils disposent pour cela d'articulations des bras et de l'épaule très mobiles.

Aisance arboricole

Les gibbons lars sont principalement végétariens et vivent en petits groupes dans les forêts tropicales d'Asie. Ils grimpent très bien aux arbres, courent debout sur les branches et s'y suspendent sans effort.

JEUNE CHIMPANZÉ

Les bras sont plus longs que les jambes.

Proches parents

Intelligents, les chimpanzés communiquent par sons et par gestes.

Le saviez-vous ?

- Dans la nature, les gorilles mâles pèsent entre 135 et 175 kg. On connaît toutefois un spécimen de zoo qui a atteint 310 kg.
- Certains singes peuvent vivre au-delà de 50 ans.

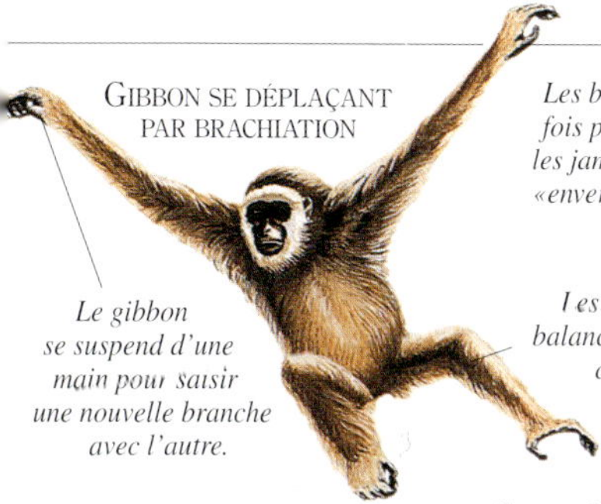

GIBBON SE DÉPLAÇANT PAR BRACHIATION

Le gibbon se suspend d'une main pour saisir une nouvelle branche avec l'autre.

Les mouvements de balancement des jambes contribuent à la progression.

Les bras sont deux fois plus longs que les jambes, avec une «envergure» de 2 m.

Les mains saisissent les branches comme des crochets, sans l'aide du pouce.

UN GÉANT DÉBONNAIRE

Ce gorille mâle est à la tête d'un groupe familial qui parcourt la forêt, mangeant des fruits et des fougères. Les femelles et les jeunes grimpent aux arbres, les mâles rarement, à cause de leur poids.

Les grands mâles ont des poils gris argentés sur le dos et sont appelés pour cela «dos argentés».

GORILLE MÂLE

Poche graisseuse autour de la gorge

Grands bras longs et puissants

ORANG-OUTAN

UN SINGE DISCRET

Dans les forêts de Bornéo et de Sumatra, le timide orang-outan vit en solitaire, sauf lors de la saison des amours. Les mâles sont beaucoup plus gros et lourds que les femelles, les plus âgés présentant des replis de peau sur la face.

LES PRAIRIES

Les prairies sont de deux grands types : tropical, comme les savanes, et tempéré, comme la prairie américaine et les steppes. Les mammifères y sont représentés surtout par des troupeaux d'herbivores et des petits fouisseurs, ainsi que par les prédateurs qui en font leurs proies.

Les chiens de prairie vivent en colonies de plusieurs milliers d'individus dans des galeries souterraines.

CHIEN DE PRAIRIE

Molaires très développées pour broyer les végétaux coriaces

Longues pattes et sabots permettant des fuites rapides

GAZELLE DE THOMSON

LES FOUISSEURS

Pour se protéger de la chaleur et du froid, et pour échapper aux prédateurs et aux incendies, beaucoup de petits mammifères, notamment les rongeurs (chiens de prairie et autres), vivent dans des galeries souterraines qu'ils creusent. Leur action crée un brassage de la terre qui favorise la croissance des plantes dont la plupart se nourrissent.

LES BROUTEURS DE GRAMINÉES

Les grands mammifères les plus communs dans les prairies sont les herbivores, comme les antilopes, les bisons et les chevaux, qui vivent en troupeaux nombreux pour se protéger des prédateurs. L'herbe repousse quand ils en coupent le sommet, leur offrant une source de nourriture toujours renouvelée.

DES CHASSEURS

La plupart des grands prédateurs, comme les lions, guépards, léopards et hyènes, vivent dans la savane africaine. Chasser en groupe permet aux hyènes et aux lions de s'attaquer à des proies plus grosses qu'eux. Les guépards chassent seuls mais courent assez vite pour attraper des antilopes.

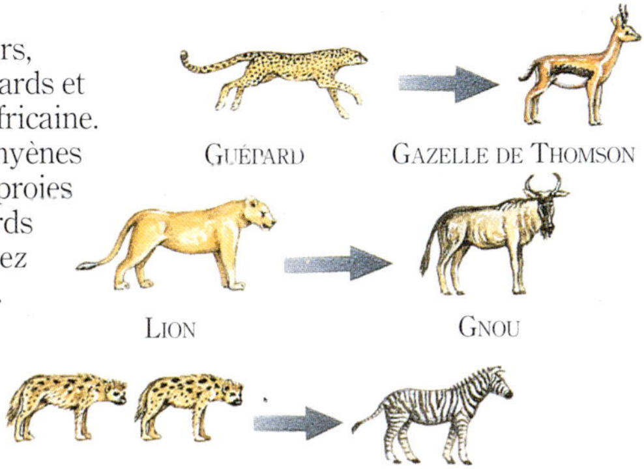

LES FÉLINS DES SAVANES

Les petits et gros félins sont des chasseurs de la savane. Les petits, comme le caracal et le serval, ont les pattes plus longues que les espèces forestières et comptent sur l'effet de surprise et la vitesse pour attraper leurs proies. Les félins tuent leurs proies par morsure. Leurs mâchoires puissantes sont armées de crocs longs et acérés.

CARACAL

STEPPES ET PAMPAS

Les vastes plaines appelées pampas en Amérique du Sud et steppes en Europe et en Asie centrale sont chaudes l'été et froides l'hiver. Beaucoup de petits rongeurs y vivent sous terre. Les troupeaux d'herbivores sauvages y ont, pour la plupart, été remplacés par des bovins ou chevaux domestiques.

Le pelage blanchit et s'épaissit en hiver.

SAÏGA

Ses narines se ferment pendant les tempêtes de sable.

RUMINANTS DES STEPPES
Le long nez de l'antilope saïga lui permet de réchauffer l'air inhalé lors des rudes hivers des steppes. De grands troupeaux de saïgas parcouraient jadis les steppes. Menacée, l'espèce est désormais protégée.

Le tamanoir n'a pas de dents. Des crêtes tranchantes dans sa bouche broient la nourriture.

La langue sort 150 fois par minute.

UN PRÉDATEUR ÉDENTÉ
Premiers consommateurs de végétaux des pampas, les insectes sont un mets goûteux pour le fourmilier tamanoir, qui se nourrit surtout de fourmis et de termites. Il éventre leur nid de ses puissantes griffes et capture les insectes de sa langue collante.

LOUP À CRINIÈRE

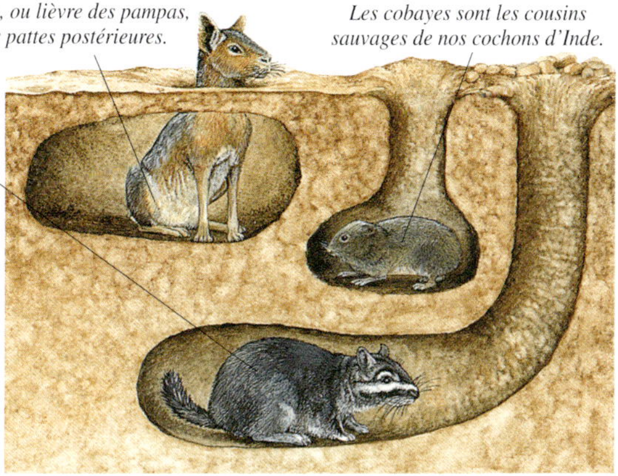

Pour fuir le danger, le mara, ou lièvre des pampas, peut bondir à 2 m sur ses pattes postérieures.

Les cobayes sont les cousins sauvages de nos cochons d'Inde.

Les viscaches creusent des galeries de leurs puissantes pattes antérieures et peuvent fermer leurs narines pour empêcher la terre d'y pénétrer.

DES FOUISSEURS ACTIFS

Les galeries souterraines fournissent des abris sûrs aux petits rongeurs de la pampa, comme les maras, les cobayes et les viscaches. Maras et cobayes peuvent occuper d'anciens terriers de viscaches par groupes d'une quarantaine d'individus.

Le loup à crinière court vite mais préfère surprendre ses proies plutôt que de les attraper à la course.

UN CHASSEUR TOUT EN JAMBES

Le loup à crinière, qui est en fait un grand renard, a de longues pattes et ainsi domine les hautes herbes. Quand il est menacé, il hérisse sa crinière et paraît plus impressionnant. Il vit en solitaire et chasse les cobayes et d'autres petits mammifères, ainsi que des oiseaux.

LE SAVIEZ-VOUS ?

- La langue du fourmilier tamanoir mesure environ 60 cm de long.
- La population de saïgas a décliné parce qu'elle a été trop chassée pour ses cornes, utilisées dans la médecine chinoise.

LA SAVANE AFRICAINE

Les immenses prairies d'Afrique sont appelées savanes. Marquées par une saison des pluies et une saison sèche, elles sont le royaume des derniers grands troupeaux de mammifères (éléphants, antilopes, etc.), et de leurs prédateurs (hyènes, grands félins, etc.). Beaucoup d'herbivores y effectuent des migrations pour trouver à manger.

Les suricates font le guet assis sur leurs pattes postérieures.

Il y a plus de pluie dans le nord.

Saison sèche

Le parc national de Serengeti, au Kenya

Sens de migration des gnous

Saison des pluies

AMOUREUX DU SOLEIL
Actifs pendant la journée, les suricates vivent en groupes familiaux, faisant le guet à tour de rôle et se cachant en cas de danger. On les voit souvent prendre le soleil près de l'entrée de leurs terriers.

À TRAVERS LA SAVANE
Les gnous parcourent 1600 km à travers la savane, suivant la saison des pluies qui ressuscite l'herbe sèche. Ils vivent en grands troupeaux, pour mieux se protéger des prédateurs.

La gazelle de Thomson se nourrit au ras du sol de jeunes herbes tendres et de graines.

L'herbe constitue 90 % du régime alimentaire des gnous.

Redoutable chien sauvage
Vivant en groupes de 6 à 30 individus, les lycaons sont des prédateurs nomades qui parcourent un vaste territoire pour subsister. En chassant en meute, ils peuvent s'attaquer à des proies plus grosses qu'eux.

Chacun son régime
Les herbivores cohabitent dans la savane en se répartissant les ressources. Les girafes se nourrissent des plus hautes feuilles, les zèbres broutent le sommet des herbes tandis que les gnous mangent les herbes mi-hautes et les gazelles l'herbe au ras du sol.

Le saviez-vous ?

- Les puissantes mâchoires des hyènes peuvent briser des os.
- Les petits gnous savent marcher peu après leur naissance.
- Le lycaon est l'un des grands prédateurs les plus menacés d'Afrique.

LES FÉLINS DE LA SAVANE

Chasseurs puissants et intelligents, les félins sont dotés de sens très développés, de griffes et de dents redoutables et d'une langue râpeuse pour gratter la viande des os. Le pelage taché des léopards, guépards, servals, et la robe fauve des caracals et des lions, leur offrent un bon camouflage dans les herbes dorées. Le lion est le seul grand félin à vivre en groupes familiaux.

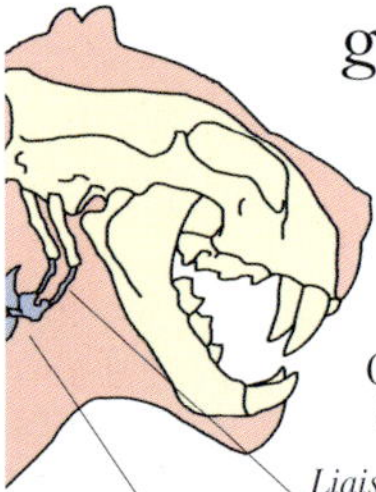

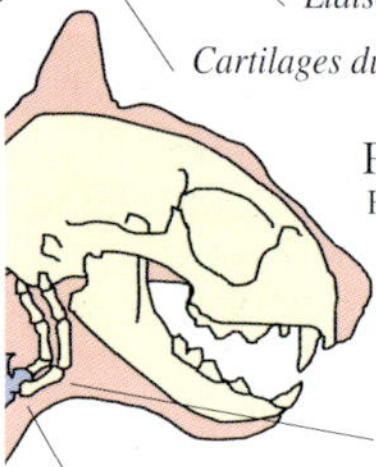

RONRONNER OU RUGIR

Si les petits félins ne peuvent que ronronner, la plupart des grands, tels le lion ou le tigre, peuvent rugir grâce à la structure de leur larynx dont les cartilages sont assez peu liés à l'ossature du crâne. Chez le guépard et le puma, ils sont plus liés et ne peuvent pas vibrer librement.

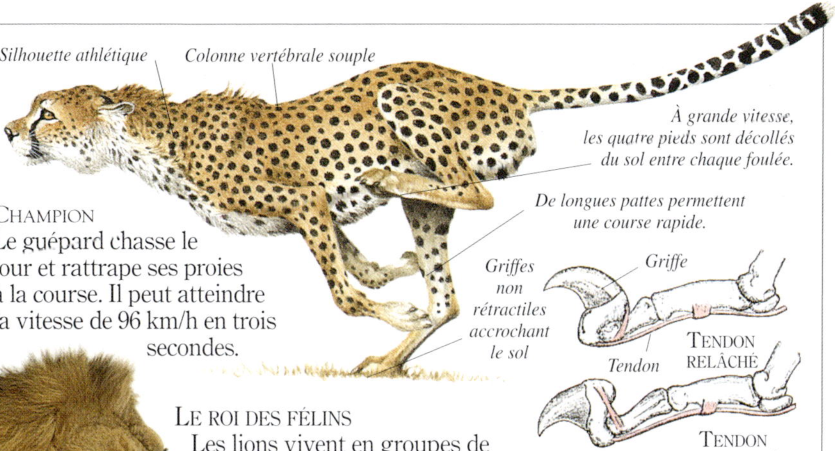

CHAMPION

Le guépard chasse le jour et rattrape ses proies à la course. Il peut atteindre la vitesse de 96 km/h en trois secondes.

LE ROI DES FÉLINS

Les lions vivent en groupes de 5 à 15 femelles et leurs petits, et de 1 à 6 mâles. Les mâles défendent le groupe tandis que les femelles chassent et s'occupent des jeunes. Les lions chassent, se nourrissent et élèvent leurs petits de façon communautaire.

LES GRIFFES DES FÉLINS

Tous les félins, sauf le guépard, ont des griffes rétractiles, c'est-à-dire qui peuvent se rentrer. Cela leur permet d'approcher leurs proies sans bruit.

Le lion est le seul félin à présenter des différences aussi marquées entre le mâle et la femelle.

LIONNE

LE SAVIEZ-VOUS ?

- Les lions dorment ou somnolent jusqu'à 20 heures par jour.
- Le rugissement d'un lion est audible à 5 km.
- Le guépard ne peut tenir sa vitesse maximale que pendant 60 secondes, sinon, sa température corporelle devient trop élevée.

Dans les déserts

Dans les déserts, la pluie est rare. La plupart, comme le Sahara, connaissent toute l'année des températures torrides le jour et très froides la nuit. Certains, tel le désert de Gobi, ont des hivers glacés. Beaucoup de petits mammifères du désert sont nocturnes, s'enfouissant sous la terre le jour pour se protéger de la chaleur extrême. La plupart peuvent survivre avec très peu d'eau. Leur fourrure les protège de la chaleur autant que du froid.

Les grands mammifères

Il y a peu de grands mammifères dans les milieux désertiques car les ressources en eau et en nourriture, nécessaires à leur survie, y sont rares. Seules des espèces adaptées – notamment certaines gazelles et des antilopes comme l'addax, les chameaux et les dromadaires, les kangourous – réussissent à survivre. Ils doivent souvent parcourir de grandes distances pour trouver de l'eau.

Survivre dans le désert

En sortant la nuit, les petits mammifères évitent autant la chaleur que les prédateurs. La couleur claire de leur pelage se confond avec le sable et la roche.

Souris épineuse d'Égypte

L'animal peut se séparer de sa queue s'il est pris par un prédateur.

Les poils raides repoussent les prédateurs.

Épineuse d'Arabie

Des poils dans les oreilles empêchent la poussière et le sable d'y pénétrer.

Fennec

Ses plantes de pieds sont recouvertes de longs poils pour qu'il ne se brûle pas sur le sable.

De grandes oreilles pour se refroidir

Certains mammifères du désert, comme le fennec ou le lièvre de Californie, ont de grandes oreilles qui font office de radiateurs, dégageant dans l'air l'excès de chaleur corporelle. Le fennec africain ressemble beaucoup au renard nain américain, car tous deux sont adaptés au même type de milieu.

Des fouisseurs du désert

La plupart des mammifères fouisseurs, comme le mulgara, un marsupial australien, restent sous terre jusqu'à ce que la chaleur du jour retombe. Le sable est, en effet, beaucoup plus frais sous la surface. La respiration de l'animal crée une atmosphère humide dans le terrier, ce qui limite la déshydratation. Beaucoup de petits mammifères stockent de la nourriture dans leurs galeries pour subsister aux périodes maigres.

Mulgara

Le mulgara ne boit jamais et son urine est très concentrée pour limiter les pertes en eau.

LES DÉSERTS CHAUDS

Dans les déserts de l'Ouest américain, de l'Australie et dans le Sahara, les températures sont brûlantes le jour et très froides la nuit parce qu'il n'y a pas de nuages pour retenir la chaleur. La végétation y offre peu d'ombre. Les mammifères, pour la plupart, évitent le soleil de la journée. Certains ont de grandes oreilles ou un poil léger pour évacuer leur chaleur, d'autres halètent pour se rafraîchir. La rosée de la nuit fournit une part importante de l'eau nécessaire à leur survie.

DISPOSITIF RÉFRIGÉRANT
Les grandes oreilles du lièvre de Californie ont un réseau sanguin très dense proche de la surface de la peau. En y circulant, le sang libère sa chaleur dans l'air, ce qui refroidit l'animal.

TAUPE MARSUPIALE

CREUSER À L'AVEUGLE
La taupe marsupiale australienne utilise ses longues griffes pour creuser à travers le sable. Son nez est protégé par un bouclier corné. Ses galeries sont éphémères car le sable instable s'éboule rapidement.

CHAT DE MARGUERITE

PIEDS ADAPTÉS

Le poil épais sous la plante de ses pieds empêche le chat de Marguerite de s'enfoncer. Le jour, il reste dans son terrier ou sous des broussailles et chasse la nuit. Il ne boit pas, tirant l'eau de la chair de ses proies.

POUR ÉCONOMISER L'EAU

Comme tous les rongeurs, les rats-kangourous ne suent pas, ont une urine très concentrée et des crottes sèches, préservant ainsi leur humidité corporelle. Ils sont nocturnes et parcourent de longues distances en quête de nourriture. Quand ils trouvent des graines, ils les transportent dans leurs bajoues.

RAT-KANGOUROU

LE SAVIEZ-VOUS ?

- Les reins des rats-kangourous sont quatre fois plus efficaces que ceux de l'homme.
- Autrefois, des lions vivaient au Sahara. Ils en ont été chassés par l'homme et par l'accroissement de la sécheresse.

LES DÉSERTS FROIDS

Les déserts froids d'Asie centrale, tel celui de Gobi, offrent aux animaux des conditions difficiles. Aux forts écarts de température entre le jour et la nuit, s'ajoutent des hivers glacials à – 40 °C. Certains mammifères, comme le chameau de Bactriane et le hamster nain, ont un épais pelage isolant. Les petits mammifères y survivent en passant beaucoup de temps dans leurs terriers.

Le pelage s'épaissit en hiver.

ONAGRE

UN MIGRATEUR
L'onagre, âne sauvage asiatique, peut fuir ses ennemis à une vitesse de 65 km/h. Il migre pour trouver de l'herbe fraîche et de l'eau.

Les chameaux peuvent fermer leurs narines pour éviter que le sable n'y pénètre.

HAMSTER NAIN

Plantes des pieds couvertes de poils

Certains individus blanchissent en hiver ce qui les camoufle dans la neige.

UN HAMSTER BIEN ISOLÉ
Le hamster nain recherche des graines qu'il stocke dans ses bajoues (poches dans les joues) pour les transporter dans ses réserves souterraines. Sa fourrure très épaisse lui permet de résister à la rudesse du climat hivernal. L'hiver, il passe le plus clair de son temps dans ses terriers.

PETIT SAUTEUR DU DÉSERT

La nuit, les gerboises émergent de leurs terriers pour se nourrir de graines, de pousses végétales et d'insectes. Ce sont des petits rongeurs pourvus de grandes pattes postérieures sur lesquelles ils se déplacent et s'échappent en sautant, comme des kangourous. Leur longue queue aide les gerboises à garder l'équilibre lors d'un saut et fait office d'appui quand elles sont à l'arrêt.

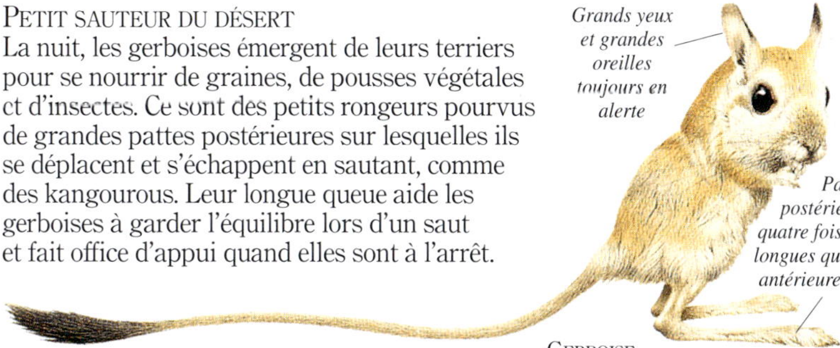

HABILLÉ POUR L'HIVER

L'épaisse fourrure qui recouvre le chameau de Bactriane lui permet de maintenir sa température corporelle pendant les rudes hivers asiatiques. L'animal a de grands cils qui protègent ses yeux des projections de grains de sable.

LE SAVIEZ-VOUS ?

- Un chameau peut boire jusqu'à 60 litres d'eau en quelques minutes. Ses bosses pèsent 50 kg chacune.
- Les chameaux ne transpirent pas avant d'atteindre la température de 40,5 °C (une forte fièvre chez l'homme).

LES MONTAGNES ET LES PÔLES

Longs hivers, vents glacials, lumière intense, air froid et très sec caractérisent les régions montagneuses et polaires. Les mammifères qui y vivent ont besoin de fourrures ou de couches de graisse épaisses pour les isoler. Certains voient leur poil changer de couleur avec les saisons pour rester camouflés. Afin d'échapper au froid extrême, beaucoup de mammifères polaires migrent vers des lieux plus chauds.

Les vigognes ont une épaisse fourrure et peuvent courir à 47 km/h.

VIGOGNE

GRIMPEURS AGILES

Les grands mammifères herbivores des montagnes, tels les mouflons, bouquetins, chèvres sauvages ou les vigognes et alpagas en Amérique du Sud, doivent se déplacer beaucoup pour trouver de la nourriture et échapper aux prédateurs et au mauvais temps. Ces mammifères ont des sabots pointus pour s'agripper aux pentes escarpées et glissantes.

600 à 700 vibrisses tactiles l'aident à trouver sa nourriture.

Couche de lard de plus de 10 cm d'épaisseur

MORSE

LES OCÉANS POLAIRES

Dans les régions polaires, la mer est souvent plus chaude que l'air et constitue un véritable réservoir de nourriture. Certains mammifères migrent vers les régions polaires pendant l'été, tandis que d'autres y vivent toute l'année.

RENARD POLAIRE EN PELAGE D'ÉTÉ

CAMOUFLAGE POLAIRE

Dans la toundra – région de terres gelées des côtes de l'Arctique – les mammifères changent de couleur avec les saisons. Ainsi le renard polaire, le lièvre arctique, l'hermine, par exemple, deviennent blancs en hiver et sont invisibles sur la neige. En été, à la fonte des neiges, leur pelage redevient brun ou gris et s'harmonise au paysage.

Le poitrail et le ventre restent blanc sale.

Les pattes couvertes de fourrure font office de raquettes.

Deux épaisses couches de poils emprisonnent l'air chaud près du corps.

OURS POLAIRE

AU CHAUD

D'épaisses couches de fourrure et de graisse isolent les mammifères polaires du froid, la graisse étant également une réserve d'énergie pour les temps difficiles. En hiver, les femelles des ours polaires donnent naissance à leurs petits dans des abris creusés dans la neige.

Plante anti-glisse pour marcher sur la glace

DANS LA TOUNDRA

Le long des côtes de l'océan glacial Arctique se trouve la toundra, une région sans relief, dépourvue d'arbres et dont le sous-sol est gelé en permanence. Certains mammifères, comme le bœuf musqué, sont assez résistants pour y vivre toute l'année. D'autres, comme le renne, ou caribou, ne peuvent supporter la rudesse du climat hivernal et ne vivent là que durant les mois d'été.

Longues cornes incurvées pour se défendre contre les loups

BŒUF MUSQUÉ

Pelage à deux couches très isolant

LOUP DE L'ARCTIQUE

PARÉ POUR LES GRANDS FROIDS
Le bœuf musqué porte un long pelage laineux – certains poils mesurent plus d'un mètre – doublé d'un sous-poil huit fois plus chaud que la laine des moutons. Ses sabots sont pointus pour gratter la neige ou la glace à la recherche de nourriture.

DE GRANDS REPRODUCTEURS
Quand la nourriture est abondante, les lemmings se reproduisent très vite. Certains étés, leur population explose. Ils sont alors obligés de se déplacer par milliers à la recherche de nourriture.

CERVIDÉ DES NEIGES
Grâce à ses larges sabots, le renne peut marcher dans la neige sans s'enfoncer. Il se reproduit dans la toundra et migre vers le sud pour l'hiver.

PRÉDATEURS CAMOUFLÉS
Les loups de l'Arctique ont une fourrure épaisse qui blanchit en hiver. Ainsi, ils se fondent dans le décor pour approcher leurs proies, comme les bœufs musqués. Les loups vivent et chassent en meute.

LE SAVIEZ-VOUS ?

- Le loup peut franchir 4,50 m d'un bond et aussi sauter en arrière !
- Le bœuf musqué a la plus longue fourrure de tous les mammifères.
- Un caribou adulte mange jusqu'à 4,5 kg de végétaux par jour.

EN HAUT DES MONTAGNES

Les rares mammifères qui fréquentent les sommets des montagnes présentent des adaptations similaires aux mammifères de l'Arctique. Leur pelage épais et dense les préserve du froid et certains migrent entre le haut et le bas des pentes selon les saisons. Certains petits mammifères, comme les marmottes, accumulent une couche de graisse pendant l'été et hibernent l'hiver. Leurs organes internes sont aussi adaptés à la raréfaction de l'oxygène dû à l'altitude ; beaucoup ont un cœur et des poumons plus volumineux que leurs cousins des plaines.

LE MACAQUE BAIGNEUR
Pour se réchauffer en hiver, ces singes des montagnes du nord du Japon prennent des bains dans des sources chaudes volcaniques.

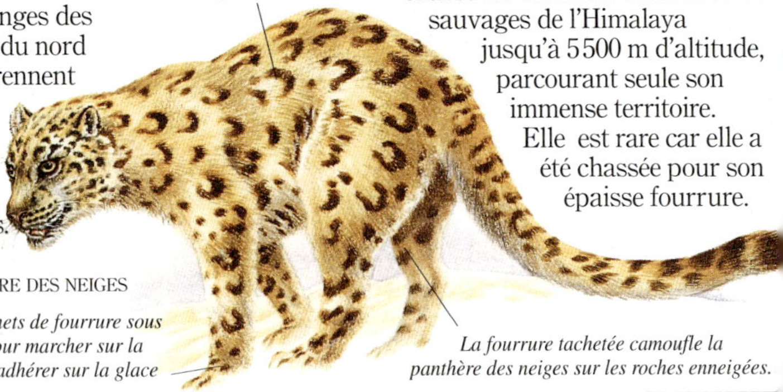

Cette panthère acquiert une fourrure plus épaisse en hiver.

PANTHÈRE DES NEIGES

Larges coussinets de fourrure sous les pattes pour marcher sur la neige lisse et adhérer sur la glace

La fourrure tachetée camoufle la panthère des neiges sur les roches enneigées.

UN PRÉDATEUR MENACÉ
La panthère des neiges, ou once, chasse les moutons et les chèvres sauvages de l'Himalaya jusqu'à 5500 m d'altitude, parcourant seule son immense territoire. Elle est rare car elle a été chassée pour son épaisse fourrure.

LE CHINCHILLA À FOURRURE

Le chinchilla vit dans des trous rocheux sur les hautes pentes de la cordillère des Andes, mangeant des végétaux qu'il tient entre ses pattes. Ayant été beaucoup chassé, il est devenu rare à l'état sauvage.

CHINCHILLA

LE SAVIEZ-VOUS ?

- Le yak est le grand mammifère qui vit le plus haut, paissant dans l'Himalaya jusqu'à 6000 m d'altitude.
- Selon la légende, le yéti, ou abominable homme des neiges, vivrait dans l'Himalaya, mais personne n'a encore prouvé son existence.

CHAMOIS

LE PIED SÛR

Le chamois, hôte des montagnes d'Europe et de l'ouest de l'Asie, a un très grand sens de l'équilibre et peut sauter jusqu'à 6 m entre les parois rocheuses abruptes. Il descend des sommets en hiver, pour aller brouter plus bas.

DANS LES MERS ET LES OCÉANS

Venant respirer régulièrement à la surface, beaucoup de mammifères occupent les mers et océans. Certains, comme les baleines et les dauphins, ne quittent jamais l'eau. D'autres, tels les phoques, viennent à terre pour s'accoupler et mettre bas. Ces animaux ont une silhouette hydrodynamique avec des membres modifiés et une queue pour nager, et sont protégés du froid par une épaisse couche de graisse appelée lard.

AU CHAUD ET AU SEC
Contrairement aux autres mammifères marins, la loutre de mer n'a pas de couche de graisse isolante. C'est sa fourrure imperméable qui la remplace. Un adulte a jusqu'à 800 millions de poils, qui emprisonnent l'air et contribuent à sa flottabilité.

LES PINNIPÈDES
Ils regroupent trois familles : les phoques (ci-dessous), qui nagent avec leurs membres postérieurs et n'ont pas d'oreilles externes, les otaries (page ci-contre), qui nagent avec leurs membres antérieurs, et le morse.

SUPER-PRÉDATEUR MARIN
L'orque se trouve au sommet des réseaux alimentaires polaires, se nourrissant de poissons, de phoques et même d'autres cétacés. Tuer les cétacés bouleverse l'équilibre naturel de la vie des océans.

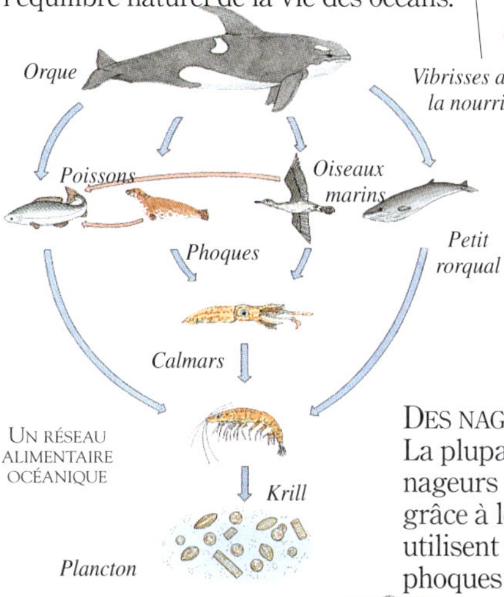

UN RÉSEAU ALIMENTAIRE OCÉANIQUE

LE DUGONG
L'indolent dugong vit dans les eaux chaudes. C'est le seul mammifère marin végétarien. Dans les mers où ils sont encore nombreux, les dugongs vivent en grands groupes.

DES NAGEURS RAPIDES
La plupart des mammifères marins sont des nageurs rapides. Les pinnipèdes se propulsent grâce à leurs nageoires tandis que les cétacés utilisent leur queue. Les dauphins et certains phoques «marsouinent» : ils sautent hors de l'eau quand ils nagent.

DANS LES OCÉANS POLAIRES

Des cétacés et des phoques, tels le bélouga et le phoque annelé, vivent dans les océans polaires toute l'année, mais beaucoup d'autres mammifères marins les y rejoignent l'été, quand la nourriture est abondante. Cet accroissement des populations est possible grâce au plancton marin, qui figure à la base des réseaux alimentaires dont font partie les poissons, cétacés, calmars, phoques, oiseaux de mer, etc.

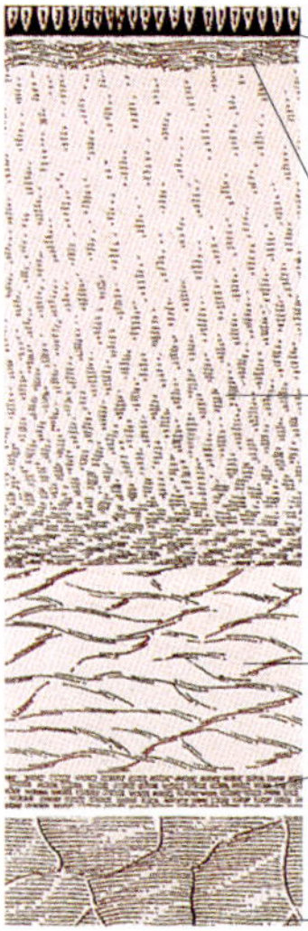

LE LARD
Les mammifères marins ont une couche de graisse isolante appelée lard entre la peau et les muscles.

L'ÉLÉPHANT DE MER
L'énorme éléphant de mer mâle ne mange pas pendant la saison de reproduction, car il est occupé à défendre un harem de femelles contre ses rivaux. Il utilise son nez comme un porte-voix pour des duels de grognements entre mâles. Les grands mâles dominants sont cinq fois plus lourds que les femelles.

ÉLÉPHANT DE MER

NARVAL

LE NARVAL

Vivant dans les eaux de l'Arctique, le narval migre avec les saisons. Chez le mâle, l'une des incisives se développe en une défense dont la longueur peut dépasser la moitié de son corps. Les mâles utilisent cette défense lors des luttes de dominance, comme les cerfs utilisent leurs bois. Les femelles n'en ont généralement pas.

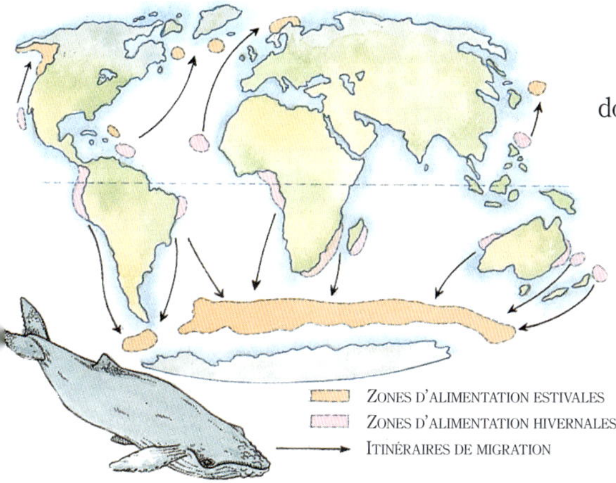

CARTE DE MIGRATION DES BALEINES

LA MIGRATION DES BALEINES

En été, beaucoup de baleines migrent vers les eaux froides de l'Arctique et de l'Antarctique pour se nourrir. En hiver, quand la mer gèle, elles regagnent les eaux plus chaudes des tropiques pour s'accoupler et mettre bas. Elles mangent peu en hiver, utilisant l'énergie stockée sous forme de graisse pendant les festins de l'été. Parmi les espèces migratrices figurent les baleines bleue, grise et à bosse.

LE SAVIEZ-VOUS ?

- Les baleines grises parcourent plus de 20 000 km pendant leur migration.
- L'éléphant de mer peut vivre 100 jours environ sans manger.
- Le chant de la baleine à bosse mâle est le plus complexe du monde animal.

LES CÉTACÉS

Les énormes baleines et les dauphins, plus petits, parcourent les océans du monde, s'accouplant et donnant naissance dans l'eau. Ils plongent vers les profondeurs et remontent à la surface fréquemment pour respirer par leurs évents (narines) situés au sommet de la tête. Les cétacés ont un cerveau volumineux et complexe, vivent en groupe et communiquent à grande distance par des sons. On en compte au moins 80 espèces, classées en deux groupes : les cétacés à dents et les cétacés à fanons.

BALEINE GRISE

Cicatrices dues à d'autres cétacés ou des bateaux

La baleine grise est deux fois plus petite que la gigantesque baleine bleue.

LES CÉTACÉS À FANONS

Les baleines sont des cétacés à fanons, dont les représentants sont plus gros que les cétacés à dents. Elles se nourrissent en filtrant l'eau et retenant le plancton et les poissons à l'aide de leurs fanons, lames cornées suspendues à la mâchoire supérieure qui agissent comme un tamis.

BALEINE BLEUE (OU RORQUAL BLEU)

Des sillons permettent à la gorge d'augmenter de volume pour engloutir de grandes quantités d'eau.

Un éléphant pourrait se tenir sur la langue de la baleine bleue.

SÉQUENCE DE NATATION DU DAUPHIN COMMUN

«MARSOUINER»

Pour respirer lors d'une nage rapide, les dauphins bondissent parfois régulièrement hors de l'eau et «planent» au-dessus de la surface sur une courte distance. On dit qu'ils «marsouinent». Par ailleurs, certains sautent dans les airs jusqu'à 7 m de haut et le dauphin à long bec peut tourner sur lui-même jusqu'à sept fois lors d'un même saut.

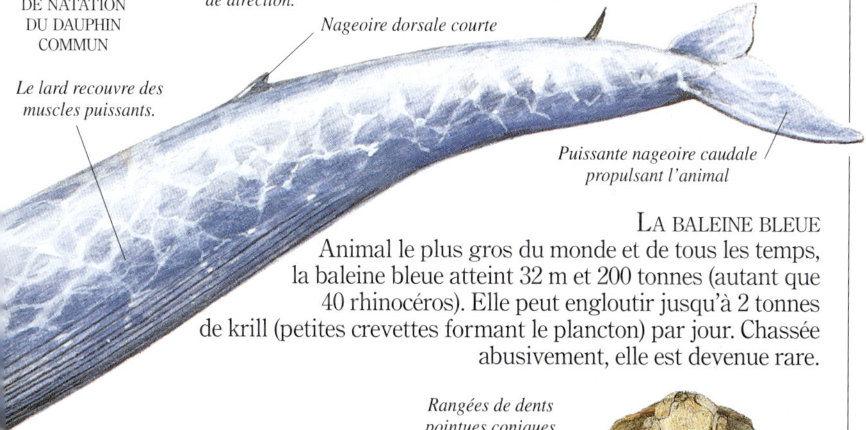

LA BALEINE BLEUE

Animal le plus gros du monde et de tous les temps, la baleine bleue atteint 32 m et 200 tonnes (autant que 40 rhinocéros). Elle peut engloutir jusqu'à 2 tonnes de krill (petites crevettes formant le plancton) par jour. Chassée abusivement, elle est devenue rare.

LES CÉTACÉS À DENTS

L'orque vit et chasse en groupe. Il possède des dents plus grosses que les dauphins et se nourrit de proies variées, attaquant d'autres cétacés, des phoques, des otaries, etc. L'orque, les cachalots et les dauphins sont classés dans le groupe des cétacés à dents, qui sont plus petits que les cétacés à fanons.

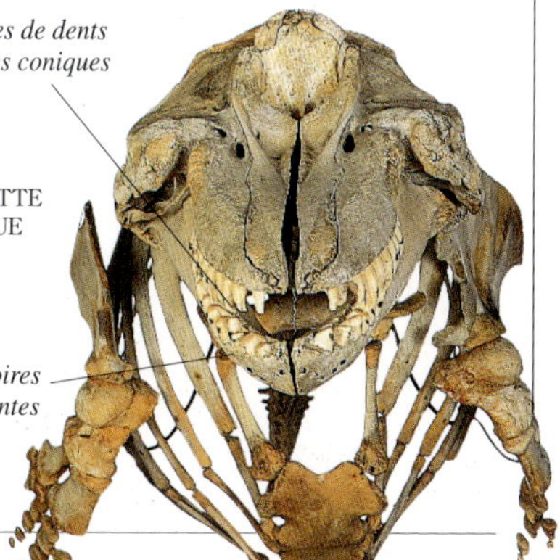

SQUELETTE D'ORQUE

DANS LES EAUX DOUCES

Les rivières, lacs et marais, riches en nourriture et en abris, représentent un environnement attrayant pour une grande variété de mammifères. Ces animaux sont souvent de bons nageurs, d'autant que certains sont totalement aquatiques. La plupart, toutefois, sont des animaux terrestres dont le mode de vie les rapproche de l'eau. Plus ou moins adaptés à l'élément liquide, certains y passent le plus clair de leur temps, d'autres n'y font que des incursions. Mais leurs milieux sont de plus en plus menacés par les activités humaines.

PHOQUE DU LAC BAÏKAL

PHOQUE D'EAU DOUCE
Le phoque du lac Baïkal, le plus grand lac de Sibérie, est le seul phoque d'eau douce. Quelque 70 000 individus vivent dans le lac, se nourrissant de poissons et se reposant sur les rives et les îles. Leurs ancêtres ont dû émigrer vers le lac depuis l'Arctique au cours de l'une des époques glaciaires.

PLONGEUSES ÉMÉRITES
Avec leur fourrure imperméable, leurs pattes palmées et leur longue queue servant de gouvernail, les loutres sont bien adaptées à la plongée. Elles apprennent à leurs petits à pénétrer dans l'eau mais la nage est pour eux instinctive .

LOUTRE

Pêcher pour se nourrir

Le chat pêcheur des marais d'Asie du Sud et du Sud-Est peut, d'un coup de ses pattes légèrement palmées, sortir un poisson de l'eau. Il plonge également pour attraper les poissons avec ses dents pointues.

Chat pêcheur

Gueule ouverte montrant les dents énormes en attitude de menace.

Yeux, nez et oreilles restent hors de l'eau quand l'hippopotame se tient juste sous la surface.

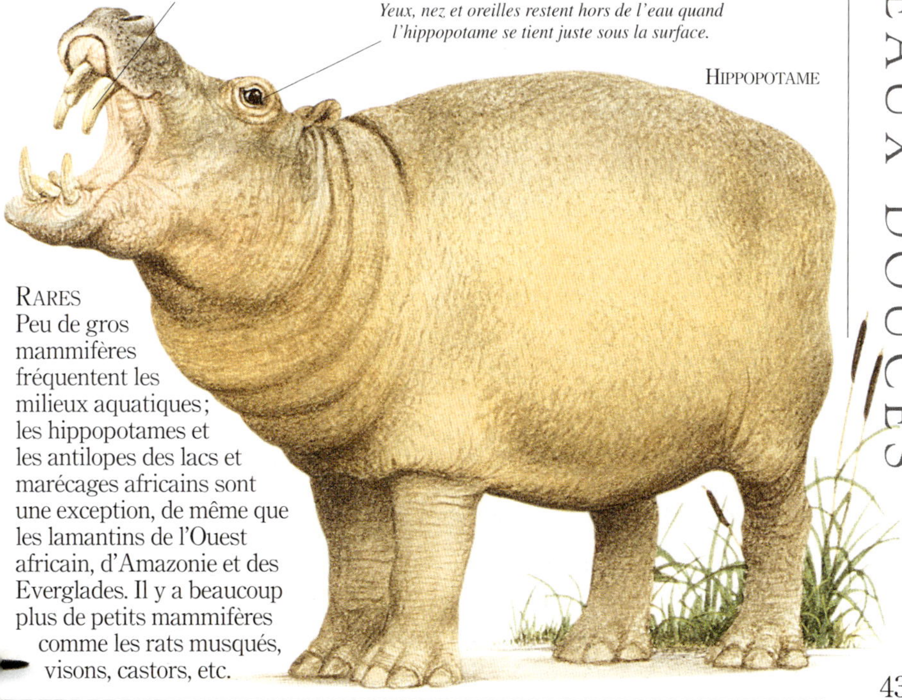

Hippopotame

Rares

Peu de gros mammifères fréquentent les milieux aquatiques; les hippopotames et les antilopes des lacs et marécages africains sont une exception, de même que les lamantins de l'Ouest africain, d'Amazonie et des Everglades. Il y a beaucoup plus de petits mammifères comme les rats musqués, visons, castors, etc.

DANS LES RIVIÈRES ET LES LACS

Beaucoup de mammifères bâtissent des abris au bord des plans d'eau et des rivières, le plus souvent des terriers dans les berges. Le castor construit des huttes au milieu des lacs, où les prédateurs ne peuvent l'atteindre. Dans les eaux boueuses où la vue est de peu de secours, certains recourent à d'autres méthodes pour localiser leurs proies.

ORNITHORYNQUE

DANS LA VASE
Se nourrissant principalement au fond des lacs et des rivières, l'ornithorynque sonde la vase de son bec sensible pour détecter les petits animaux aquatiques tels les vers, insectes, crustacés. Dépourvu de dents, il écrase la nourriture entre des lames de corne striées se trouvant dans son bec.

MAÎTRE NAGEUR
Le rat musqué a les pieds postérieurs palmés et une longue queue aplatie faisant office de gouvernail. Il se nourrit surtout de plantes aquatiques mais aussi de poissons et de grenouilles.

RAT MUSQUÉ

LE SAVIEZ-VOUS ?

- Assez solide pour supporter le passage d'un cheval et son cavalier, le plus grand barrage de castor connu mesurait 700 m de long.
- Utilisant ses incisives coupantes, un castor peut abattre un petit arbre en 10 minutes !

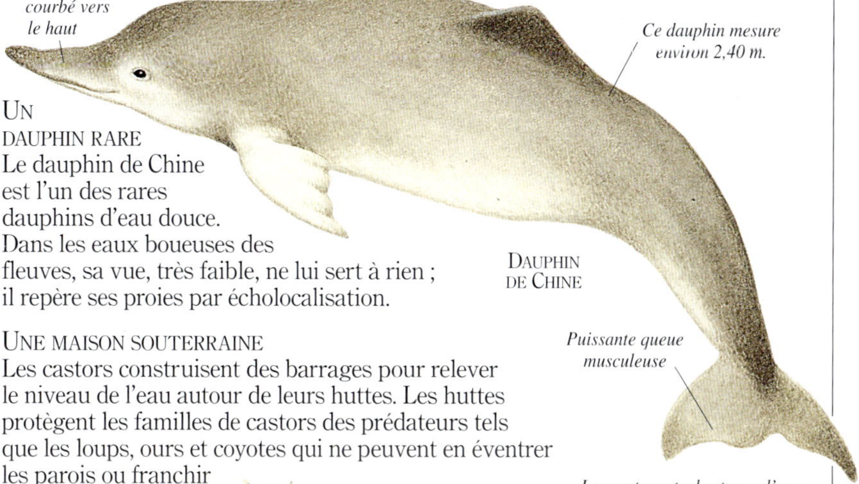

UN DAUPHIN RARE

Le dauphin de Chine est l'un des rares dauphins d'eau douce. Dans les eaux boueuses des fleuves, sa vue, très faible, ne lui sert à rien ; il repère ses proies par écholocalisation.

UNE MAISON SOUTERRAINE

Les castors construisent des barrages pour relever le niveau de l'eau autour de leurs huttes. Les huttes protègent les familles de castors des prédateurs tels que les loups, ours et coyotes qui ne peuvent en éventrer les parois ou franchir les entrées immergées.

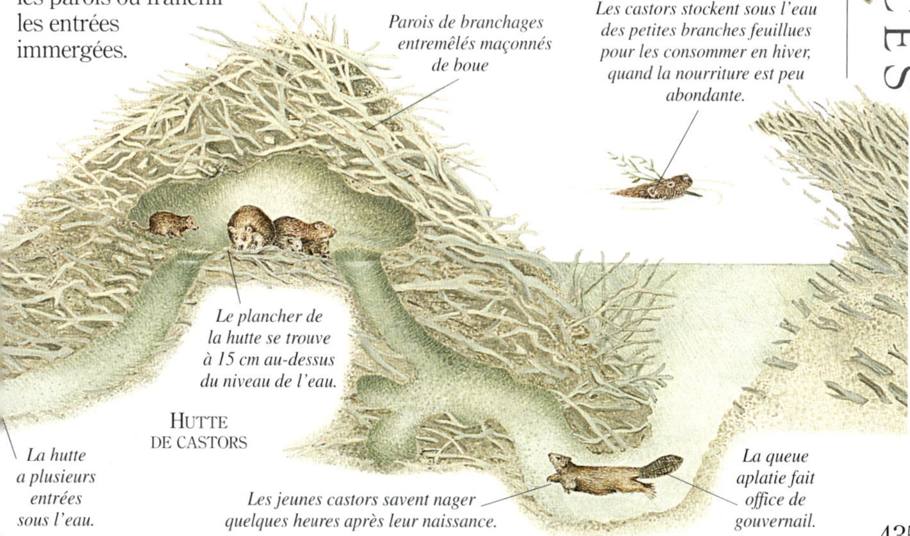

LES ZONES MARÉCAGEUSES

Les forêts marécageuses et les marais, qu'ils soient d'eau douce ou d'eau salée, sont plus étendus dans les régions tropicales que les tempérées. Le niveau de l'eau y varie selon les saisons et cela a une influence sur la vie des animaux. Les mammifères qui occupent ces milieux sont soit des nageurs, soit des habitants des arbres, ou bien des animaux qui viennent exploiter les hauts-fonds vaseux. Tous y trouvent abris et nourriture en abondance.

Le nez du nasique devient rouge en cas de colère ou d'excitation.

NASIQUE MÂLE

Queue de 55-76 cm faisant office de balancier

UN SINGE À GROS NEZ

L'agile nasique saute de branche en branche dans les palétuviers des mangroves de Bornéo. Le mâle est beaucoup plus grand que la femelle et possède un long nez qui amplifie ses cris d'alarme.

ANTILOPE DES MARAIS

Les longs sabots et les chevilles souples du sitatunga permettent à ses pieds de s'étaler à chaque pas, lui évitant de s'enfoncer dans la boue. Le sitatunga nage bien et se cache souvent sous l'eau.

CHASSERESSE AILÉE
La chauve-souris pêcheuse, ou noctilio, détecte ses proies par écholocalisation, puis plonge vers l'eau pour saisir le poisson entre ses griffes.

Des griffes pointues saisissent poissons insectes.

LE SAVIEZ-VOUS ?

- Le nez du nasique peut atteindre 17,5 cm.
- La chauve-souris pêcheuse nage très bien, utilisant ses ailes comme des rames.
- Les lamantins absorbent 75 kg de végétaux par jour.
- Les lamantins vivent 50 à 60 ans.

Sa grande queue arrondie propulse le lamantin dans l'eau à une vitesse de 25 km/h.

Pour respirer, le lamantin ne laisse dépasser de la surface que le bout de son nez.

LAMANTIN

UN TIMIDE VÉGÉTARIEN
Les lamantins sont des animaux rares et timides qui se nourrissent la nuit d'herbes aquatiques. Les lamantins des marais des Everglades, en Floride, atteignent 3,90 m et 1660 kg.

LES MAMMIFÈRES DOMESTIQUES

QU'EST-CE QU'UN FÉLIN ?

Corps puissant, vue perçante, dents acérées comme des lames de rasoir et griffes pointues : les félins sont les carnivores les mieux adaptés à la chasse qu'ils pratiquent souvent en solitaires, au crépuscule ou la nuit. Seul le chat s'est adapté à la vie avec l'homme, devenant son animal de compagnie préféré.

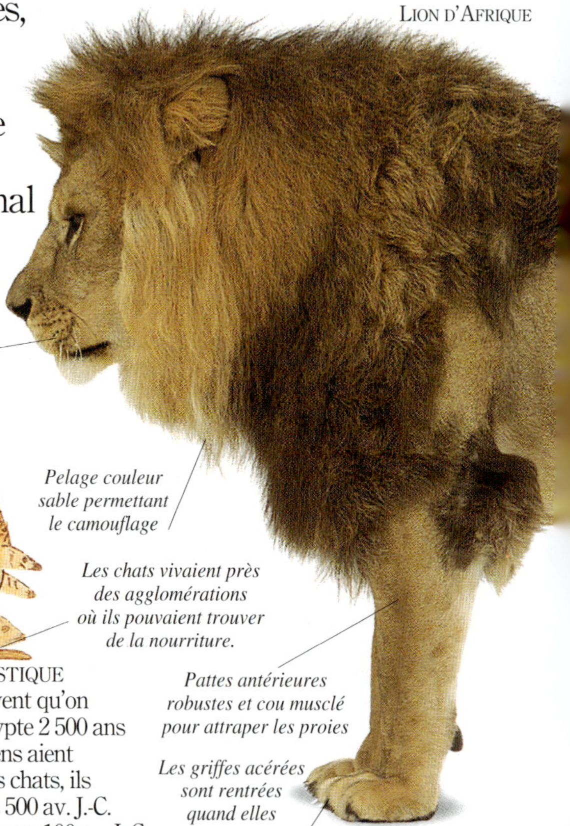

LION D'AFRIQUE

Tête courte et trapue

Pelage couleur sable permettant le camouflage

Pattes antérieures robustes et cou musclé pour attraper les proies

Les griffes acérées sont rentrées quand elles ne servent pas.

CHAT DE L'ÉGYPTE ANTIQUE

Les chats vivaient près des agglomérations où ils pouvaient trouver de la nourriture.

L'HISTOIRE DU CHAT DOMESTIQUE
Les peintures murales prouvent qu'on apprivoisait les chats en Égypte 2 500 ans av. J.-C. Bien que les Égyptiens aient interdit l'exportation de leurs chats, ils se répandirent en Grèce vers 500 av. J.-C. On les signale aussi en Inde vers 100 av. J.-C.

UNE MÈRE ET SON PETIT

DES MAMMIFÈRES TYPIQUES

Comme tous les mammifères, les félins ont le sang chaud, un squelette et un cœur à quatre cavités ; les femelles mettent bas leurs petits et produisent du lait pour les nourrir.

LE SAVIEZ-VOUS ?

- Les félins mangent toutes les viandes et poissons qu'ils trouvent. Affamés, ils consomment même des insectes.
- Aucun félin n'est originaire d'Australie ni d'Antarctique.
- Sauf certains tigres, la plupart des félins n'attaquent l'homme que s'ils sont trop vieux pour chasser leurs proies habituelles.

UN CHASSEUR

Chez les félins, y compris chez le chat domestique, tout est adapté à la chasse. Animaux agiles, robustes et intelligents, ils réagissent à la vitesse de l'éclair, s'approchant de leur proie d'une manière furtive avant de la terrasser. Les lions sont les seuls félins qui chassent en groupe.

ANATOMIE DU CHAT

Tous les chats sont des prédateurs agiles et athlétiques. Leur corps puissant et souple fait d'eux des coureurs, des sauteurs et des grimpeurs excellents. Certains sont même des as de la natation. Chasseurs hors pair, les chats poursuivent leurs proies à la course avant de les terrasser. Leurs dents acérées achèvent ensuite les victimes.

La queue assure l'équilibre.

Les muscles des membres postérieurs propulsent le chat vers l'avant.

Le corps s'allonge et s'étire quand le chat est sur le point de sauter.

UN SAUT PUISSANT
Les membres postérieurs fournissent une poussée qui permet au chat de bondir. Il atterrit en toute sécurité, même sur des surfaces glissantes.

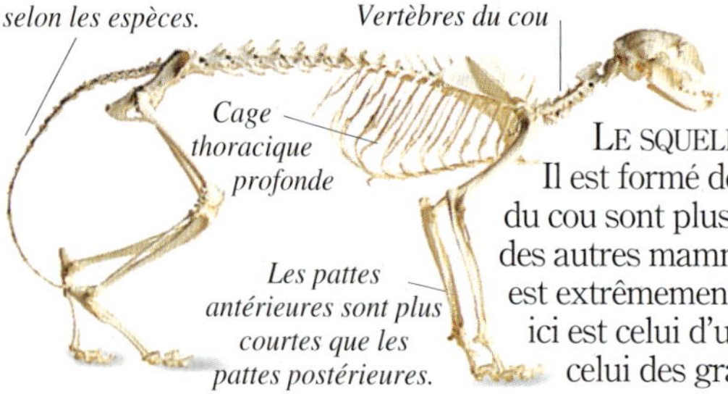

Le nombre des vertèbres caudales varie selon les espèces.

Vertèbres du cou

Cage thoracique profonde

Les pattes antérieures sont plus courtes que les pattes postérieures.

LE SQUELETTE
Il est formé de 250 os. Les sept vertèbres du cou sont plus courtes que chez la plupart des autres mammifères et la colonne vertébrale est extrêmement souple. Le squelette présenté ici est celui d'un chat domestique, mais celui des grands félins est similaire.

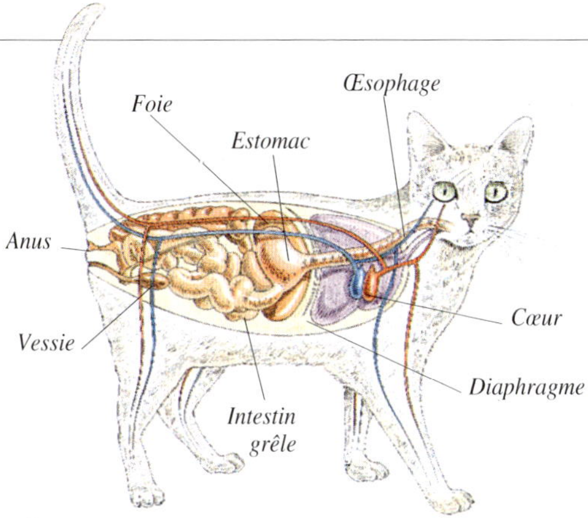

Le saviez-vous ?

- Le chat respire 4 fois plus vite que l'homme et son cœur bat 2 fois plus vite.
- Le chat avale sa nourriture sans la mâcher.
- Les muscles de son dos sont très souples.
- Le record de taille chez le chat domestique est de 105 cm.

Les organes internes

L'intestin est court et simple, le chat se nourrissant exclusivement de viande et non de plantes. La plus grande partie des éléments nutritifs est absorbée par l'intestin grêle.

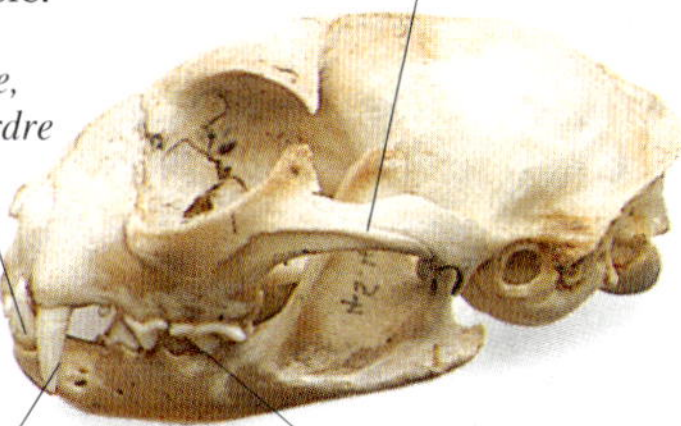

Le crâne du chat

Il est assez gros par rapport au reste du corps. Les orbites permettent un large champ visuel. Les mâchoires, courtes et puissantes, portent des dents pointues et aiguisées pour arracher et trancher, mais pas de dents plates comme celles de l'homme, faites pour écraser.

Les yeux et les oreilles

Les chats, comme tous les prédateurs, dépendent de leur vue et de leur ouïe pour repérer les proies. La plupart chassent la nuit et doivent donc être capables de voir dans l'obscurité. La vue des chats la nuit est six fois plus perçante que celle de l'homme. En revanche, leur perception des couleurs est moins développée que la nôtre. Les chats ont également l'oreille fine, ce qui leur permet de localiser précisément leur proie. Ils perçoivent des sons inaudibles pour l'homme et même pour le chien.

DÉTECTEURS DE SON
Les grandes oreilles mobiles du serval, félin de la savane africaine, lui permettent de détecter les cris des rongeurs cachés dans l'herbe.

L'OREILLE EXTERNE
Chez le chat, elle canalise les sons vers le tympan comme un entonnoir. L'oreille peut pivoter pour localiser un son.

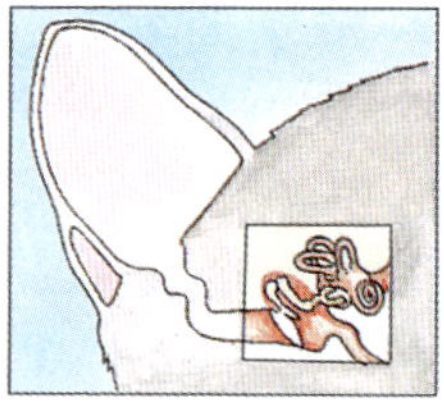

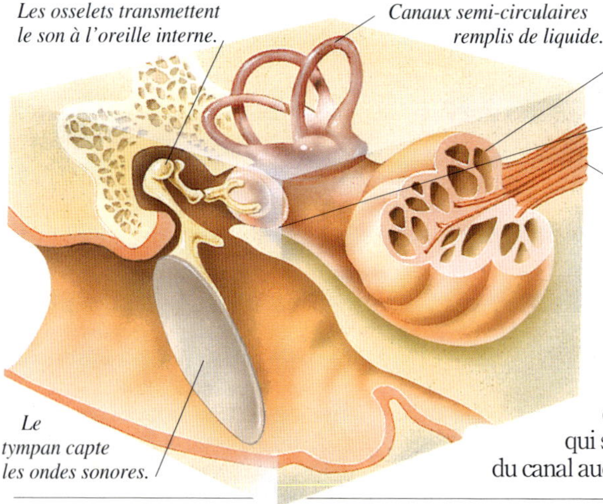

L'OREILLE INTERNE
Les ondes sonores font vibrer le tympan qui, à son tour, fait vibrer les osselets. Les vibrations sont transformées en impulsions électriques qui sont propagées le long du canal auditif jusqu'au cerveau.

Il y a vision binoculaire lorsque deux champs visuels se chevauchent.

Vision périphérique

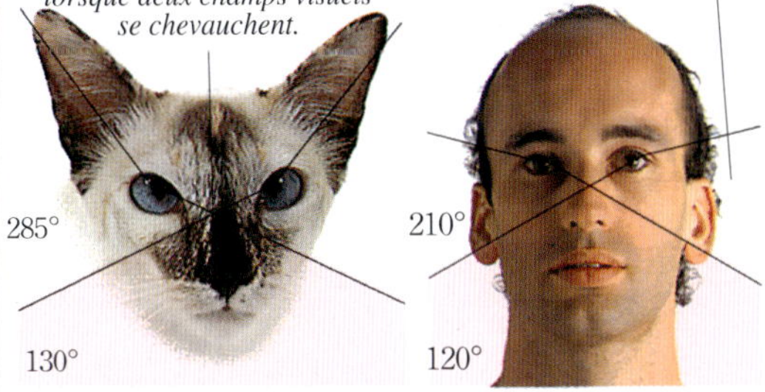

VISION CHEZ LE CHAT

VISION CHEZ L'HOMME

LA VISION D'UN CHAT

Le champ visuel du chat est plus large que celui de l'homme. Ainsi, les chats sont alertés par des mouvements se produisant sur le côté ou légèrement derrière eux. Leur vision binoculaire leur permet de voir en trois dimensions et d'apprécier distances et relief avec précision.

PUPILLES DANS L'OBSCURITÉ

PUPILLES DANS LA LUMIÈRE

DILATATION DES PUPILLES

La nuit, les pupilles du chat se dilatent pour laisser passer plus de lumière. En plein jour, les pupilles de certains félins ne sont plus que des fentes, chez d'autres, des petits cercles.

UNE BONNE VUE DANS LE NOIR

Le chat voit dans la pénombre grâce à un «miroir» (le *tapetum lucidum*) situé derrière la rétine, formé de cellules brillantes qui réfléchissent la lumière et la renvoient frapper à nouveau la rétine.

Les yeux des chats fonctionnent comme des miroirs et brillent quand la lumière se reflète dedans, dans l'obscurité.

Dans l'obscurité, les pupilles se dilatent et deviennent presque rondes.

L'odorat, le goût et le toucher

Le chat possède des organes sensoriels très fins. Il se fie à son odorat pour identifier les objets et à son toucher pour se diriger, surtout dans l'obscurité. Il dispose en outre d'un organe de Jacobson, situé dans le palais. Il semble que cette structure sensorielle intervienne à la fois dans l'odorat et le goût et qu'elle aide le chat à détecter des odeurs auxquelles sont nez est insensible, par exemple l'odeur d'une femelle prête à l'accouplement.

Son odorat et son goût lui indiqueront si ce crapeau est mangeable.

Les chats ne mangent jamais rien sans avoir humé au préalable.

L'ODORAT

Le nez du chat comporte 19 millions de terminaisons nerveuses olfactives, contre 5 millions seulement chez l'homme. Le chat est particulièrement sensible aux odeurs rances, celle de la viande avariée par exemple. Il recherche normalement la viande fraîche plutôt que les animaux morts.

ALLÉCHÉS PAR L'HERBE À CHATS

De nombreux chats, surtout les mâles, sont attirés par l'odeur de l'herbe à chats. Elle contient une substance qui les détend, et ils aiment s'y rouler. Mais 50 % des chats y sont totalement indifférents.

Des poils tactiles

Les vibrisses, munis de terminaisons nerveuses à leur racine, aident les félins comme ce léopard à évaluer leur environnement. Ils les utilisent, par exemple, pour déterminer leurs chances de passer dans un trou étroit.

La salive du chat laisse son odeur.

Ce chat fait la toilette de son compagnon pour l'imprégner de son odeur et lui témoigner son affection.

Communication entre chats

Pour communiquer entre eux, les chats utilisent beaucoup leur odorat. Ils reconnaissent les odeurs familières de leurs compagnons. Leur peau est parcourue de nerfs sensibles au toucher, c'est pourquoi ils aiment se toiletter mutuellement.

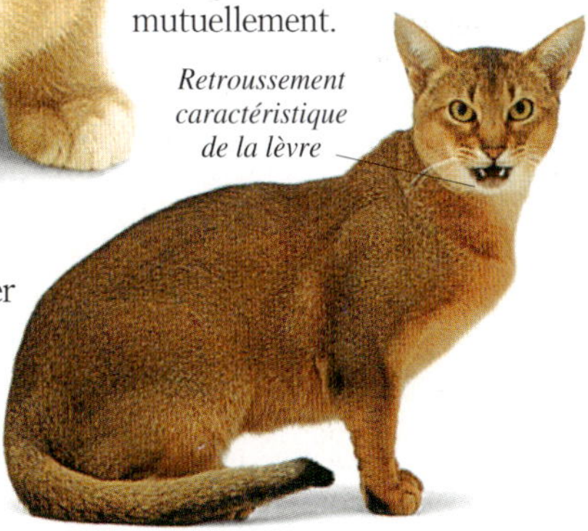

Retroussement caractéristique de la lèvre

Le «flehmen»

Cette pratique consiste, chez le félin, à retrousser la lèvre supérieure pour laisser venir les odeurs jusqu'à l'organe de Jacobson situé dans sa bouche. Les mâles s'en servent notamment pour détecter l'odeur des femelles. L'organe de Jacobson des lions et des tigres est plus sensible que celui des chats domestiques.

Les pattes et les griffes

Le chat fait tout avec ses pattes, aussi bien se toiletter que combattre. Pour l'aider dans l'une de ses principales spécialités, la course, les os des pattes se sont développés de telle sorte qu'il marche toujours sur les orteils. Dans la nature, une blessure à la patte pourrait être fatale car elle empêcherait le petit félin de chasser.

Les griffes s'enfoncent dans le bois.

Des griffes pour grimper

La plupart des chats grimpent à la verticale sans difficulté. La descente est plus délicate : les griffes sont alors recourbées dans le mauvais sens. Les chats descendent maladroitement d'un arbre, à reculons.

Les griffes sont faites de kératine comme les ongles humains.

L'ergot des pattes antérieures est disposé un peu comme un pouce pour aider la prise.

La pelote carpienne antérieure empêche le chat de glisser.

Des pattes spécialisées

Les félins ont des coussinets dépourvus de poils, en cuir résistant, sous les pattes, qui leur permettent de se déplacer en silence, d'atterrir en douceur et de freiner brusquement lorsqu'ils courent. Seul le guépard a des coussinets rainurés qui améliorent son contrôle en pleine course.

MARQUER SON TERRITOIRE
Comme les autres félins, ce jaguar nettoie et aiguise ses griffes contre un tronc d'arbre. Ces griffades lui servent aussi à marquer son territoire grâce à des glandes situées entre les doigts. Les marques odorantes sont les preuves de son passage.

Le chat sort ses griffes pour saisir le jouet.

LES ARMES DU CHASSEUR
Un chat en train de jouer révèle certaines de ses techniques de chasse. Les chats utilisent les griffes des pattes antérieures pour frapper, attraper, déterrer ou maintenir la proie. Les chats domestiques reproduisent les mêmes gestes avec leurs jouets. En général les chats de compagnie n'utilisent pas leurs griffes de façon agressive contre leurs maîtres.

Ce chaton de trois semaines commence son apprentissage de chasseur.

GRIFFES RÉTRACTILES
Au repos, elles sont maintenues sous des prolongements des phalanges par un ligament. Le félin ne sort ses griffes que si c'est nécessaire. Le guépard, lui, a les griffes sorties en permanence pour mieux adhérer au sol lorsqu'il court.

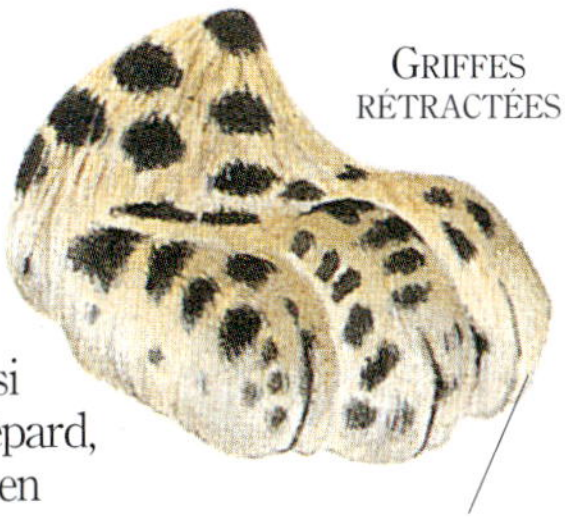

GRIFFES RÉTRACTÉES

Félin au repos, griffes rétractées et invisibles

GRIFFES SORTIES

Les ligaments se relâchent pour dévoiler les griffes.

LE CHAT EN MOUVEMENT

Naturellement calmes, les chats sont capables de brusques accès d'énergie. Équilibre, force, vitesse et rapidité de jugement leur permettent d'attraper des proies insaisissables. La seule qualité physique qui leur fasse défaut est l'endurance. Le chat est un sauteur remarquable, capable de franchir quatre fois et demi sa propre longueur et de retomber sur ses pattes à l'endroit qu'il a choisi, avec une précision étonnante.

Ce chaton étire ses pattes et sort ses griffes pour atterrir.

LE SAUT

S'il le faut, les chats peuvent sauter à la verticale. Le caracal et le lynx sont des champions de saut, capables d'attraper un oiseau qui s'envole. D'un coup de patte, ils abattent leur proie sur le sol.

Le cou se tend lorsque le guépard accélère sa course.

GUÉPARD

Les griffes permettent au chat de grimper et de rester en équilibre.

Il évalue la distance jusqu'au sol avant de sauter.

DÉFENSE DU TERRITOIRE

L'une des activités quotidiennes des félins est de parcourir et de marquer leur territoire. Ils rôdent, à la recherche d'un congénère ou d'une proie. Les félins aiment grimper, à la fois pour surveiller leur territoire et pour se sentir en position dominante sur leurs rivaux.

LES BONDS

Le bond est un mouvement très caractéristique des félins. Observez cette lionne : les muscles du dos se tendent et se relâchent pendant le saut et la queue est dressée pour assurer l'équilibre ; les puissants membres postérieurs propulsent l'animal et sont les dernières parties du corps à quitter le sol.

LA COURSE

La plupart des félins sont meilleurs sauteurs que coureurs, mais le guépard est bâti pour la vitesse. Sa colonne vertébrale est si souple que lorsque les pattes antérieures touchent le sol, la croupe se soulève déjà vers l'avant. Au milieu de la foulée, le corps se tend complètement et les quatre pattes quittent le sol. En pleine vitesse, le guépard peut dépasser 100 km/h.

Équilibre et chute

Certains félins passent une partie importante de leur vie dans les arbres, se déplaçant avec assurance sur les branches les plus étroites. S'il leur arrive de tomber, ils disposent d'un système unique d'auto-protection. Les yeux, le cerveau et l'oreille interne qui contrôlent l'équilibre, leur assurent de toujours retomber sur leurs pattes.

C'est la tête qui pivote la première pour être dans l'axe du sol.

1 Réaction instantanée L'oreille interne réagit dès que le chat perd l'équilibre. Le cerveau est aussitôt alerté et met en place les mécanismes de réaction à la chute.

2 Rotation rapide La partie antérieure du corps reçoit des signaux du cerveau et pivote pour suivre la tête. La souplesse de la colonne vertébrale permet une rotation de 180°.

Les pattes antérieures sont complètement tendues vers l'avant.

Chat de Geoffroy

Ce chat sauvage vit dans les forêts des montagnes d'Amérique du Sud.

Une position élevée Beaucoup de félins chassent et dorment dans les arbres. Le chat de Geoffroy utilise ses griffes acérées, sa vue perçante, ses réflexes sûrs et son remarquable sens de l'équilibre pour traquer les mammifères et les oiseaux jusque dans les feuillages.

L'ÉQUILIBRE PARFAIT

L'équilibre de ce léopard semble précaire, pourtant il montera aisément sa proie dans l'arbre pour la soustraire aux charognards. Le léopard, l'un des plus gros félins à passer beaucoup de son temps dans les arbres, est assez robuste pour emporter dans les branches une carcasse plus lourde que lui.

LE SAVIEZ-VOUS ?

- Un chat a survécu à une chute de 61 m.
- En sautant d'une hauteur de 18 m, le chat atteint une vitesse de 64 km/h avant de toucher terre.
- Si les membres antérieurs n'amortissent pas le choc, le menton du chat s'écrase sur le sol, entraînant une fracture de la mâchoire.

3 PARÉ POUR LE CHOC

Au moment où les membres antérieurs du chat se tendent pour entrer en contact avec le sol, le dos est toujours en train de pivoter. Les clavicules, situées au sommet des membres antérieurs, serviront d'amortisseurs quand le chat atterrira.

4 ATTERRISSAGE SUR LES PATTES

Quelques secondes après sa perte d'équilibre, le chat est dans la position idéale d'atterrissage. La tête et la partie fragile du corps sont hors de danger. Le chat se détend instinctivement avant le choc, ce qui évite un déchirement musculaire ou une entorse.

LA CHASSE

Pratiquement tous les félins chassent seuls. Il leur faut attaquer par surprise et être rapides. Ils s'approchent furtivement en utilisant tous les moyens pour ne pas être vus et, lorsqu'ils sont assez près, ils bondissent et terrassent leur proie.

CHASSEUR À LA MAISON
Le chat est un bon souricier. Certains sont experts pour attraper lézards, oiseaux ou insectes. Mais la chasse est un comportement acquis, et tous les chats ne sont donc pas de grands chasseurs.

LA CHASSE EN GROUPE
Contrairement à la plupart des félins, les lions chassent en groupe, ce qui leur permet de s'attaquer à des animaux plus gros qu'eux. Ce sont les lionnes qui font presque tout le travail. Pour augmenter leurs chances, elles choisissent un animal qui semble sans défense, l'encerclent et le capturent.

Le chat aplatit son corps et sa queue contre le sol.

UNE MORSURE MEURTRIÈRE
Ce léopard empêche sa victime de s'échapper ; puis il lui mord le cou, endommageant la moelle épinière. S'il ne peut pas manger sa proie entière, il emporte la carcasse et la cache pour la soustraire aux charognards.

TUEUR FRUSTRÉ
Les chats domestiques jouent avec des jouets comme avec une proie, s'approchent furtivement de l'objet, le mordent et le secouent. Les chats sauvages jouent parfois avec leur proie avant de la tuer.

Les chats adultes jouent moins souvent que les chatons.

Les taches du pelage camouflent l'animal.

CHAT LÉOPARD DU BENGALE

Le chat avance dans cette position, puis s'arrête et se tapit.

UN CHASSEUR SILENCIEUX
Les félins ne sont capables que de brèves pointes de vitesse. Quand il chasse, le chat se glisse le plus près possible de sa victime, lent et silencieux, et observe ses moindres mouvements. Lorsqu'il est à bonne distance, il se jette brusquement sur sa proie.

Les types de pelage

Lisse et fin ou long et touffu, le pelage protège l'animal du froid et de la chaleur, il porte son odeur et réagit au toucher. Le type de pelage correspond souvent au lieu de vie du chat, mais chez les chats domestiques, la grande variété de pelages est due aux sélections pratiquées par les éleveurs.

British Shorthair
Son pelage est court et dense. Sa fourrure épaisse ressemble à de la peluche et entoure le corps comme une couverture.

Le pelage a environ 5 cm d'épaisseur.

La fourrure du chat
On distingue trois sortes de poils dans la fourrure des chats. Les plus longs, qui constituent la jarre, sont les plus visibles. Ils portent les motifs de la robe. Les poils plus courts, dits de bourre, se trouvent en dessous. Le duvet court et doux fait office d'isolant.

Les persans ont un duvet épais et des poils de jarre qui peuvent atteindre 10 cm de long.

Persan
De toutes les races domestiques, il possède la fourrure la plus longue et la plus dense. Les poils, fins et soyeux, lui donnent un aspect duveteux ; même les pattes sont des touffes de poils. Ce chat mue l'été, ce qui fait paraître son pelage plus court.

Le poil est particulièrement frisé sur le dos et la queue.

CORNISH REX
Le pelage inhabituel des chats appartenant à cette race est frisé et ondulé. Tous les poils de la robe, faite uniquement de poils de bourre et de duvet doux au toucher, sont courts et bouclés. La robe est peu épaisse et les Rex sont sensibles au froid.

AMERICAN WIREHAIR
Le pelage caractéristique est dru et élastique. Tous les poils, même ceux des oreilles, sont frisés ou ondulés, de longueur moyenne. Au toucher, il ressemble à la laine de l'agneau.

Le poil crépu fait paraître les motifs de la robe en relief.

LE PELAGE DES CHATS SAUVAGES
Ces animaux ont un duvet chaud sous une couche superficielle de poils résistants. Dans les régions froides, la fourrure est plus épaisse. Le chat manul, une espèce asiatique, possède le plus long pelage. Jadis, on a cru, à tort, qu'il était l'ancêtre des chats domestiques à poils longs.

Les poils plus longs du ventre protègent le chat du froid quand il est allongé sur le sol.

CHAT MANUL

SPHYNX OU «CHAT NU»
Apparemment dénué de poils, le sphynx en a quelques-uns sur la queue ainsi qu'un léger duvet sur le corps. Ses moustaches et ses sourcils sont également très courts. Cette absence de poils le rend très sensible au soleil.

La robe est comme du daim.

Couleurs et marques

Les robes des chats peuvent présenter des couleurs et des motifs très variés. Elles sont parfois devenues de vraies tenues de camouflage pour permettre aux chats de chasser sans être vus. Les chats domestiques, qui ont rarement besoin de se camoufler, ont souvent des robes beaucoup plus voyantes. Aujourd'hui, les éleveurs obtiennent des couleurs et des combinaisons de marques surprenantes.

SIAMOIS SEAL TORTIE POINT

CORNISH REX ÉCAILLE-DE-TORTUE

Noir et roux répartis au hasard mais de façon régulière

LES POINTS HIMALAYENS
Les taches sombres sur la queue, les membres antérieurs et postérieurs, les oreilles et la face sont caractéristiques des chats siamois, adultes uniquement. On appelle ces marques des «points».

ÉCAILLE-DE-TORTUE
Pour des raisons génétiques, les marques écaille-de-tortue n'existent presque que chez les femelles. C'est une combinaison de noir et de roux.

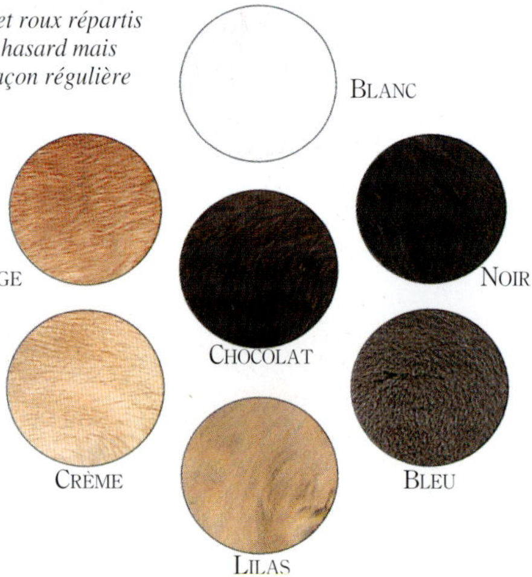

GAMME DE COULEURS
Il existe de nombreuses variétés de pelages unis, dont certaines sont la version délavée des couleurs de base. Ici, nous montrons les couleurs de base, avec leurs variantes délavées, blanc mis à part.

Les marbrures des «tabbies»

La robe rayée de ce chat est un parfait exemple de tabby. Les tabbies peuvent être rayés, tachetés ou mouchetés. Ces marques sont les vestiges du camouflage naturel des chats sauvages. Elles sont fréquentes chez les chats harets, chats domestiques retournés à l'état sauvage.

British Shorthair silver spotted

Les marques des félins sauvages

Rayures et taches sont vitales parce qu'elles permettent au félin de se confondre avec son environnement en créant une rupture dans sa silhouette. Elles varient tellement d'un félin à l'autre qu'elles permettent de reconnaître les différentes espèces. On constate même de légères variantes dans une même espèce.

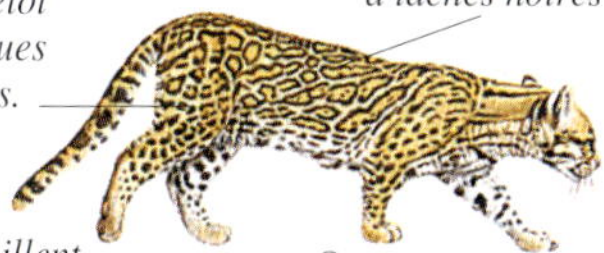

Ocelot

Jaguar

Tigre

Panthère nébuleuse

QU'EST-CE QU'UN CHIEN ?

Le chien domestique, appelé *Canis familiaris* en latin, est l'une des 37 espèces de la famille des canidés. Prédateur carnivore, il se distingue des autres mammifères par ses quatre dents carnassières, des prémolaires destinées à broyer la chair des proies.

LOUP

LE LOUP
Le loup gris, l'une des deux espèces de loups vrais reconnus (l'autre étant le petit loup rouge du sud des États-Unis, en voie de disparition), est l'ancêtre du chien domestique. Il était autrefois le mammifère le plus largement représenté dans l'hémisphère Nord, en dehors de l'homme.

LE CHACAL
Les chacals d'Afrique, d'Asie et du sud de l'Europe, ont une mauvaise réputation assez injustifiée. Ils se montrent d'excellents parents envers leurs portées. Leur nourriture, très variée, va des fruits aux petites gazelles.

CHACAL

RENARD ROUX

LE RENARD ROUX
Le renard roux est un canidé au crâne allongé, aux grandes oreilles et à la queue touffue. Trois couleurs de robe sont possibles, rouge flamme, gris argenté et une teinte intermédiaire.

Les chiens s'adaptent facilement à leur environnement.

Instinct de meute

Cet instinct peut expliquer la facilité à domestiquer certains chiens qui transposent leur besoin d'une meute sur leur «famille humaine».

Évolution

Il y a environ 50 millions d'années, durant l'éocène, vivaient de petits mammifères, d'aspect proche de la belette : les miacidés. Ils possédaient un cerveau très développé et étaient plantigrades.

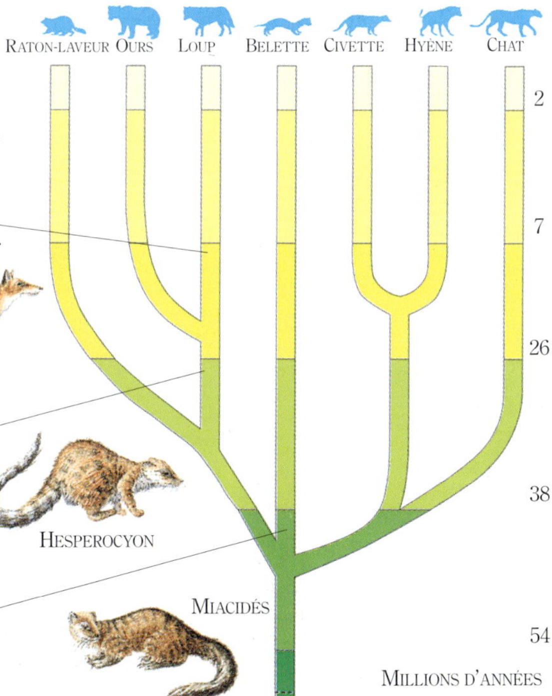

Au miocène, 42 variétés de canidés firent leur apparition. Tomarctus *fut le premier à montrer une denture comparable à celle du canidé moderne.*

Tomarctus

Hesperocyon *était un canidé de la fin de l'éocène au corps allongé, aux pattes courtes. On en a retrouvé des fossiles en Amérique du Nord.*

Hesperocyon

Les miacidés possédaient la denture d'un carnivore et d'après leurs doigts écartés, ils devaient être arboricoles.

La domestication

Les premières domestications datent d'il y a environ 10 000 ans au Moyen-Orient. Les hommes recueillaient des louveteaux attirés avec leurs parents près des campements. Élevés au contact des hommes, ils ont été leurs premiers chiens de garde et compagnons de chasse.

SCÈNES DE CHASSE
Des peintures rupestres représentent des chiens accompagnant leur nouvelle meute, leurs maîtres humains, à la chasse.

CHIEN NU MEXICAIN

LE CHIEN NU MEXICAIN
Ce chien primitif, qui descend du loup indien, ressemble beaucoup au Chien nu chinois, auquel il est sans doute apparenté.

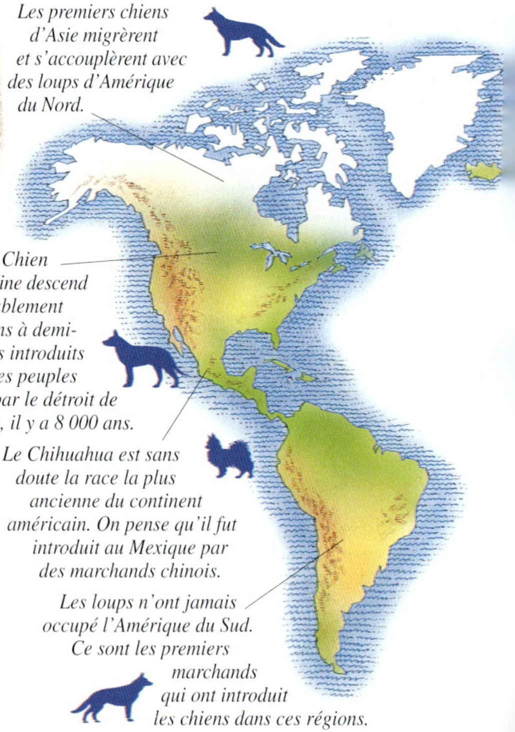

Les premiers chiens d'Asie migrèrent et s'accouplèrent avec des loups d'Amérique du Nord.

Le Chien de Caroline descend probablement de chiens à demi-sauvages introduits par des peuples d'Asie, par le détroit de Béring, il y a 8 000 ans.

Le Chihuahua est sans doute la race la plus ancienne du continent américain. On pense qu'il fut introduit au Mexique par des marchands chinois.

Les loups n'ont jamais occupé l'Amérique du Sud. Ce sont les premiers marchands qui ont introduit les chiens dans ces régions.

Le Lévrier du Pharaon

Ses statues ornaient les tombeaux des pharaons. Ce chien très élégant descend probablement du Lévrier phénicien. Les Phéniciens faisaient le commerce des chiens en Méditerranée.

Lévrier du Pharaon

Le saviez-vous ?

- Plus de 200 millions de chiens jouent le rôle d'animaux de compagnie dans le monde.
- L'Amérique du Nord en compte le plus grand nombre (60 millions), suivie de la Russie (10 millions) et de la France (7,8 millions).

Les chiens de berger apparurent en Europe il y a plus de 1 000 ans.

Les chiens de type mastiff furent utilisés comme chiens de combat par les Romains.

L'ancêtre du Greyhound est représenté sur des poteries mésopotamiennes vieilles de 8 000 ans.

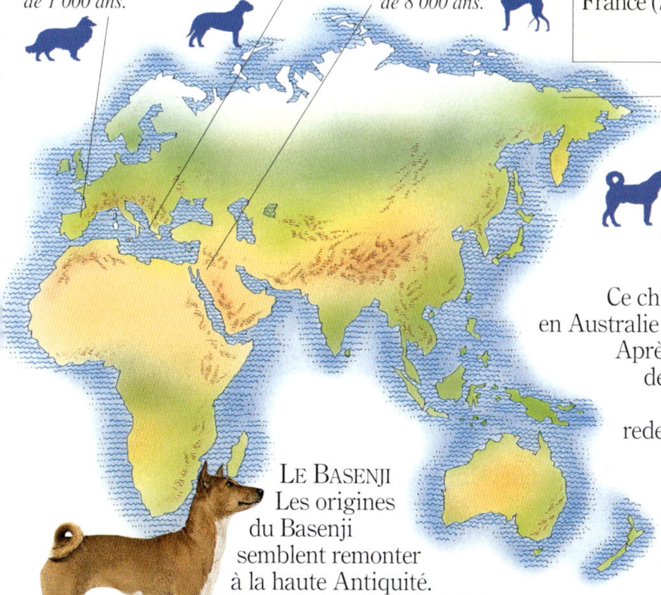

Les chiens de type spitz, proches du loup, comme le Husky de Sibérie, sont originaires des régions arctiques.

Le dingo

Ce chien fut introduit en Australie il y a 4 000 ans. Après des tentatives de domestication, l'espèce est redevenue sauvage.

Le Basenji

Les origines du Basenji semblent remonter à la haute Antiquité. Ce chien africain, qui n'aboie jamais, connut peu de croisements avec d'autres races. Il est représenté sur les tombeaux pharaoniques.

Basenji

Dingo

L'ANATOMIE DU CHIEN

L'anatomie du chien est celle d'un mammifère carnivore très développé. Pendant des siècles, les hommes ont cherché à modifier cette anatomie pour mieux en exploiter les qualités et pour en améliorer l'esthétique.

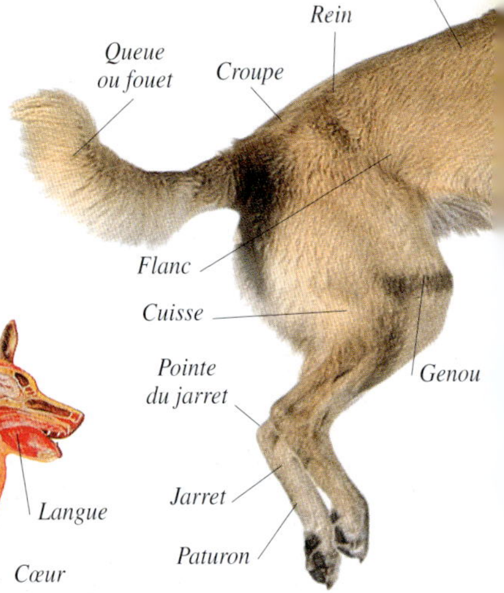

ANATOMIE INTERNE

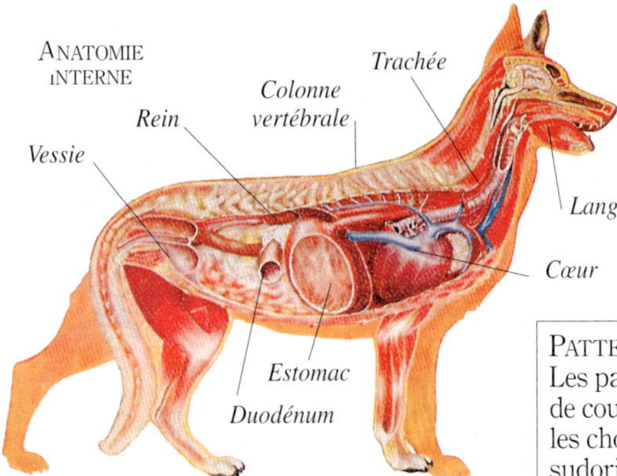

ORGANES INTERNES
Les organes du chien sont, pour l'essentiel, les mêmes que ceux de l'homme. Même s'il montre, vis-à-vis de la nourriture, un comportement de chasseur-charognard, le chien n'est pas un carnivore strict. Son régime tend plutôt vers celui d'un omnivore. Son appareil digestif accepte aussi bien les fruits que la viande crue.

PATTES
Les pattes du chien, garnies de coussinets qui servent à absorber les chocs, abritent des glandes sudoripares. Les griffes ne sont pas rétractiles comme celles du chat.

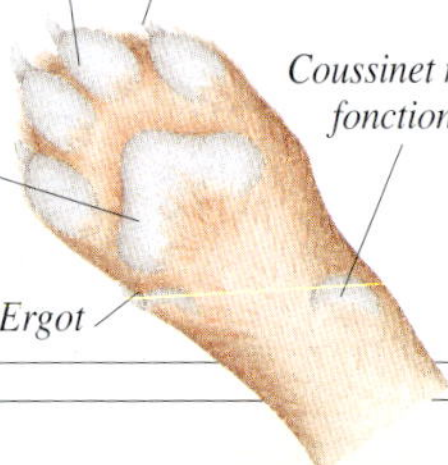

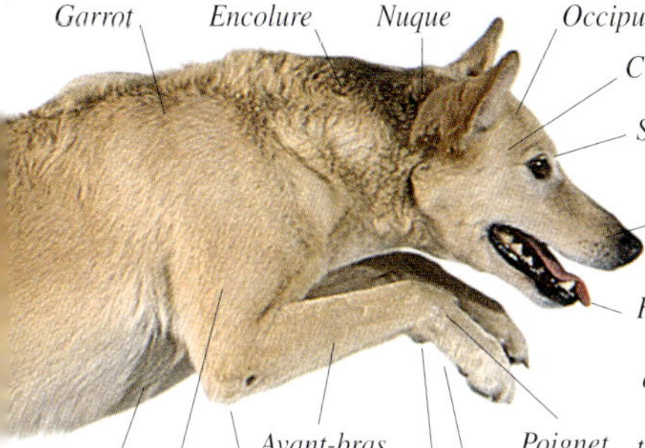

ANATOMIE EXTERNE

La silhouette

L'apparence de la plupart des chiens sauvages ou domestiqués est sensiblement la même : un corps souple, de longues pattes, une longue queue (organe d'équilibre et de communication), des oreilles dressées et une vue excellente. Des caractéristiques idéales pour un animal destiné à la chasse et doué d'une grande endurance.

Squelette de loup

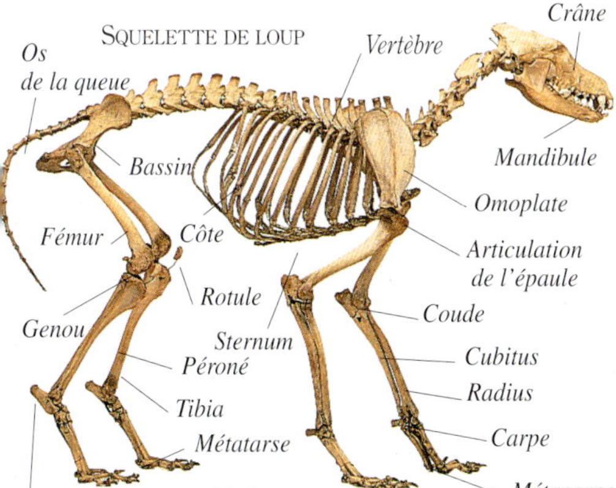

La denture du chien

Un chien adulte possède 42 dents, dont quatre canines qui déchirent les proies et quatre «dents carnassières» – un type de prémolaires – qui broient les chairs fermes.

Mâchoire supérieure

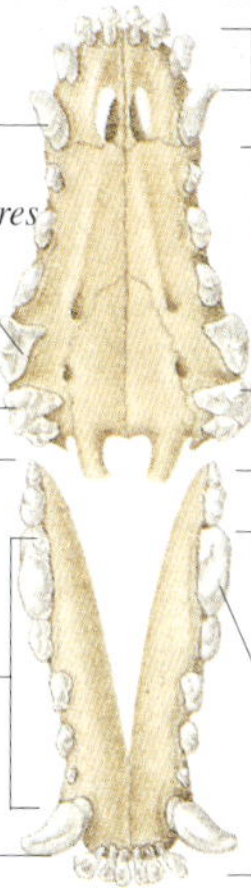

Mâchoire inférieure

Une ossature adaptée

Le squelette qui charpente son corps assure au chien force, souplesse et rapidité. Des sélections excessives ont toutefois pu entraîner des pathologies vertébrale, respiratoire ou articulaire.

Les sens et la reproduction

Tous les prédateurs dépendent de leur vue, leur ouïe et leur odorat pour attraper leurs proies. Chez le chien, ces sens comptent parmi les plus développés du règne animal. Quant à son système reproducteur, il fonctionne comme celui de tous les mammifères, à quelques différences près chez le mâle.

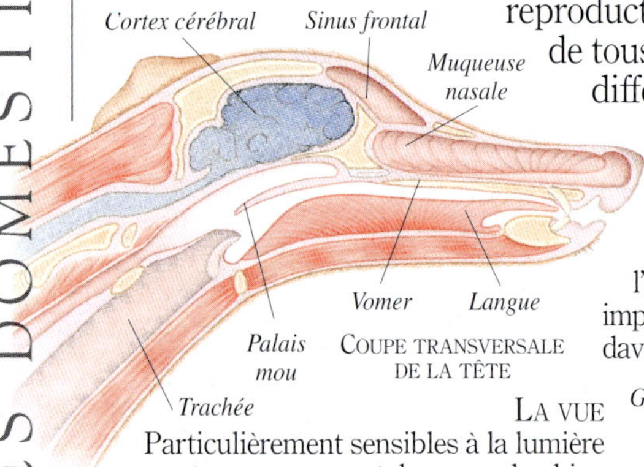

COUPE TRANSVERSALE DE LA TÊTE

LE GOÛT ET L'ODORAT

L'odorat du chien est exceptionnel. Il possède 200 millions de cellules olfactives (contre 5 millions chez l'homme). Le goût joue un rôle moins important, car l'animal «engloutit» davantage sa nourriture qu'il ne la savoure.

LA VUE

Particulièrement sensibles à la lumière et au mouvement, les yeux du chien disposent en revanche d'un pouvoir de résolution inférieur à ceux de l'homme. Des bergers affirment pourtant que leurs chiens réagissent à un signe de main effectué à 1 km de distance. Les chiens voient essentiellement en noir et blanc et en nuances de gris. L'anatomie de leur œil est comparable à la nôtre.

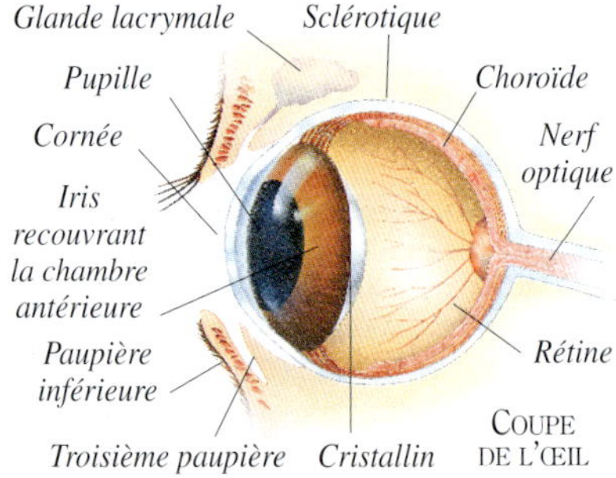

COUPE DE L'ŒIL

CHAMP DE VISION DU CHIEN 250°-290°

CHAMP DE VISION DE L'HOMME 160°

LE CHAMP DE VISION

Le champ de vision des chiens est étendu en raison de la position latérale des yeux. Leurs ancêtres prédateurs avaient besoin d'une vision latérale pour repérer leurs proies.

L'ouïe

Les chiens ont une excellente ouïe. Leurs pavillons d'oreilles, composés de 17 muscles, pivotent pour intercepter les sons en moins de 6/100 de seconde. Ils perçoivent des fréquences ultrasonores atteignant 35 000 Hz, contre seulement 20 000 Hz pour l'homme. Cette capacité auditive les aide à traquer leurs proies.

Oreilles tombantes

Oreilles dressées

Les types d'oreilles

Les oreilles tombantes protègent le système auditif de la végétation lors de la chasse. Les oreilles dressées captent mieux les ondes sonores.

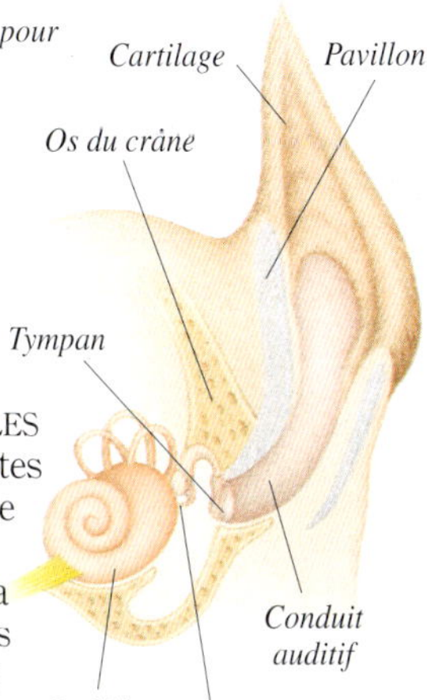

À l'intérieur de l'oreille

Appareils génitaux

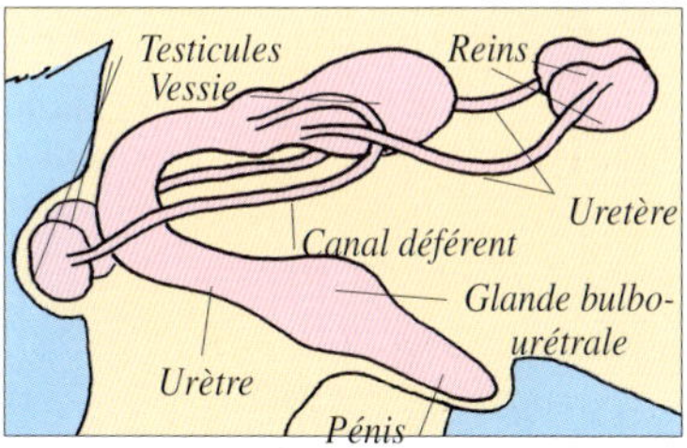

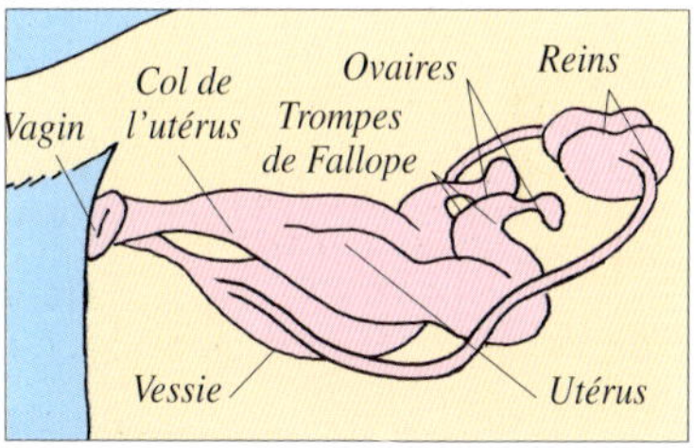

Mâle

Chez le chien, le pénis est pourvu d'un os pénien qui abrite l'urètre. Le gonflement du pénis pendant l'accouplement entraîne un phénomène de «nouage» qui empêche les partenaires de se séparer.

Femelle

Le système reproducteur de la femelle est similaire à celui des mammifères : vagin, col de l'utérus, utérus, trompes de Fallope et ovaires. Lorsqu'on stérilise une femelle, on lui retire les ovaires, les trompes de Fallope et l'utérus.

LES ÉTAPES DE LA VIE DU CHIEN

Un chien vit en moyenne douze ans, certaines races bénéficiant toutefois d'une plus grande longévité. La première année du chien équivaut à quinze années de la vie d'un être humain, la seconde à neuf ans, et les années suivantes à quatre ans.

LES PRÉLIMINAIRES

Les partenaires se reniflent avant l'accouplement.

LA PÉRIODE DES CHALEURS

Une femelle est fécondable à partir de neuf mois. En général, elle est en chaleur deux fois par an, pendant 3 semaines, mais n'est féconde qu'entre le 10e et 14e jour (période d'ovulation).

L'ACCOUPLEMENT

La femelle est consentante, mais passive.

L'ACCOUPLEMENT

Sexuellement actif toute l'année, le mâle est attiré par l'odeur de la femelle en chaleur. Si la chienne accepte l'accouplement, elle tient sa queue sur le côté. La transmission du sperme est rapide, mais le couple peut rester «noué» jusqu'à une demi-heure.

DÉVELOPPEMENT DU CHIOT

7 JOURS

À cet âge, le chiot se contente de dormir et de téter. Ses yeux et ses conduits auditifs sont fermés, mais il réagit au contact de sa mère.

14 JOURS

Ses yeux sont ouverts, mais il ne peut fixer un objet. Entre le treizième et le dix-septième jour, le chiot commence à entendre.

3 SEMAINES

À 3 semaines, le chiot peut fixer son regard et commence à se déplacer. Il faut lui couper les ongles pour éviter qu'il ne blesse sa mère.

1. Le liquide amniotique baigne et protège l'embryon, le placenta le nourrit.

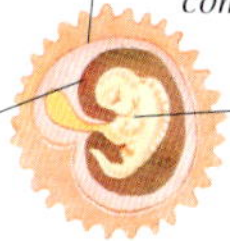

Liquide amniotique

Embryon

2. À la troisième semaine de la gestation, la tête, les yeux et les membres commencent à se former.

3. À 4 semaines de gestation, tous les organes internes du fœtus fonctionnent.

La plupart des chiots naîtront la tête la première.

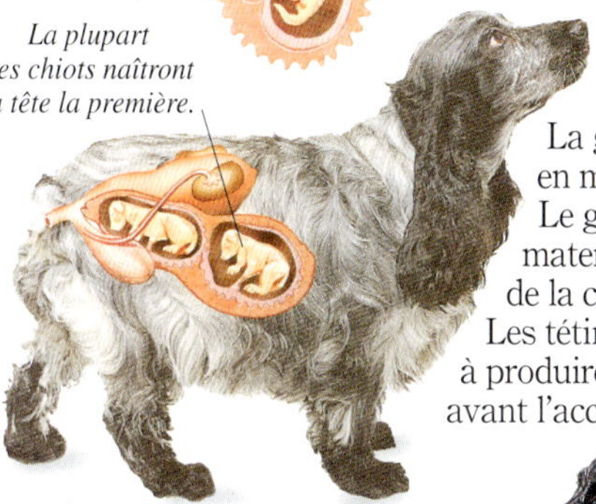

La gestation

La gestation dure en moyenne 63 jours. Le gonflement du ventre maternel est visible à partir de la cinquième semaine. Les tétines commencent à produire du lait 5 à 6 jours avant l'accouchement.

4. À la sixième semaine, le squelette s'est développé.

La mise bas

Lorsque la chienne est prête à mettre bas, elle s'arrête de manger et s'isole pour préparer un «nid». En règle générale, les premiers chiots naissent dans les deux heures après les premières contractions. Après chaque naissance, la mère se repose quelques minutes, voire quelques heures.

La mère s'assoit pour donner la première tétée.

Les chiots se collent les uns aux autres à la recherche de chaleur et de sécurité.

La première tétée

1 mois

Les dents apparaissent entre la troisième et la cinquième semaine. Il peut recevoir son premier vermifuge.

6 semaines

Présence de toutes les dents de lait, mais le chiot n'est pas encore sevré et ne doit pas être séparé de sa mère.

8 semaines

On peut séparer le chiot de sa mère. Il devra recevoir ses premiers vaccins.

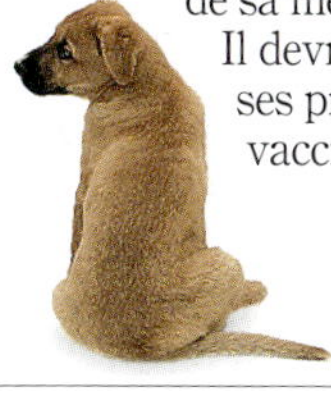

LE COMPORTEMENT DU CHIEN

Les chiens ont des comportements très divers, hérités de leur ancêtre, le loup, et résultant de leur socialisation. Les mouvements des oreilles, de la queue, et toutes les attitudes qu'ils adoptent sont des rituels visant à exprimer leur relation avec leur environnement.

LE RÔLE DES GLANDES
De fortes odeurs sont libérées par les glandes anales dans les fèces et par les glandes sudoripares au niveau des coussinets du pied. Ces odeurs fournissent des informations identifiables par les autres chiens.

MARQUAGE OLFACTIF
Un chien marque les limites de son territoire en urinant ou en grattant le sol avec ses pattes.

Chien reniflant une odeur

COMMUNICATION
Le hurlement est un très ancien mode de communication chez le chien. Les chiens sauvages et les loups hurlent pour indiquer aux autres membres de la meute l'endroit où ils se trouvent, ou pour prévenir que des intrus ont pénétré sur leur territoire. Cela peut être aussi un message de détresse ou de solitude.

CREUSER LE SOL
Les chiens ont besoin de creuser le sol tout comme le faisaient leurs ancêtres qui stockaient ainsi la nourriture indispensable à leur survie.

Agressivité

Le chien agressif cherche souvent à s'emparer ou à défendre un territoire, des objets ou d'autres animaux. La peur et la souffrance peuvent aussi susciter des marques d'agression.

Soumission

Pour exprimer leur soumission, les chiens se tapissent, roulent sur le dos, détournent leur regard, baissent les oreilles et adoptent ainsi une attitude humble.

Le maître distribue la nourriture.

Le chef de la meute montre son autorité en sautant plus haut que les autres chiens.

Domination

Les chiens affirment leur domination en fixant du regard, en levant la queue, en dressant les oreilles et en grimpant sur le dos du chien dominé. La domination n'est pas toujours liée à la taille du chien.

Le chien lève la queue.

Invitation au jeu

Les chiens invitent souvent les humains ou leurs congénères à jouer en redressant l'arrière-train et en s'aplatissant sur leurs membres antérieurs. Cette attitude n'est absolument pas agressive.

Antérieurs en position de repos

Hiérarchie

Les meutes de chiens sauvages sont organisées autour d'un chef, généralement un mâle, qui exerce l'autorité et coordonne les activités. Ces comportements se retrouvent chez les chiens domestiques.

LES DIFFÉRENTES RACES

De tous les animaux domestiqués par l'homme, c'est chez le chien que l'élevage sélectif a produit le plus de races différentes. Il en existe environ 500 dans le monde, diversement reconnues par les sociétés canines nationales.

CHOW-CHOW

LES CHIENS D'ARRÊT

Améliorés pour détecter le gibier et travailler en équipe avec leur maître, ces chiens sont des travailleurs fidèles et fiables. Leur rôle consiste à flairer le gibier, l'indiquer au chasseur en s'immobilisant et le rapporter une fois abattu.

SETTER IRLANDAIS ROUGE ET BLANC

LES CHIENS SPÉCIAUX

Ce groupe rassemble des chiens très différents. Beaucoup, comme ici le Chow-chow, se distinguent par leur originalité, d'autres sont spécialisés dans des tâches bien précises. La plupart sont très prisés comme animaux de compagnie.

LES CHIENS DE BERGER ET DE GARDE

Tour à tour gardien de bétail ou de ferme, animal de trait, chien policier ou militaire, ces chiens préfèrent les grands espaces à la vie urbaine et aiment se voir confier des tâches.

BORDER-COLLIES SURVEILLANT DES MOUTONS

Les chiens courants

Ces athlètes au flair et à l'acuité visuelle exceptionnels furent les premiers chiens utilisés par l'homme. Ils aidaient leurs maîtres à chasser des animaux de grande taille comme les cerfs.

Foxhounds anglais

Le saviez-vous ?

• Les fossiles révèlent qu'il existait quatre types de chiens à l'âge du bronze (environ 2 000 ans av. J.-C.) : les chiens de type loup, les bergers, les chiens courants et de petits chiens de compagnie.

Les terriers

Sélectionnés à partir de chiens courants pour obtenir des chiens habiles à débusquer le gibier au terrier, les terriers sont généralement petits, courts sur pattes, vifs et têtus.

Terriers du Norfolk

Les toys

Petits et charmeurs, ils tiennent une place importante dans la vie de beaucoup de gens. Certains se montrent d'excellents gardiens et n'hésitent pas à mordiller les chevilles des intrus indésirables.

Pékinois

Les bâtards

La plupart des chiens sont des bâtards, ou «corniauds», résultats de croisements «sauvages». En dehors de leurs qualités individuelles, ils sont souvent plus équilibrés, plus robustes et s'adaptent plus facilement à leur environnement.

QU'EST-CE QU'UN CHEVAL ?

Les premiers chevaux vivaient dans les plaines d'Amérique du Nord, il y a quelque 60 millions d'années. Le cheval moderne est un quadrupède, pourvu d'un seul doigt, au corps recouvert de poils courts. Ce mammifère herbivore de la famille des équidés est un animal social qui préfère vivre en groupe.

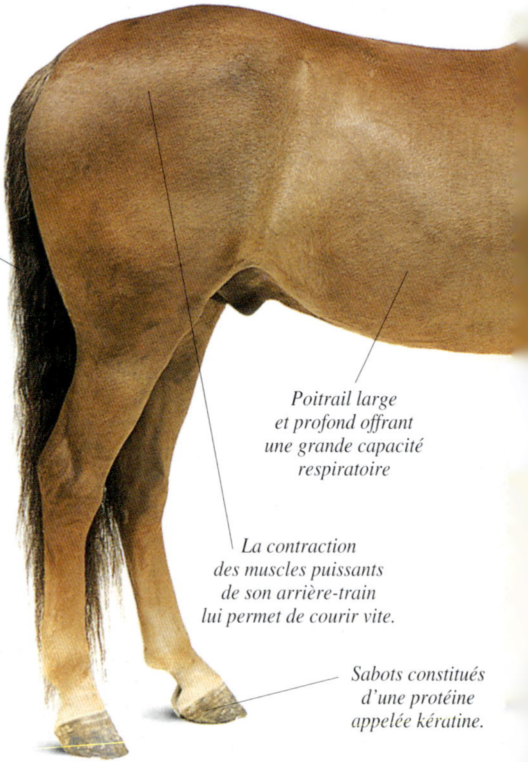

Longue queue lui servant de chasse-mouches

Poitrail large et profond offrant une grande capacité respiratoire

La contraction des muscles puissants de son arrière-train lui permet de courir vite.

Sabots constitués d'une protéine appelée kératine.

LE SAVIEZ-VOUS ?

- On mesure un cheval du sol au garrot, base de l'encolure à l'aplomb des membres antérieurs.
- Contrairement au poulain, le jeune poney a les mêmes proportions que l'adulte.
- Il existe environ 60 races officielles de chevaux légers.
- La plupart des races chevalines actuelles ont été créées pour effectuer des tâches spécifiques.

LE CHEVAL ET L'HOMME
Comme on le voit sur cette peinture rupestre, les premiers hommes chassaient le cheval pour sa chair et sa peau. Sa chasse était facile car le cheval sauvage vivait en troupeaux. Plus tard, l'homme le monta, l'attela, puis l'employa à des tâches diverses.

NÉ POUR COURIR
Le poulain naît entièrement développé. À l'état sauvage, il doit être capable de suivre sa mère, et de fuir les prédateurs dès la naissance.

LES PRINCIPAUX TYPES DE CHEVAUX

On considère que les chevaux actuels descendent de quatre types qui vivaient en Europe et en Asie il y a plus de 6 000 ans. On retrouve encore leurs caractéristiques dans certaines races.

PONEY TYPE 1
Ce robuste poney, qui vivait au nord-ouest de l'Europe, fait penser à l'Exmoor actuel (Grande-Bretagne).

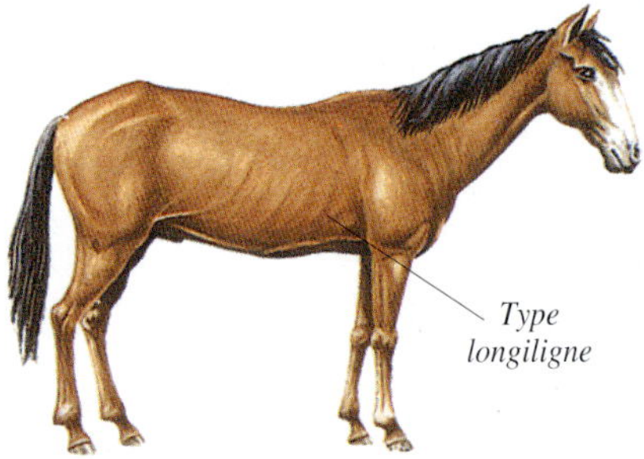

CHEVAL TYPE 1
Originaire des régions sèches et arides d'Asie centrale, il ressemble à l'actuel Akhal-téké.

PONEY TYPE 2
Semblable au Przewalski, solidement charpenté, tête lourde, il vivait au nord de l'Eurasie.

CHEVAL TYPE 2
Ancêtre probable de l'Arabe et du Caspian, il vivait dans les déserts chauds de l'Asie occidentale.

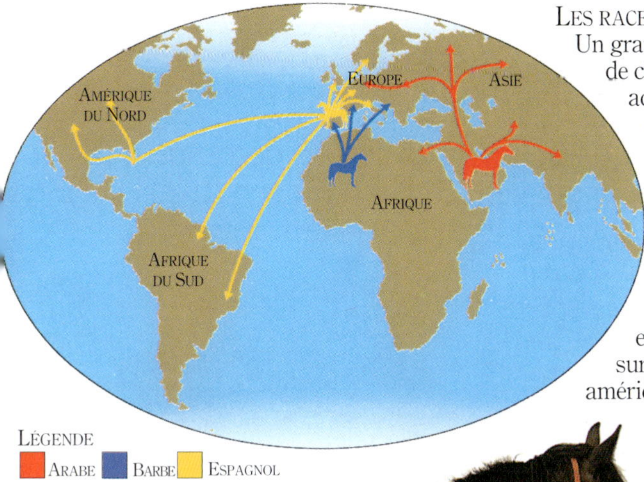

Les races fondatrices

Un grand nombre de chevaux légers actuels descendent de trois races principales : Arabe, Barbe et Espagnol. Leur influence s'est étendue au Moyen-Orient, en Europe et plus tard, sur le continent américain.

Les trois principaux groupes

Les races chevalines sont divisées en trois groupes principaux : poneys, chevaux légers et chevaux lourds. On trouve encore des poneys et des chevaux légers à l'état sauvage, mais les chevaux lourds sont complètement domestiqués.

Morphologie et conformation

Le corps du cheval est parfaitement adapté à son type de vie. Son long cou lui permet de paître en baissant la tête, ses membres longs et musclés lui permettent de fuir le danger. Les proportions de son corps, ou conformation, servent à déterminer son groupe et sa race.

Les points

Les points, ou régions, sont les caractéristiques extérieures du cheval. Chaque région porte un nom, et l'ensemble d'entre elles donne la conformation.

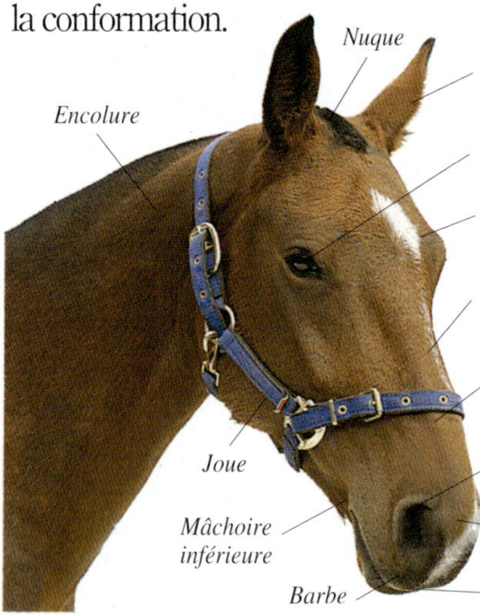

LES PROPORTIONS
Un cheval parfaitement proportionné doit avoir des régions particulières d'égale grandeur. Les mesures en bleu doivent se correspondre, de même que celles en gris et en rouge.

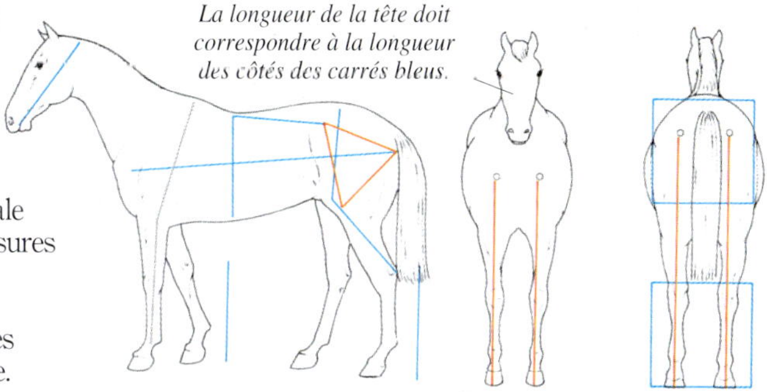

LES APLOMBS
De face, une ligne qui part de l'épaule doit passer par le milieu du genou, du boulet et du pied antérieur. Une ligne droite doit traverser verticalement chaque membre postérieur.

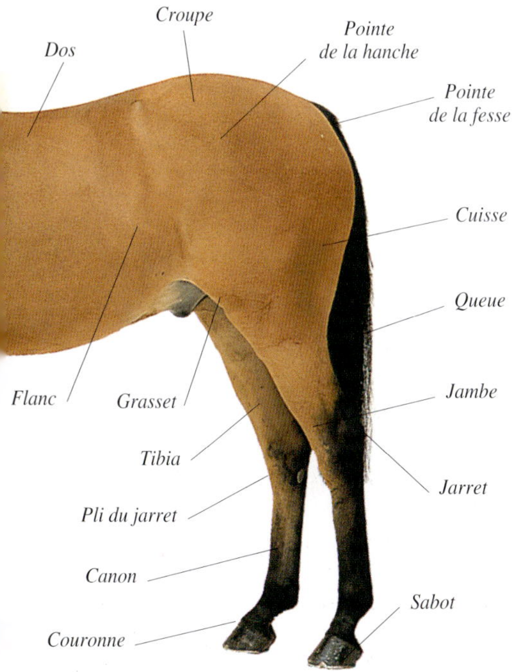

LE SAVIEZ-VOUS ?

- La tête et le corps du cheval sont aérodynamiques, ce qui réduit la résistance à l'air.
- Un cou long et des épaules bien galbées révèlent un cheval de selle rapide.
- La grandeur des yeux est signe d'une bonne vue, mais aussi de calme et d'intelligence.

Squelette et muscles

Le long de la colonne vertébrale, ou épine dorsale, se trouve la moelle épinière qui transmet l'influx nerveux du cerveau au reste du corps. Lorsque le cheval veut faire un mouvement, le message part du cerveau, circule le long de la moelle épinière jusqu'au muscle approprié, par l'intermédiaire des nerfs.

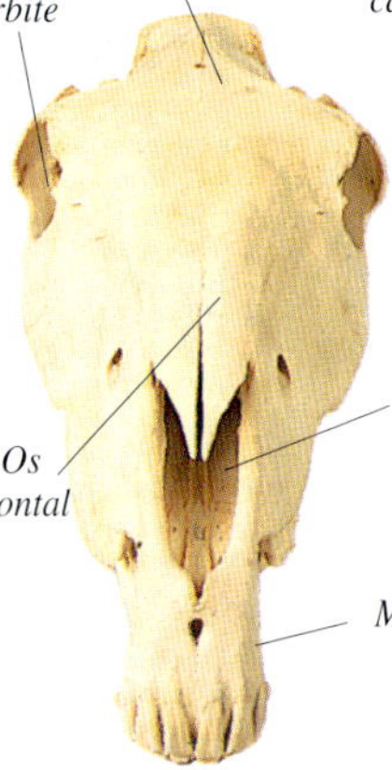

LE CRÂNE
Le crâne est constitué de 34 os. Sa forme allongée fournit l'espace nécessaire aux dents larges et profondément enracinées de l'animal.

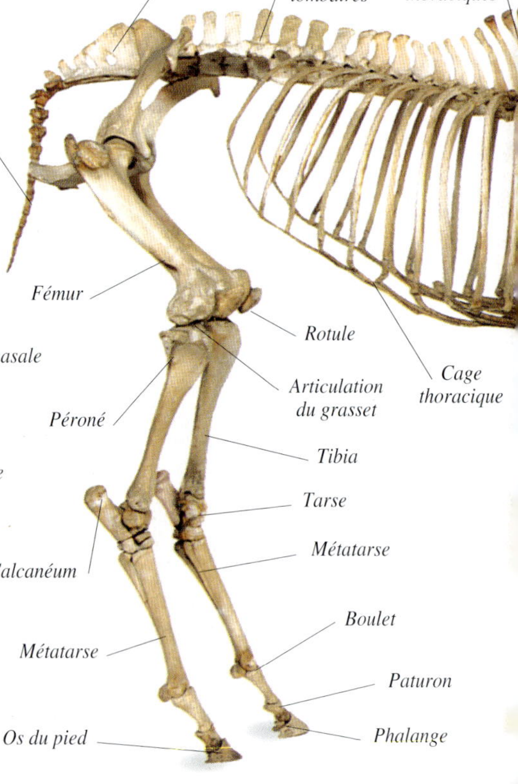

Le squelette
C'est une charpente solide, mais flexible, d'environ 250 os qui soutiennent et protègent les tissus. Les vertèbres garantissent la fermeté et la solidité du corps.

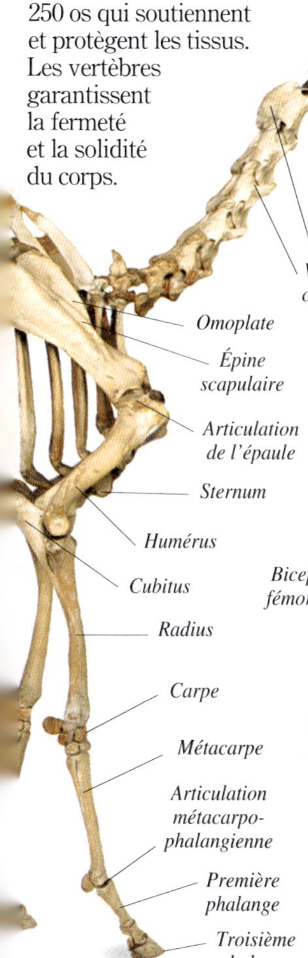

Le saviez-vous ?

- Les ligaments et les tendons des membres antérieurs atténuent les chocs.
- La forme du cheval est déterminée par la disposition et le développement des muscles.
- On fait parfois nager les chevaux pour renforcer les muscles fatigués ou blessés.

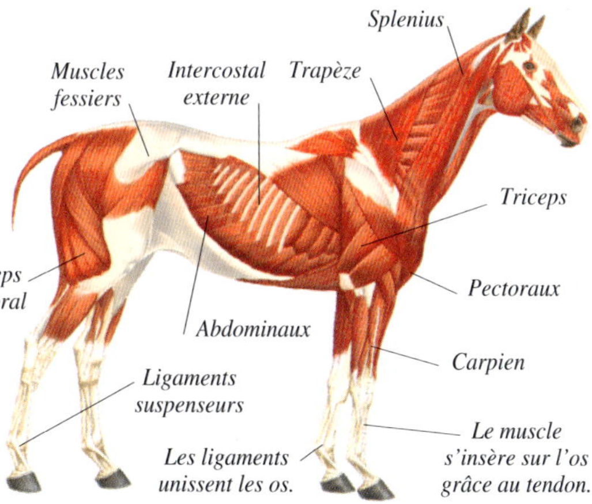

Les muscles
Ils sont constitués de fibres qui, en se contractant et se relâchant, produisent le mouvement.
Il y a deux sortes de muscles : les muscles striés, ou squelettiques, dont la contraction est volontaire, et les muscles lisses, dont la contraction est involontaire.

Dessins et marques

Les marques, naturelles ou accidentelles, permettent de distinguer les individus. Les marques naturelles sont souvent des zones de poils blancs sur la tête, les jambes et les sabots. Les marques accidentelles sont le résultat de blessures ou d'une pratique vieille de plus de 2000 ans, le marquage, permettant parfois de retrouver un cheval volé.

LES MARQUES SUR LA TÊTE
Alors qu'on identifie certaines races par la robe, les marques de la tête permettent d'identifier les individus. Voici les marques les plus fréquentes (ci-dessous) :

ÉTOILE PROLONGÉE

BUVANT DANS LE BLANC

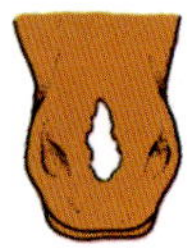
LISTE ENTRE LES NASEAUX

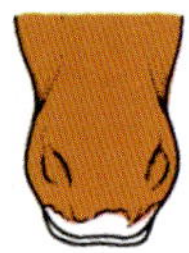
MARQUES LABIALES

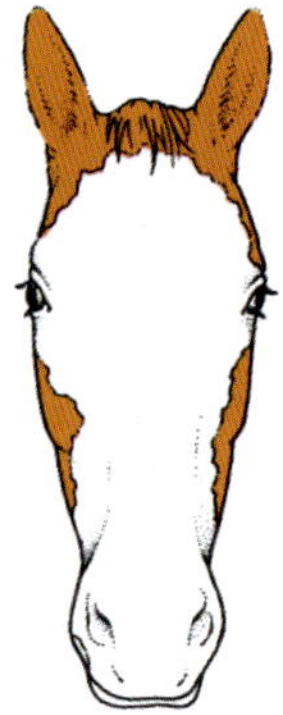
MASQUE

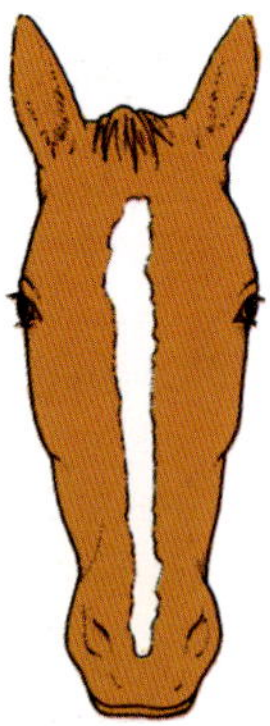
LISTE

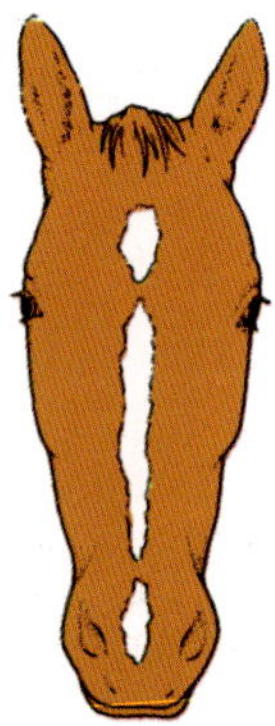
ÉTOILE ET LISTE

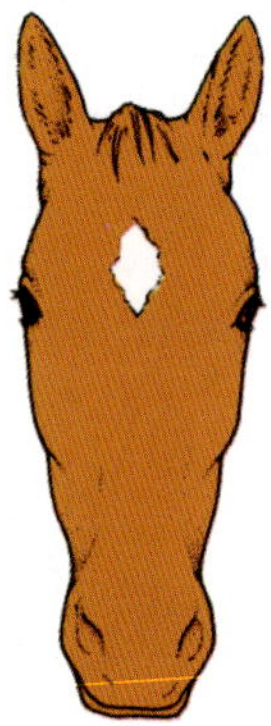
ÉTOILE

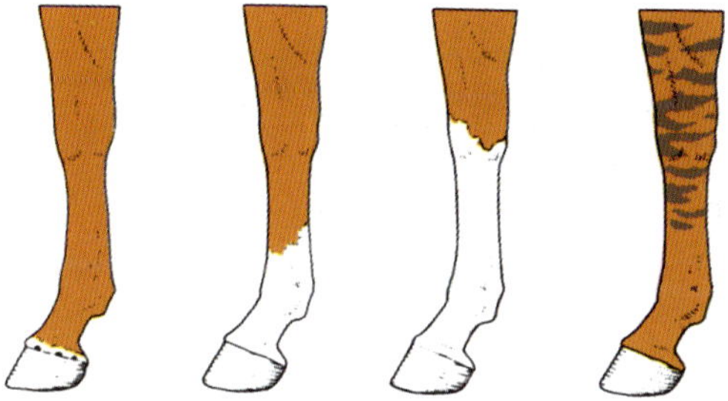

TRACE CHAUSSÉE HAUT-CHAUSSÉE TIGRÉE

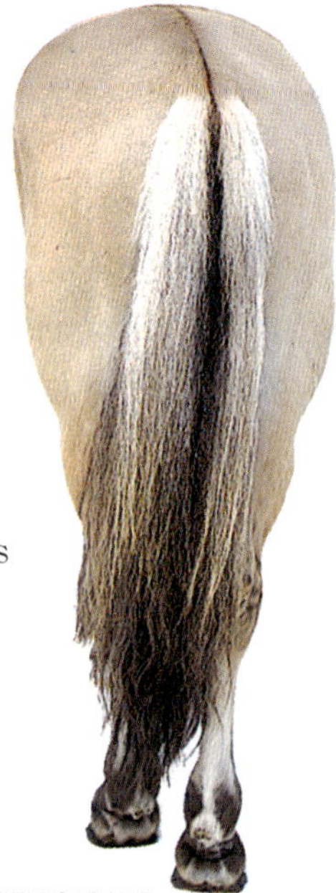

LES BALZANES
La trace de balzane est située juste au-dessus du sabot, la balzane chaussée couvre tout le pied et la balzane haut-chaussée se prolonge au-dessus du genou. Les balzanes tigrées sont des zébrures brunes transversales.

LES MARQUES SUR LES SABOTS
Le sabot bleu, en corne dure, est souvent associé au poney. Les sabots à bandes verticales noires et blanches appartiennent aux Appaloosas et autres races tachetées.

SABOT BLEU

SABOT RAYÉ

BANDE DORSALE
La raie de mulet, bande sombre courant du garrot jusqu'à la queue, est un attribut des races primitives aux robes louvet ou isabelle, comme le Tarpan.

LE MARQUAGE
Le marquage s'effectue par application d'un fer chaud ou gelé qui empêche la repousse du poil. Il permet d'identifier les propriétaires et, parfois, les races.

MARQUAGE À CHAUD

MARQUAGE À FROID

L'ALIMENTATION

Le cheval est un herbivore. À l'état sauvage, les chevaux survivent en mangeant exclusivement de l'herbe, lorsque les pâturages sont assez étendus. En hiver, quand il fait froid et que la nourriture se fait plus rare, ils s'affaiblissent mais reprennent du poids en été.

LA PREMIÈRE NOURRITURE SOLIDE
Le poulain mange une nourriture solide à six semaines.

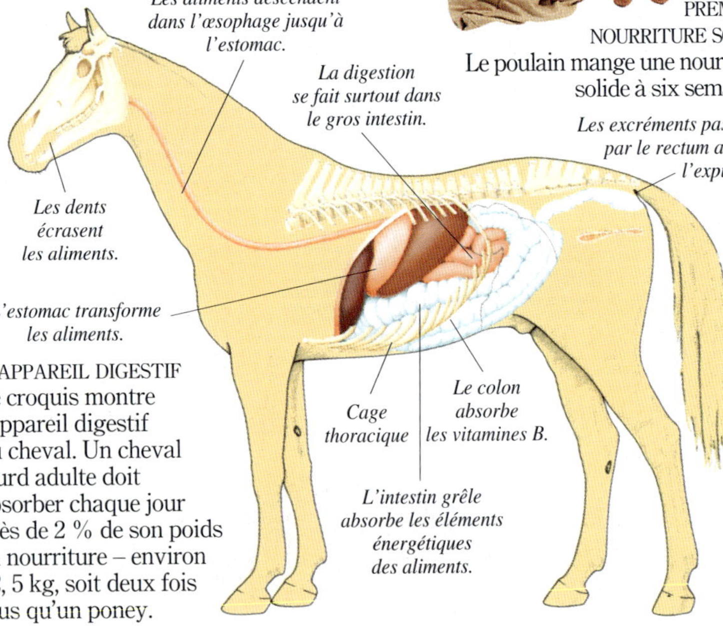

L'APPAREIL DIGESTIF
Ce croquis montre l'appareil digestif du cheval. Un cheval lourd adulte doit absorber chaque jour près de 2 % de son poids en nourriture – environ 12, 5 kg, soit deux fois plus qu'un poney.

Dents et mâchoires

Paître use les dents de lait du poulain. Elles tombent et, jusqu'à l'âge de 5 ans, sont remplacées progressivement par les dents définitives, au nombre de 40. Les incisives coupent la nourriture en petits morceaux que les molaires broient pour faciliter la digestion.

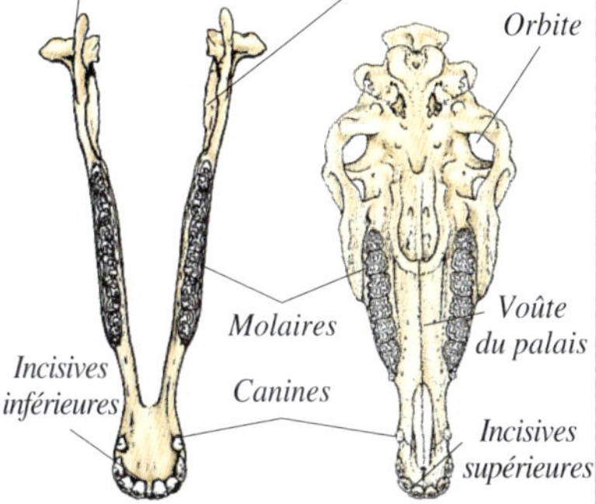

Un régime équilibré

Une alimentation équilibrée en vitamines et en minéraux garantit à l'animal une bonne santé et une parfaite condition physique. Il doit manger souvent, mais en petites quantités, et en buvant pour éviter la déshydratation.

Fruits et légumes doivent être coupés dans le sens de la longueur pour que le cheval ne s'étouffe pas.

Au menu : carottes, maïs, graines de lin, paille, tranches de pomme, noix, noisettes, etc.

Le foin est de l'herbe coupée et séchée.

Seau d'eau fraîche

Le saviez-vous ?

- La belladonne, la fougère et la jacobée, même en petite quantité, peuvent empoisonner le cheval. Il faut donc les arracher des pâturages.
- Il faut attendre 15 jours avant qu'un cheval puisse manger une herbe qui a subi une pulvérisation chimique.

LE COMPORTEMENT

Le cheval domestique actuel se comporte sensiblement comme son ancêtre sauvage. Il préfère toujours vivre en groupe. Son comportement résulte en grande partie de la façon dont il communique avec ses congénères.

Le cheval ne dort jamais longtemps d'une seule traite.

LE SOMMEIL
Le cheval peut dormir debout. À l'état sauvage, cela augmente ses chances contre les prédateurs.

LES OREILLES
La position des oreilles renseigne sur l'humeur du cheval. Pointées vers l'avant, c'est un signe de curiosité. Une oreille tournée vers l'avant, l'autre vers l'arrière, c'est la perplexité.

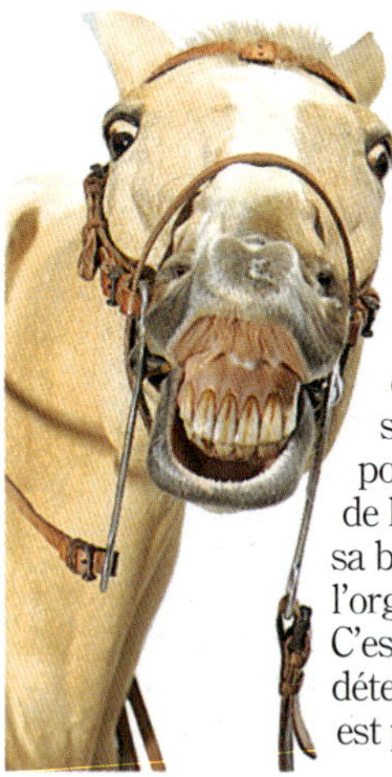

LE FLEHMEN
Lorsqu'une jument s'approche d'un étalon, celui-ci retrousse sa lèvre supérieure pour faire entrer de l'air dans sa bouche, jusqu'à l'organe de Jacobson. C'est ainsi qu'il détecte si la jument est prête à s'accoupler.

SHIRE

LA TOILETTE MUTUELLE
Elle est signe de bonne entente. Les chevaux se frottent avec leur museau et se mordillent les poils du dos, parfois pendant plusieurs minutes.

UNE TOILETTE MUSCLÉE
De retour au pré, le cheval se roule souvent dans l'herbe. C'est un moyen de faire travailler ses muscles dorsaux et de nettoyer sa robe.

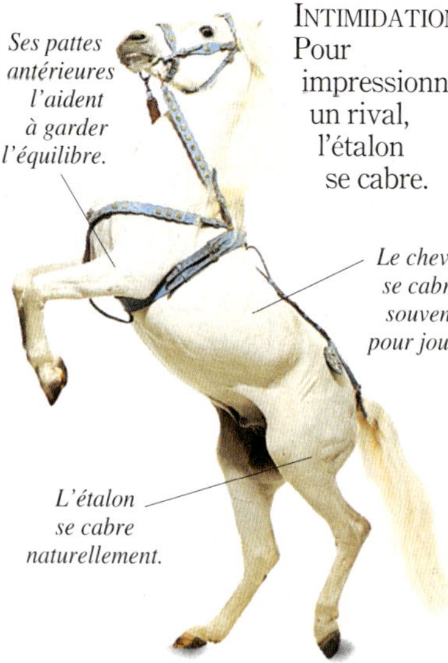

INTIMIDATION
Pour impressionner un rival, l'étalon se cabre.

PONEY SHETLAND

LE SAVIEZ-VOUS ?

- Les chevaux hennissent pour communiquer entre eux.
- La queue sert davantage à chasser les mouches qu'à communiquer.
- Nerveux, le cheval piaffe : il frappe le sol avec ses pattes antérieures.
- Les oreilles sont très mobiles et peuvent faire un tour complet sur elles-mêmes.

LE CHEVAL ET SES EMPLOIS

Malgré la mécanisation, on trouve encore des chevaux qui travaillent dans les villes, les forêts et les exploitations agricoles. Aux sports équestres traditionnels, tels les courses de plat et d'obstacles, toujours populaires, il faut maintenant ajouter les randonnées à cheval.

Les chevaux de travail

Le cheval est utilisé dans les forêts car il cause moins de dégâts que le tracteur. Dans les pays en voie de développement, il est particulièrement apprécié car facile à élever. Si le cheval-guerrier a fait son temps, il continue d'agrémenter les cérémonies officielles où est présente la Garde Républicaine.

LES TRAINS DE MULETS
Même en ce début de XXIe siècle, le mulet reste idéal comme animal de bât dans des régions accidentées. On l'utilise encore en Inde, en Chine et dans le Sud-Est asiatique.

L'entraînement des chevaux de la police londonienne dure 40 semaines.

CHEVAL D'ARTILLERIE ROYALE

LES CÉRÉMONIES OFFICIELLES

De nombreux pays utilisent encore le cheval dans les cérémonies officielles. Cette coutume date du temps où, pendant les guerres, il tirait les pièces d'artillerie.

LES CHEVAUX DE POLICE

Aujourd'hui, beaucoup de villes ont leur police montée. Le cheval permet au cavalier de se déplacer facilement et de dominer la situation.

LE SAVIEZ-VOUS ?

- Aux États-Unis, il y a plus de chevaux de selle destinés aux loisirs qu'au gardiennage des troupeaux.
- La police montée est plus représentée en Inde que dans n'importe quel autre pays.
- Dans les forêts canadiennes, les chevaux lourds transportent les arbres abattus.

Un cheval de la police travaille pendant près de 14 ans.

CHEVAUX ET CAVALIERS DE LA POLICE BRITANNIQUE EN TENUE DE PARADE

Aux États-Unis, les chevaux gardiens de troupeaux mesurent en moyenne 1,50 m au garrot.

QUARTER HORSE

LES GARDIENS DE TROUPEAUX

En Amérique du Nord et en Australie, l'homme utilise le cheval pour garder les troupeaux, comme il y a plus de 6 000 ans.

L'équitation

Depuis la fin de la Seconde Guerre mondiale, le cheval participe de plus en plus aux loisirs. Les courses de chevaux sont toujours aussi populaires, et l'intérêt pour les concours hippiques et le dressage s'est développé grâce à la télévision. Plus récemment, le tourisme équestre est né du besoin d'évasion des citadins.

LE POLO
Originaire de Chine, le polo, déjà pratiqué il y a 2 500 ans, pouvait alors rassembler jusqu'à 1 000 joueurs. Aujourd'hui, les cavaliers sont divisés en deux équipes de quatre.

LE DRESSAGE
En cinq minutes, une présentation de dressage permet d'apprécier la maîtrise du cavalier et les performances de l'animal. Cette discipline, a beaucoup de succès.

Les courses de chevaux

Elles font partie d'une vaste industrie internationale. Cette statue, érigée dans le Kentucky Horse Park, aux États-Unis, représente le célèbre Man O'War ou Big Red, qui, sur 21 courses, n'en a perdu qu'une seule. En 1947, plus de 1 000 personnes ont assisté à ses funérailles.

Le saviez-vous ?

- La course la plus longue, le Palio, se déroule à Sienne, en Italie, depuis le XIIIe siècle. Le cheval gagnant assiste au banquet organisé après la course.
- La première course d'obstacles s'est déroulée en 1830 à St. Albans, en Angleterre.

Des vacances équestres

Des centres de vacances équestres proposent des randonnées pouvant durer d'une journée à une semaine. Le plus souvent guidées, elles exigent un minimum d'expérience et permettent de découvrir des paysages magnifiques et inaccessibles par un autre moyen.

Index

B

G

H

I

JKL

T

WXZ

Remerciements

Équipe éditoriale :
Éditeurs : Elise Bradbury, Laura Buller, Alan Burrows, Bernadette Crowley, Alastair Dougall, John Mapps, Susan McKeever, Miranda Smith, Leo Vita-Finzi, Selina Wood, Sarah Watson.

Maquettistes : Alexandra Brown, Sarah Crouch, Janet Allis, Tanya Tween.

DK Inde :
Punita Singh, Rachana Bhattacharya, Sheema Mookherjee, Sabyasachi Kundu, Sukanto Bhattacharjya, Jacob Joshua, Sunil Sharma, Umesh Aggarwal

PAGE*One*: Melanie McDowell, Chris Stewart, Suzanne Tuhrim, Sophie Williams.

Dorling Kindersley tient à remercier : Hilary Bird, Mark Lambert, Robert Graham, Caroline Potts, the Natural History Museum, University Museum of Zoology of Cambridge et Thurston Watson.

Photographies de :
Julie Anderson, Dennis Avon, Akhil Bakhshi, Simon Battensby, Geoff Brightling, Jane Burton, Peter Chadwick, Gordon Clayton, Geoff Dann, Philip Dowell, Mike Dunning, Neil Fletcher, Steve Gorton, Frank Greenaway, Steve Gorton, Marc Henrie, Kit Houghton, Colin Keates, Dave King, Bob Langrish, Cyril Laubscher, Ranald Mackechnie, Andrew McRobb, Ray Moller, Tracy Morgan, Stephen Oliver, Oxford Scientific Films, Nick Parfit, Tim Ridley, Bill Sands, Karl Shone, Steve Shott, Harry Taylor, Kim Taylor, Michael Ward, Jerry Young

Illustrations de :
Graham Allen, Janet Allis, Stephen Biesty, Joanna Cameron, Rowan Clifford, Karen Cochrane, John Davis, Ted Dewan, Gill Ellsbury, Samantha Elmhurst, Angelica Elsebach, Giuliano Fornari, Chris Forsey, Will Giles, Craig Gosling (Indiana University Medical Illustration Department), Tony Graham, Nick Hall, Nick Hewetson, John Hutchinson, Mark Iley, Stanley Cephas Johnson, Aziz Khan, Richard Lewington, Kenneth Lilly, Ruth Lindsay, Mick Loates, Janos Marffy, Malcolm McGregor, Sean Milne, Richard Orr, Maurice Pledger, Sandra Pond, Bryan Poole, Sally Alane Reason, Colin Salmon, Tommy Swahn, John Temperton, Simon Thomas, Kevin Toy,

David Webb, Amanda Williams, Ann Winterbotham, John Woodcock, Debra Woodward, Colin Woolf, Dan Wright.

Crédits photographiques :
h = haut, b = bas, c =c entre,
g = gauche, d = droite

L'éditeur remercie les personnes et les agences suivantes pour leur aimable autorisation de reproduire les documents suivants :
Dennis Avon 286b, 323bg ; 346bg ; Professor Edmund D. Brodie Jr. 165cd ; Lester Cheeseman 251c ; Dr. Barry Clarke 23hd ; John Holmes 175cg ; Colin Keates 27cg ; Dave King 25cd ; Bob Langrish 487hg ; Leszczynski 157cg
Ardea/M Krishnan 257bg ; Eric Lingren 238hg
BBC Natural History Unit/Galleria Degli Uffizi, Florence 168hg
Bridgeman Art Library/210hg, 233bd
Centaur Studios/175bg
Bruce Coleman/231bc ; Jen and Des Bartlett 258-259, 279hg; Erwin & Peggy Bauer, 216hg; Fred Bruemmer 203bg ; John Cancalosi 236hg, 342bg ; Eric Crichton 80cg; Gerald Cubitt 81bd; Geoff Doré 81bc ; M.P.L Fogden 154-155; P.A. Hinchcliffe 60hd; Dr. M. T. Kahl 344hd; Jan van de Kam 338bd; Stephen J. Krasemann 379hg; Gordon Langsbury 354-355b ; 355d ; Cyril Laubscher 290bd; Werner Layer 366-367; Luiz Claudio Mango 307hd; George Mcarthy 287b ;351hg; Michael McCoy 237hg; Rinie van Meurs 338 hd; Charlie Off 330bg ; Dr. Eckart Pott 30-31, 133hc ; Dr Sandro Prato 139hd; Hans Reinhard 99hg, 352cg, 361b, 365bc, 438-439; Hector Rivarola 349bg; Kevin Rushby 63hg; Dr Frieder Sauer 79bd; Pacific Stock 142-143; Kim Taylor 51hd, 88cd, 94cd, 133hg, 272-273b, 302cd; 276c, 305b ; 313cg; Norman Tomalin 106c
Mary Evans Picture Library/69hc, 151hd
FLPA/L Chance 237bg
Robert Harding/300cg; 301cd; 302cd; 353b ; 475hd
Musée Nationale d'Histoire Naturelle/158hd 159hc
Naturhistoriska Riksmuseet/158c
Natural History Museum/Frank Greenaway 98cd; 99bd, 16cd, 170cg, 170bg, 170bd, 171hg, 172h, 172b, 173h, 173c, 173bd, 177c, 179hg, 212bg, 212cg, 215cg, 216bg, 217h, 218b, 219h, 221hg, 223cd, 223bd, 224hg, 225b, 226h, 226bg, 227bd, 228b, 229h, 230–231, 230cd, 230b, 231c, 231h, 233h, 237hg, 241cd, 243bd, 248d, 252bg, 256b, 437bd
Nature Photographers/289hd; E.Lemon 300bd; H. Miles 358bg; Paul Sterry 337bd; 341d ; 337bd

Natural Science Photos/C Banks 221cd, 256hd, 256cg; M. Boulard 131bc ; P. Bowman 92cg; M. Chinery 135cg; C Dani & I Jeske 209bd, 221bg; Carol Farneti 106bg; Adrian Hoskins 95cd;

G Kinns 246cg; JG Lilley 204c, 204b ; Chris Mattison 227h, 246bd; Jim Merli 176cd, 180bc, 188cg, 193hd, 255hg, 253h, 257hd; Pete Oxford 203hg, 205bg; Queensland Museum 253c ; Richard Revels 92hd, 132cd, 252hd; C & T Stuart 249bg. P.H. & S.L. Ward 61cd, 137c ; David Yendall 101hd
N.H.P.A/Stephen Dalton 437hg; Melvin Grey 271cg; Peter Johnson 362 bg; R & D Keller 373hg; Peter Parks 153bd, 282hd; Philippa Scott 301hg; John Shaw 301bd; 348d
Frank Lane Picture Agency/ E&D Hosking 281h ; 303hd; 355hg; 362-363; 365cd;/ T&P Gardner ; F.Polking 304bd; Silvestris 328hd;/Roger Tidma 353h ;/ Roger Wimshurst 307hd;/ W.Wisniewski 359bd
Oxford Scientific Films/Doug Allen 364g ; Larus Argentatus 274-275, 301bg; Kathie Atkinson 57hd; G.I. Bernard 101cg; Raymond Blythe 130bg; Densey Clyne 127hd; C.M. Collins 68bg; J.A.L. Cooke 79c, 134hg; David B. Fleetham 387hd; Michael Fogden 125hg; Peter Gathercole 67hd; Howard Hall 153h ; 387cd; Stan Osolinski 166-167; Papilio 296bd; Alan Root/Okapia 371cd
Mantis Wildlife Films/32cg; Peter O'Toole 68cd; James Robinson 76cd, 99bd; Harold Taylor 83c ; Steve Turner 81cd, 125hd; P & W Ward 124cd
Museum der Bildenden Kuenste, Leipzig/24cg
Planet Earth/K & K Ammann 387bd; Andre Barttschi 321 bc ; John R. Bracegirdle 386cg; Richard Coomber 436bg; Carol Farneti-Foster 449hd, 459hd, 386bd; Daniel Heuclin 245bg; Gerard Lacz 217cd; John Lythgou 308b, 347hd; Mark Mattock 336cg; E Hanumantha Rao 244cg; Brian Kenney 232h, 236bg, 238bg, 255bg; Jonathan Scott 387bg, 387hg; Anup and Manoj Shah 451hd; Yuri Shibbnev 311hg; Martin Wendler 239c
Premaphotos/K.G. Preston-Mafham 59hd, 67bd, 71bd, 73cg, 74bd, 80bd, 106bd, 110bg, 123h, 123cd. Dr Bill Sands 70cd
Science Photo Library/Mark Deeble & Victoria Stone 213cd; John Downer 214bd; Michael Fogden 215hd, 249hd; J.C. Revy 114cd; Tui de Roy 186cd; Alastair Shay 247cd
Tony Stone Images/Mike Surowiak 101bc ; 196cg; Maurice Tibbles 189c
Werner Forman Archive/14cg
Wild Images/Romulus Whitaker 193bd; 214hd; Howard Hall 153 cg
Jerry Young/12c, bg, bd
Zefa/J. Schupe 7hd; 447hd, 455h.